Notebook

ganz einfach!

Die Anleitung in Bildern

von
Sabine Drasnin

Vierfarben

Sie haben Fragen, Wünsche oder Anregungen zum Buch?
Gerne sind wir für Sie da:

Anmerkungen zum Inhalt des Buches: vaclav.demling@vierfarben.de
Bestellungen und Reklamationen: service@vierfarben.de
Rezensions- und Schulungsexemplare: thomas.losch@vierfarben.de

An diesem Buch haben viele mitgewirkt, insbesondere:

Lektorat Vaclav Demling
Korrektorat Annette Lennartz, Bonn
Herstellung Iris Warkus
Einbandgestaltung Mai Loan Nguyen Duy
Coverfotos VEER_DVP4911085_Ocean Photography, iStockphoto_000017916187©JoKMedia, iStockphoto_000016133696©Maria Pavlova, iStockphoto_000013833246©Maria Pavlova, iStockphoto_000013769803©Maria Pavlova, iStockphoto_000012114626©Maria Pavlova.
Typographie und Layout Vera Brauner
Satz Ulrich Borstelmann, Dortmund
Druck OAN, Leipzig

Gesetzt wurde dieses Buch aus der Linotype Syntax (10,25 pt/14,25 pt) in Adobe InDesign CS6. Und gedruckt wurde es auf mattgestrichenem Bilderdruckpapier (115 g/m²).
Hergestellt in Deutschland.

Bibliografische Information der Deutschen Nationalbibliothek
Die Deutsche Nationalbibliothek verzeichnet diese Publikation in der Deutschen Nationalbibliografie; detaillierte bibliografische Daten sind im Internet über http://dnb.d-nb.de abrufbar.

ISBN 978-3-8421-0050-3

1. Auflage 2013

Vierfarben ist ein Verlag der Galileo Press GmbH
Rheinwerkallee 4, D-53227 Bonn
www.vierfarben.de

Der Verlagsname Vierfarben spielt an auf den Vierfarbdruck, eine Technik zur Erstellung farbiger Bücher. Der Name steht für die Kunst, die Dinge einfach zu machen, um aus dem Einfachen das Ganze lebendig zur Anschauung zu bringen.

Liebe Leserin, lieber Leser,

ein Notebook ist für den Einstieg in die Computer-Welt besonders geeignet. Man kann es überall hin mitnehmen, es braucht nicht viel Platz und ist schnell eingerichtet. Im Gegensatz zu einem Desktop-PC stört kein Kabelsalat und auch kein lauter Lüfter.

Allerdings sollte man nicht verschweigen, dass tragbare Rechner auch einen Nachteil haben: Sie sind in der Regel nicht ganz so leistungsstark wie normale Rechner. Dennoch können Sie mit einem Notebook alle gängigen Aufgaben erledigen – auch ganz ohne Vorkenntnisse. Dabei hilft Ihnen eine verständliche Anleitung, wie Sie sie in den Händen halten.

Sabine Drasnin, die seit vielen Jahren Computerkurse für Einsteiger leitet, zeigt Ihnen in diesem Buch, wie Sie Ihr Notebook einrichten, das Touchpad und die Tastatur bedienen und sich am Windows-Bildschirm zurechtfinden. Sie lernen, sich im Internet zu bewegen, Briefe und E-Mails zu schreiben, Fotos zu speichern und zu bearbeiten, mit Dateien umzugehen und weitere Geräte anzuschließen. Schritt für Schritt und Bild für Bild werden Sie geübter und können schon bald sicher und geschickt mit Ihrem Notebook umgehen.

Dieses Buch wurde mit größter Sorgfalt geschrieben und hergestellt. Leider sind vereinzelte Fehler dennoch nie ganz auszuschließen. Sollten Sie einen Fehler bemerken oder aber eine wichtige Frage vermissen, so können Sie mir gerne schreiben. Über Lob freue ich mich genauso wie über Kritik. Ich wünsche Ihnen viel Erfolg beim Lesen und Nachvollziehen dieser Anleitung!

Ihr Vaclav Demling
Lektorat Vierfarben

vaclav.demling@vierfarben.de

Inhalt

Inhalt

4 Internet zu Hause und unterwegs 60

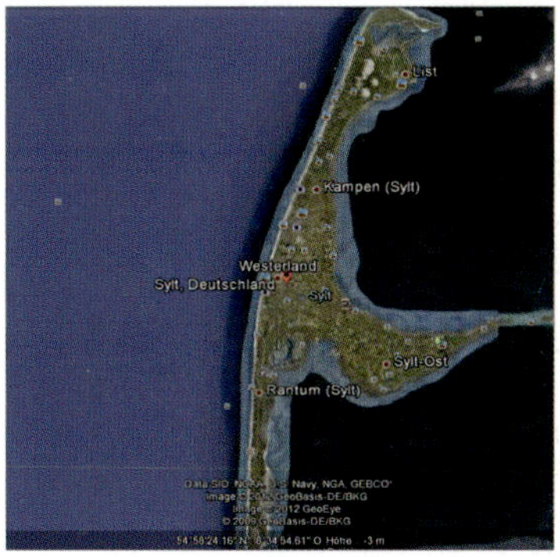

5 E-Mails schreiben 104

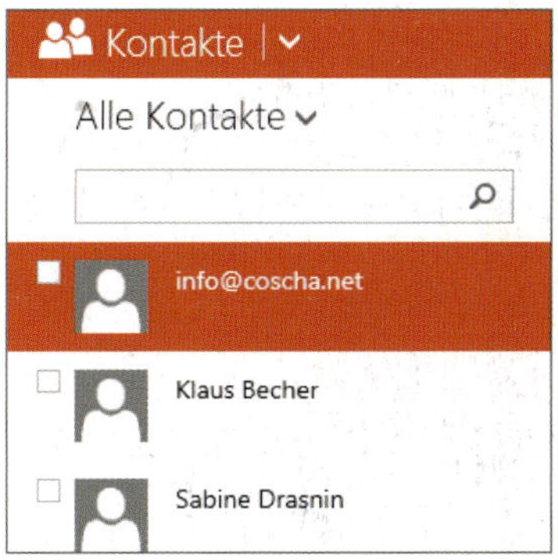

Inhalt

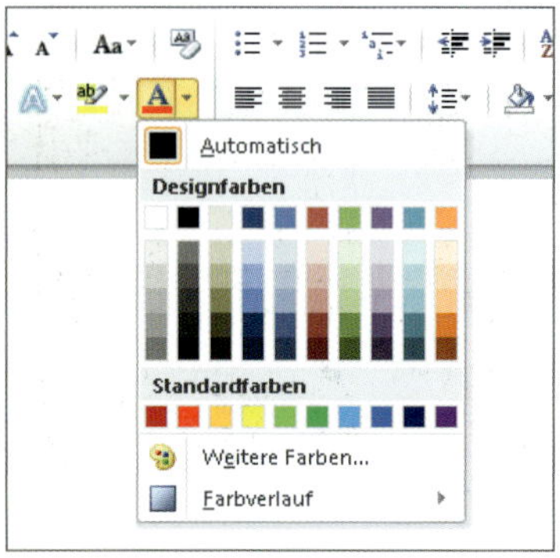

Automatisch
Designfarben
Standardfarben
Weitere Farben...
Farbverlauf

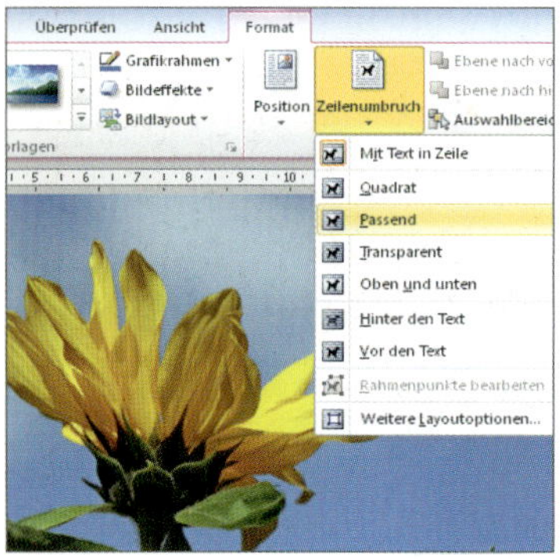

Überprüfen
Ansicht
Format
Grafikrahmen
Bildeffekte
Bildlayout
Position
Zeilenumbruch
Mit Text in Zeile
Quadrat
Passend
Transparent
Oben und unten
Hinter den Text
Vor den Text
Rahmenpunkte bearbeiten
Weitere Layoutoptionen...

Inhalt

Rechner
Ansicht
Bearbeiten
?
12 *
12
MC
MR
MS
M+
M-
CE
C
±
√
7
8
9
/
%

Blumen
Blumen durchsuchen
IMG_2234
IMG_2236
IMG_3131
IMG_3139
IMG_3209
IMG_3211
IMG_3254
IMG_4154
IMG_4198

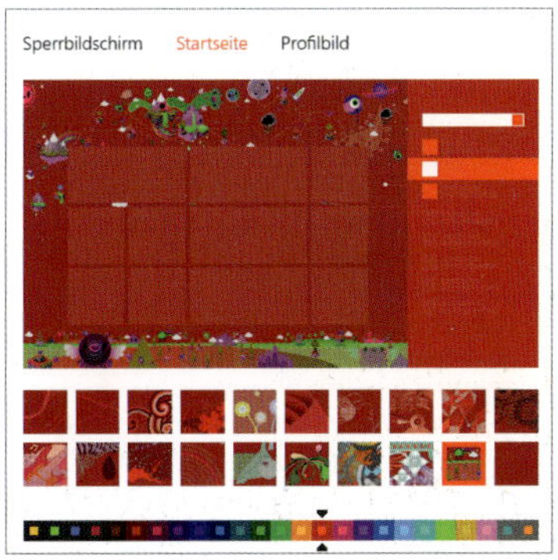

Sperrbildschirm
Startseite
Profilbild

Inhalt

M
Y
PGBK
C
Ink Tank
CC-521Y
521
Yellow
Ink Tank
CP-520BK
520
Black
Ink Tank
CC-521C
521
Cyan
PUSH

Willkommen
bei Kaspersky Internet Security 2013
KASPERSKY
Installieren

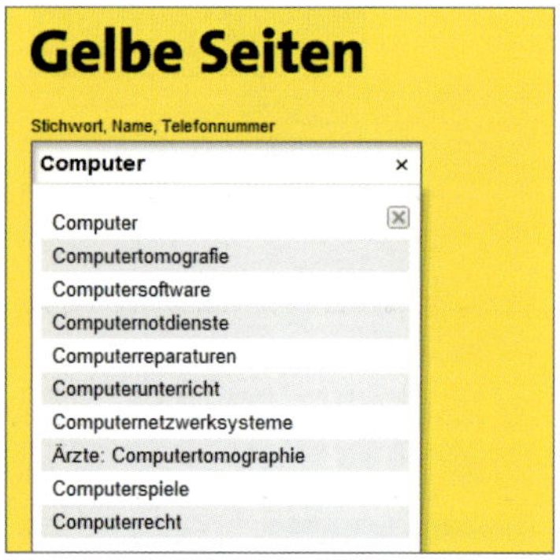
Gelbe Seiten
Stichwort, Name, Telefonnummer
Computer
Computer
Computertomografie
Computersoftware
Computernotdienste
Computerreparaturen
Computerunterricht
Computernetzwerksysteme
Ärzte: Computertomographie
Computerspiele
Computerrecht

Tastaturkürzel mit der Windows-Taste

Windows	Startbildschirm aufrufen
Windows + B	»Ausgeblendete Symbole einblenden«-Aufforderung anzeigen
Windows + C	Charms-Leiste öffnen
Windows + D	Zum zuletzt geöffneten Fenster wechseln
Windows + E	Explorer bei »Computer« öffnen
Windows + F	Suche öffnen
Windows + H	Charm Teilen öffnen
Windows + I	Einstellungen öffnen
Windows + K	Charm Geräte öffnen
Windows + L	Sperrbildschirm anzeigen
Windows + M	Desktop aufrufen
Windows + P	Menü für zweiten Bildschirm öffnen
Windows + Q	Apps-Suche einblenden
Windows + R	Ausführen-Fenster öffnen
Windows + T	– zum zuletzt geöffneten Fenster wechseln (nur vom Startbildschirm aus) – zwischen Programm-Miniaturen auf der Taskleiste wechseln (nur auf dem Desktop); Aufrufen des gewählten Programms mit Eingabe-Taste
Windows + U	Center für erleichterte Bedienung öffnen
Windows + W	Einstellungen-Suche öffnen
Windows + X	Systemwerkzeuge öffnen
Windows + Z	App-Leiste einblenden (nur vom Startbildschirm aus)
Windows + Pause	Systeminformationen öffnen
Windows + Tab	Zwischen Apps oder zwischen Apps und Fenstern wechseln
Windows + Zahl	Das Programm, dessen Miniatur an der entsprechenden Stelle auf der Taskleiste zu sehen ist, öffnen (nur vom Desktop aus)
Windows + +	Bildschirmlupe öffnen (schließen mit dem Schließkreuz)
Windows + .	App verkleinern und an den rechten Rand schieben (nur bei Apps)
Windows + →	Fenster verkleinern und an den rechten Bildschirmrand schieben (nur bei Programmen)
Windows + ←	Fenster verkleinern und an den linken Bildschirmrand schieben (nur bei Programmen)
Windows + ↑	Fenster maximieren (nur bei Programmen)
Windows + ↓	Fenster verkleinern (nur bei Programmen)

Kapitel 1
Lernen Sie Ihr Notebook kennen

Notebooks sind tragbare Computer, die sich je nach Größe und Ausstattung zum Surfen im Internet, Texte und E-Mails schreiben oder Musik hören eignen. Der Vorteil aller Notebooks ist der Akku-Betrieb: Im Zug, im Hotel oder auf dem Balkon können Sie mit einem Notebook arbeiten oder spielen. Je nach gewünschter Anwendung können Sie weitere Geräte anschließen.

Das passende Notebook auswählen

Klein, mittel oder groß, zum Spielen, Internet-Surfen oder Fotos bearbeiten: Für jeden Zweck gibt es ein passendes Notebook ❶. Lernen Sie die verschiedenen Notebook-Typen kennen.

Maus, Drucker & Co. richtig anschließen

Ein Notebook hat viele Anschlussplätze (Buchsen) ❷, um verschiedene Kabel einzustecken. Dabei sind je nach Gerät unterschiedliche Kabel und Stecker zu benutzen.

Das Notebook schlafen legen

Wenn Sie nicht am Notebook arbeiten, können Sie das Notebook ausschalten oder in den Energiesparmodus ❸ versetzen, sozusagen schlafen legen.

❶ Notebook-Gewicht und Tastengröße bestimmen die Wahl des Notebooks mit.

❷ Damit alle Geräte funktionieren, müssen die Stecker in die richtigen Buchsen.

❸ Das Notebook macht auch mal Pause: Versetzen Sie es in den Energiesparzustand, oder fahren Sie es ganz herunter.

Welches Notebook für welchen Zweck?

1

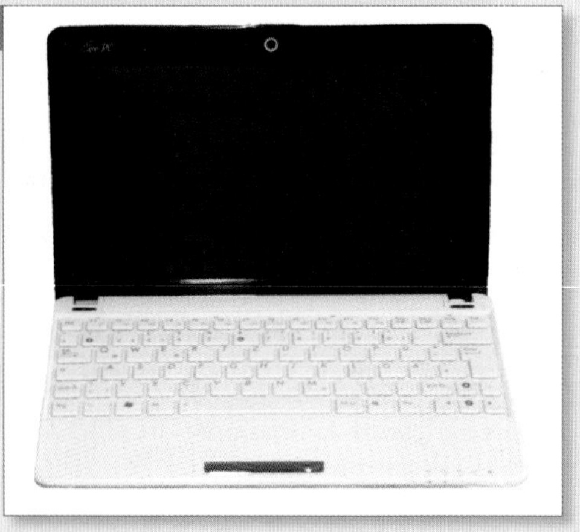

2

3

Bei Notebooks haben Sie die Qual der Wahl. Orientieren können Sie sich an den Kriterien Größe, Gewicht und Leistung.

Schritt 1

Netbooks sind ideal für unterwegs: Leicht und klein (Bildschirmgröße 11 bis 13 Zoll) sind sie auf dem Balkon oder dem Sofa schnell einsatzbereit. Nachteile: Weil sie so klein sind, ist kein DVD-Laufwerk eingebaut; zum Spielen sind die Netbooks nur eingeschränkt geeignet.

Schritt 2

Leistungsfähig bei kleinem Gehäuse sind *Subnotebooks*. Das geringe Gewicht erleichtert das Mitnehmen. Nachteile sind ein fehlendes DVD-Laufwerk und der kleine Bildschirm (12 bis 14 Zoll).

Schritt 3

Ultrabooks sind leistungsstarke, sehr flache und leicht transportierbare Notebooks. Auch Ultrabooks haben kein DVD-Laufwerk, bieten aber einen größeren Bildschirm (14 bis 16 Zoll), eine gut bedienbare Tastatur und sind verglichen mit »normalen« Notebooks leichter. Die Akku-Laufzeit reicht aus, um einen ganzen Vormittag unterwegs zu arbeiten.

Schritt 4

Notebooks der Mittelklasse mit einer Bildschirmgröße von 14 bis 16 Zoll haben eine Tastatur in angenehmer Größe, auf der man auch längere Texte tippen kann. Sie verfügen über ein DVD-Laufwerk und sind zum Surfen im Internet sehr gut geeignet. Die Akku-Laufzeit beträgt etwa 3 bis 4 Stunden.

4

Schritt 5

Größere Notebooks, *Desknotes* genannt, bieten einen großen Bildschirm (17 bis 19 Zoll) und einen Zahlenblock rechts auf der Tastatur. Sie eignen sich gut zum Surfen im Internet, zum Filme schauen, Texte schreiben, Tabellen bearbeiten usw. Dank des großen Arbeitsspeichers lassen sich auch größere Anwendungen nutzen.

5

Schritt 6

Fazit: Wollen Sie Ihr Notebook auf Reisen mitnehmen, greifen Sie zu einem Net- oder einem Ultrabook. Möchten Sie zu Hause einen Computer bequem nutzen, ihn aber auch mal mitnehmen, kaufen Sie ein Mittelklasse-Notebook oder Multimedia-Notebook. Benötigen Sie einen großen Bildschirm und mehr Leistung, ist ein großes Notebook für Sie das Richtige.

6

Wie groß ist denn nun der Bildschirm?
Bei den Bildschirmgrößen ist Zoll (englisch *inch*) eine festgelegte Größenangabe. Die Zahl bezieht sich auf die Bildschirmdiagonale. 1 Zoll entspricht 2,54 cm. Ein 15-Zoll-Bildschirm hat also eine Bilddiagonale von 38,1 cm, bei 19 Zoll sind es 48,3 cm.

Welche Anschlüsse hat ein Notebook?

1

2

3

Am Beispiel eines Mittelklasse-Notebooks lernen Sie die Anschlüsse eines Notebooks kennen.

Schritt 1

Der wichtigste Anschluss ist der für das Netzteil, also für den Stromanschluss ①. Der Anschluss befindet sich an der rechten oder linken Seite, jeweils hinten, oder an der Rückseite des Notebooks. Der Stecker ist meist rund und passt nur in diese Anschlussbuchse.

Schritt 2

Jedes Notebook hat mehrere *USB-Anschlüsse* ②: Hier können viele sogenannte *Peripheriegeräte* durch einfaches Einstecken angeschlossen werden (*Plug and Play*): eine Maus, ein Drucker, eine externe Festplatte und vieles mehr (siehe Kapitel 11, »Zusätzliche Geräte verwenden«, ab Seite 250).

Schritt 3

Achten Sie beim Einstecken des USB-Steckers darauf, dass die richtige Seite oben ist (meist die beschriftete Seite). Der Stecker passt dann genau in die Buchse. Weit verbreitet sind noch USB-2.0-Anschlüsse ③, wie im Bild zu sehen.

Schritt 4

Über USB-Anschlüsse werden Daten übertragen. Neuere Notebooks haben oft einen USB-3.0-Anschluss, der einen schnelleren Datenaustausch ermöglicht. Die USB-3.0-Schnittstellen ❹ und die Steckerinnenseite mit den Pins sind blau.

4

Schritt 5

Um einen Beamer (siehe Kapitel 11, »Zusätzliche Geräte verwenden«, ab Seite 250) oder einen externen Monitor anzuschließen, nutzen Sie den *VGA-Anschluss* ❺.

5

Schritt 6

Mit dem *HDMI-Anschluss* ❻ können Ton- und Bilddaten in hoher Qualität übertragen werden. So kann z. B. ein Fernseher an das Notebook angeschlossen werden. Auch neuere Beamer verwenden die HDMI-Schnittstelle.

6

Datenübertragung mit Bluetooth

Bluetooth ist eine drahtlose Möglichkeit, Daten auf Ihr Notebook bzw. von Ihrem Notebook auf ein anderes Gerät (z. B. Mobiltelefon) zu übertragen. Bluetooth arbeitet nur auf kurzen Distanzen. Ihr Notebook hat in der Regel schon einen Bluetooth-Empfänger eingebaut. Sobald Windows über die PC-Einstellungen das Gerät »virtuell« hinzugefügt hat, können Sie Daten zwischen den Geräten austauschen. Weitere Stecker sind dann nicht nötig.

Welche Anschlüsse hat ein Notebook? (Forts.)

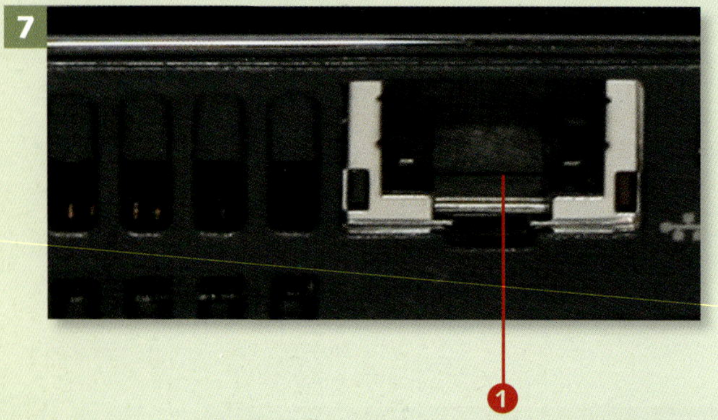

Schritt 7

Notebooks haben eine Netzwerkbuchse ❶, in die nur spezielle Stecker passen. Mit ihnen kann eine Verbindung zu einem *Router* und somit eine lokale Internetverbindung hergestellt werden. Diese kabelgebundene Verbindung wird auch *LAN*-Verbindung genannt (siehe Kapitel 4, »Internet zu Hause und unterwegs«, ab Seite 60).

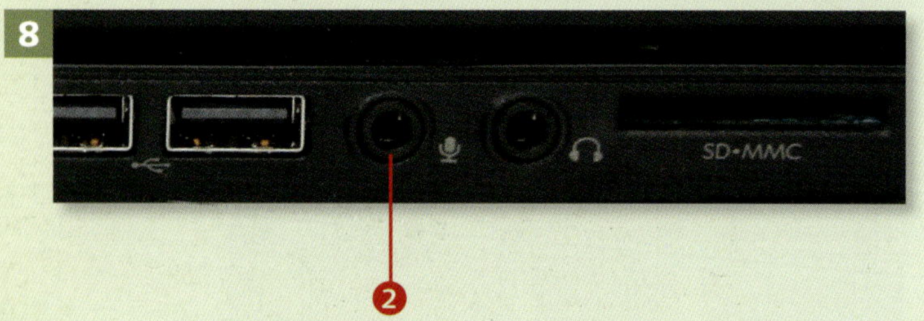

Schritt 8

Auch ein Mikrofon kann an das Notebook angeschlossen werden. Die meisten Notebooks haben zwar ein eingebautes Mikrofon – ebenso wie eine Kamera –, für bessere Qualität bietet sich aber ein externes Mikrofon an. Der Anschluss ❷ ist klein und rund und zeigt meist ein Mikrofonsymbol.

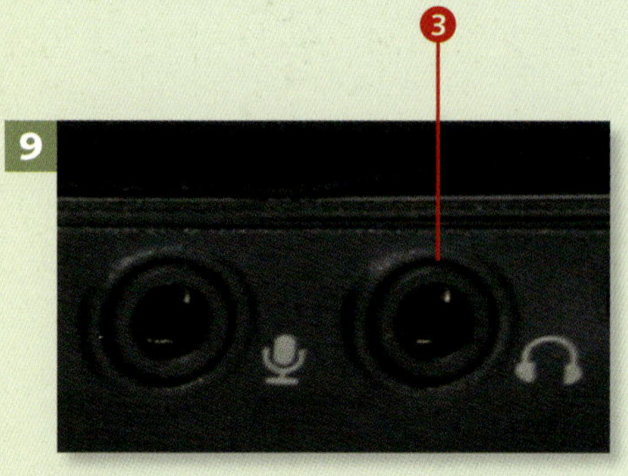

Schritt 9

Einen Kopfhörer schließen Sie über die Kopfhörer-Schnittstelle ❸ an Ihr Notebook an. So können Sie in Ruhe Musik hören oder skypen (siehe dazu den Abschnitt »Übers Internet telefonieren mit Skype« ab Seite 98). Wie beim Mikrofon ist die Anschlussbuchse klein und rund. Sie trägt ein Kopfhörersymbol.

Schritt 10

Wenn Sie digital fotografieren, können Sie Ihre Bilder ganz einfach auf das Notebook übertragen. Dazu verwenden Sie das mit der Kamera mitgelieferte USB-Kabel oder stecken die *SD-Karte* aus der Kamera in den entsprechenden Schlitz ❹ am Notebook. Auch die *Multimedia Card (MMC)* passt hier hinein (siehe dazu den Abschnitt »Fotos auf das Notebook kopieren« ab Seite 130).

10

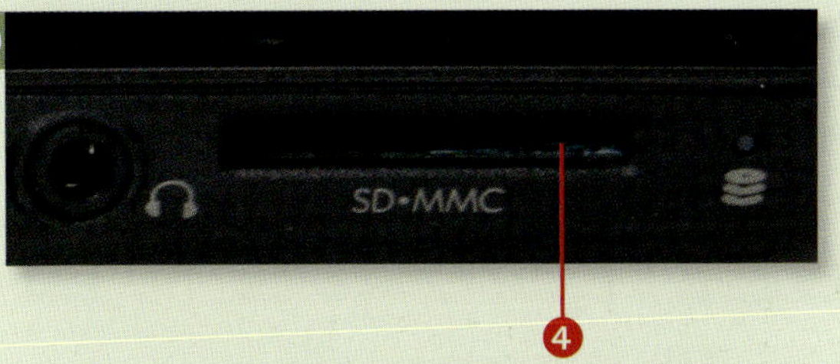

Schritt 11

Die meisten Notebooks haben ein CD-/DVD-Laufwerk ❺; besser ausgestattete Notebooks bieten ein Blu-ray-Laufwerk. Es spielt die qualitativ besseren Blu-ray-Disks ab, aber auch CDs und DVDs. Mit dem DVD-Laufwerk können Sie Ihre Daten auf CD- oder DVD-Rohlingen speichern (siehe dazu den Abschnitt »Eine CD/DVD brennen« ab Seite 230).

11

Schritt 12

Schließlich finden Sie im unteren Bereich Ihres Notebooks den Akku ❻, der Ihr Notebook mit Strom versorgt, wenn das Netzteil nicht eingesteckt ist. Mit dem Schiebeschalter ❼ lösen Sie die Halterung des Akkus und können ihn dann herausnehmen.

12

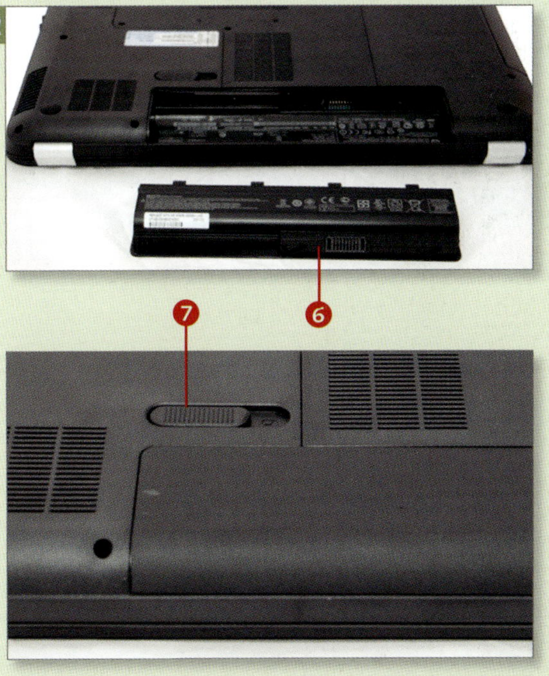

Akku herausnehmen oder nicht?
Bei den neueren Notebooks ist es nicht nötig, den Akku herauszunehmen, um ihn zu schonen.

Das Notebook ein- und ausschalten

1

2

3

Mit dem Notebook sind Sie flexibel. Es fährt schnell hoch und lässt sich ebenso schnell ausschalten.

Schritt 1

Zum Einschalten drücken Sie die Betriebstaste ❶. Bei den meisten Notebooks ist sie über der Tastatur zu finden; bei einigen Modellen sitzt sie rechts, quasi im Scharnier.

Schritt 2

Zum Aufwecken des Notebooks aus dem Energiesparmodus und dem Ruhezustand reicht das Drücken einer beliebigen Taste oder eine Bewegung mit der Maus. Das Notebook zeigt erst den Sperrbildschirm ❷, zum Entsperren drücken Sie eine Taste Ihrer Wahl. Dann startet es mit den geöffneten Anwendungen, mit denen Sie vor dem »Schlaf« gearbeitet haben. Einige Notebooks erfordern das Drücken der Betriebstaste.

Schritt 3

Rufen Sie zum Beenden von Windows und damit Ausschalten des Notebooks die Leiste **Einstellungen** auf: Fahren Sie in die rechte obere oder untere Ecke des Bildschirms, bis die *Charms-Leiste* erscheint. Klicken Sie dort auf **Einstellungen**.

Schritt 4

Klicken Sie in den **Einstellungen** auf **Ein/Aus** und dann auf **Herunterfahren** ❸. Das Notebook schaltet sich ganz aus. Sie brauchen nicht den Netzschalter zu drücken! Übrigens: Steht »Aktualisieren« bei **Neu starten**, wurden Updates heruntergeladen, die beim Herunterfahren und Neustart installiert werden.

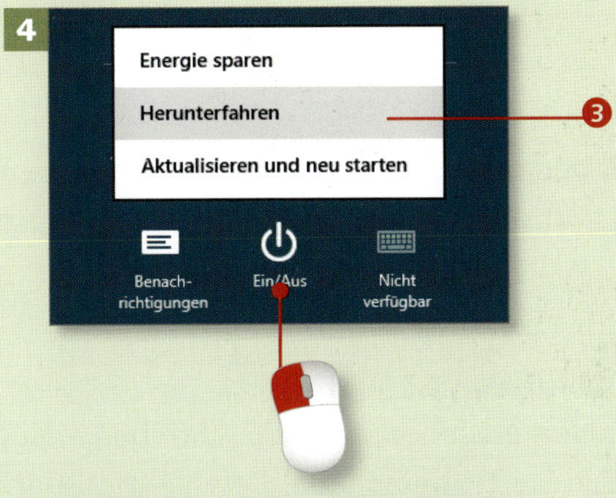

Schritt 5

Verwenden Sie die Einstellung **Energie sparen**, wenn Sie das Notebook bis zur nächsten Nutzung nicht transportieren und schnell wieder dort weiterarbeiten wollen, wo Sie aufgehört haben.

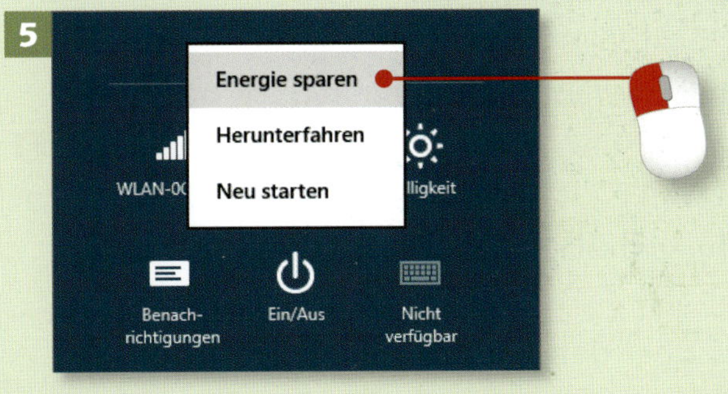

Schritt 6

Je nach gewählter Einstellung (siehe dazu den Abschnitt »Energieoptionen einstellen« ab Seite 36) reicht es auch aus, das Notebook einfach zuzuklappen. Es schaltet sich dann selbst aus, versetzt sich in den Energiesparmodus (Bildschirm wird dunkel, Apps bleiben geöffnet, Notebook verbraucht nur wenig Strom) oder geht in den Ruhezustand (Notebook wird ausgeschaltet, fährt aber schnell wieder hoch, wenn Sie es »aufwecken«).

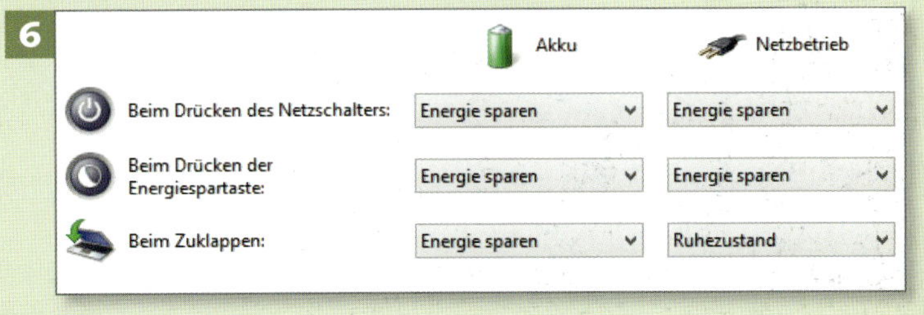

Stand-by (Energiesparmodus) ist kein Tiefschlaf

Wenn Sie Ihr Notebook durch Zuklappen oder Klicken in den **Einstellungen** in den Energiesparmodus versetzt haben, reicht schon eine Mausbewegung, um das Notebook wieder aufzuwecken!

Kapitel 2
Erste Schritte mit dem Notebook

Das Notebook bedienen Sie mit der Tastatur, mit dem Touchpad und – wenn Sie wollen – mit der Maus. Mit dieser Anleitung und vielen hilfreichen Tipps kommen Sie schnell damit zurecht.

Die Tastatur benutzen
Text tippen, zahlen eingeben, E-Mails schreiben – all dies erledigen Sie mit der Tastatur ❶. Erfahren Sie, wie Sie Text eingeben, Befehle bestätigen und mit den Sondertasten auch noch die Bildschirmhelligkeit regeln.

Das Notebook mit einem Fingerwisch bedienen
Sensibel, aber sehr leistungsfähig ist das Touchpad ❷ an Ihrem Notebook. Damit erreichen Sie jeden Punkt auf dem Bildschirm, können aber auch klicken und navigieren. Lernen Sie das Touchpad und seine Benutzung kennen.

Die Maus über den Bildschirm laufen lassen
Ganz gleich, ob etwas anzuklicken, zu verschieben oder zu markieren ist: Die Maus ❸ unterstützt Sie mit Leichtigkeit bei diesen Aufgaben. Lesen Sie, wie Sie das Notebook mit der Maus bedienen.

1 Die Tastatur bietet Tasten zum Tippen, aber auch zum Regeln der Helligkeit des Bildschirms oder der Lautstärke der Lautsprecher.

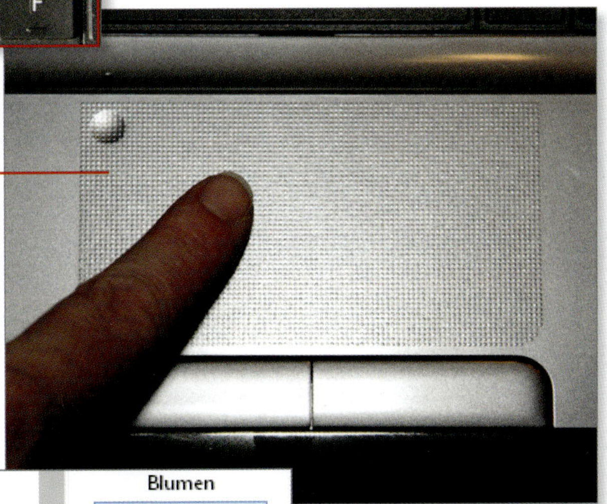

2 Das Touchpad wird mit den Fingerkuppen bedient. Sie bewegen damit den Cursor, klicken und scrollen, kurz: Sie bedienen alles auf dem Bildschirm.

3 Mit der Maus ziehen Sie leicht Dateien an einen anderen Speicherort.

Die Tastatur benutzen

Die Tastatur an Ihrem Notebook benötigen Sie, um dem Notebook zu sagen, wonach Sie im Internet suchen wollen oder um eine E-Mail oder einen Text zu schreiben.

1

Schritt 1

Bei Windows erleichtert Ihnen eine einzelne Taste die Arbeit besonders. Das ist die ⊞-Taste ❶, die Sie links unten auf Ihrer Tastatur finden. Drücken Sie die ⊞-Taste: Sie gelangen zum *Desktop*.

2
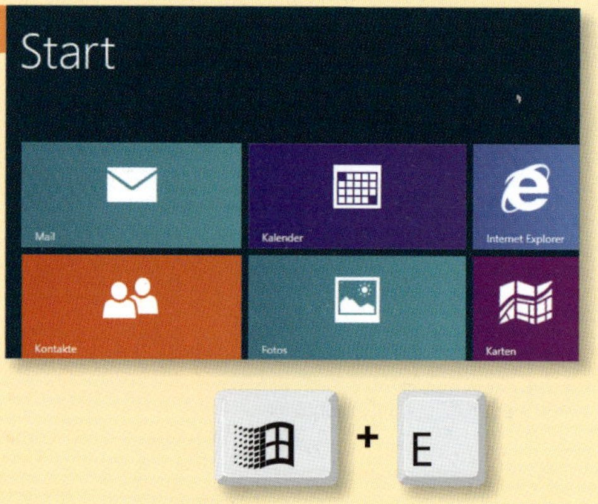

Schritt 2

Machen Sie sich mit der Tastatur vertraut, indem Sie etwas schreiben (tippen). Dazu öffnen Sie den Editor: Rufen Sie wieder den **Startbildschirm** (auch Startseite genannt) auf, indem Sie die ⊞-Taste drücken. Auf dem Startbildschirm drücken Sie die Taste [E].

3

Schritt 3

Auf dem Bildschirm sehen Sie eine Auswahl der auf dem Notebook installierten Programme und Anwendungen (*Apps* genannt). Die jetzt sichtbaren Apps beginnen in einem der Namensteile mit »E«. Klicken Sie auf **Editor**.

Schritt 4

Hier können Sie Text, Zahlen oder besondere Zeichen eingeben, also eintippen: Durch Drücken einer Taste des Buchstabenblocks erscheint auf dem Bildschirm das entsprechende Zeichen. Tippen Sie ein Wort ein, z. B. »tippen«.

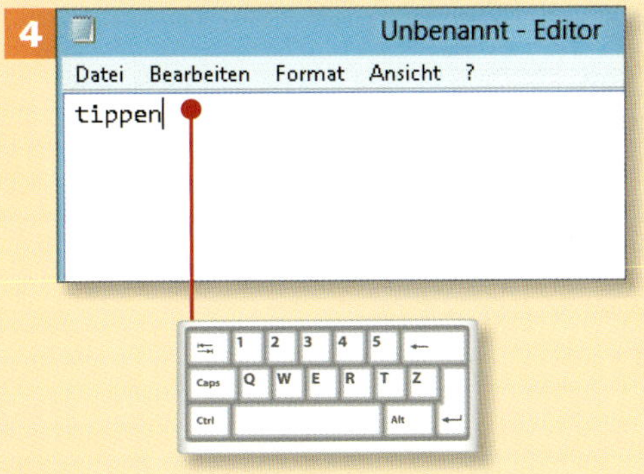

Schritt 5

Ein Leerzeichen fügen Sie ein, indem Sie die große Taste am unteren Rand der Tastatur drücken: die Leertaste. Achten Sie immer auf den *Cursor* (die Schreibmarke): Wo der Cursor blinkt, schreiben Sie.

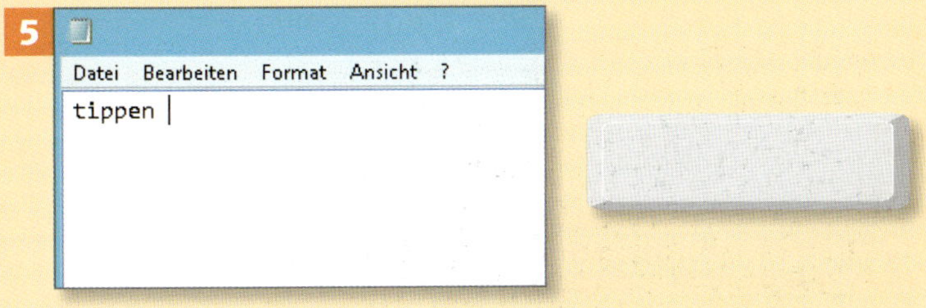

Schritt 6

Um einen Buchstaben großzuschreiben, z. B. das »T« in Text, halten Sie die [⇧]-Taste gedrückt, und tippen Sie das »T« (oder den gewünschten Buchstaben). Lassen Sie die [⇧]-Taste wieder los, und tippen Sie den Rest des Wortes ein. Die [⇧]-Taste, auch Shift-Taste genannt, finden Sie jeweils links und rechts am Rand des Buchstabenblocks.

Der Cursor

Cursor ist das englische Wort für Schreibmarke; es hat sich auch im deutschen Sprachraum durchgesetzt. Der Begriff Cursor kommt aus dem Lateinischen und heißt »Läufer«. Der Cursor zeigt immer die aktuelle Bearbeitungsposition auf dem Bildschirm an. Damit man ihn gut sieht, blinkt der Cursor.

Die Tastatur benutzen (Forts.)

7

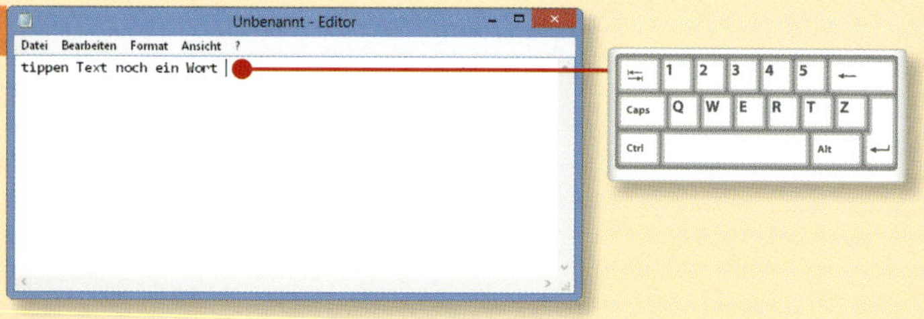

8

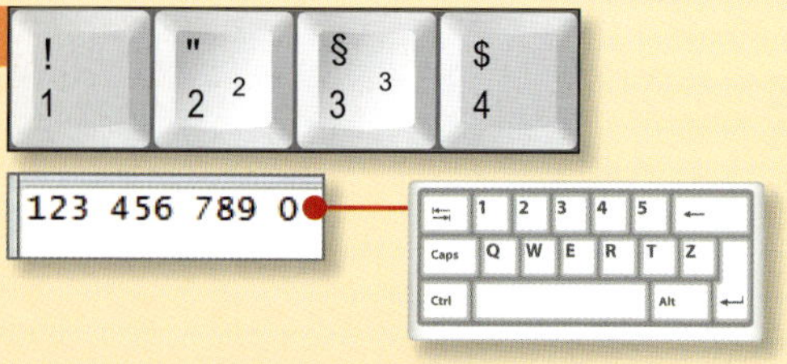

9

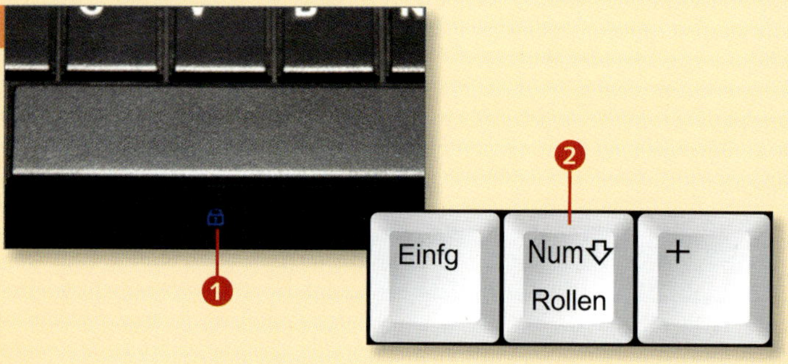

Hilfreicher Nummernblock

Notebooks mit Nummernblock bieten nicht nur die Zifferntasten auf dem Nummernblock, sondern auch die Rechenzeichen (Plus, Minus, mal, geteilt). So können Sie Ihre Berechnungen schnell über den Nummernblock eingeben (zum Rechnen siehe den Abschnitt »Den Taschenrechner nutzen« ab Seite 192). Wenn Sie die Num-Taste ausgeschaltet haben, können Sie die Zifferntasten wie Pfeiltasten benutzen.

Schritt 7

Der Cursor »wandert« mit Ihrem Text mit. Tippen Sie weitere Wörter und Leerzeichen ein – Sie sehen, der Cursor befindet sich hinter dem zuletzt geschriebenen Wort und »wartet« blinkend auf weitere Eingaben von Ihnen.

Schritt 8

Außer den Buchstaben finden Sie auf Ihrer Tastatur auch die Ziffern: Je nach Größe des Notebooks sind sie nur über dem Buchstabenblock oder auch rechts daneben im Nummernblock zu finden. Zahlen tippen Sie direkt durch Drücken der Tasten 0 bis 9 ein.

Schritt 9

Damit das auch beim Nummernblock rechts klappt, muss dieser eingeschaltet sein. Über oder unter Ihrer Tastatur leuchtet ein kleines Schlosszeichen ❶, wenn der Nummernblock eingeschaltet ist. Lassen Sie ihn eingeschaltet. Ist er nicht eingeschaltet, drücken Sie einmal die Num-Taste ❷.

Schritt 10

Die Tasten über dem Buchstabenblock tragen über den Ziffern auch noch andere Zeichen: Ausrufezeichen, Anführungsstriche, Klammern usw. Um diese Zeichen zu tippen, drücken Sie gleichzeitig die [⇧]-Taste und die entsprechende Taste über dem Buchstabenblock.

10

Schritt 11

Die [↵]-Taste am rechten Rand des Buchstabenblocks hat mehrere Aufgaben: Erstens erzeugen Sie mit ihr beim Schreiben von Text neue Absätze (siehe Kapitel 7, »Texte schreiben«, ab Seite 148). Zweitens bestätigen Sie Eingaben (Befehle), z. B. im Internet (siehe Kapitel 4, »Internet zu Hause und unterwegs«, ab Seite 60).

11

Schritt 12

Ein Wort, eine Zahl, eine ganze Datei können Sie natürlich auch wieder löschen. Dazu bietet Ihr Notebook zwei Tasten: die [Entf]-Taste ❸ (»Entf« steht für »Entfernen«) und die [←]-Taste ❹ (englisch *Backspace*). Wenn Sie eine Datei löschen wollen, ist es egal, welche Taste Sie benutzen. Bei Text gibt es eine Löschrichtung (siehe dazu den Abschnitt »Den Text korrigieren« ab Seite 160).

12
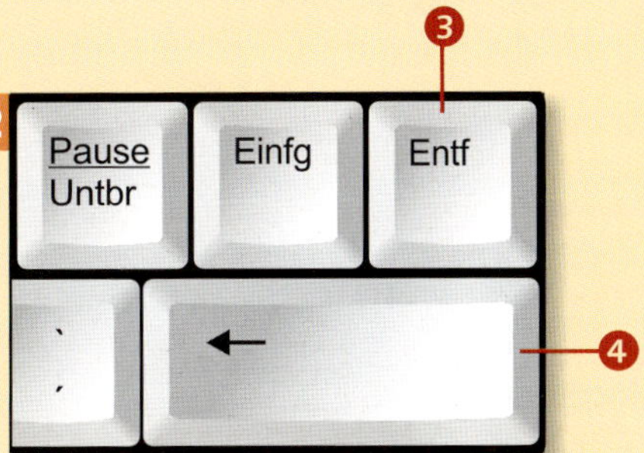

Die Spezialtasten am Notebook verwenden

1

Bildschirmhelligkeit regeln, WLAN ein- oder ausschalten: Bei Notebooks nutzen Sie für diese Einstellungen eigene Tasten.

Schritt 1

Am oberen Rand der Tastatur sehen Sie eine Reihe von Sondertasten, auf denen F1 bis F12 steht. Diese Tasten haben verschiedene Funktionen, abhängig vom Programm, in dem Sie sich gerade befinden.

2

Schritt 2

Eine Ausnahme bildet die F1-Taste, die immer die Windows-Hilfe öffnet. Drücken Sie die F1-Taste: Nun können Sie einen Suchbegriff eingeben oder eines der drei angebotenen Themen anklicken (siehe dazu den Abschnitt »Die Windows-Hilfe nutzen« ab Seite 282).

3

Schritt 3

Die anderen Zeichen auf den Funktionstasten unterscheiden sich von Notebook zu Notebook. Bei vielen Notebooks lassen sich die Funktionen nur mit den Fn-Tasten nutzen. Die beiden Tasten mit der kleinen Sonne regeln die Bildschirmhelligkeit; drücken Sie gleichzeitig die Fn- und die Taste mit der kleineren Sonne (hier F5).

Schritt 4

Der Bildschirm wird dunkler (Ausnahme: siehe Kasten »Tastenbelegung vertauscht!« auf dieser Seite). Um den Bildschirm jetzt wieder heller werden zu lassen, drücken Sie die [Fn]-Taste und die Taste mit der größeren Sonne (im Beispiel ist das die Taste [F6]).

4

Schritt 5

Zur Lautstärkeregelung nutzen Sie die Tasten mit den Lautsprechern: Der Lautsprecher mit Minuszeichen oder kleinen Schallwellen ❶ macht den Ton leiser, die Taste mit Pluszeichen oder größeren Schallwellen ❷ erhöht die Lautstärke. Eine dritte Taste ❸ schaltet den Lautsprecher aus.

5

Schritt 6

Die weiteren Tasten können bei Ihrem Notebook folgende Aufgaben haben: WLAN ein- und ausschalten ❹, die Bildschirmanzeige auf einen externen Bildschirm oder Beamer umschalten ❺, das Notebook in den Schlafmodus versetzen ❻.

6

Tastenbelegung vertauscht!

In der Regel führen die Tasten [F1] bis [F12] direkt ihre jeweilige Aufgabe aus, für andere Funktionen müssen Sie gleichzeitig die [Fn]-Taste drücken. Bei einigen Notebooks ist es umgekehrt!

Das Touchpad bedienen

1

2

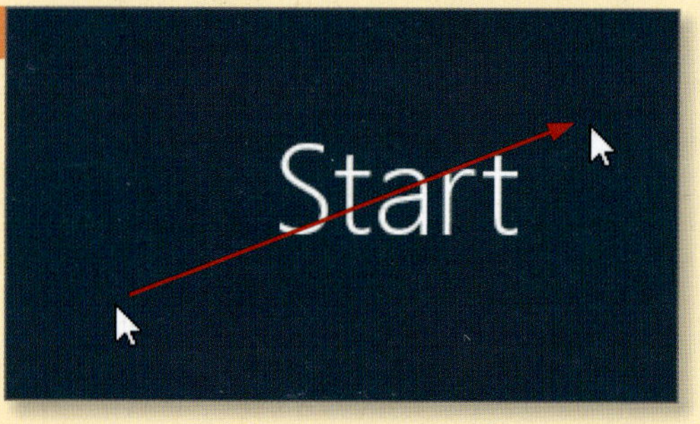

3

Um Ihr Notebook bequem nutzen zu können, benötigen Sie neben der Tastatur ein weiteres Werkzeug: das Touchpad.

Schritt 1

In der Mitte am unteren Rand der Tastatur befindet sich das Touchpad. Es besteht aus einer größeren abgegrenzten Fläche, über die Sie mit dem Finger streichen, und zwei Tasten. Je nach Modell sind die beiden Tasten deutlich erkennbar, bilden eine Fläche oder sind als Wippe in das Touchpad integriert.

Schritt 2

Setzen Sie den Zeigefinger auf das Touchpad, und bewegen Sie ihn über die ganze Fläche. Der Zeiger auf dem Bildschirm folgt dabei der Bewegung Ihres Fingers.

Schritt 3

Führen Sie den Zeiger über die **Desktop**-Kachel. Klicken Sie mit der linken Taste auf dem Touchpad einmal auf die Kachel **Desktop**; der Desktop wird angezeigt.

Schritt 4

Sie können auch direkt auf dem Touchpad »klicken«, müssen also nicht unbedingt die Tasten des Touchpads drücken. Führen Sie den Zeiger über das Symbol des Internet Explorers unten links auf Ihrem Desktop-Bildschirm.

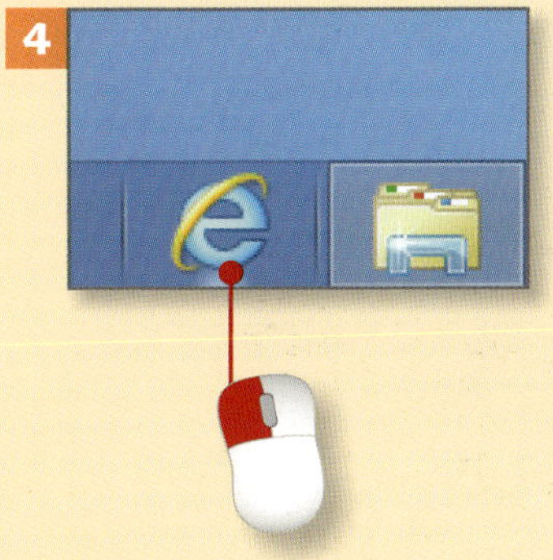

Schritt 5

Tippen Sie jetzt mit dem Zeigefinger mittig oder links auf das Touchpad. Drücken Sie nicht, sondern lassen Sie die Fingerspitze einmal schnell und kräftig auf das Touchpad tippen. Das mit dem Zeiger ausgewählte (markierte) Programm öffnet sich: der Internet Explorer.

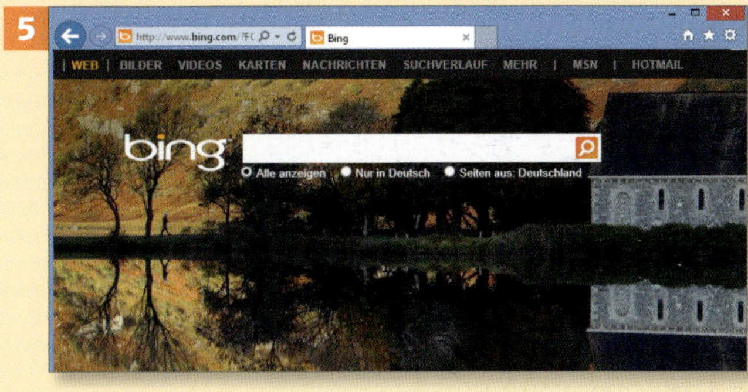

Schritt 6

Führen Sie den Zeiger jetzt in die obere rechte Ecke des Internetfensters. Klicken Sie das Schließkreuz an – entweder mit der linken Touchpad-Taste oder mit einem Tippen auf das Touchpad.

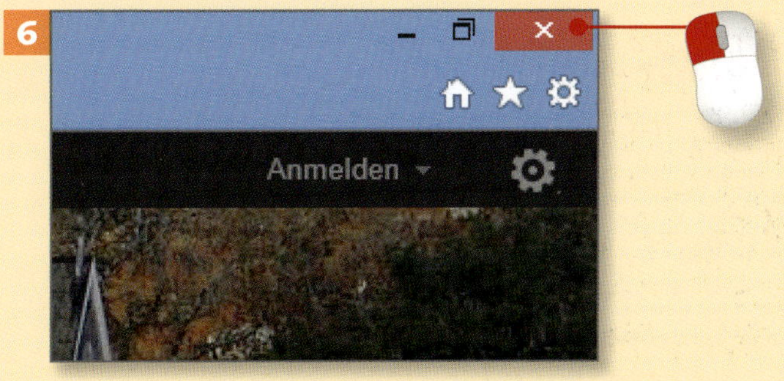

Wo genau tippen?
Achten Sie darauf, die Mitte oder die linke Seite des Touchpads zu benutzen; nicht jedes Touchpad reagiert auf der rechten Seite auf Tippen.

Das Touchpad bedienen (Forts.)

7

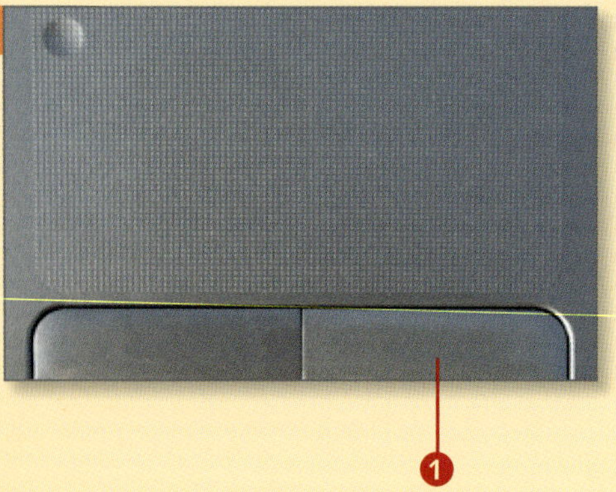

Schritt 7

Die rechte Taste des Touchpads öffnet ein *Kontextmenü*: Je nachdem, wo Sie sich gerade befinden (Desktop, Startbildschirm, im Internet, im Text-Editor usw.) wird ein anderes Menü geöffnet, wenn Sie die rechte Taste ❶ drücken. Führen Sie den Zeiger an irgendeine Stelle auf dem Desktop, und drücken Sie die rechte Taste.

8

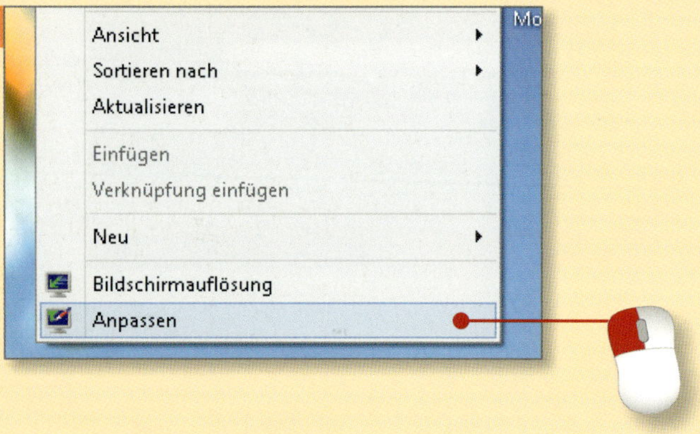

Schritt 8

Das Kontextmenü wird geöffnet, das für die aktuelle Situation – hier Desktop – passende Befehle bereithält: Sie können jetzt z. B. den Desktop-Hintergrund ändern, wenn Sie auf **Anpassen** klicken. Achtung: Im Kontextmenü wählen Sie die gewünschte Aktion durch Klicken mit der linken Taste aus. Ist das Kontextmenü also einmal geöffnet, geht es mit der linken Taste weiter.

9

Schritt 9

Wollen Sie keine Aktion aus dem Kontextmenü ausführen, schließen Sie es einfach, indem Sie die Esc-Taste ❷ oben links auf Ihrer Tastatur drücken. Alternativ klicken Sie mit der linken Taste an irgendeine Stelle auf dem Desktop.

Schritt 10

Viele Touchpads können noch mehr: Wenn Sie zwei Finger in der Mitte des Touchpads aufsetzen und auseinanderspreizen, wird die Bildschirmansicht vergrößert. Probieren Sie es im Internet Explorer aus. Zum Verkleinern der Ansicht ziehen Sie die beiden Finger wieder zusammen.

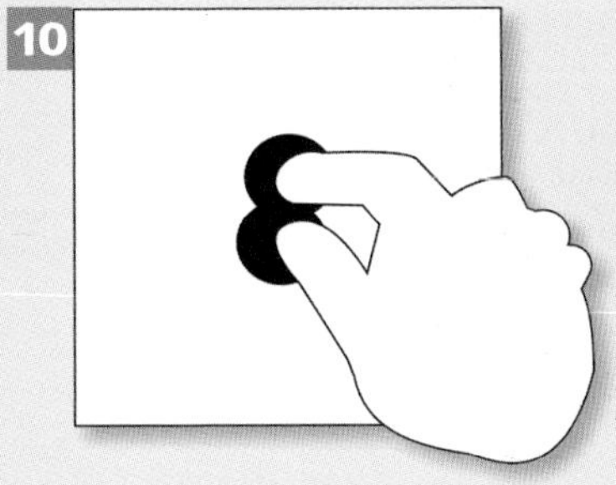

Schritt 11

Mit dem Touchpad können Sie sich auch durch lange Texte oder Internetseiten mit viel Inhalt bewegen (*scrollen*). Dazu benutzen Sie den rechten Rand des Touchpads und ziehen den Finger hinunter bzw. hinauf. Bei manchen Touchpads müssen Sie zwei Finger benutzen.

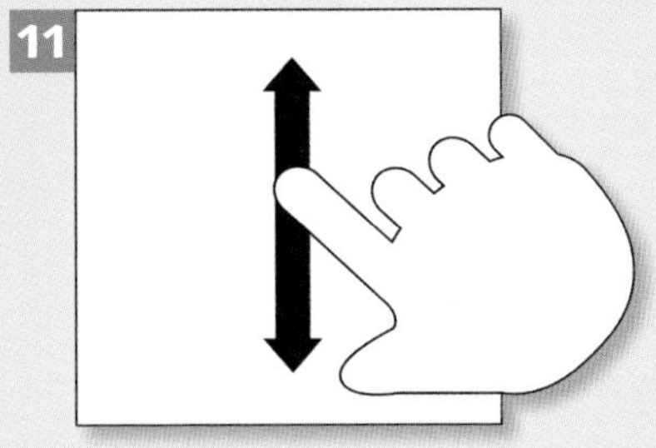

Schritt 12

Für manche Aktionen, z. B. Bilder anzeigen lassen, müssen Sie doppelt klicken, also zweimal schnell hintereinander die linke Touchpad-Taste drücken. Auch dafür können Sie das Touchpad nutzen: Zweimal auf das Touchpad tippen, und das Bild öffnet sich.

Eine Maus anschließen

1

2

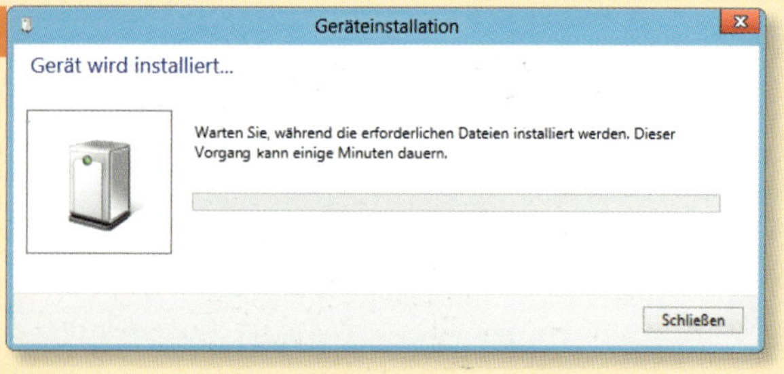

3

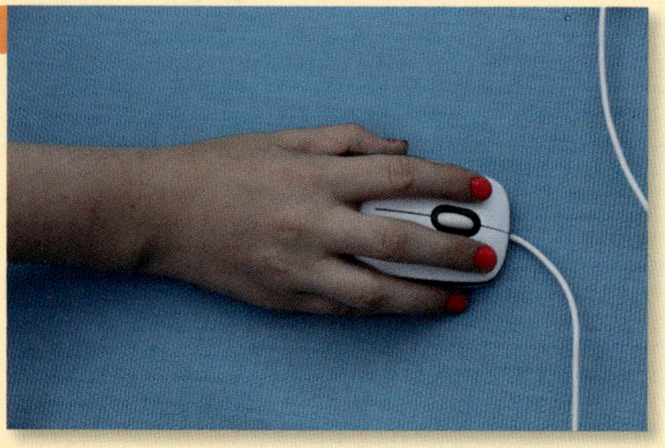

Alles, was Sie mit dem Touchpad machen können, lässt sich auch mit einer Maus erledigen. Die Maus lässt sich dabei genauer steuern.

Schritt 1

Haben Sie eine Maus mit Kabel, dann stecken Sie den USB-Stecker in einen freien USB-Anschluss an Ihrem Notebook. Die Maus wird über das Notebook mit Energie versorgt; Sie benötigen also keine Batterien oder Akkus für die Maus.

Schritt 2

Sobald Sie den USB-Stecker angeschlossen haben, ertönt ein Signalton. Windows öffnet ein Fenster und teilt Ihnen mit, dass das Gerät installiert wird. Das Fenster wird eventuell im Hintergrund und nur so kurz angezeigt, so dass Sie es gar nicht zu Gesicht bekommen.

Schritt 3

Nach einer kurzen Zeit ist die Maus installiert, und Sie können sie verwenden.

Mauspad verwenden

Wenn Ihr Notebook auf einer festen Unterlage steht (z. B. auf einem Tisch), können Sie ein *Mauspad* verwenden. Diese meist aus Kunststoff bestehenden Unterlagen erleichtern die Arbeit mit der Maus.

Schritt 4

Eine kabellose Maus bezieht ihre Energie aus Batterien, daher müssen Sie bei einer neuen Maus zuerst die Batterien einlegen. Meist befindet sich an der Unterseite der Maus ein Schiebschalter, mit dem Sie das Batteriefach öffnen können ❶. Legen Sie die Batterien ein und schließen Sie das Fach wieder gut.

4

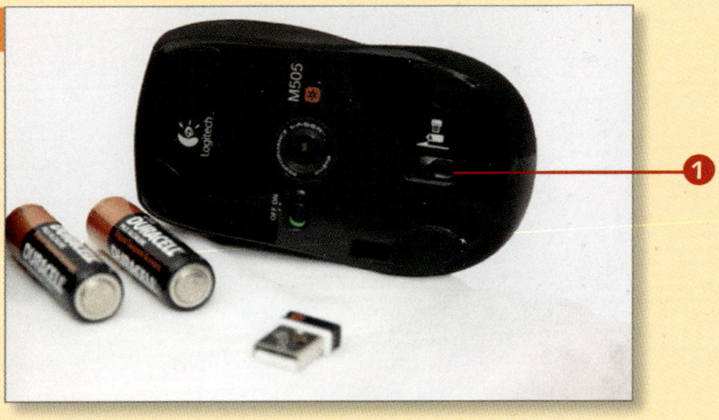

Schritt 5

Achten Sie darauf, dass die Maus eingeschaltet ist: An der Unterseite ist meist ein Schieber ❷, der auf **On** oder **An** stehen muss.

5

Schritt 6

Stecken Sie nun den USB-Stecker ❸, der die Maussignale an das Notebook überträgt, in eine USB-Buchse am Notebook. Windows lässt wieder einen Signalton hören und zeigt kurz das Installationsfenster. Nach wenigen Augenblicken können Sie die Maus verwenden.

6

Welche Maus ist die richtige?

Eine Notebook-Maus sollte weder zu groß noch zu klein sein. Sie sollten die Fingerkuppe des Zeigefingers möglichst weit vorn auf der linken Maustaste platzieren können. Gleichzeitig sollte Ihr Handballen auf dem Mauspad oder Tisch aufliegen.

Mit der Maus arbeiten

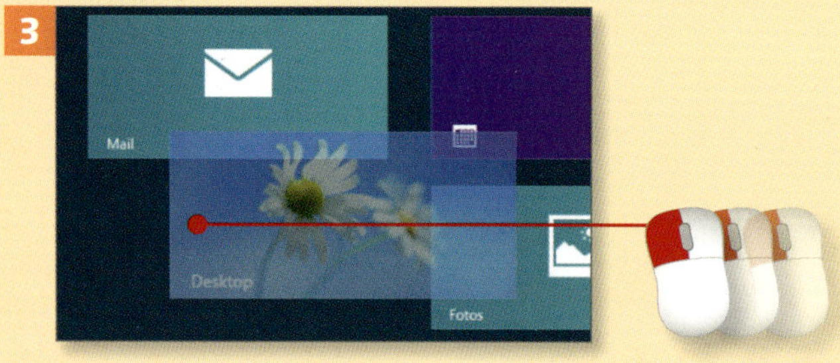

Mit der Maus bewegen Sie den Mauszeiger; mit den Maustasten klicken Sie etwas an oder öffnen ein Kontextmenü; mit dem Mausrad scrollen Sie.

Schritt 1

Bewegen Sie die Maus über den Bildschirm. Sie sehen, wie sich der Mauszeiger parallel zu Ihren Mausbewegungen bewegt. Machen Sie sparsame Bewegungen, sonst verschwindet der Mauszeiger. Bewegen Sie die Maus dann langsam, bis Sie den Mauszeiger wieder sehen.

Schritt 2

Rufen Sie den Startbildschirm durch Drücken der [Windows]-Taste auf. Führen Sie den Mauszeiger über eine Kachel, und klicken Sie sie an; halten Sie die Maustaste (links!) gedrückt. Die Kachel »knickt« etwas ein.

Schritt 3

Ziehen Sie nun die Kachel mit gedrückter Maustaste an einen anderen Platz auf dem Startbildschirm; lassen Sie die Maustaste dann los. Dieses Ziehen mit der Maus benötigen Sie nicht nur auf dem Startbildschirm, sondern auch beim Verschieben von Text oder Dateien.

Klicken = einmal links klicken

Wenn von Klicken die Rede ist, ist immer das Klicken mit der linken Maus- bzw. Touchpad-Taste gemeint, und zwar einmal. Wenn zweimal schnell geklickt werden soll, heißt das *Doppelklick*. Um ein Kontextmenü zu öffnen, machen Sie einen *Rechtsklick*.

Schritt 4

Klicken Sie die **Desktop**-Kachel an; Windows wechselt zum Desktop. Links oben sehen Sie den **Papierkorb**; klicken Sie ihn mit der *rechten* Maustaste an.

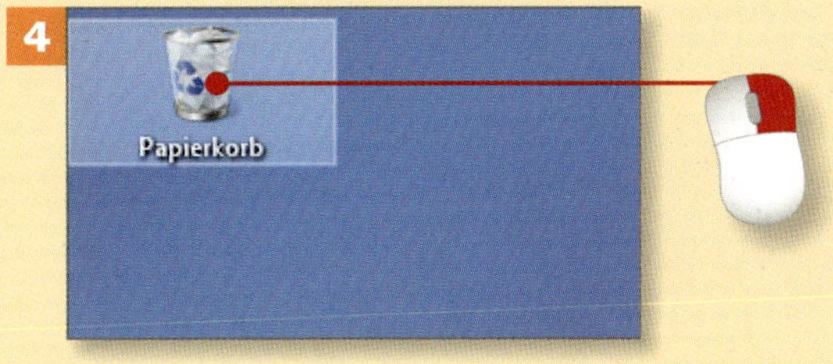

Schritt 5

Aus dem Kontextmenü wählen Sie **Papierkorb leeren**. Das Kontextmenü wird wieder geschlossen. Ist der Papierkorb noch leer, ist die Möglichkeit **Papierkorb leeren** ausgegraut – sie macht keinen Sinn, wenn der Papierkorb schon leer ist. Drücken Sie in diesem Fall die [Esc]-Taste auf Ihrer Tastatur.

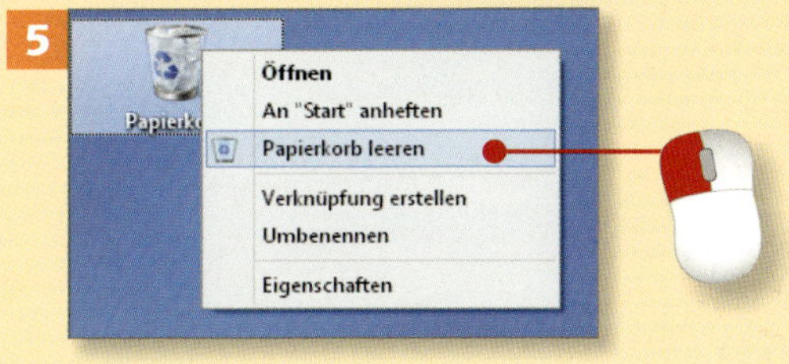

Schritt 6

Der **Papierkorb** lässt sich mit einem Doppelklick (zweimal schnell hintereinander auf den Papierkorb klicken) auch öffnen. So können Sie sehen, was darin ist. Zum Leeren klicken Sie links auf **Papierkorb leeren** ❶, zum Schließen auf das Schließkreuz rechts oben ❷.

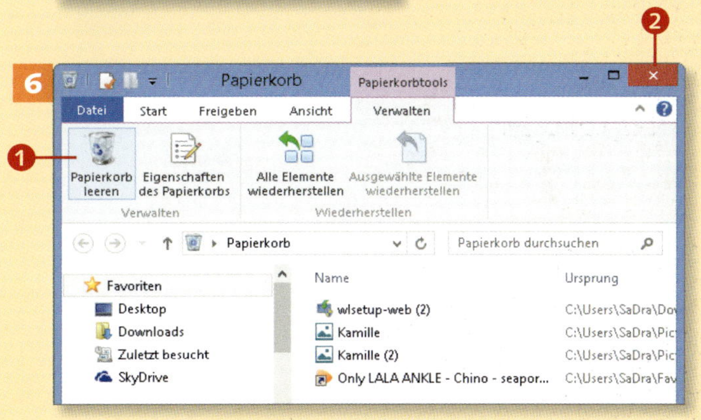

Maus oder Touchpad?
Mit der Maus steuern Sie den Zeiger ebenso wie mit dem Finger auf dem Touchpad. Die Maustasten haben die gleiche Funktion wie die Touchpad-Tasten. Die Maus hat einen größeren Bewegungsradius als das Touchpad; außerdem lässt sich mit der Maus leichter punktgenau arbeiten. Das Ziehen geht mit der Maus leichter, denn beim Touchpad muss der eine Zeigefinger die linke Taste drücken und der andere auf dem Touchpad ziehen.

Energieoptionen einstellen

Notebooks arbeiten mit Energiesparoptionen, um die begrenzte Energie des Akkus optimal zu nutzen. Lesen Sie hier, wie Sie die Einstellungen Ihren Bedürfnissen anpassen.

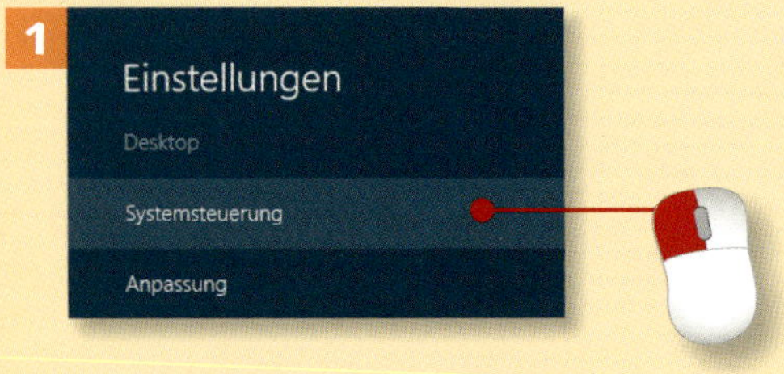

Schritt 1

Öffnen Sie vom Desktop aus die Einstellungen, indem Sie die [Win]-Taste und [I] drücken oder die Charmsleiste aufrufen und dort auf **Einstellungen** klicken. Klicken Sie bei den Einstellungen auf **Systemsteuerung**.

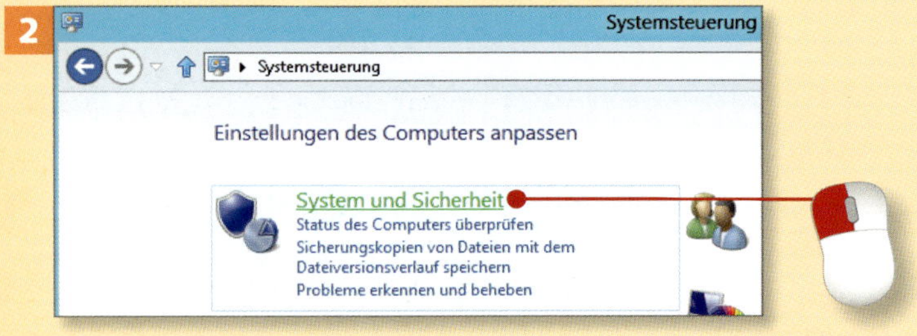

Schritt 2

Lassen Sie sich nicht von der folgenden Auflistung der Systemsteuerungsbereiche irritieren; klicken Sie auf **System und Sicherheit**.

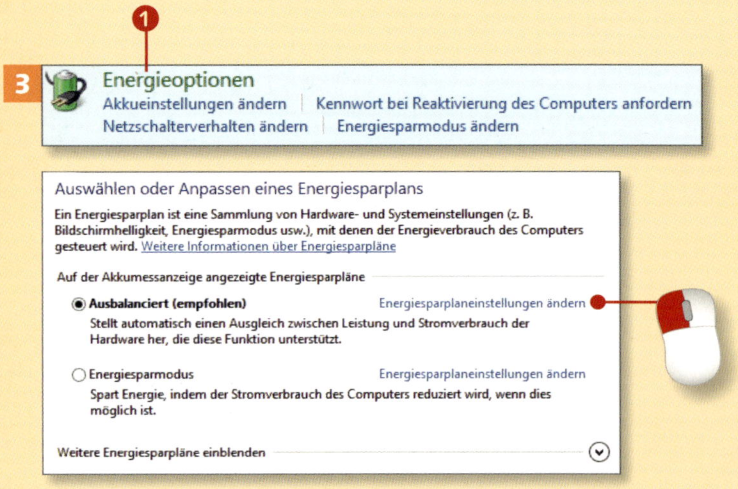

Schritt 3

Im nächsten Fenster klicken Sie auf **Energieoptionen** ❶. Wieder folgt ein neues Fenster; dort klicken Sie auf **Energieplaneinstellungen ändern**.

Schritt 4

Schauen Sie sich die Einstellungen für den Betrieb am Stromnetz an: Wenn Sie 5 Minuten am Notebook nichts gemacht haben, wird die Bildschirmhelligkeit reduziert. Nach 10 Minuten schaltet sich der Bildschirm aus, aber das Notebook läuft noch. Nach 30 Minuten versetzt sich das Notebook in den Energiesparmodus.

Schritt 5

5 Minuten sind schnell um; vielleicht möchten Sie nicht, dass das Notebook dann schon dunkler wird? Ändern Sie diese Einstellung: Klicken Sie auf den kleinen Pfeil ❷ neben **5 Minuten,** und wählen Sie aus der Liste durch Klicken einen anderen Zeitraum aus.

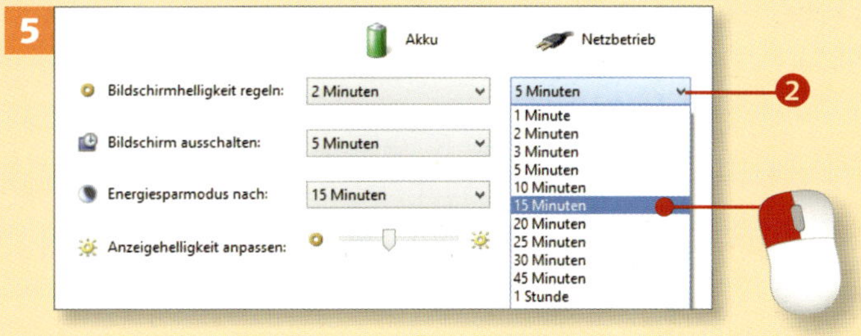

Schritt 6

Ändern Sie auch die anderen beiden Einstellungen, wenn Ihnen ein längerer Betrieb lieber ist. Bestätigen Sie Ihre Änderungen mit einem Klick auf **Änderungen speichern**. Schließen Sie alle Fenster der Systemsteuerung.

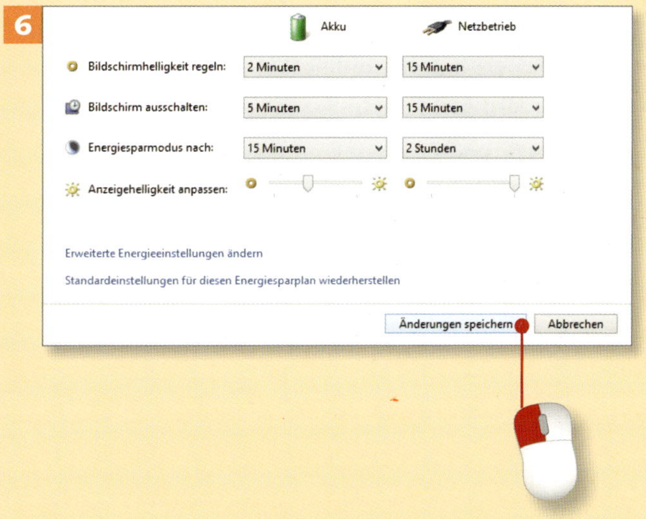

Kapitel 3
Am Bildschirm zurechtfinden

Ihr Notebook ist flexibel und vielseitig, daher können Sie verschiedene Anwendungen gleichzeitig geöffnet haben. In diesem Kapitel lernen Sie, wie Sie Programme und die Apps genannten Anwendungen öffnen und zwischen ihnen wechseln.

Desktop und Startbildschirm einsetzen

Windows bringt zwei Steuerzentralen mit: den Desktop und den Startbildschirm ❶. Der Desktop ist die kurze Verbindung zum Explorer, zum Wartungscenter und zu vielen Programmen und Dokumenten. Vom Startbildschirm aus öffnen Sie Apps und Programme.

Apps effizient nutzen

Die Apps ❷ bringen nicht nur Farbe auf den Bildschirm. Sie sind auch leicht zu nutzen und nach Wunsch zu personalisieren, so dass Sie schon beim Start sehen, was sich bei Ihren E-Mails oder beim Sport getan hat und wie das Wetter heute wird.

Programmen öffnen und wechseln

Texte schreiben, Fotos auf dem Notebook sortieren oder im Internet surfen: Für all das öffnen Sie Programme ❸. Sie können mehrere Programme gleichzeitig geöffnet lassen, z. B. um beim Briefschreiben im Internet etwas nachzuschauen und im Explorer nach einem passenden Bild zu suchen.

1 Startbildschirm und Desktop sind Ihre Steuerzentralen auf dem Notebook.

2 Apps sind mit einem Klick geöffnet und bieten, thematisch sortiert, übersichtliche Inhalte.

3 Programme sind vielseitiger als Apps, lassen sich aber genauso schnell starten. Der Desktop ermöglicht schnelles Wechseln zwischen den Programmen.

Bei Windows anmelden

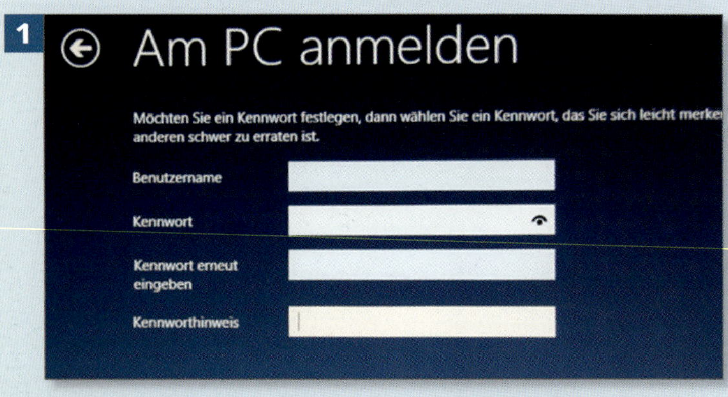

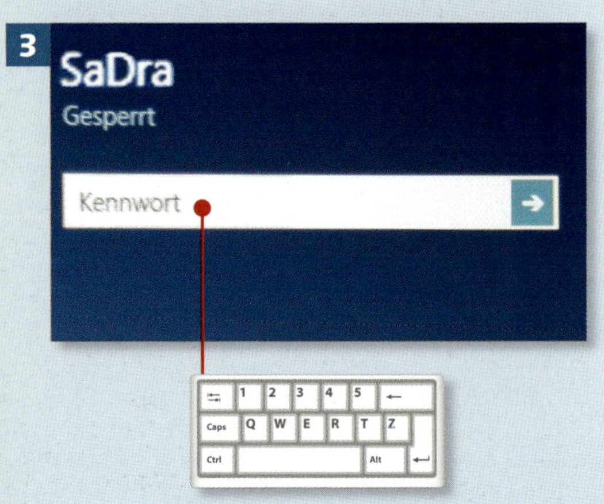

Windows merkt sich die Einstellungen, die Sie beim ersten Start Ihres Notebooks vorgenommen haben. Lesen Sie hier, wie Sie ihr Notebook starten.

Schritt 1

Haben Sie beim ersten Start von Windows ein Passwort eingegeben, werden Sie jedes Mal beim Start Ihres Notebooks aufgefordert, es einzugeben. Das ist unabhängig davon, ob Sie das Notebook in den Energiesparmodus versetzt oder vollständig heruntergefahren haben.

Schritt 2

Fall 1: Start nach dem Herunterfahren. Schalten Sie Ihr Notebook ein. Es fährt hoch. Windows zeigt zuerst den Sperrbildschirm mit Datum und Uhrzeit. Klicken Sie an irgendeine Stelle auf dem Bildschirm, oder drücken Sie eine beliebige Taste.

Schritt 3

Jetzt erscheint Ihr Benutzername mit dem Hinweis **Gesperrt**. Keine Sorge: **Gesperrt** bedeutet hier, dass jetzt die Eingabe Ihres Passwortes erforderlich ist. Tippen Sie Ihr Passwort ein – es muss immer exakt so eingegeben werden, wie Sie es anfänglich festgelegt haben.

Schritt 4

Bestätigen Sie die Eingabe mit einem Klick auf den Pfeil rechts neben dem Eingabefeld; dann wird der Startbildschirm angezeigt. Alternativ können Sie nach der Eingabe des Kennwortes auch die [↵]-Taste drücken.

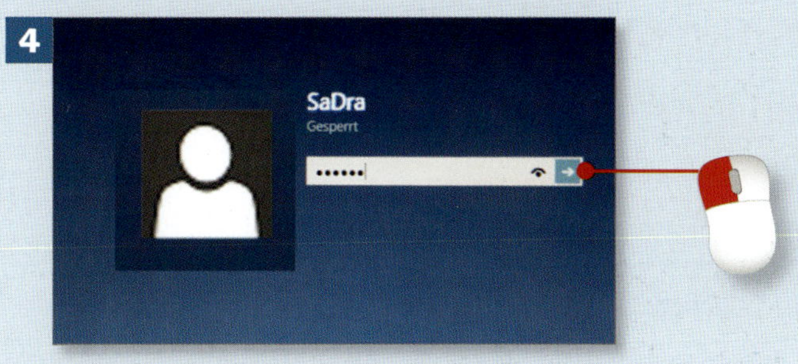

Schritt 5

Wenn Sie bei der Einrichtung kein Passwort eingegeben haben, zeigt Ihr Notebook nach dem Hochfahren direkt den Startbildschirm.

Schritt 6

Fall 2: Start aus dem Energiesparmodus. Nach dem Starten erscheint der Sperrbildschirm. Klicken Sie darauf, und geben Sie Ihr Passwort ein. Wurde kein Passwort vergeben, drücken Sie beim Sperrbildschirm die [↵]-Taste. Sie sehen kurz die **Gesperrt**-Seite, die aber von allein verschwindet. Windows wechselt genau zu dem Programm, an dem Sie zuletzt gearbeitet haben.

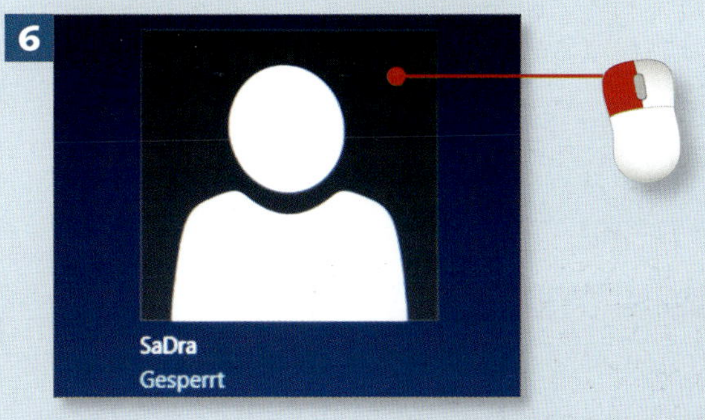

Herunterfahren oder Energie sparen?
Herunterfahren und Neu starten müssen Sie Ihr Notebook nur bei Windows-Updates, ansonsten reicht das Versetzen in den Energiesparzustand. Wenn es sich beim Transport selbst aufweckt, sollten Sie es herunterfahren.

Windows kennenlernen – der Startbildschirm

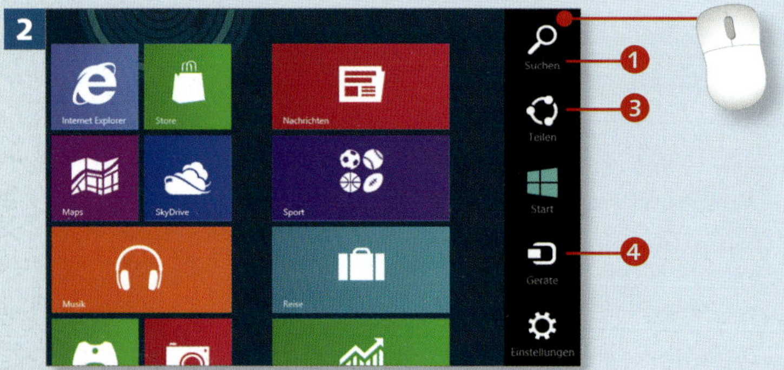

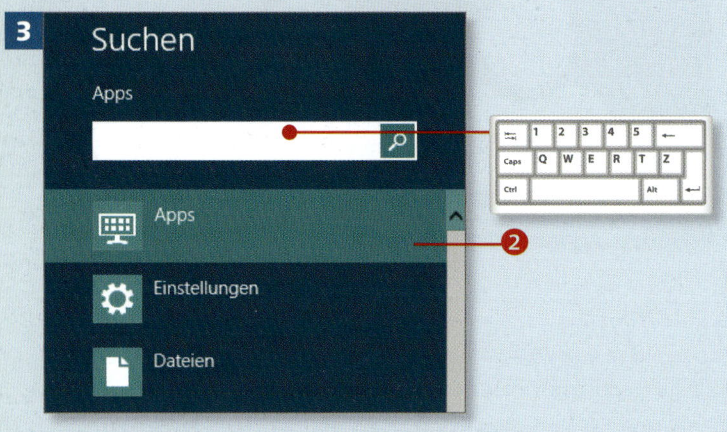

Windows hat zwei Arbeitsflächen: den Startbildschirm und den Desktop. In diesem Abschnitt lernen Sie den Startbildschirm kennen.

Schritt 1

Wenn Sie das Notebook starten, wird Ihnen der Startbildschirm (auch Start oder Startseite genannt) angezeigt. Auf dem Startbildschirm sehen Sie bunte Felder; sie heißen Kacheln und stehen für Anwendungen (Apps), die Sie mit einem Klick starten können.

Schritt 2

Windows ist auch für Computer mit Touchscreen geeignet, daher lässt es sich gut mit Wischbewegungen steuern. Dieses Wischen ahmen Sie mit der Maus oder dem Touchpad leicht nach. Lassen Sie die Maus an den rechten unteren oder oberen Bildschirmrand schweifen: Die Charms-Leiste erscheint.

Schritt 3

Die Lupe ❶, steht für den **Suchen**-Charm. Wenn Sie die Lupe anklicken, können Sie einen Begriff in das **Suchfeld** eingeben und darunter auswählen, ob Sie in den Einstellungen, den Apps ❷ (voreingestellt) oder Ihren Dateien suchen wollen.

Schritt 4

Der **Teilen**-Charm ❸ und der **Geräte**-Charm ❹ erleichtern den Austausch von Daten mit anderen Apps und anderen Windows-Nutzern sowie das Senden von Daten an den Drucker. Solange auf dem Startbildschirm keine Inhalte zum Teilen oder Drucken da sind, benötigen Sie diese Charms nicht.

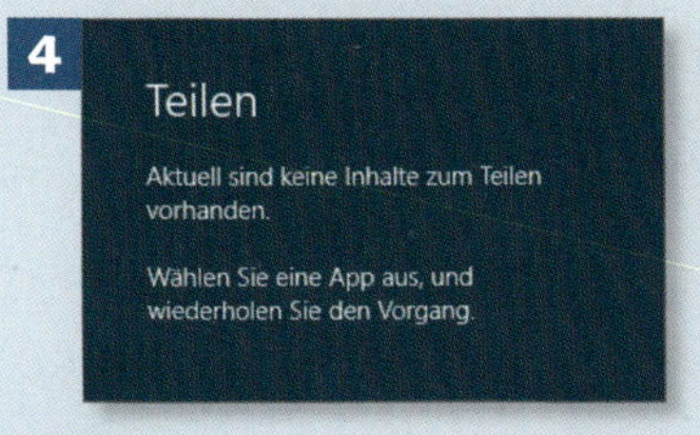

Schritt 5

Der dritte Charm wechselt zum Startbildschirm. Sind Sie z. B. im Internet unterwegs, können Sie die Charms-Leiste aufrufen und auf das **Start-Symbol** klicken. Auch über die Tastatur kommen Sie schnell zum Startbildschirm: Drücken Sie einfach die ⊞-Taste.

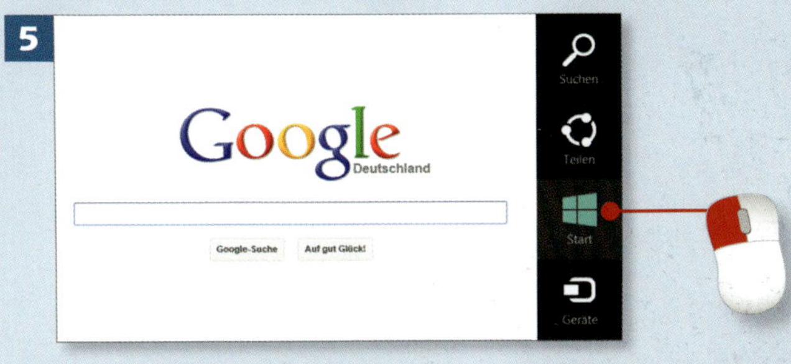

Schritt 6

Der unterste Charm beinhaltet die **Einstellungen**. Die Optionen im oberen Bereich ❺ sind je nach App und Arbeitsbereich verschieden. Auf dem Startbildschirm ändern Sie die Einstellungen der Kacheln. Zum Ausblenden der Charms-Leiste bewegen Sie den Mauszeiger einfach von der Charms-Leiste weg.

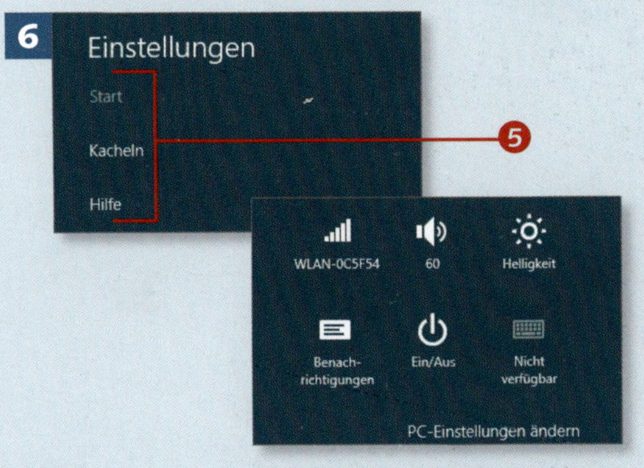

Stets verfügbar – die Charms-Leiste

Die Charms-Leiste ist die wesentliche Werkzeugleiste in Windows und kann von überall aus aufgerufen werden. Der **Suchen**-Charm bietet einen großen Nutzen, da Sie mit dieser Funktion alles auf dem Notebook suchen können. Die Einstellungen werden Sie häufig über die Charms-Leiste aufrufen, da Sie damit das Notebook herunterfahren oder in den Energiesparzustand versetzen.

Windows kennenlernen – der Startbildschirm (Forts.)

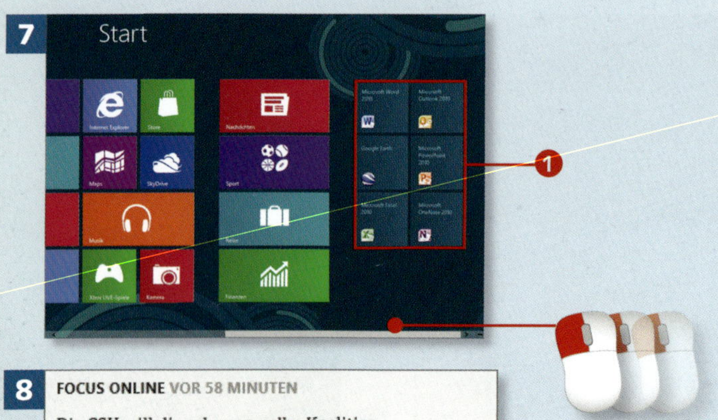

Schritt 7

Wenn Sie Programme hinzufügen, werden für diese Programme kleine Kacheln angelegt, die Windows rechts neben den bisherigen Kacheln anordnet **1**. Scrollen Sie, um die Kacheln auf der rechten Seite zu sehen.

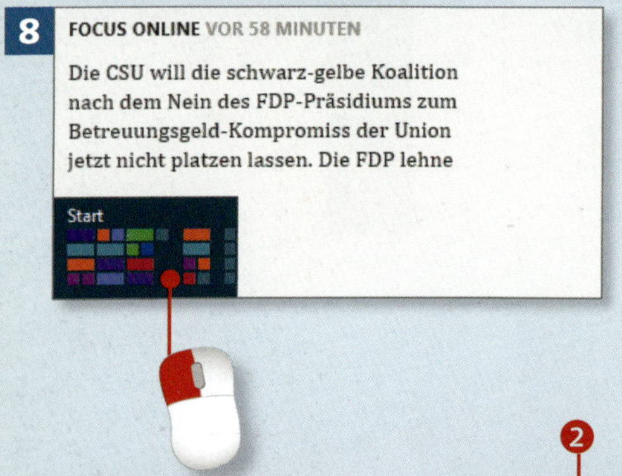

Schritt 8

Apps starten Sie mit einem Klick auf die entsprechende Kachel (siehe dazu den Abschnitt »Apps starten, nutzen und beenden« ab Seite 48). Die App öffnet sich in einem eigenen großen Fenster. Sie können Apps geöffnet lassen, wenn Sie etwas anderes machen wollen. Wechseln Sie aus der App, hier der News-App, zum Startbildschirm mit der ⊞-Taste oder einem Klick auf den Miniatur-Startbildschirm ganz unten links.

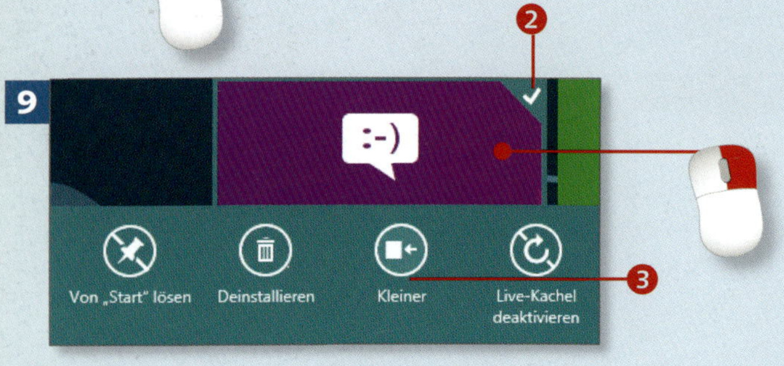

Schritt 9

Die Größe der Kacheln ändern Sie so: Klicken Sie mit der rechten Maustaste auf die Kachel. Die Kachel erhält ein **Häkchen** **2**, und am unteren Bildschirmrand erscheint die App-Leiste. Klicken Sie auf **Kleiner** **3**, und die Kachel ist nur noch halb so groß.

Apps und große Programme

Apps (kurz für *Applications*) sind kleine Anwendungsprogramme. Sie werden über den *Windows Store* bezogen und installiert. Sie werden immer im Vollbildmodus geöffnet. Die leistungsfähigeren größeren Programme wie Word, Photoshop oder Google Earth werden in Fenstern geöffnet, deren Größe Sie ändern können.

Schritt 10

Apps, die Sie nicht brauchen, deinstallieren Sie einfach. Klicken Sie die App mit der rechten Maustaste an, und wählen Sie in der App-Leiste **Deinstallieren** ④.

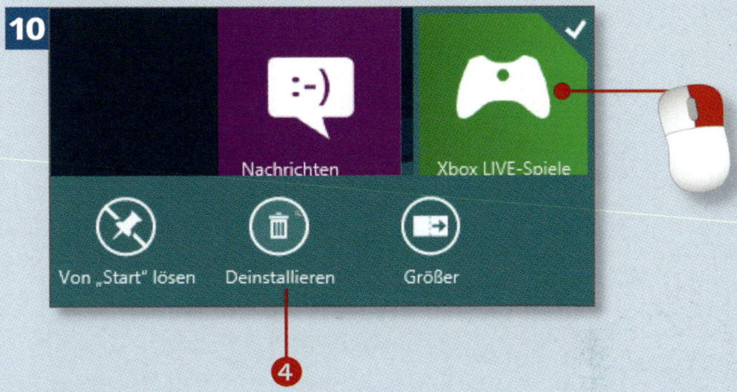

Schritt 11

In einem kleinen Fenster bestätigen Sie das Löschen der gewählten App, indem Sie auf **Deinstallieren** klicken. Die App steht dann nicht mehr zur Verfügung, kann aber über den App-Store wieder installiert werden.

Schritt 12

Je mehr Apps Sie mit der Zeit neu installieren, desto unübersichtlicher wird der Startbildschirm. Blenden Sie dann die Apps, die Sie selten oder »vielleicht später mal« benötigen, aus: Klicken Sie die App mit der rechten Maustaste an, und wählen Sie in der App-Leiste **Von „Start" lösen** ⑤.

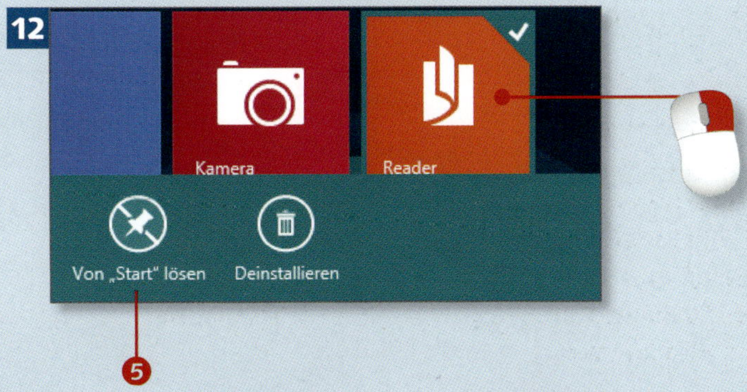

Links oder rechts?
Apps starten Sie mit einem Linksklick. Soll eine App aber deinstalliert, verkleinert, vergrößert, zum Startbildschirm hinzugefügt oder von ihm entfernt werden, drücken Sie die rechte Maustaste.

Windows kennenlernen – der Desktop

Vom Desktop aus können Sie viele Programme schnell starten, z. B. den Internet Explorer. Auf dem Desktop können Sie weitere Programme und Dateien ablegen, die Sie schnell starten wollen.

Schritt 1

Den Desktop rufen Sie am schnellsten über die Tastenkombination ⊞-Taste und M auf. Diese Tastenkombination funktioniert aus allen Programmen heraus.

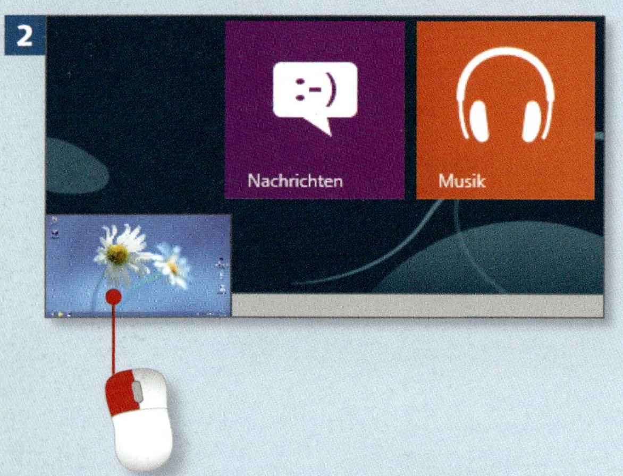

Schritt 2

Vom Startbildschirm aus rufen Sie den Desktop auch über die **Desktop-Kachel** auf. Wenn kein Programm geöffnet ist, führen Sie den Mauszeiger in die äußerste Ecke unten links; eine Miniaturansicht des Desktops erscheint. Klicken Sie darauf.

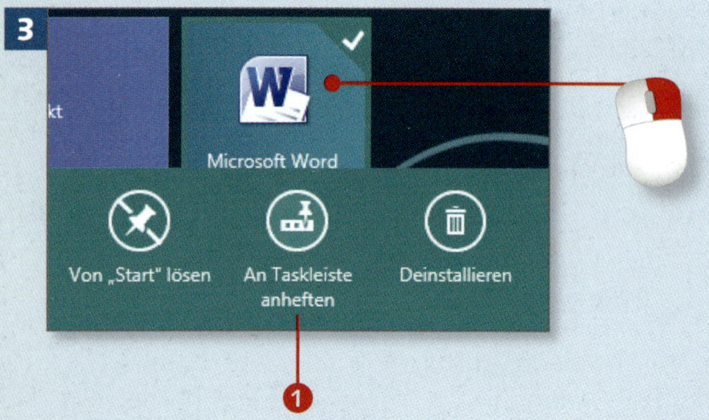

Schritt 3

Damit installierte Programme vom Desktop aus gestartet werden können, klicken Sie auf dem Startbildschirm mit der rechten Maustaste auf die Programmkachel, hier z. B. Word. Unten in der App-Leiste klicken Sie auf **An Taskleiste anheften** 1.

Schritt 4

Nun können Sie das Programm vom Desktop aus öffnen. Die Leiste am unteren Bildschirmrand des Desktops ist die *Taskleiste*. Auf der Taskleiste sehen Sie das Programmsymbol; bei Word ist es das blaue »W« ❷. Alle Programme auf der Taskleiste werden mit einem Klick geöffnet.

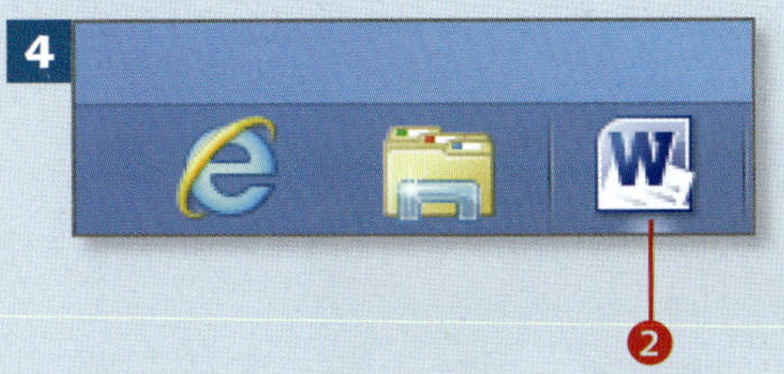

Schritt 5

Programme und Orte, die im oberen Bereich des Desktops zu finden sind – hier z. B. der **Papierkorb** und **Google Earth** – werden immer mit einem Doppelklick geöffnet.

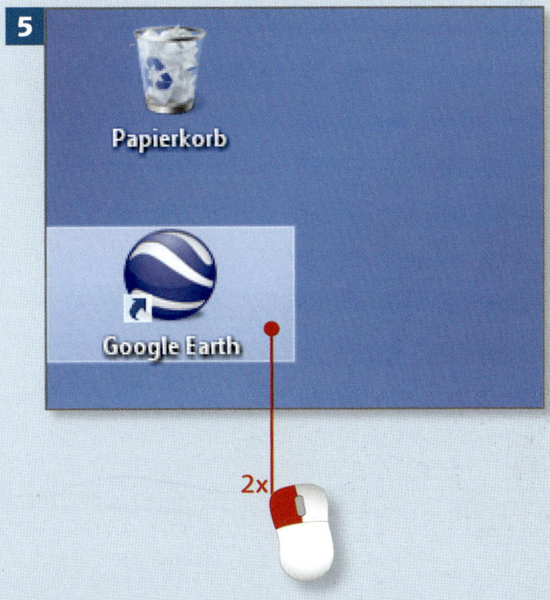

Schritt 6

Rechts unten auf dem Desktop finden Sie im Infobereich einige wichtige Symbole. Die Fahne ❸ führt zum Wartungscenter und ändert sich bei Sicherheitsmeldungen. Mit dem Pfeil ❹ blenden Sie ausgeblendete Symbole ein. Die Batterie mit Stecker ❺ meldet, dass das Notebook Strom erhält; eine Batterie allein zeigt den Akku-Stand an. Die »Treppe« zeigt die WLAN-Verbindungsstärke ❻ an, während Sie über das Lautsprechersymbol ❼ die Lautstärke regeln können.

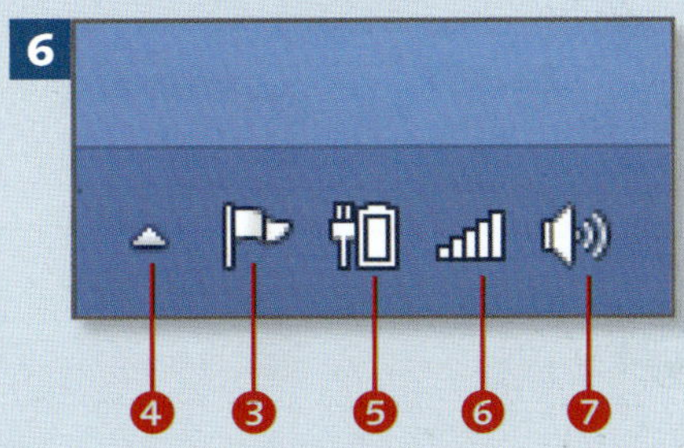

Apps starten, nutzen und beenden

1

2
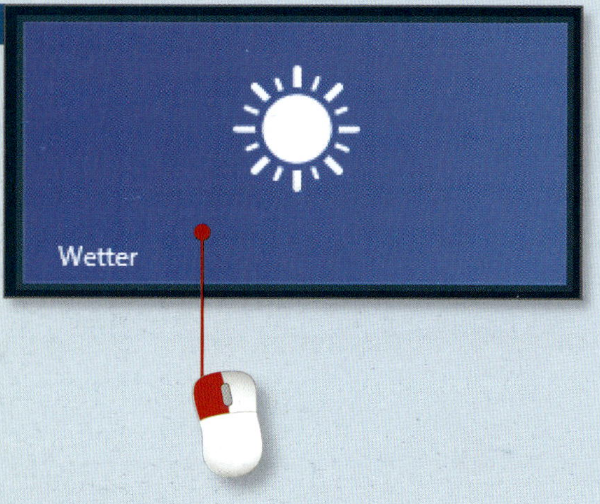

3
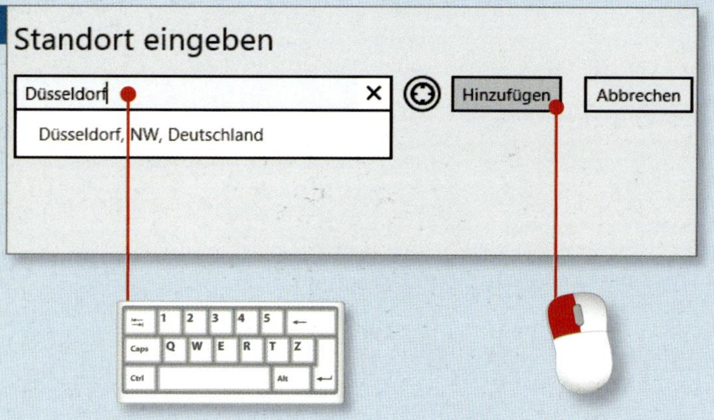

Apps verbrauchen nicht viel Rechenleistung. Für viele überschaubare Aufgaben sind sie bestens geeignet.

Schritt 1

Rufen Sie den Startbildschirm auf. Sie sehen die schon installierten Apps; jede Kachel steht für eine App. Alle Apps starten und beenden Sie gleich. Wie Sie sich innerhalb einer App bewegen, erfahren Sie am Beispiel der Wetter-App.

Schritt 2

Klicken Sie auf die **Wetter**-Kachel; die Wetter-App wird geöffnet.

Schritt 3

Geben Sie den Standort ein, für den Sie das Wetter angezeigt bekommen möchten, etwa »Düsseldorf«. Klicken Sie anschließend auf **Hinzufügen**.

Etwas Geduld ...

Wenn Sie auf eine App-Kachel klicken, vergrößert sich das Bild der Kachel und füllt den ganzen Bildschirm; unter dem Symbol dreht sich ein Punktekreis. Je nach App und Schnelligkeit Ihrer Internetverbindung kann es eine Weile dauern, bis die App geöffnet wird.

Schritt 4

Schon sehen Sie das Wetter ❶ und eine Vorhersage ❷ für den von Ihnen gewählten Ort. Das Hintergrundbild ❸ wird der aktuellen Wetterlage angepasst. Bei anderen Apps sehen Sie ebenfalls passende Hintergründe.

4
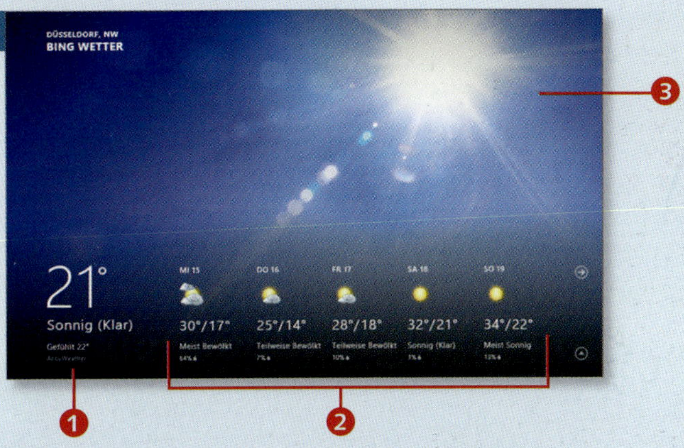

Schritt 5

Die meisten Apps bestehen aus mehreren Seiten, so auch die Wetter-App. Um die weiteren Seiten der App angezeigt zu bekommen, scrollen Sie nach unten. Scrollen Sie nach oben, dann kommen Sie zurück. Alternativ ziehen Sie den Schieber unten auf der *Bildlaufleiste* ❹ weiter.

5

Schritt 6

Apps verbrauchen nur wenig Arbeitsspeicher, daher können Sie sie geöffnet lassen, um z. B. im Internet zu surfen und später noch einmal die App auf Neuigkeiten hin zu prüfen. Zum Startbildschirm wechseln Sie dann mit der [Windows]-Taste oder mit einem Klick auf die Startbildschirm-Miniatur unten links in der Ecke.

6
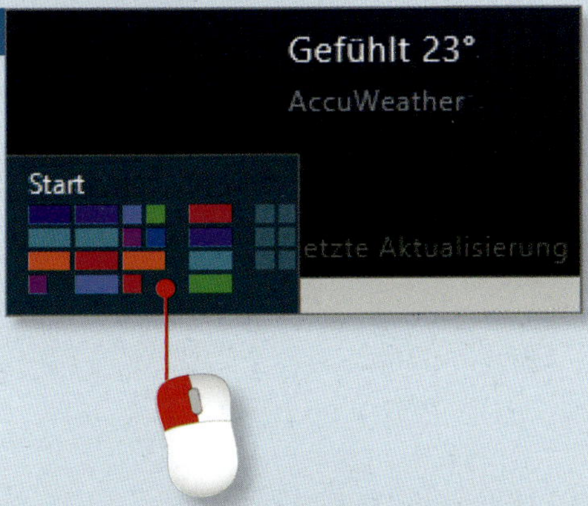

Apps starten, nutzen und beenden (Forts.)

7

8

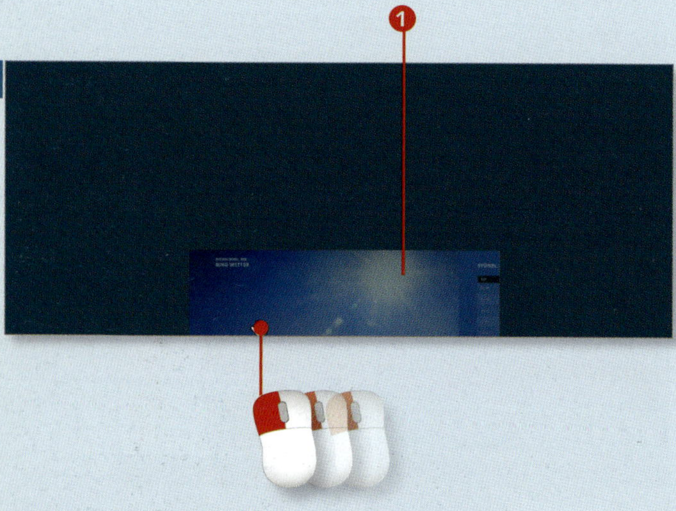

9

Schritt 7

Wollen Sie die App doch schließen, z. B. vor dem Ausschalten des Notebooks, führen Sie den Mauszeiger an den oberen Bildschirmrand. Der Mauszeiger nimmt die Form einer Hand an. Greifen Sie den Rand der App (mit der linken Maustaste drücken und die Taste gedrückt halten).

Schritt 8

Ziehen Sie die jetzt verkleinerte App an den unteren Bildschirmrand. Die App wird nochmals verkleinert und verblasst dargestellt (1). Lassen Sie erst dort die Maustaste los.

Schritt 9

Die App verwandelt sich wieder in eine der bunten Kacheln; sie zeigt Ihnen von nun an immer das aktuelle Wetter des gewählten Ortes an (2), sofern eine Internetverbindung besteht. Mit einem Klick auf die Kachel öffnen Sie die App wieder.

Apps ohne Internetverbindung?
Einige Apps lassen sich ohne Internetverbindung starten, z. B. die Fotos-App, der Reader oder die Kamera-App. Die meisten anderen Apps benötigen aber eine Internetverbindung, um ihre Inhalte anzuzeigen, da sie online aktualisiert werden.

Schritt 10

Wenn die **Wetter**-Kachel Ihnen gar keine Vorschau anzeigen soll, klicken Sie sie mit der rechten Maustaste an. In der App-Leiste unten klicken Sie auf **Live-Kachel deaktivieren** 3.

10

Schritt 11

Die Kachel erscheint nun wieder ohne Ort als einfache App-Kachel. Ein einfacher Klick öffnet die App wieder; dort ist noch der letzte eingegebene Ort gespeichert. Sie können bei fast allen App-Kacheln die Live-Ansicht aktivieren oder deaktivieren.

11

Schritt 12

Haben Sie die **App-Leiste** geöffnet, möchten aber doch nichts ändern, dann drücken Sie die Esc-Taste links oben auf Ihrer Tastatur.

12

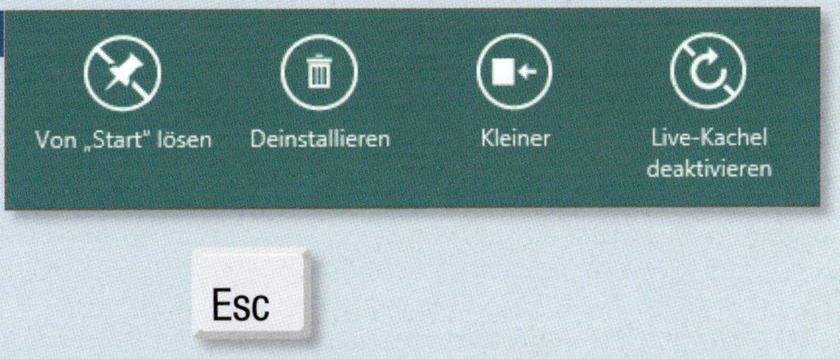

Der Vorteil der Live-Aktivierung

Wenn Sie Ihr E-Mail-Programm mit der E-Mail-App verbinden (siehe Kapitel 5, »E-Mails schreiben«, ab Seite 104), sehen Sie schon beim ersten Blick auf den Startbildschirm, ob Sie neue E-Mails haben. Die News-App zeigt wechselnd die aktuellsten Meldungen an, und auf der Fotos-Kachel sehen Sie eine Diaschau all Ihrer Bilder.

Mit mehreren geöffneten Apps umgehen

1
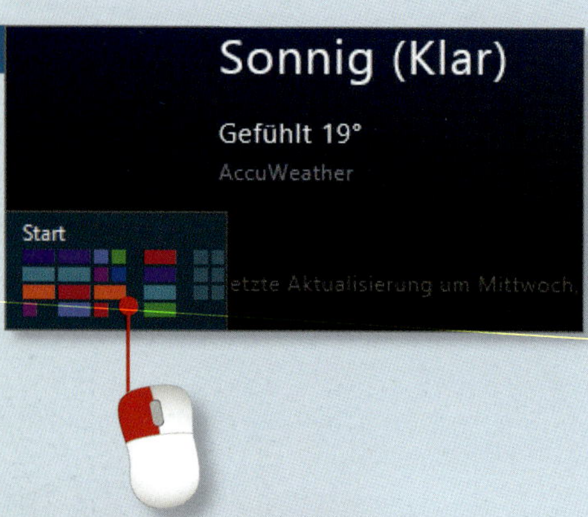

2

3
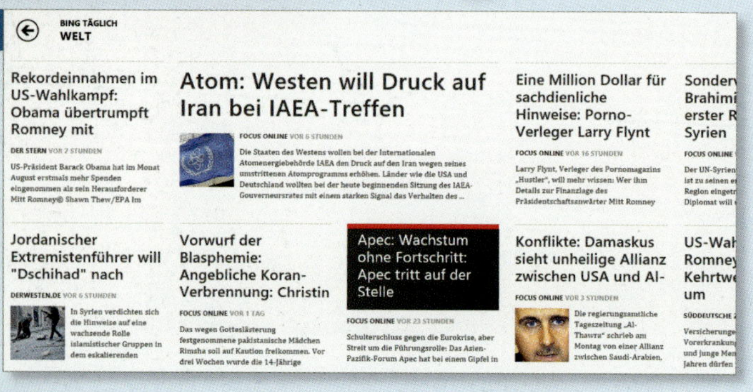

Apps werden nur in der Vollansicht geöffnet; einen Verkleinern-Knopf gibt es hier nicht. Auf dem Startbildschirm gibt es auch keine Taskleiste. Trotzdem können Sie leicht von einer App zur anderen wechseln oder von Apps zum Desktop.

Schritt 1

Öffnen Sie eine App, z. B. die Wetter-App. Lassen Sie sie geöffnet. Wechseln Sie wieder zum Startbildschirm, z. B. durch Führen des Mauszeigers nach links unten und Klicken auf die Startbildschirm-Miniatur.

Schritt 2

Öffnen Sie eine zweite App, z. B. die Nachrichten-App, mit einem Klick auf die entsprechende Kachel auf dem Startbildschirm.

Schritt 3

Die App nimmt den ganzen Bildschirm ein. Sie können innerhalb der App horizontal weiterscrollen (siehe dazu den Abschnitt »Apps starten, nutzen und beenden« ab Seite 48), aber Sie sehen die andere App nicht.

Bildschirm teilen

Die einzige Größenänderung, die bei der App-Ansicht möglich ist, ist der geteilte Bildschirm. Öffnen Sie eine App, und ziehen Sie sie mit gedrückter Maustaste etwas nach unten und nach links, bis Sie einen Trennbalken sehen. Lassen Sie die App los. Fahren Sie in die linke obere Ecke, und klicken Sie auf einen *Thumbnail* (eine Miniatur). Sie wird im größeren Fensterteil angezeigt.

Schritt 4

An der linken Seite finden Sie die andere App, im Beispiel die Wetter-App: Schweifen Sie mit dem Mauszeiger über den oberen linken Seitenrand. Die Wetter-App-Kachel ❶ und der Rand einer weiteren Kachel ❷ sind zu sehen.

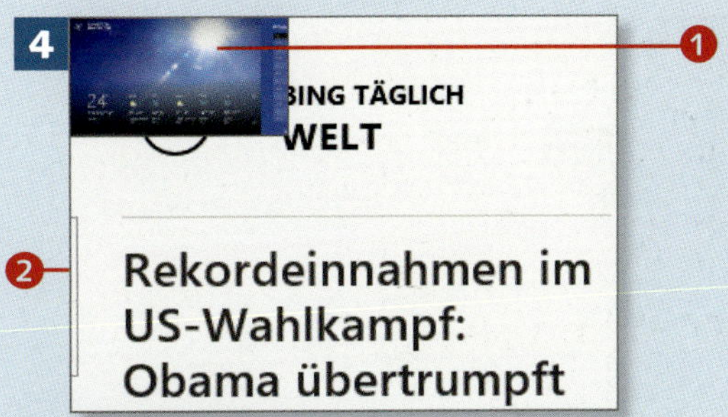

Schritt 5

Fahren Sie mit dem Mauszeiger über den Rand der zweiten Kachel; die App-Vorschau wird eingeblendet. Oben sehen Sie das Miniaturbild (Thumbnail) der Wetter-App ❸, darunter die **Desktop**-Kachel ❹ und ganz unten die Startbildschirm-Miniatur ❺. Klicken Sie zum Öffnen auf die gewünschte Miniatur.

Schritt 6

Zwischen Apps und Programmen können Sie leicht wechseln: Drücken Sie gleichzeitig die [Alt]- und die [⇆]-Taste. Windows blendet in der Bildschirmmitte Miniaturen aller geöffneten Apps und Programme ein ❻. Halten Sie die [Alt]-Taste gedrückt, und drücken Sie die [⇆]-Taste, bis das gewünschte Programm im Hintergrund zu sehen ist, und lassen Sie die Tasten los.

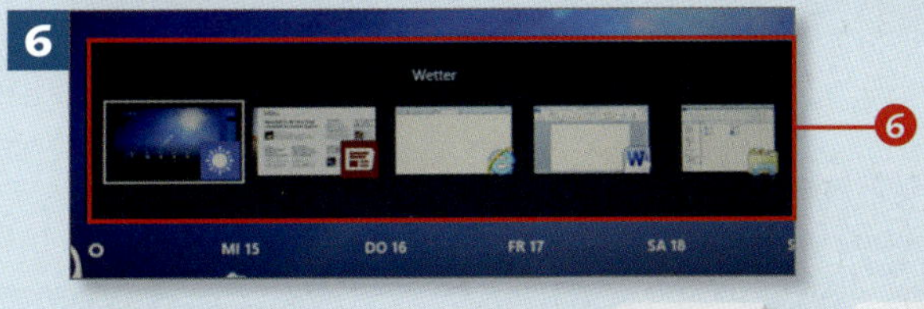

Zwischen Apps mit der Tastatur wechseln

Drücken Sie gleichzeitig kurz die [Windows]-Taste und die [⇆]-Taste. Windows wechselt zwischen den Apps hin und her. Halten Sie dagegen die [Windows]-Taste gedrückt und drücken dazu einmal kurz die [⇆]-Taste, wird die App-Leiste eingeblendet.

Apps und Programme auf den Startbildschirm legen

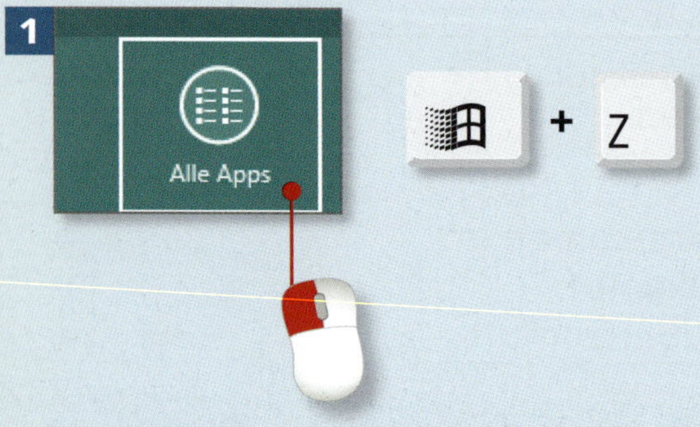

Windows wird auf Ihrem Notebook mit einer Auswahl an Apps installiert. Einige davon sehen Sie auf dem Startbilschirm, aber es gibt noch mehr Anwendungen.

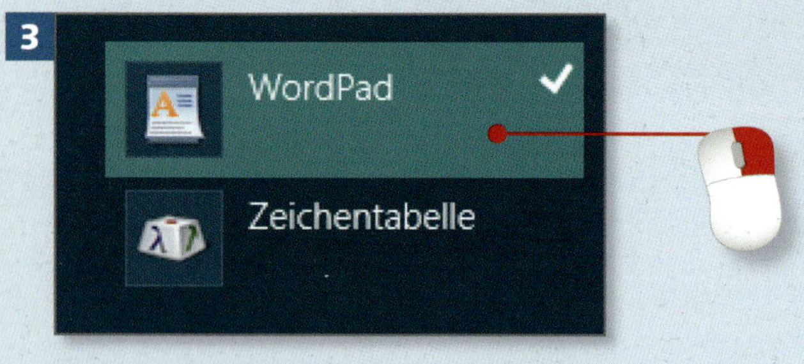

Schritt 1

Um alle installierten Apps zu sehen, drücken Sie auf dem Startbildschirm gleichzeitig die ⊞-Taste und Z. Alternativ klicken Sie mit der rechten Maustaste an eine leere Stelle auf dem Startbildschirm. Unten rechts klicken Sie nun auf **Alle Apps**.

Schritt 2

In der ersten Ansicht sind links die **Apps** zu sehen, die sich auf Ihrem Startbildschirm befinden. Scrollen Sie nach unten; jetzt sehen Sie weitere Apps und Programme sowie *Dienste* (sozusagen Hilfsprogramme) Ihres Notebooks, sortiert nach Kategorien (z. B. **Windows-Zubehör**).

Schritt 3

Um ein Programm auf dem Startbildschirm abzulegen und so als Kachel schnell verfügbar zu haben, klicken Sie das gewünschte Programm mit der rechten Maustaste an. Im Beispiel ist das Textverarbeitungsprogramm WordPad markiert.

Schritt 4

In der App-Leiste unten klicken Sie auf **An „Start" anheften**.

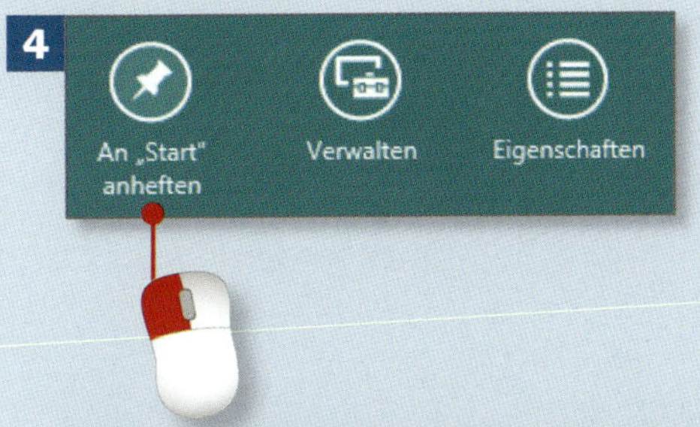

Schritt 5

Wiederholen Sie den Vorgang, z. B. mit dem Windows Defender ❶, dem Antiviren-Programm von Microsoft. Dieses Programm sollten Sie im Blick haben, weil es hier um die Sicherheit Ihres Notebooks geht (siehe Kapitel 12, »Für Sicherheit sorgen«, ab Seite 264).

Schritt 6

Zum Verlassen der App-Übersicht und Rückkehr auf den Startbildschirm führen Sie den Mauszeiger in die Ecke links unten. Klicken Sie dort auf das Mini-Startbildschirm-Symbol, oder drücken Sie die [Windows]-Taste.

Windows-Zubehör
Unter dem Zubehör finden sich viele nützliche Dienste und Programme. Wenn Sie alle Apps aufrufen, sehen Sie alle Zubehör-Dienste und -programme gruppiert auf einen Blick.

Programme starten und beenden

1

2

3
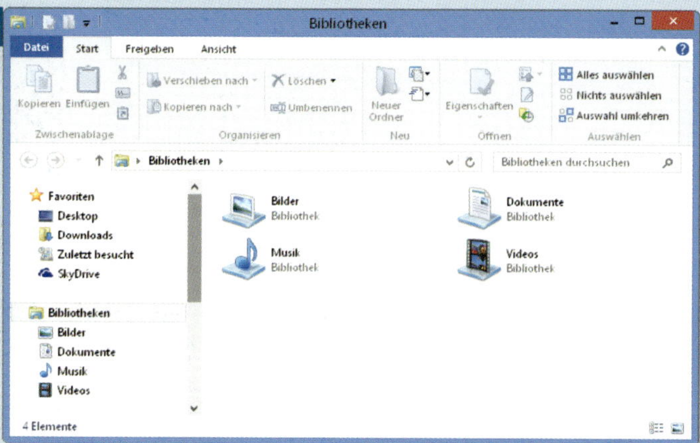

Neben den Apps gibt es verschiedene Programme, die vielfältige Aufgaben erledigen. Bereits installiert sind Programme wie der Internet Explorer, der Explorer oder der Editor. Weitere Programme, wie etwa Word und Excel, können Sie zusätzlich installieren.

Schritt 1

Öffnen Sie den Explorer, mit dem Sie Ihre Dateien verwalten (siehe Kapitel 9, »Dateien und Ordner verwalten«, ab Seite 212). Dazu rufen Sie den Desktop auf.

Schritt 2

Klicken Sie links unten in der Taskleiste einmal auf das Programmsymbol des Explorers. Wenn Sie den Mauszeiger kurz über dem Symbol schweben lassen, bekommen Sie auch den Namen des Programms – hier also **Explorer** – angezeigt.

Schritt 3

Das Programm wird in einem eigenen Fenster geöffnet. Dies gilt für alle Programme: Sie öffnen sich als eigenes Fenster, das Sie auch wieder einzeln schließen können, ohne gleich das ganze Notebook auszuschalten.

Schritt 4

Zum Beenden des Programms klicken Sie auf das Schließkreuz in der rechten oberen Ecke. Alle Programme lassen sich so schnell beenden.

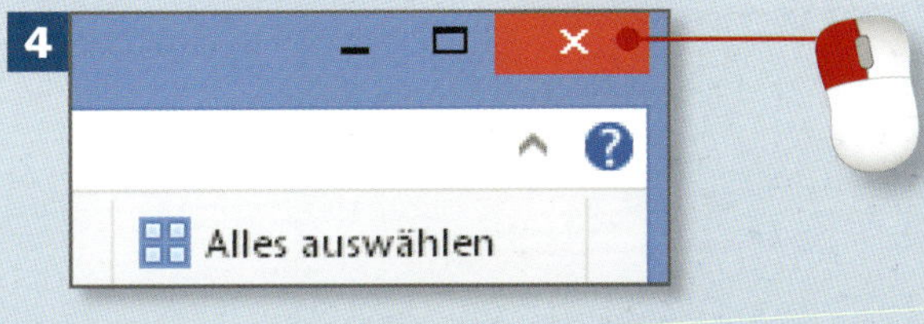

Schritt 5

Vom Startbildschirm aus öffnen Sie den Explorer so: Drücken Sie einfach die Taste [E]. Windows zeigt Ihnen eine Liste aller Programme und Apps, die mit »E« beginnen (im ersten oder zweiten Namensteil).

Schritt 6

Klicken Sie auf den Programmnamen; Windows wechselt zum Desktop und öffnet dort das Programm. Zum Schließen klicken Sie wieder auf das Schließkreuz.

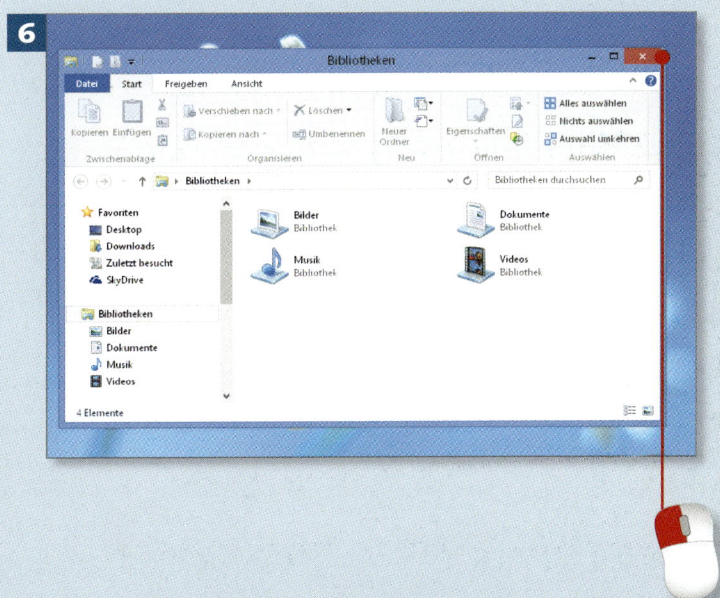

Programme schließen

Programme beenden Sie nicht nur über das Schließkreuz, sondern auch mit der Tastenkombination [Alt] + [F4] oder über das Dateimenü: Klicken Sie auf **Datei ▸ Schließen** bzw. **Datei ▸ Beenden**.

Mit Fenstern umgehen

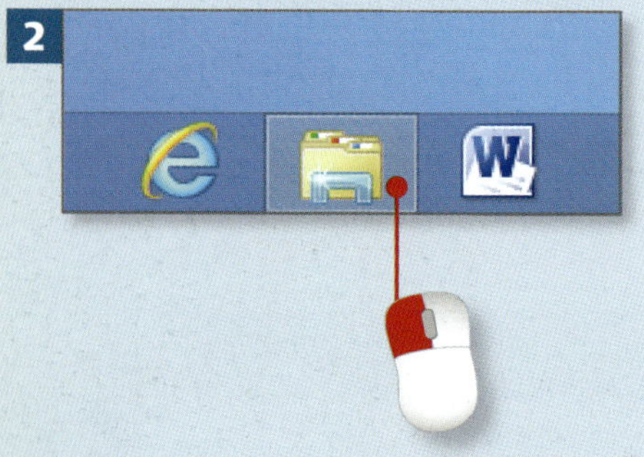

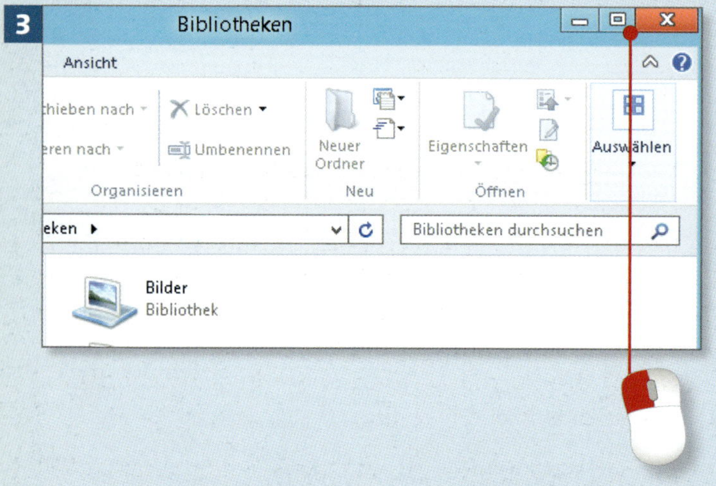

Programme werden in Fenstern geöffnet. Sie können mehrere Fenster gleichzeitig geöffnet haben. Wie Sie trotzdem den Überblick behalten, lernen Sie in diesem Abschnitt.

Schritt 1

Der Wechsel zwischen Startbildschirm und Desktop geht so: Zum Aufrufen des Desktops drücken Sie die ⊞-Taste und M, während Sie zum Startbildschirm durch Drücken der ⊞-Taste gelangen. Ist sonst nichts geöffnet, reicht auch die ⊞-Taste allein zum Wechseln zwischen beiden Bereichen.

Schritt 2

Anders sieht es bei mehreren geöffneten Programmen aus. Öffnen Sie den Explorer, indem Sie auf das Symbol auf der Taskleiste klicken. Die Symbole des Explorers und des Internet Explorers sind immer an die Taskleiste geheftet.

Schritt 3

Das Programm wird zunächst nicht in voller Größe geöffnet; Sie sehen noch den Desktop im Hintergrund. Um die beste Übersicht zu haben, vergrößern Sie das Explorer-Fenster, indem Sie auf das Rechteck rechts oben klicken.

Schritt 4

Jetzt können Sie sich ganz auf das geöffnete Programm, hier also den Explorer, konzentrieren. Um zum Desktop zu wechseln, ohne den Explorer zu schließen, klicken Sie auf den Minimieren-Strich oben rechts. Das Programm wird verkleinert und erscheint als Symbol auf der Taskleiste.

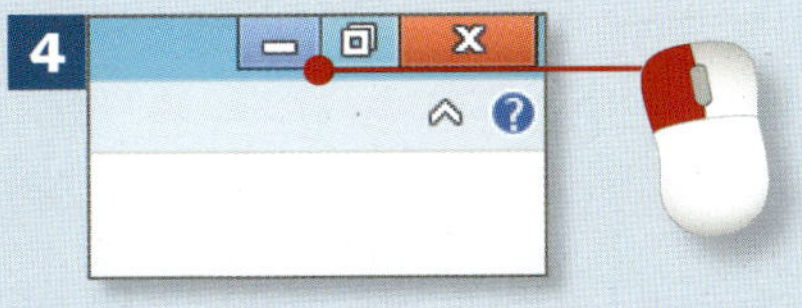

Schritt 5

Öffnen Sie jetzt noch den Internet Explorer. Sie sehen: Das neue Programmfenster ❶ überlappt das erste Programm ❷. Vergrößern Sie auch dieses Fenster durch Klick auf das Rechteck oben rechts im Fenster. Gewöhnen Sie sich an, Fenster zu vergrößern, damit Sie stets die optimale Fenstergröße nutzen.

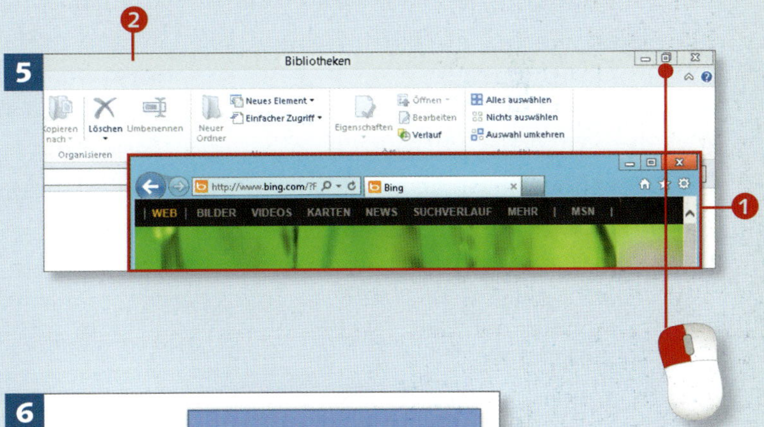

Schritt 6

Im Beispiel sind WordPad ❸ und Defender geöffnet ❹. Zum Wechseln zwischen den Fenstern klicken Sie auf das Symbol des gewünschten Programms in der Taskleiste; dort liegen die Symbole aller geöffneten Programme. Wenn Sie den Mauszeiger über einem Symbol schweben lassen, sehen Sie eine Miniaturansicht ❺ des jeweiligen Programms.

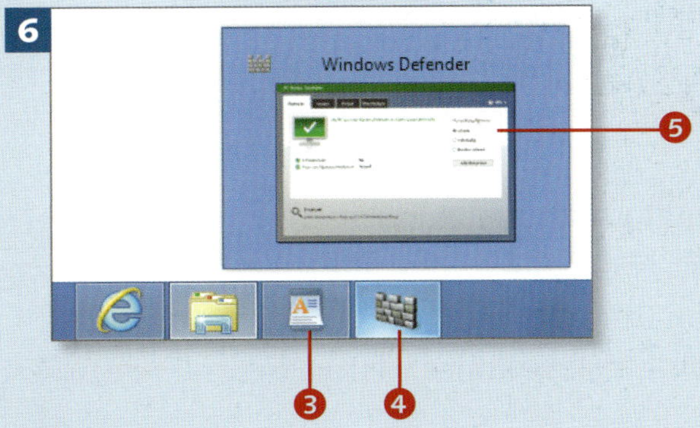

Fenstergröße ist nicht gleich größere Ansicht

Der Klick auf das Rechteck oben rechts in einem Fenster bewirkt, dass dieses Programmfenster den ganzen Bildschirm ausfüllt. Das bedeutet aber nicht, dass der Fensterinhalt größer dargestellt wird – Sie sehen mehr, aber nicht größer. Zum Vergrößern nutzen Sie den Zoom: Strg-Taste drücken und mit dem Mausrad nach oben scrollen.

Kapitel 4
Internet zu Hause und unterwegs

Notebooks sind so ausgestattet, dass sie sich schnell mit dem Internet verbinden können. In diesem Kapitel erfahren Sie, was Sie noch dazu benötigen und wie Sie das Internet nutzen können. Die Sicherheit ist dabei genauso ein Thema wie der Spaß, den Sie mit Programmen wie Google Earth haben.

Mit dem Internet verbinden

Das Notebook kann sich mit oder ohne Kabel mit dem Internet verbinden ❶. Auch mit einem Surfstick kommen Sie ins Internet. Richten Sie die richtige Verbindung für Ihr Notebook ein.

Regeln beachten

Das Internet bietet viele Informationen, eine Menge Unterhaltung und unendlich viele Möglichkeiten zum Zeitvertreib. Damit Ihre Daten und Ihr Notebook geschützt sind, sollten Sie ein paar grundlegende Regeln beachten und ein Virenschutzprogramm nutzen ❷.

Das Internet umfangreich nutzen

Im Internet finden Sie Informationen zu den unterschiedlichsten Themen. Mit der gehörigen Portion Skepsis genossen, können Sie sie für sich nutzen. Außerdem können Sie im Internet auch einkaufen oder weitere Programme, wie z. B. Google Earth ❸, herunterladen.

Ihre Daten und Ihr Notebook schützen Sie mit einem Virenschutzprogramm und verantwortungsbewusstem Verhalten im Internet. 2

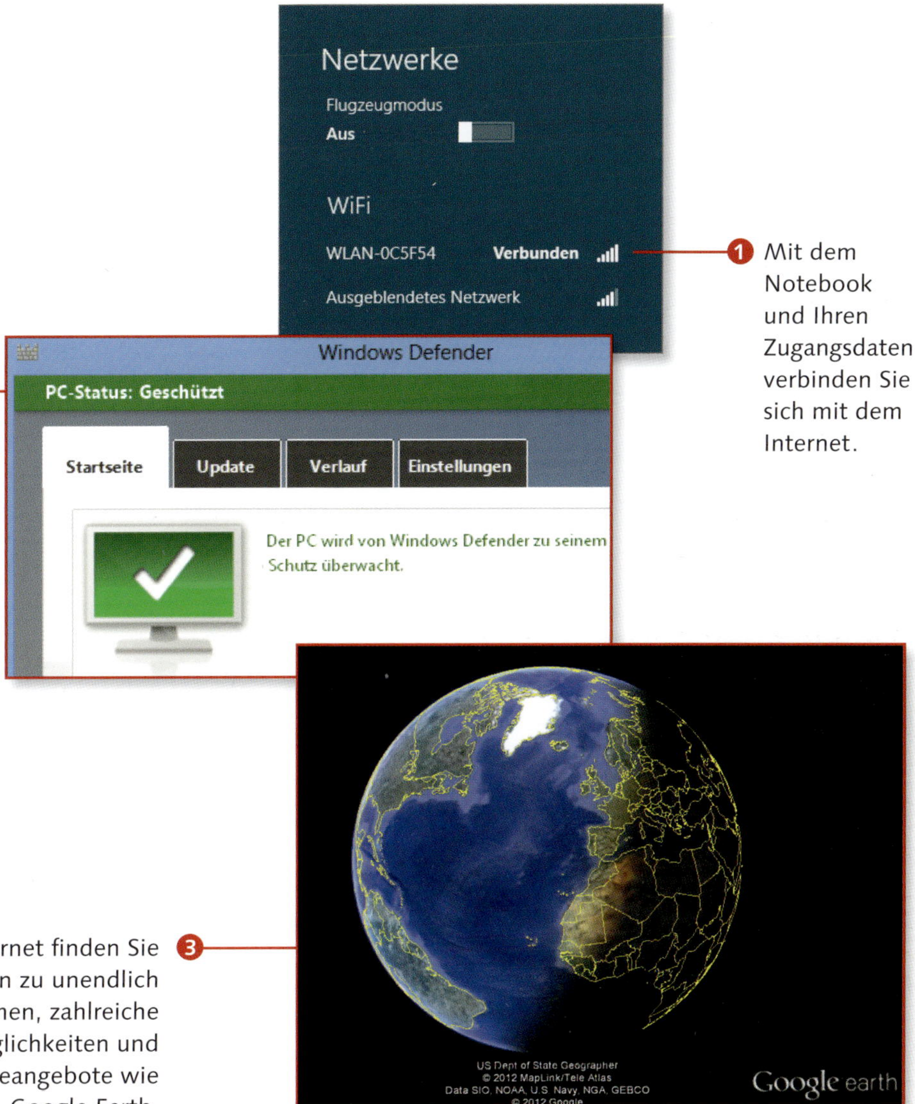

1 Mit dem Notebook und Ihren Zugangsdaten verbinden Sie sich mit dem Internet.

3 Im Internet finden Sie Informationen zu unendlich vielen Themen, zahlreiche Einkaufsmöglichkeiten und viele Serviceangebote wie Google Earth.

Das Notebook mit dem WLAN verbinden

1
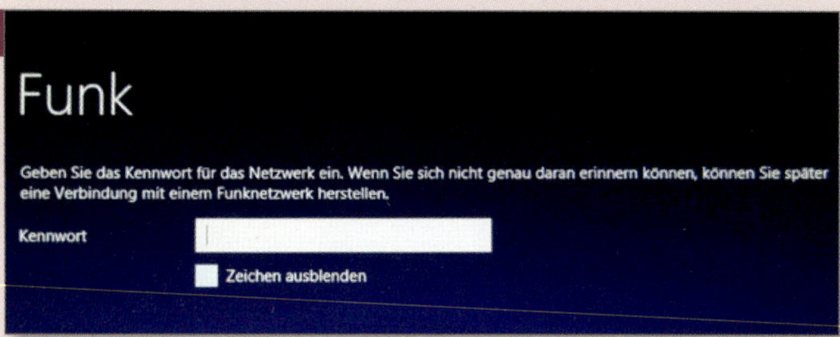

2

3
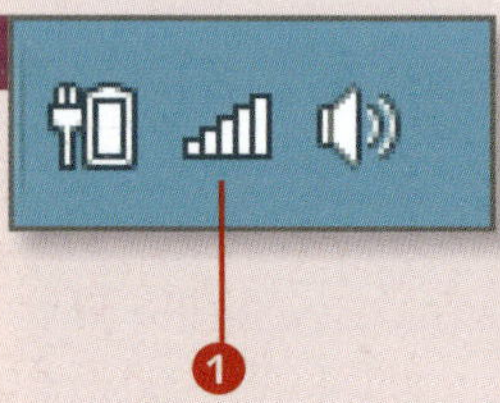

Neuere Notebooks sind so gebaut, dass sie selbst versuchen, eine drahtlose Verbindung (WLAN) mit dem Internet herzustellen. Lesen Sie hier, worauf Sie achten sollten.

Schritt 1

Beim ersten Start von Windows wurden Sie gefragt, ob Sie jetzt eine Internetverbindung einrichten möchten. Dabei hat Windows nach einem vorhandenen WLAN gesucht und nach dem Kennwort gefragt. Haben Sie die Verbindung dort schon eingerichtet, lesen Sie bitte im Abschnitt »Sicherheit und Virenschutz« ab Seite 68 weiter.

Schritt 2

Stellen Sie zunächst sicher, dass Sie einen Router haben, der mit dem Internet verbunden und WLAN-fähig ist, also drahtloses Internet ermöglicht.

Schritt 3

Rufen Sie den Desktop auf. Schauen Sie an den unteren rechten Bildschirmrand: Dort findet sich ein treppenähnliches Symbol (1). Hat die Treppe keine weiteren Symbole, ist eine funktionierende Internetverbindung hergestellt.

Schritt 4

Ist auf der Treppe ein weißes Kreuz im roten Kreis zu sehen ❷, sind keine Verbindungen verfügbar. Entweder ist der Router bzw. die WLAN-Verbindung daran nicht eingeschaltet oder der WLAN-Empfänger am Notebook ist ausgeschaltet (siehe Kasten auf dieser Seite).

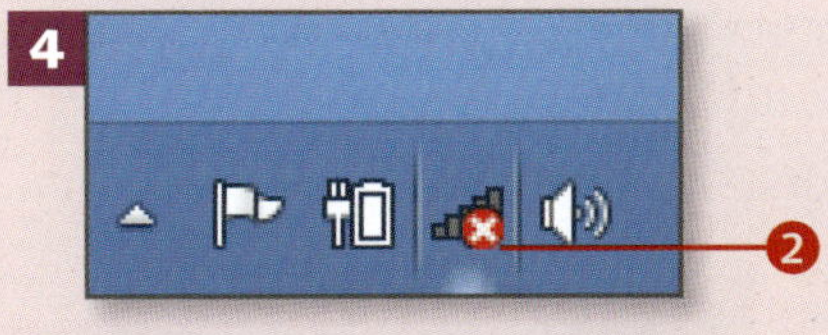

Schritt 5

Sitzt ein Sternchen auf der Treppe ❸, sind zwar Verbindungen verfügbar, aber es wurde keine Verbindung hergestellt. Klicken Sie dann auf die Treppe.

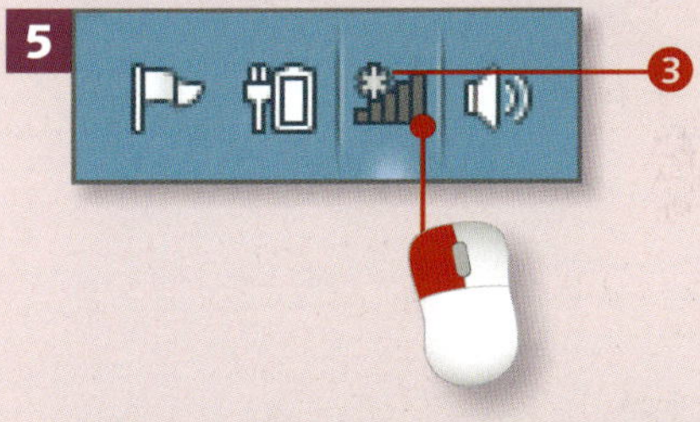

Schritt 6

In den Einstellungen klicken Sie auf **Verbinden**. Wenn Sie nach dem Netzwerk-Kennwort gefragt werden, geben Sie es ein. Das Kennwort wurde bei der Einrichtung des Routers festgelegt; wenn es dort nicht geändert wurde, steht es auf der Unterseite des Routers.

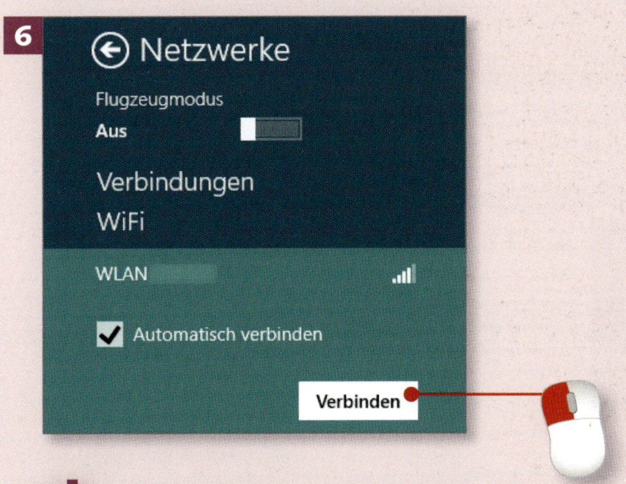

WLAN-Empfänger einschalten

Windows ist auf Kommunikation ausgerichtet und versucht daher, sich schnell mit dem Internet zu verbinden. Wenn aber am Notebook WLAN ausgeschaltet ist, kann das nicht klappen. Schalten Sie WLAN ein: Je nach Notebook gibt es andere Tasten, die Sie drücken müssen. Auf der Taste – meist eine der Funktionstasten oben – muss ein Funksymbol zu sehen sein.

Per Surfstick ins Internet

Surfsticks sind eine gute Lösung, wenn Sie das Internet nur gelegentlich nutzen wollen. Wie Sie einen Surfstick installieren, lernen Sie am Beispiel eines Prepaid-Sticks.

1

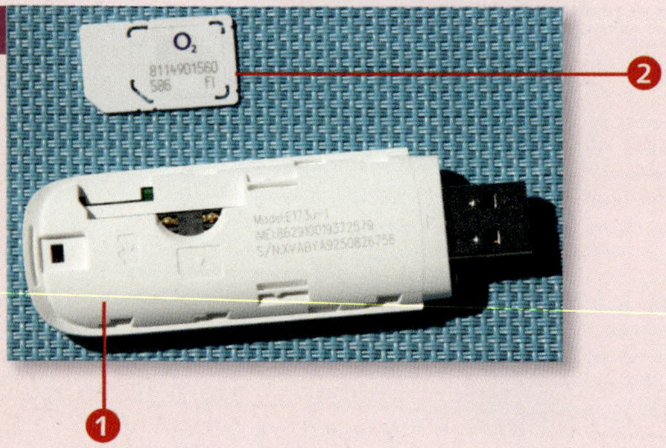

2

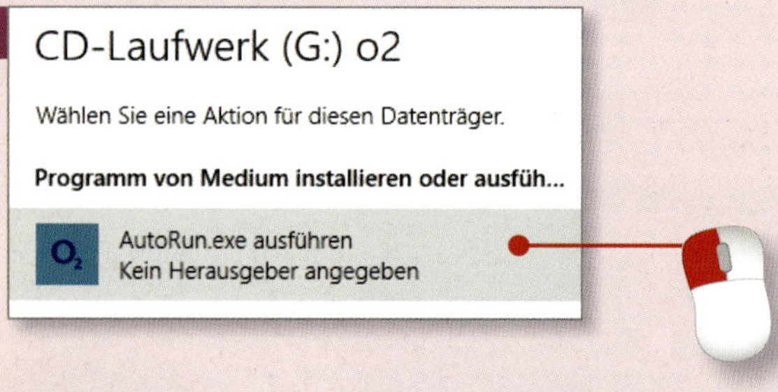

3

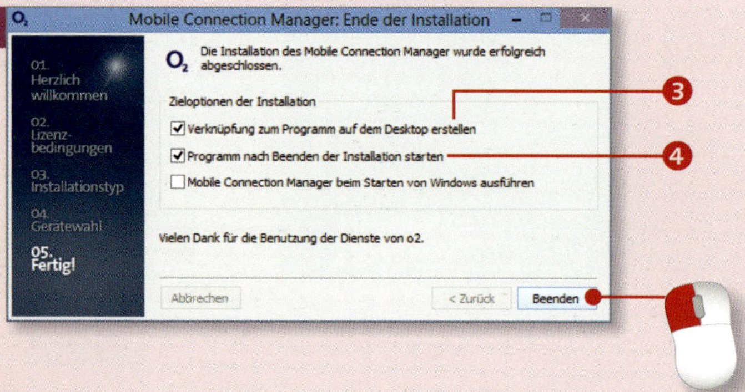

Schritt 1

Zu jedem Surfstick gehört der Stick an sich, also das Gehäuse mit dem elektronischen Innenleben ❶ und die SIM-Karte ❷, die Sie mit einer Mobilfunknummer und der PIN zusammen erhalten haben. Setzen Sie die kleine SIM-Card in den Stick ein.

Schritt 2

Stecken Sie den Surfstick in eine USB-Anschlussbuchse Ihres Notebooks. Klicken Sie auf das vorgeschlagene Installationsprogramm, im Beispiel *AutoRun.exe*.

Schritt 3

Die Surfstick-Software wird installiert; bestätigen Sie, dass eine Verknüpfung auf dem Desktop erstellt wird ❸ und das Programm nach Abschluss der Installation gestartet werden soll ❹. Klicken Sie auf **Beenden**.

Guthaben aufladen

Um ein Guthaben auf den Stick zu laden, stehen Ihnen verschiedene Wege zur Verfügung: Am Bankautomat drücken Sie statt auf »Auszahlung« auf »Handy aufladen«. Auch per Überweisung können Sie das Guthaben aufladen. Mit Ihrer Kreditkarte können Sie ein Guthaben auch direkt im Internet aufladen.

Schritt 4

Windows erkennt das Gerät. Bestätigen Sie gegebenenfalls, dass es für das mobile Internet verwendet werden soll. Geben Sie die PIN der SIM-Karte ein; sie steht in der Verpackung neben oder unter dem SIM-Kartenfach.

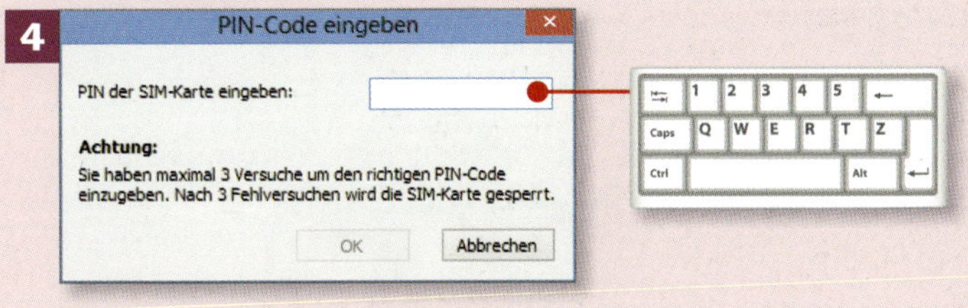

Schritt 5

Das Surfstick-Programm zeigt Ihnen nun eine Leiste mit verschiedenen Optionen. Klicken Sie auf **Verbinden** ❺, um mit dem Mobilfunknetz Ihres Anbieters verbunden zu werden. Bei **SMS** ❻ können Sie Nachrichten (z. B. von Ihrem Mobilfunkanbieter) lesen. Auch **Guthaben**-Informationen erhalten Sie über die Leiste ❼.

Schritt 6

Wenn Sie mit dem Netz verbunden sind, können Sie das Internet ganz normal nutzen. Vergessen Sie nicht, auf **Verbindung trennen** ❽ zu klicken, wenn Sie fertig sind. Sie können den Surfstick dann vom Notebook abziehen. Wenn Sie den Surfstick das nächste Mal benutzen wollen, stecken Sie ihn ein, und klicken Sie doppelt auf das Desktop-Symbol der Surfstick-Software.

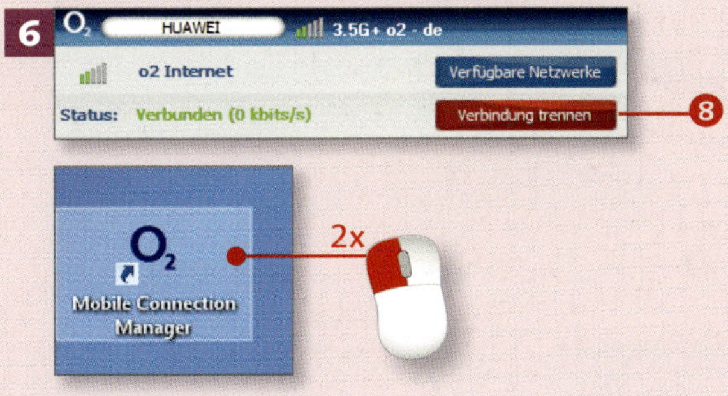

Mobiles Internet oder WLAN?
Wenn beides möglich ist, nimmt Windows Ihnen die Entscheidung ab und verbindet sich mit dem WLAN, da Mobilfunkverbindungen wie mit dem Surfstick meist teurer und langsamer sind.

Eine DSL-Verbindung einrichten

1

Auch wenn Notebooks das WLAN schon mitbringen: Natürlich können Sie auch per Kabel eine Verbindung zum Internet herstellen.

Schritt 1

Schließen Sie ein Netzwerkkabel an den Router an. Meist wird ein gelbes oder graues Kabel mitgeliefert.

2

Schritt 2

Stecken Sie das andere Ende des Kabels in die Netzwerkbuchse des Notebooks (siehe dazu den Abschnitt »Welche Anschlüsse hat ein Notebook« ab Seite 14).

3

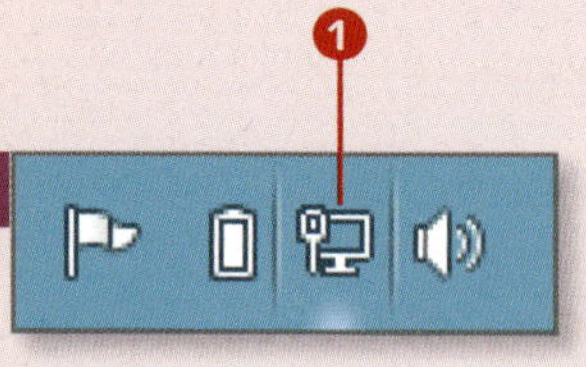

Schritt 3

Windows stellt automatisch die Verbindung her. Nach wenigen Sekunden sehen Sie unten rechts das Symbol 1, das Ihnen anzeigt: Das Notebook ist jetzt per Kabel mit dem Internet verbunden.

Kabel drin, aber kein Internet?
Router haben manchmal Aussetzer. Dann bricht die Internetverbindung ab. Schalten Sie den Router dann aus, warten Sie 30 Sekunden, und schalten Sie ihn wieder ein.

Schritt 4

Klicken Sie auf das Verbindungssymbol; bei den Netzwerkeinstellungen sehen Sie jetzt auch das Symbol für die Kabelverbindung ❷, während die drahtlose Verbindung ausgeschaltet ist ❸. Die Verbindung erfolgt über ein Ethernet-Kabel, das den Datenverkehr ermöglicht.

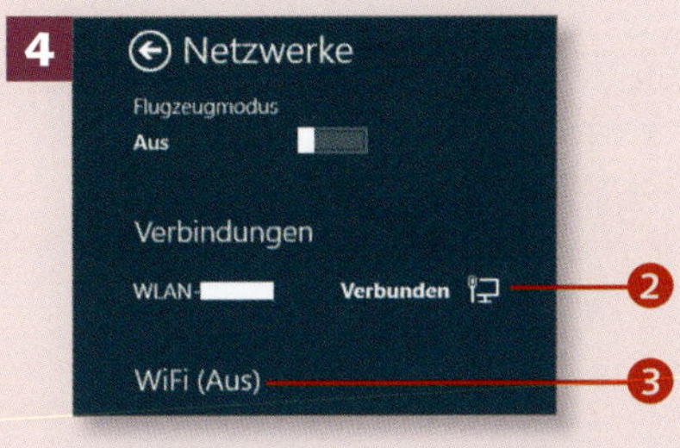

Schritt 5

Windows fügt Ihr Notebook einer Heimnetzgruppe hinzu, wenn Sie dem nicht widersprechen. In der Heimnetzgruppe können Sie auf öffentliche Dateien anderer Mitglieder der Gruppe zugreifen oder einen WLAN-Drucker ansteuern. Geben Sie an, welche Dateien Sie anderen Nutzern im Heimnetzwerk freigeben wollen ❹.

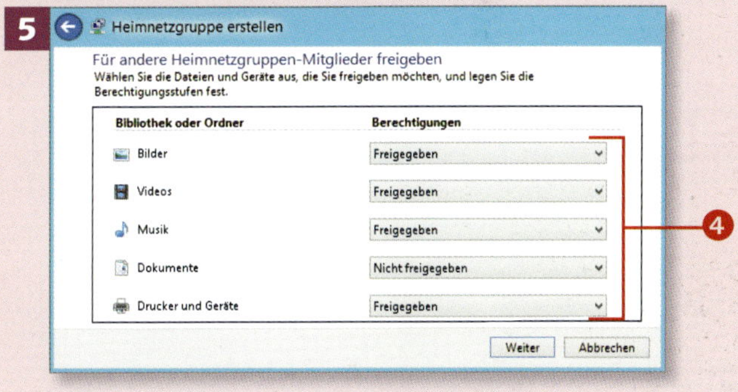

Schritt 6

Notieren Sie sich das Netzwerk-Kennwort ❺, das Windows Ihnen nennt. Beenden Sie den Vorgang mit einem Klick auf **Fertig stellen**.

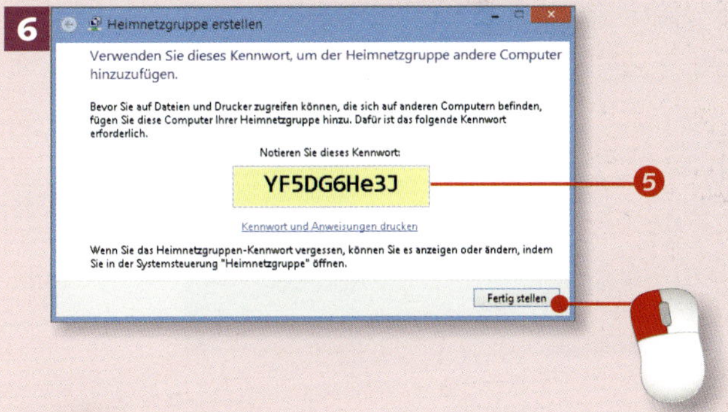

Router einrichten

Der Router stellt die Internetverbindung her, wenn in seiner Eingabemaske die richtigen Daten eingetragen wurden. Diese Daten wurden Ihnen von Ihrem Internetanbieter schriftlich mitgeteilt. Wie Sie die Eingabemaske des Routers aufrufen, entnehmen Sie der Anleitung des Routers (meist auf DVD).

Sicherheit und Virenschutz

1

2

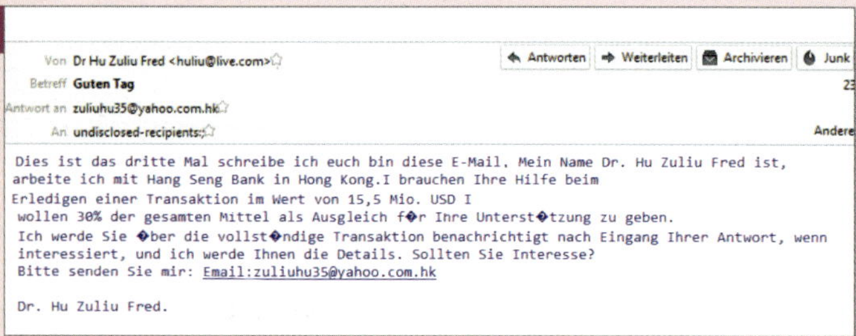

3

Pop-up-Blocker
Einige Browser haben einen eingebauten Pop-up- und Anzeigen-Blocker. Sie zeigen unerwünschte Popups erst gar nicht an; der Internet Explorer blendet zusätzlich unten eine Meldung ein, dass ein Pop-up geblockt wurde. Sie können dann selbst entscheiden, ob Sie sich das Pop-up ansehen wollen oder nicht.

Sicherheit im Internet ist extrem wichtig, damit Ihre Daten und Ihr Notebook geschützt sind. Damit sie auch sicher bleiben, sollten Sie sich an einige Verhaltensregeln halten.

Schritt 1

Das Internet ist bunt, voller Bewegung und manchmal auch laut. Versuchen Sie trotzdem immer, sich auf die Inhalte zu konzentrieren, die Sie wirklich finden wollen. Ignorieren Sie die Werbung.

Schritt 2

Aufpoppende Fenster wollen Ihre Aufmerksamkeit auf sich ziehen. Manchmal geht es den Menschen dahinter nur um Ihre Daten und Ihr Geld. Lesen Sie daher ganz genau, was auf den Pop-up-Fenstern steht. Werbung und Phishing-Mails werden Sie schon bald auf den ersten Blick erkennen können.

Schritt 3

Klicken Sie die Werbefenster weg: Auch hier müssen Sie darauf achten, wo Sie klicken, damit Sie nicht in die Irre geführt werden. Wenn Sie eine durchsichtige Werbung über der eigentlich gewünschten Seite sehen, ist der Schließen-Knopf meist oben rechts – und ganz klein 1.

Schritt 4

Achten Sie bei Suchergebnissen immer darauf, ob Sie auch auf der Internetseite landen werden, auf die Sie wollten (siehe dazu den Abschnitt »Im Internet mit Google suchen« ab Seite 80). Klicken Sie nicht das erste Suchergebnis an, nur weil in der obersten Zeile Ihr Suchbegriff erscheint; achten Sie auf die Adresse ❷. Hier ein harmloses Beispiel.

4

Schritt 5

Bevor Sie einen *Newsletter* abonnieren, überlegen Sie gut: Benötigen Sie diese Informationen wirklich per Newsletter? Wenn die Antwort »Ja« lautet und Sie dem Anbieter vertrauen, geben Sie so wenig persönliche Daten wie möglich an.

5

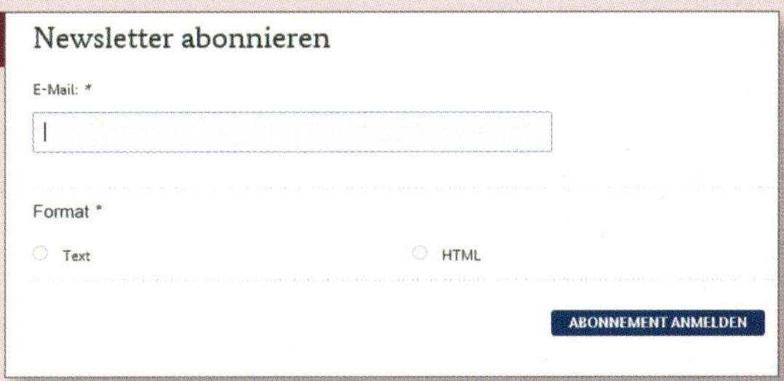

Schritt 6

Klicken Sie alle Pop-up-Fenster weg, die Ihnen erzählen wollen, Ihre Sicherheit wäre bedroht, und Sie sollten hier klicken, um das Notebook zu schützen. Leider ist es für Einsteiger nicht leicht zu erkennen, welches dieser Fenster »echt« ist. Als Faustregel gilt: Was im Internet aufpoppt, schadet meistens. Etwas anderes sind die Updates für Programme, die auf Ihrem Notebook installiert sind.

6

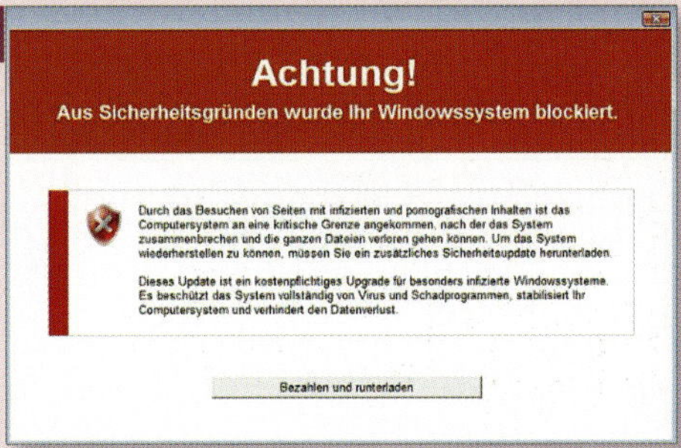

!

Nicht ohne Virenschutz

Schon bevor Sie die erste Internetverbindung herstellen, haben Sie ein Schutzpaket an Bord: den Windows Defender. Stellen Sie nie ohne Schutz eine Internetverbindung her (siehe Kapitel 12, »Für Sicherheit sorgen«, ab Seite 264).

Sicherheit und Virenschutz (Forts.)

7

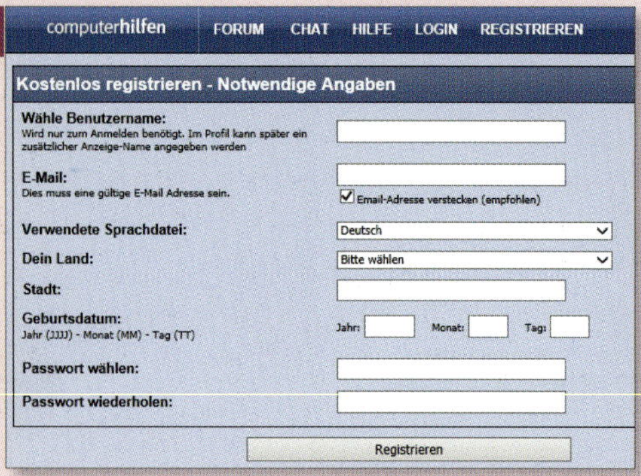

8

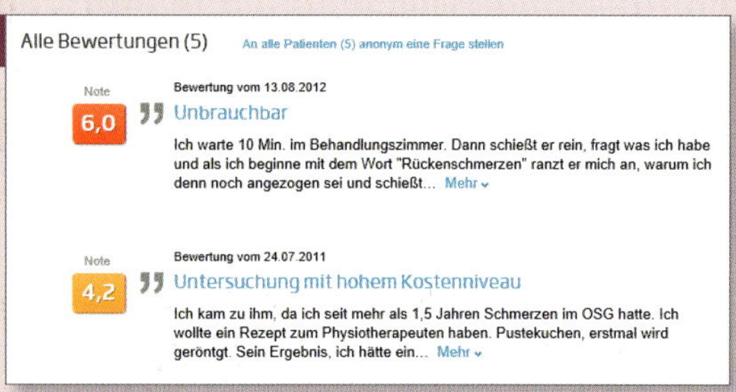

9

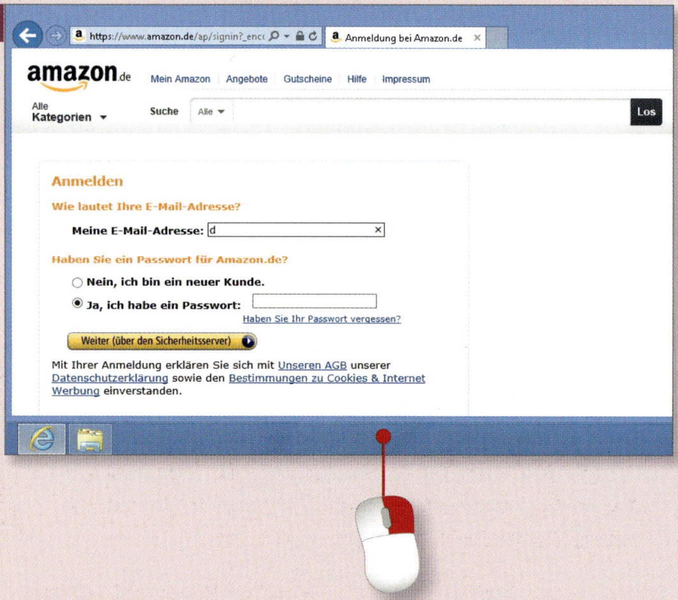

Schritt 7

Im Internet gibt es viele Foren zum Austausch von Erfahrungen und Informationen. Meist müssen Sie sich mit Nutzername und E-Mail-Adresse registrieren. Richten Sie sich eine zweite E-Mail-Adresse nur für Foren und Newsletter ein (siehe dazu den Abschnitt »Eine E-Mail-Adresse einrichten« ab Seite 106).

Schritt 8

Glauben Sie nicht jede Bewertung und jede Geschichte, die im Internet steht. Besonders bei Restaurant- und Arztbewertungen und bei Krankheitsberichten schreiben oft nur diejenigen, die schlechte Erfahrungen gemacht haben. Damit entsteht ein schiefes Bild, denn es gibt auch viele Menschen mit guten Erfahrungen und leichten Krankheitsverläufen.

Schritt 9

Wenn Sie Bankdaten eingeben – etwa um bei Amazon einkaufen zu können – nutzen Sie dafür die Bildschirmtastatur von Windows. Dann können Ihre Daten nicht von *Keyloggern* ausgelesen werden. Rufen Sie die Bildschirmtastatur vom Desktop aus auf: Klicken Sie mit der rechten Maustaste unten auf die Taskleiste.

Schritt 10

Im aufklappenden Kontextmenü klicken Sie auf **Symbolleisten** ❶ und dann auf **Bildschirmtastatur.** Im Infobereich unten rechts auf der Taskleiste erscheint das Symbol für die Bildschirmtastatur ❷. Solange Sie es nicht wieder von der Taskleiste lösen, steht Ihnen die Bildschirmtastatur nun immer mit einem Klick zur Verfügung.

10

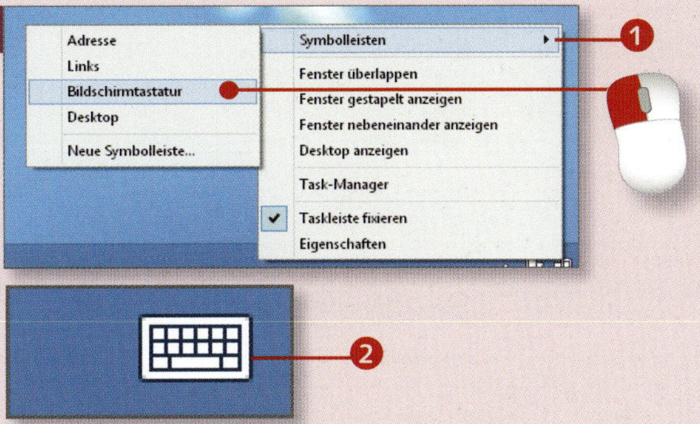

Schritt 11

Klicken Sie auf das Symbol. Die Bildschirmtastatur legt sich über den unteren Bildschirm; Sie klicken die einzelnen Buchstaben und Zahlen mit der Maus an. Für Großbuchstaben klicken Sie erst auf die [⇧]-Taste ❸ und dann auf den Buchstaben. Für das [@]-Zeichen für E-Mail-Adressen klicken Sie unten links auf die Taste [&123] ❹. Die Tastatur zeigt nun Ziffern und Sonderzeichen an.

11

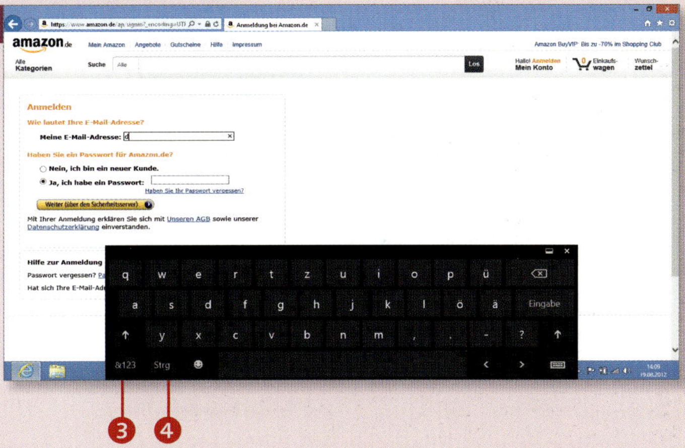

Schritt 12

Benutzen Sie für Ihr E-Mail-Konto und für Seiten wie Amazon sichere Passwörter. Diese haben am besten mehr als 10 Zeichen, bestehen aus Groß- und Kleinschreibung sowie Zahlen, bilden kein sinnvolles Wort und werden nur für eine Stelle, bei der Sie sich registrieren, verwendet.

12

Sicher:	hrTo87mSilr2
	6390hGeümC01
Unsicher:	Hansi83
	12345

Sicherheitsabfragen
Viele E-Mail-Dienste fragen alle paar Wochen nach Ihrem Passwort, auch wenn Sie im Browser »Passwort speichern« angeklickt haben. Dies soll verhindern, dass Ihr Konto missbraucht wird.

Den Browser kennenlernen – der Internet Explorer

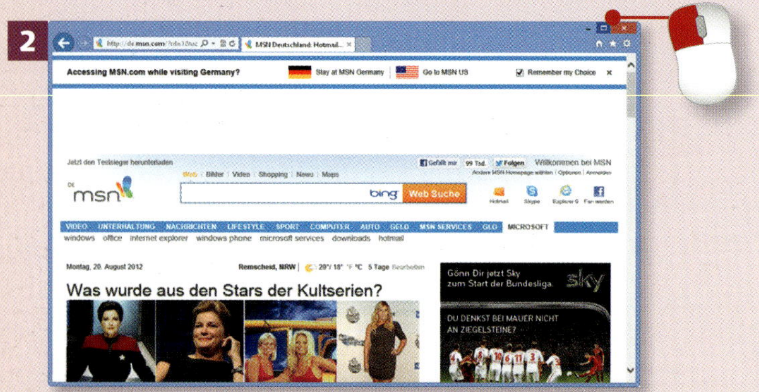

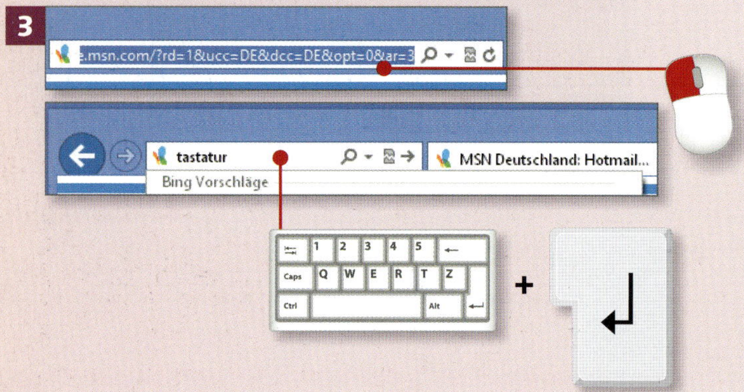

Browserwahl
Beim ersten Hochfahren wird Ihnen eine Auswahl möglicher Browser angezeigt; dazu ist Microsoft rechtlich verpflichtet. Wählen Sie einen Browser, z. B. den Internet Explorer, aus. Der gewählte Browser ist Ihr Standardbrowser. Die Browserwahl steht weiter als App-Kachel bereit.

Windows bringt den Internet Explorer mit, und zwar in zwei Versionen: Die umfangreichere Version starten Sie vom Desktop aus; die ressourcenschonendere Variante öffnen Sie als App vom Startbildschirm aus.

Schritt 1

Öffnen Sie vom Desktop aus den Internet Explorer, in dem Sie unten links auf das Symbol klicken.

Schritt 2

Jetzt werden Sie konfrontiert mit bunten Fotos, raschen Bilderwechseln, Werbung und verschiedenen Feldern. Vergrößern Sie als Erstes das Fenster, damit Sie eine bessere Übersicht haben: Klicken Sie in der rechten oberen Ecke auf das Rechteck.

Schritt 3

Zum Suchen geben Sie oben in das Such- und Adressfeld entweder einen Suchbegriff oder eine Internetadresse ein. Klicken Sie dazu einmal in das Feld; der Text dort wird blau hinterlegt. Er ist jetzt markiert. Tippen Sie einfach Ihren Suchbegriff ein; er ersetzt den markierten Text. Drücken Sie die [↵]-Taste, und die Suche startet.

Schritt 4

Sie erhalten – je nach Suchbegriff – eine lange Liste mit Suchergebnissen. Klicken Sie ein Suchergebnis an; eine neue Seite wird geöffnet.

Schritt 5

Im Beispiel ist es die Seite des Online-Lexikons Wikipedia zum Stichwort »Tastatur«. Weitere Artikel sind über die Wikipedia-eigene Suche gut zu finden ❶.

Schritt 6

Innerhalb vieler Internetseiten gibt es meist zahlreiche Möglichkeiten, weiterzuklicken, »sich durchzuklicken«. Wollen Sie einmal zurück zur vorherigen Seite, klicken Sie oben links auf den Pfeil nach links.

4

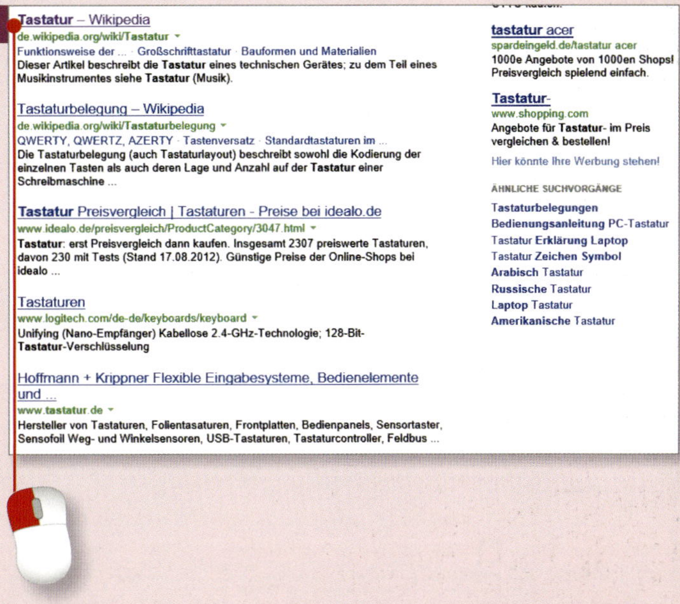

5

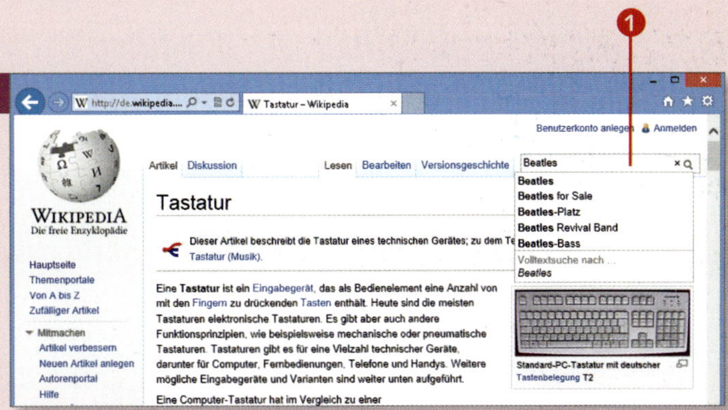

6

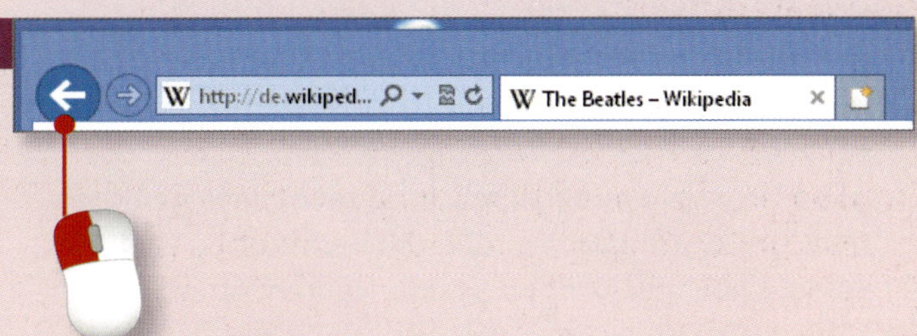

Homepage oder Website?

Eine *Website* ist der gesamte Internetauftritt einer Firma, einer Person oder einer Institution. Website (englisch) bedeutet so viel wie »Ort im weltweiten Netz«. Die Website besteht aus mehreren Seiten, die Sie über ein Menü aufrufen können. Die *Homepage* ist eigentlich nur die Startseite eines Internetauftritts, wird aber oft als Oberbegriff für die gesamte Website verwendet.

7

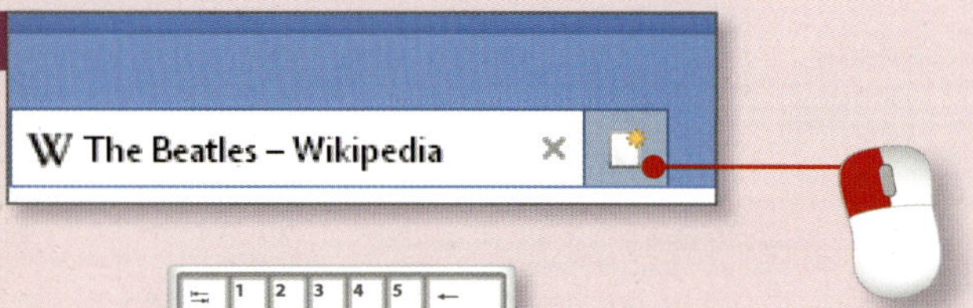

8

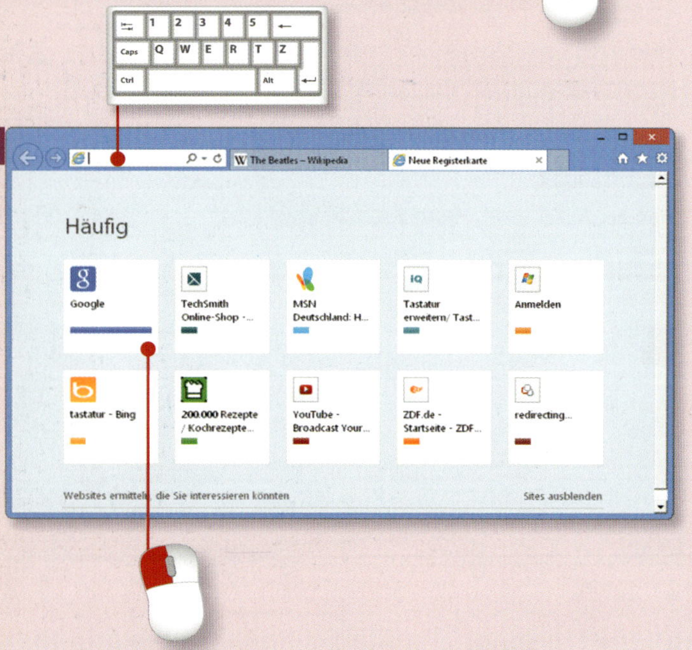

9

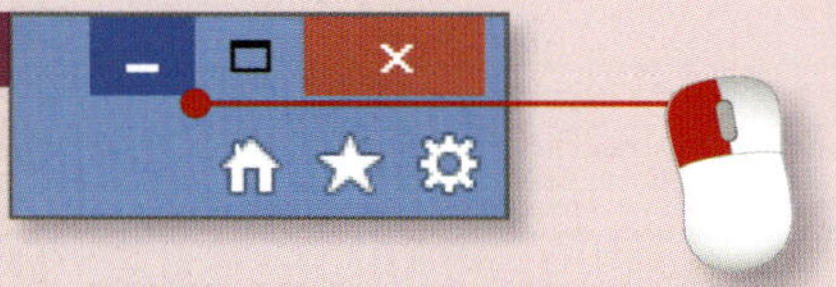

Schritt 7

Sie wollen noch etwas anderes anschauen, aber die gerade geöffnete Internetseite dafür nicht schließen? Kein Problem, öffnen Sie einfach noch eine Registerkarte. Klicken Sie dazu auf das Rechteck neben der ersten Registerkarte. Auch die Tastenkombination `Strg` + `T` öffnet eine neue Registerkarte.

Schritt 8

Sie sehen eine Übersicht der von Ihnen zuletzt geöffneten Seiten bzw. der häufig genutzten Seiten. Ist die Seite dabei, die Sie jetzt öffnen wollen, klicken Sie auf die entsprechende Kachel. Zum Suchen tippen Sie den Suchbegriff oben in das leere Such- und Adressfeld.

Schritt 9

Der Internet Explorer kann geöffnet bleiben, während Sie ein anderes Programm auf dem Notebook nutzen. Klicken Sie auf *Minimieren* oben rechts; der Internet Explorer wird auf der Taskleiste abgelegt.

Wie viele Registerkarten auf einmal öffnen?
Der Desktop-Internet-Explorer ermöglicht das gleichzeitige Öffnen vieler Registerkarten (auch *Tabs* genannt). Je nach Bildschirmgröße wird es aber bei zu vielen Tabs unübersichtlich: Je mehr Tabs geöffnet sind, desto schmaler werden die Reiter oben und desto schlechter können Sie die Namen darauf lesen.

Schritt 10

Um dann wieder ins Internet zu kommen, fahren Sie mit der Maus über das Symbol ❶. Bei mehreren geöffneten Registerkarten müssen Sie auswählen, welche Registerkarte Sie jetzt aufrufen wollen. Klicken Sie sie an; die Internetseite wird wieder im großen Fenster angezeigt.

10

Schritt 11

Wollen Sie die Ansicht des Fensters vergrößern, klicken Sie auf das **Einstellungen**-Zahnradsymbol rechts oben und dann auf **Zoom** ❷. Standard ist **100 %**; klicken Sie auf **125 %** ❸. Sofort wird der Bildschirminhalt größer dargestellt. Das verbessert die Lesbarkeit, eventuell müssen Sie mehr scrollen.

11

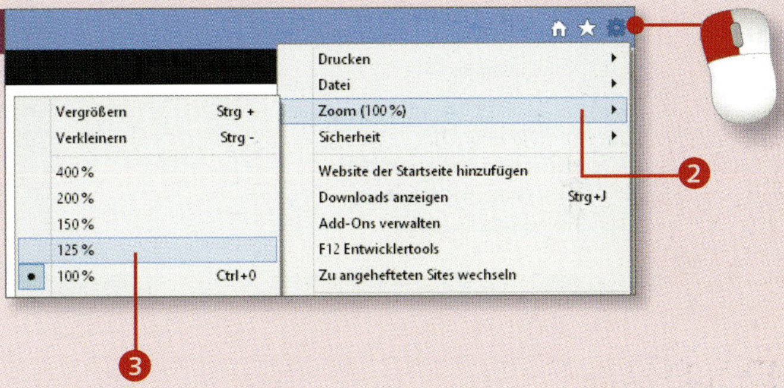

Schritt 12

Zum Beenden des Internet Explorers klicken Sie oben rechts auf das Schließkreuz ❹; das Programm wird geschlossen. Haben Sie mehrere Registerkarten geöffnet, fragt der Internet Explorer nach, ob alle geschlossen werden sollen; bestätigen Sie mit einem Klick auf **Alle Registerkarten schließen**.

12

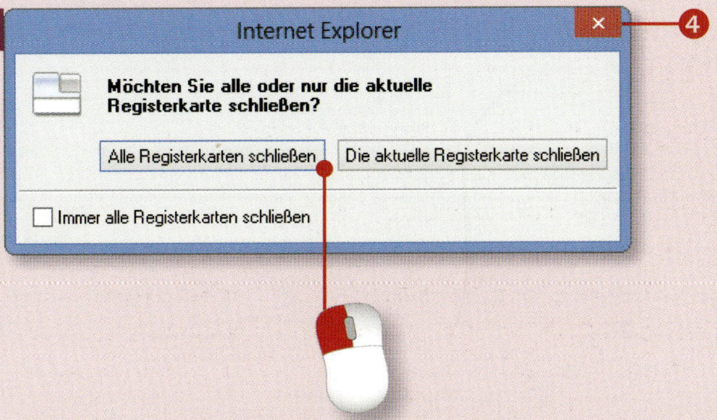

Die neue Internet-Explorer-App

Auf dem Windows-Startbildschirm finden Sie das Programmsymbol des Internet Explorers (IE). Diese Version arbeitet ressourcenschonender als der Desktop-IE. Die App ist jedoch nicht ganz so leistungsfähig und wird anders bedient.

Schritt 1

Rufen Sie den Startbildschirm auf. Klicken Sie auf die Kachel des Internet Explorers.

Schritt 2

Die IE-App öffnet sich – wie alle Apps – bildschirmfüllend. Hier wird als Standard die Suchmaschine Bing verwendet. Ihren Suchbegriff geben Sie in das Suchfeld ein; je nach Begriff erhalten Sie schon während der Eingabe Vorschläge passender Suchergebnisse ❶.

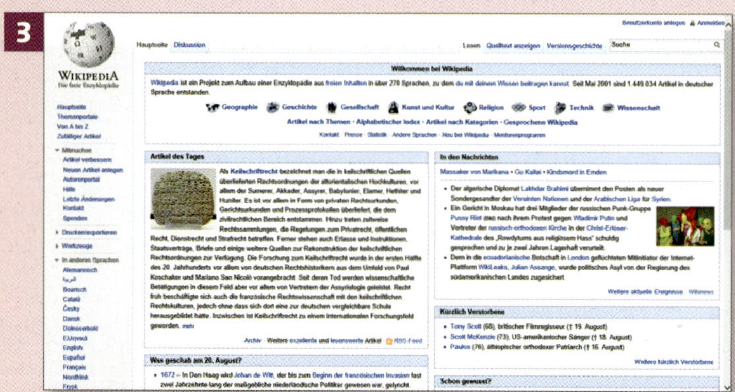

Schritt 3

Klicken Sie auf ein Suchergebnis; auch diese Internetseite wird bildschirmfüllend geöffnet – ohne irgendwelche Bedienelemente wie Adress- und Suchleiste oder das Schließkreuz. Eine Zoom-Funktion gibt es hier nicht.

Schritt 4

Die Bedienelemente des IE blenden Sie mit einem Rechtsklick irgendwo auf die Seite ein. In der oberen Reihe sehen Sie die geöffnete(n) Internetseite(n). Registerkarten gibt es hier nicht. Um eine weitere Seite zu öffnen, klicken Sie rechts oben auf das Pluszeichen ❷.

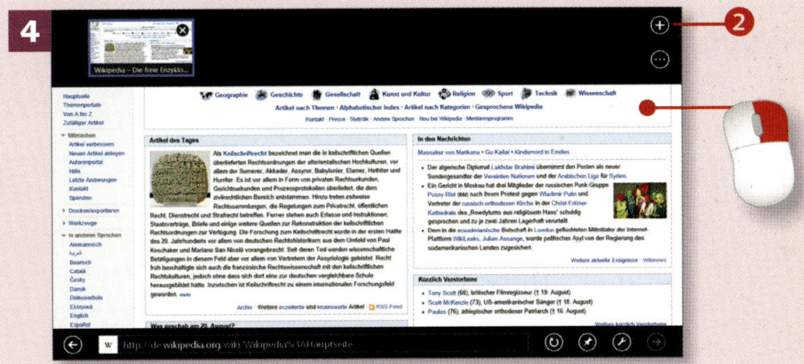

Schritt 5

Sie sehen die Kacheln oft benutzter Seiten ❸ sowie eine Adress- und Suchzeile ❹. Klicken Sie entweder auf eine der Kacheln, oder geben Sie einen Suchbegriff ein. Sie können auch eine ganze Internetadresse eingeben; die Seite wird dann direkt geöffnet.

Schritt 6

Klicken Sie wieder mit der rechten Maustaste auf den Bildschirm. Zum Schließen einer Seite klicken Sie auf das Schließkreuz ❺. Um den umfangreicheren Desktop-IE mit dieser Seite zu nutzen, klicken Sie unten rechts auf den Werkzeugschlüssel ❻ und dann auf **Auf dem Desktop anzeigen** ❼. Zum Schließen der App ziehen Sie sie von oben nach ganz unten (siehe dazu den Abschnitt »Apps starten, nutzen und beenden« ab Seite 48).

Die Internet-Startseite ändern

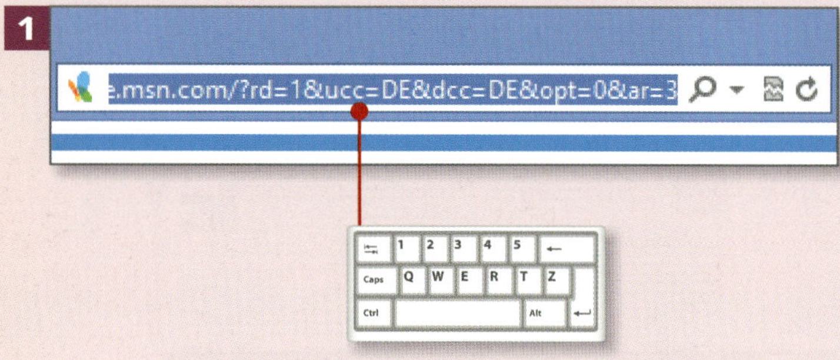

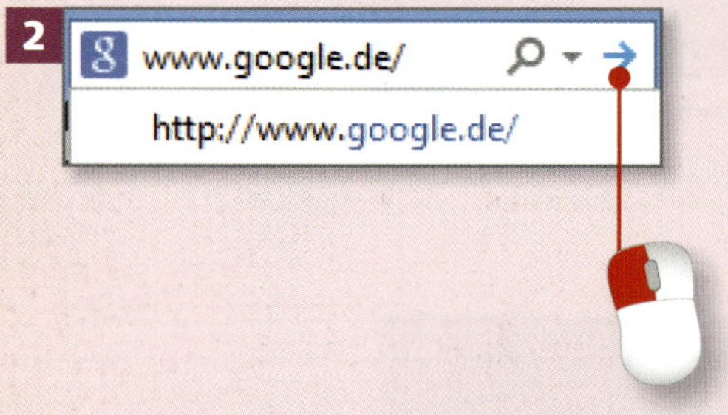

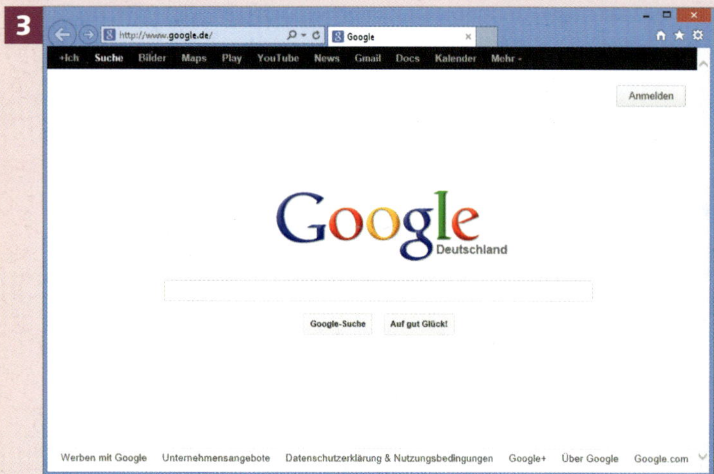

Der Desktop-Internet-Explorer öffnet nach dem Start die Microsoft-Seite. Sie können aber auch eine andere Seite als Startseite festlegen, z. B. den Suchanbieter Google.

Schritt 1

Ersetzen Sie die wuselige Internet-Startseite mit einer ruhigen: Klicken Sie links oben einmal in das Adress- und Suchfeld, und schreiben Sie »www.google.de«, ohne den bisherigen Text zu löschen (Eingabe ersetzt Markierung).

Schritt 2

Drücken Sie dann entweder die [↵]-Taste, oder klicken Sie mit der Maus auf den kleinen Pfeil rechts am Adress- und Suchfeld.

Schritt 3

Die Google-Startseite wird geöffnet, die ohne Werbung auskommt. Hier können Sie Suchaufträge starten (siehe dazu den Abschnitt »Im Internet mit Google suchen« ab Seite 80).

Schritt 4

Damit Sie künftig immer als Erstes die Google-Startseite angezeigt bekommen, klicken Sie oben rechts auf das **Einstellungen**-Symbol.

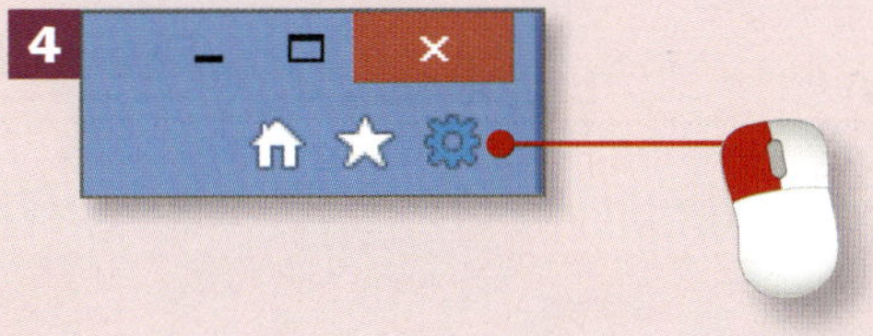

Schritt 5

Im aufklappenden Menü klicken Sie unten auf **Internetoptionen**.

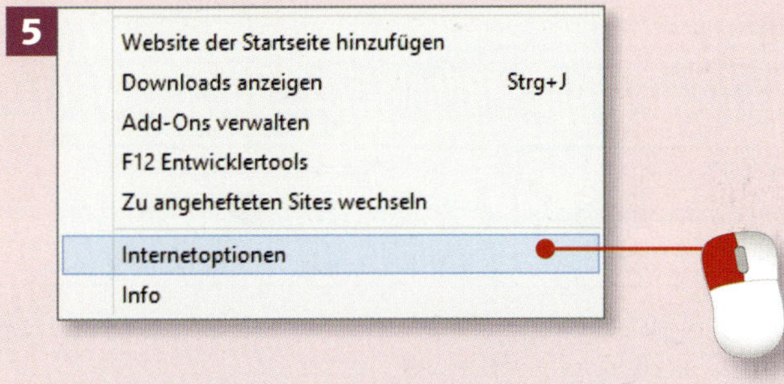

Schritt 6

Das Dialogfenster **Internetoptionen** wird geöffnet. Klicken Sie hier einfach auf **Aktuelle Seite** ❶ und unten auf **OK**. Ab sofort ist die »leere« Google-Seite Ihre Startseite.

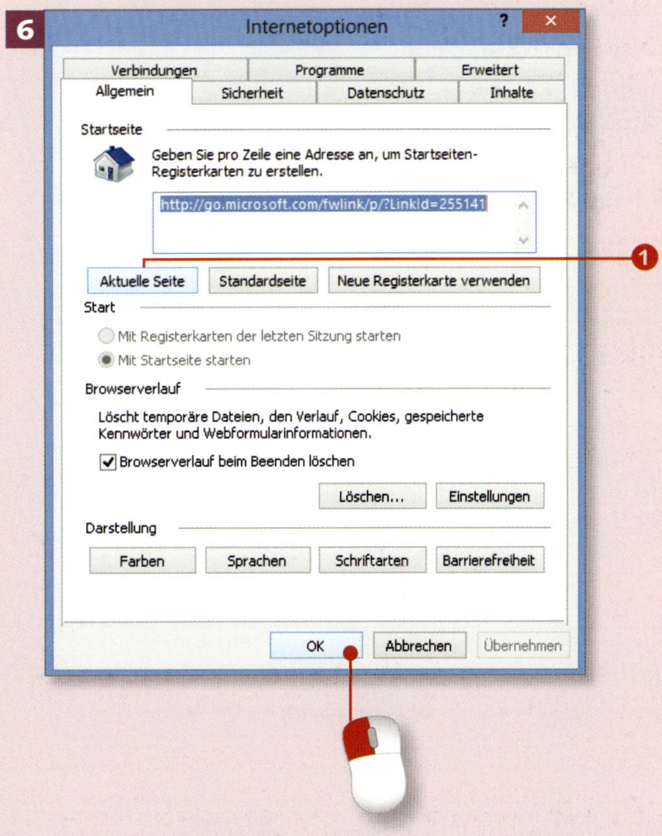

Google als Standard

Damit der Internet Explorer nach der Eingabe eines Begriffs im Adress- und Suchfeld nicht immer auf Bing umspringt, legen Sie Google als Standard fest, wenn Sie Google bevorzugen. Klicken Sie rechts oben auf das **Einstellungen**-Rad und dort auf **Add-Ons verwalten**. Im linken Teil klicken Sie auf **Suchanbieter** und unten auf **Weitere Suchanbieter suchen**. Im neuen Fenster scrollen Sie nach unten und klicken auf **Google-Suche**. Bestätigen Sie mit einem Klick auf **Zum Internet Explorer hinzufügen**.

Im Internet mit Google suchen

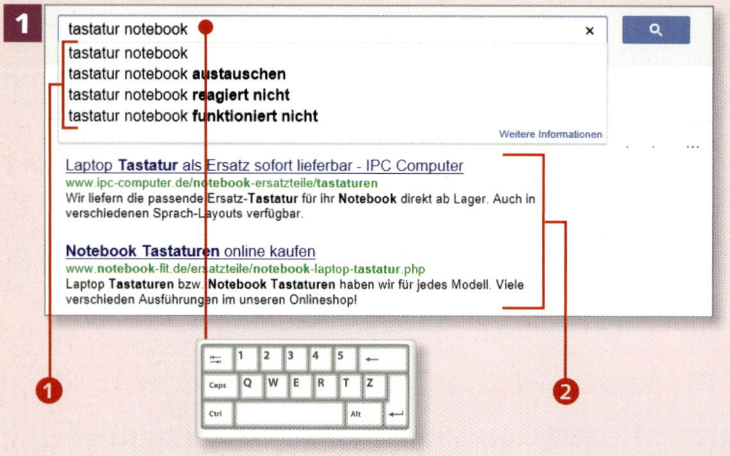

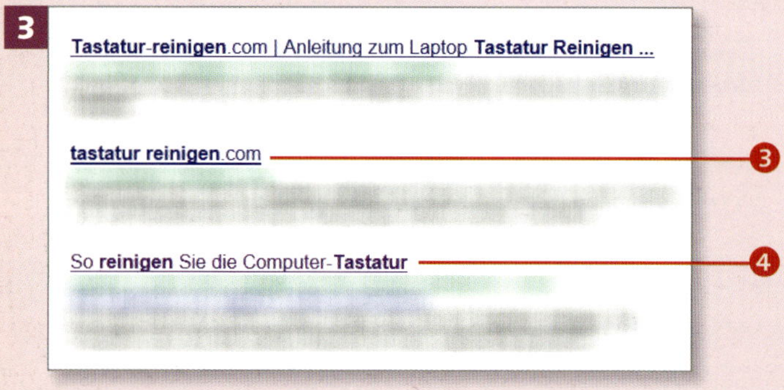

Damit Sie im Internet finden, was Sie suchen, und nicht auf unpassenden Seiten landen, finden Sie hier einige Tipps für die Suche.

Schritt 1

Geben Sie bei Google einen Suchbegriff ein. Noch während Sie tippen, zeigt Google mögliche passende Suchbegriffe ❶ und – je nach Browser – Ergebnisse ❷. Ist der gesuchte Begriff dabei, klicken Sie direkt darauf.

Schritt 2

Ist der Suchbegriff nicht bei den ersten Ergebnissen, tippen Sie ihn ganz ein (Groß- und Kleinschreibung sind dabei egal). Er kann auch aus mehreren Wörtern bestehen. Bei vielen Suchbegriffen wartet Google, bis Sie mehr als ein Wort eingegeben haben. Drücken Sie dann zum Suchen die [↵]-Taste, oder klicken Sie auf die Lupe rechts.

Schritt 3

Die oberste, blau geschriebene Zeile eines Suchergebnisses ist der *Link* ❸ zur Zielseite. Ein Klick auf den Link führt Sie zu der Seite, die als Ziel mit dem Link verbunden wurde. Links von bereits besuchten Seiten werden lila dargestellt ❹.

Schritt 4

Unter dem blauen Link steht eine grün geschriebene Zeile ❺. Diese Zeile können Sie nicht anklicken, sie enthält aber wichtige Informationen: Sie gibt die Internetadresse an, auf der Sie beim Klick auf die blaue Zeile landen. Lesen Sie immer, was dort angegeben ist, und klicken Sie erst dann auf den blauen Link, wenn Ihnen die grüne Adresse seriös und passend erscheint.

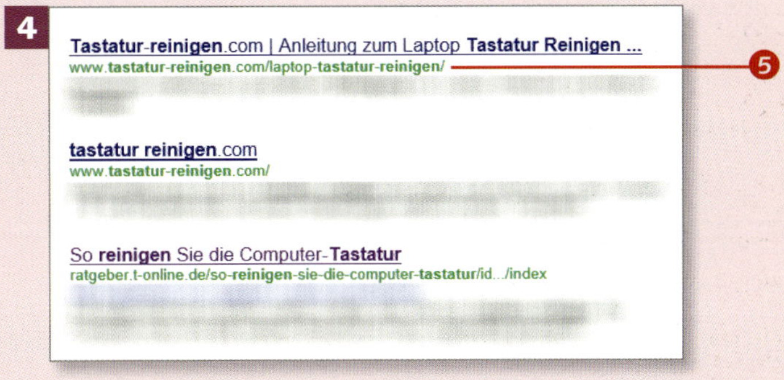

Schritt 5

Der schwarz geschriebene Teil der Suchergebnisse ist der Vorschautext ❻. Er zeigt eine kurze Beschreibung der Internetseite, die Ihnen auch bei der Auswahl des am besten passenden Links hilft. Lesen Sie ihn durch, um unpassende Seiten gar nicht erst anzuklicken.

Schritt 6

Um möglichst genaue Suchergebnisse zu erhalten, sollten Sie mehrere Suchbegriffe verwenden. Ein Beispiel: Das Wort »Tastatur« führt zu ca. 54.100.000 Treffern; die Wortkombination »Tastatur Notebook reinigen« »nur« noch zu 873.000 Ergebnissen.

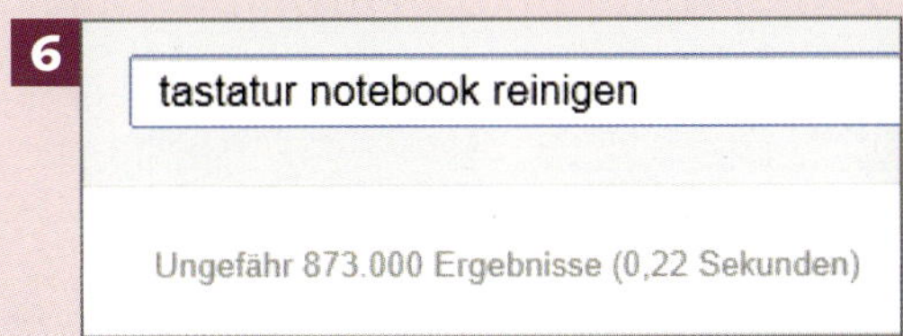

Auf gut Glück?

Google bietet die Möglichkeit an, **Auf gut Glück!** zu suchen. Wenn Sie darauf klicken, öffnet Google nicht erst weitere Suchergebnisse, sondern direkt eine eventuell passende Internetseite.

Im Internet mit Google suchen (Forts.)

7
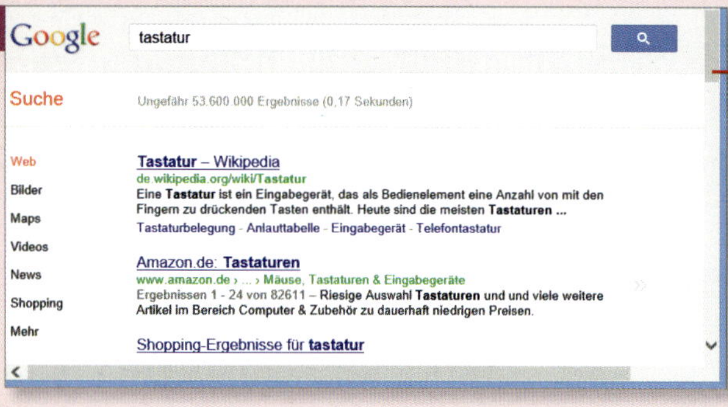

1

Schritt 7

Scrollen Sie nach unten, um auch die Ergebnisse weiter unten zu sehen. Alternativ ziehen Sie rechts den Schieber (Scrollbalken) auf der Bildlaufleiste nach unten 1. Auch die Tastatur kann hier helfen: Drücken Sie die Bild↓-Taste

8

3
2

Schritt 8

Wenn Ihr Suchbegriff viele Ergebnisse erzielt hat, gibt es viele Ergebnisseiten. Klicken Sie unten auf die nächste Seitenzahl 2 oder auf **Weiter** 3.

9

Schritt 9

Klicken Sie auf das Suchergebnis, das Ihnen am passendsten erscheint. Der Inhalt der Internetseite ändert sich; Sie sehen jetzt die eigentliche Internetseite und nicht nur eine Suchergebnisliste.

Schritt 10

Um zu den Sucherergebnissen zurückzukommen, klicken Sie links oben auf den Pfeil zum Zurückblättern. Je nachdem, wie viele Seiten Sie in der Zwischenzeit angeklickt haben, müssen Sie mehrmals klicken.

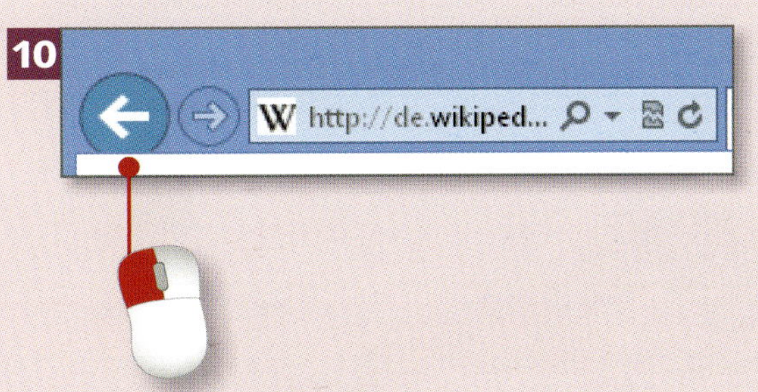

Schritt 11

Zum Start einer neuen Suche geben Sie den Suchbegriff einfach oben in die Adress- und Suchleiste ein. Sie brauchen also **nicht** den Internet Explorer zu schließen und neu zu öffnen, wenn Sie etwas anderes suchen wollen. Je nach Einstellung nutzt der Internet Explorer jetzt eine andere Suchmaschine (hier Bing).

Schritt 12

Wenn Sie die Startseite des Internet Explorers, wie im Abschnitt »Die Internet-Startseite ändern« ab Seite 78 beschrieben, geändert haben, können Sie auch auf das Häuschen oben rechts klicken. Die Startseite wird wieder geöffnet; Sie »kommen aus den Ergebnissen raus«. So sind Sie wieder bei der Suchmaschine Google.

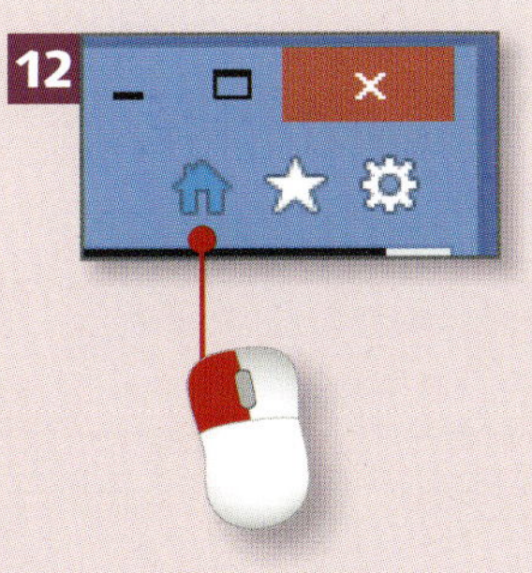

Die Nachrichten im Internet lesen

1

2

3

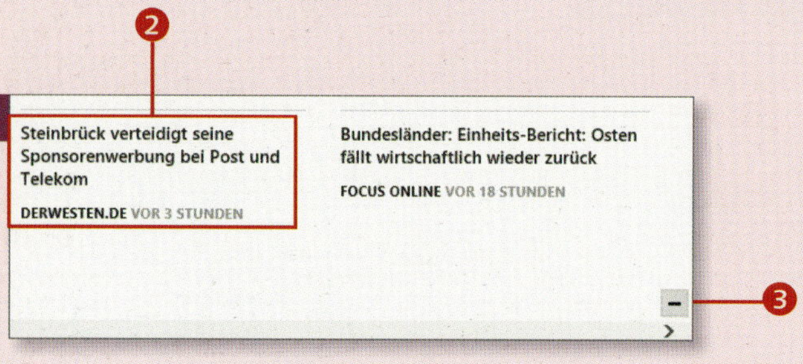

Der Windows-Startbildschirm bringt eine App mit, mit der Sie Nachrichten lesen können. Sie können aber auch andere Nachrichtenseiten aufrufen.

Schritt 1

Klicken Sie auf dem Startbildschirm auf die Kachel **News**. Eine bildschirmfüllende Seite erwartet Sie nach dem dunkelroten Zwischenbild.

Schritt 2

Die weiteren Nachrichten sehen Sie, wenn Sie weiterscrollen. Sie können auch auf die Bildlaufleiste ❶ nach rechts klicken. Die Nachrichten sind horizontal angeordnet.

Schritt 3

Die Nachrichten werden aus verschiedenen Quellen zusammengestellt. Um einen ganzen Bericht zu lesen, klicken Sie auf die entsprechende Nachrichtenkachel ❷.

News, nicht Nachrichten

Wieso **News**, wenn es doch die **Nachrichten**-Kachel gibt? Stimmt, aber die **Nachrichten**-Kachel dient der Kommunikation: Hier sehen Sie Nachrichten, die Ihnen Freunde geschickt haben, die das gleiche System oder Facebook verwenden.

Schritt 4

Die Übersicht der Nachrichtenkategorien rufen Sie auf, indem Sie auf dem Touchpad zwei gespreizte Finger zusammenziehen. Mit der Maus klicken Sie ganz unten rechts auf den kleinen Strich ❸, um die Kategorien zu sehen. Klicken Sie sich dann weiter. Zum Schließen der App ziehen Sie sie von oben nach ganz unten (siehe dazu den Abschnitt »Apps starten, nutzen und beenden« ab Seite 48).

4

Schritt 5

Nachrichten, z. B. von FAZ online oder dem ZDF, rufen Sie über den Internet Explorer auf; starten Sie ihn vom Desktop aus. Geben Sie als Suchbegriff z. B. »faz« ein – Sie können natürlich auch die Lokalzeitung, Illustrierte, Magazine usw. suchen.

5

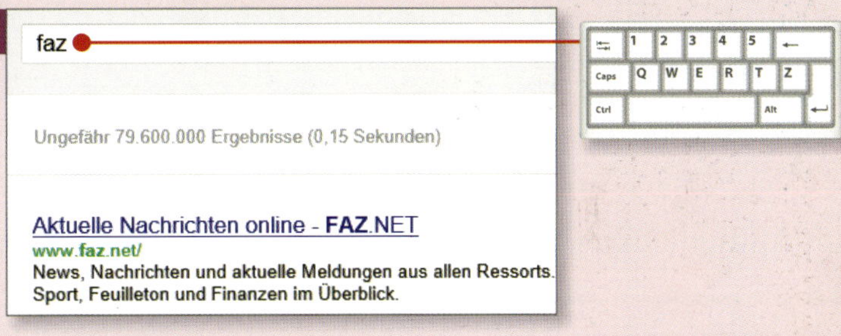

Schritt 6

Klicken Sie auf das passende Ergebnis, hier *www.faz.net*. Die Startseite der Onlinezeitung öffnet sich; klicken Sie sich durch die Seite zu den für Sie interessanten Artikeln. Auch auf dieser Seite müssen Sie scrollen, da unterhalb der sichtbaren Artikel viele weitere Artikel und Bilder zu finden sind.

6

Adressen mit Google Maps suchen

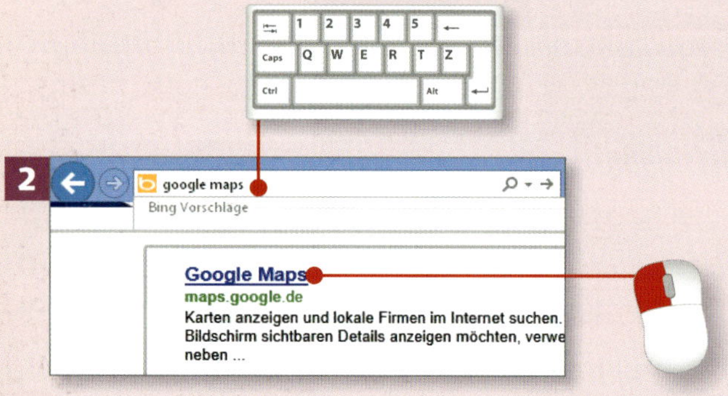

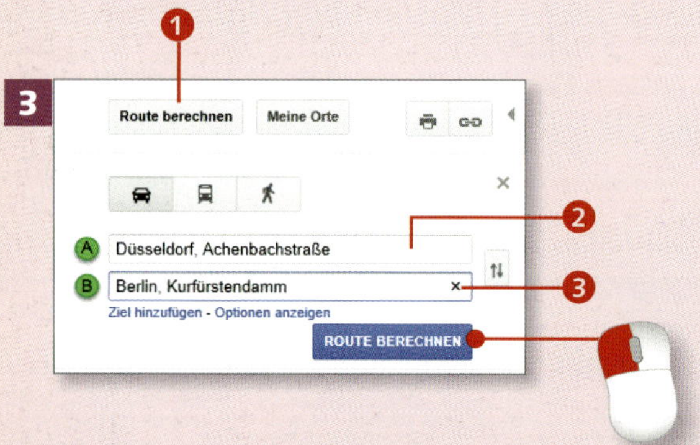

Schnell eine Routenbeschreibung erhalten – mit Google Maps kein Problem.

Schritt 1

Vom Desktop aus rufen Sie den Internet Explorer auf. Wenn Sie Google als Startseite eingerichtet haben (siehe dazu den Abschnitt »Im Internet mit Google suchen« ab Seite 80), klicken Sie einfach auf **Maps**.

Schritt 2

Wenn nicht, geben Sie oben in das Such- und Adressfeld »google maps« ein (Groß- und Kleinschreibung sind hier egal). Klicken Sie bei den Suchergebnissen auf Google Maps mit der Adresse *maps.google.de*.

Schritt 3

Die Google Maps-Seite wird geöffnet. Klicken Sie auf **Route berechnen** ❶; zwei Eingabefelder werden geöffnet. Geben Sie dort einen Startort ❷ und einen Zielort ❸ ein. Klicken Sie unten auf **Route berechnen**.

Andere kostenlose Anbieter von Routenplanern
Sie können natürlich auch einen anderen Anbieter nutzen. Traditionelle Kartenanbieter wie Falk (*www.falk.de/routenplaner*) und Suchmaschinenanbieter wie Bing (*www.bing.com/maps*) bieten gute Routenplaner.

Schritt 4

Die Route wird im rechten größeren Fensterteil auf der Karte angezeigt ❹. Wenn es mehrere Möglichkeiten gibt, zeigt Ihnen Google diese Routenvorschläge ❺ in der linken Spalte an.

Schritt 5

Sie erhalten eine genaue Streckenbeschreibung mit Markierungsnummern ❻, die Sie beim Darüberfahren mit dem Mauszeiger auf der Karte rechts wiederfinden ❼.

Schritt 6

Um mehr Details auf der Karte zu sehen, scrollen Sie nach oben. So zoomen Sie in die Karte hinein und sehen einzelne Straßen.

4

5

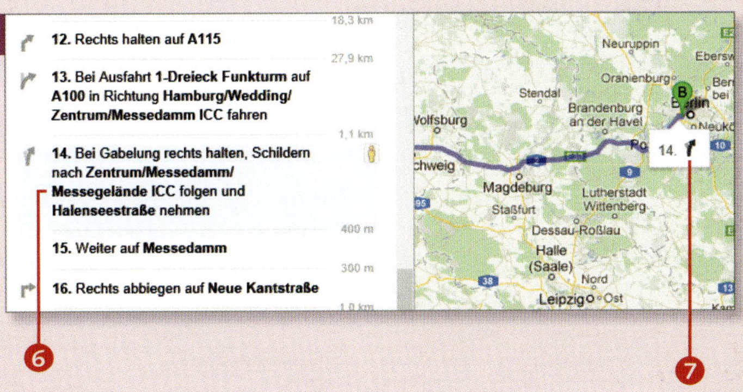

Restaurants und Hotels suchen

Statt eines Straßennamens können Sie auch einen Hotel- oder Restaurantnamen und den Ort eingeben. Google Maps schlägt Ihnen passende Lokalitäten vor. Klicken Sie die gewünschte an, geben Sie Ihren Startort ein, und lassen Sie Google Maps die Route anzeigen.

6

Programme aus dem Internet herunterladen

Ihr Notebook hat zwar schon einige Programme an Bord, aber viele nützliche Programme lassen sich auch aus dem Internet herunterladen.

1
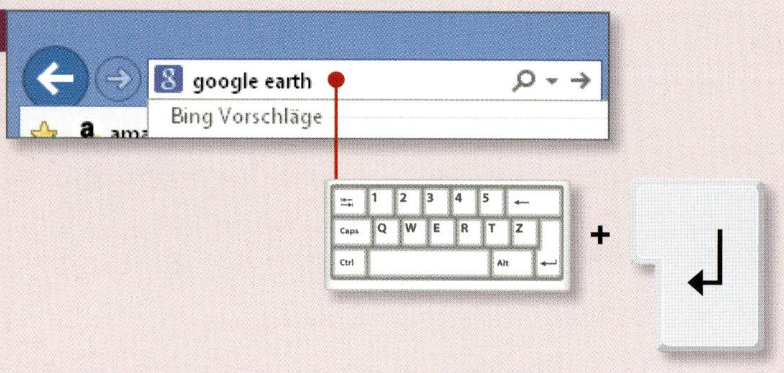

Schritt 1

Ein sehr nützliches Programm ist Google Earth, das Sie im Abschnitt »Mit Google Earth die Welt entdecken« ab Seite 90 noch genauer kennenlernen. Geben Sie also im Internet Explorer als Suchbegriff »Google Earth« ein.

2
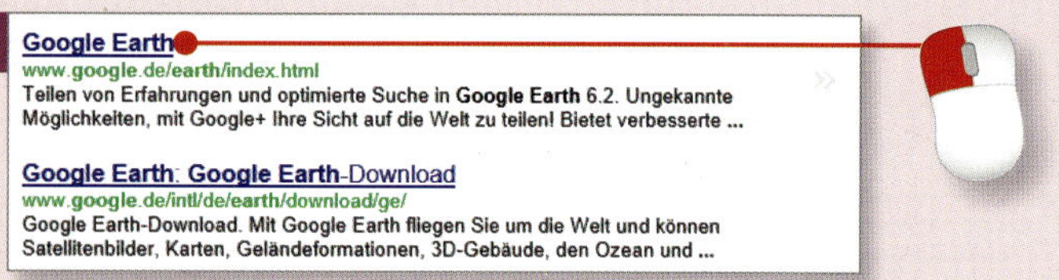

Schritt 2

Klicken Sie nur auf das Suchergebnis mit der offiziellen Google-Adresse *www.google.de/earth/index.html*. Wenn sich die Seite öffnet, klicken Sie auf **Google Earth herunterladen**.

3
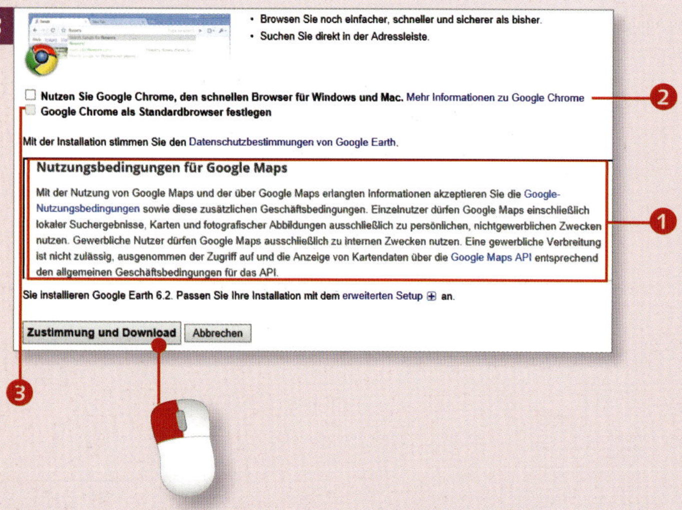

Schritt 3

Beim nächsten Fenster schauen Sie genau hin: Zwischen der Beschreibung des Programms und dem Knopf **Zustimmung und Download** stehen die **Nutzungsbedingungen** ❶. Außerdem wird Ihnen ein weiteres Programm zum Download angeboten, hier der Browser Chrome ❷. Entfernen Sie die Häkchen durch Klicken in die Kästchen ❸.

Schritt 4

Klicken Sie dann auf **Zustimmung und Download**. Eine Danke-Seite erscheint. Wenn sonst nichts passiert, klicken Sie in der zweiten Zeile auf **klicken Sie bitte hier** ❹. Am unteren Bildschirmrand fragt der Internet Explorer, ob Sie die Datei ausführen oder speichern wollen. Klicken Sie auf **Ausführen**.

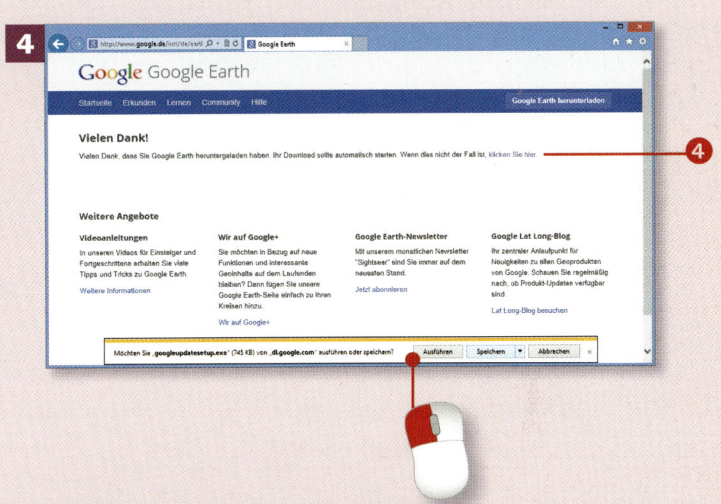

Schritt 5

Windows fragt Sie als Nächstes, ob Sie zulassen möchten, dass das Programm Änderungen an Ihrem Computer vornimmt; klicken Sie auf **Ja**. Das Programm wird installiert, Sie erhalten eine Meldung darüber und die Frage, ob das Programm gestartet werden soll. Bestätigen Sie auch dies.

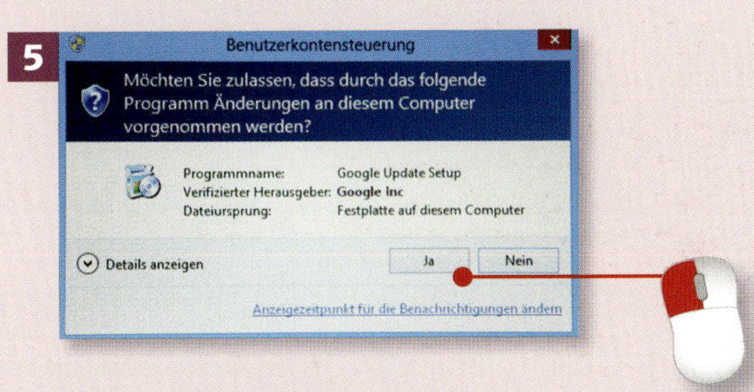

Schritt 6

Jetzt wird das Programm geöffnet. Bei Google Earth wie auch bei vielen anderen neu installierten Programmen sehen Sie ein kleineres Fenster mit Tipps im Vordergrund ❺. Wenn Sie nicht jedes Mal beim Öffnen des Programms Tipps erhalten wollen, entfernen Sie das Häkchen unten ❻, und schließen Sie das kleine Fenster.

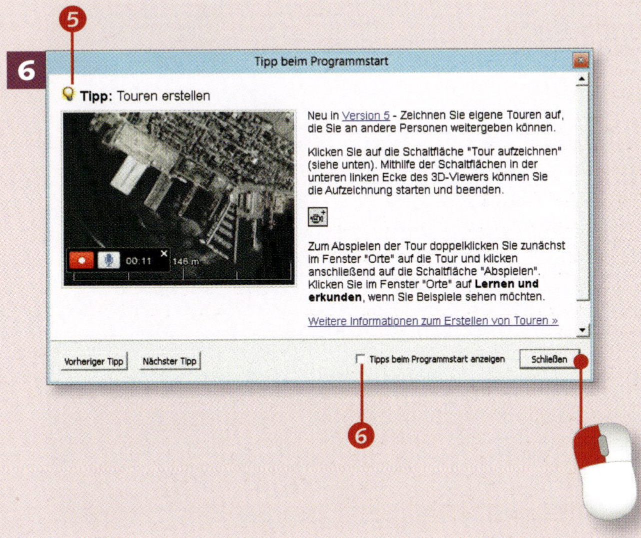

Mit Google Earth die Welt entdecken

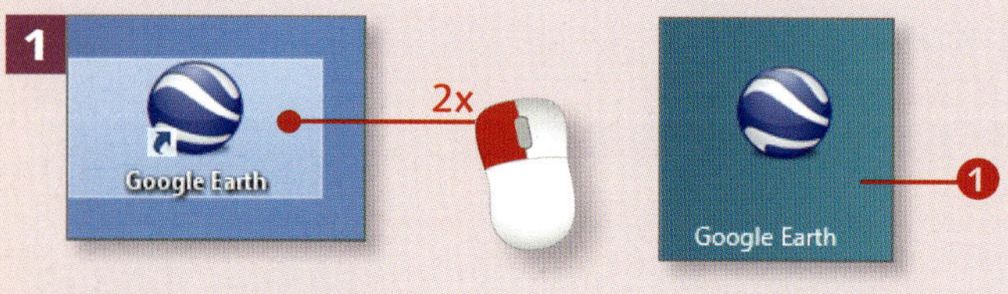

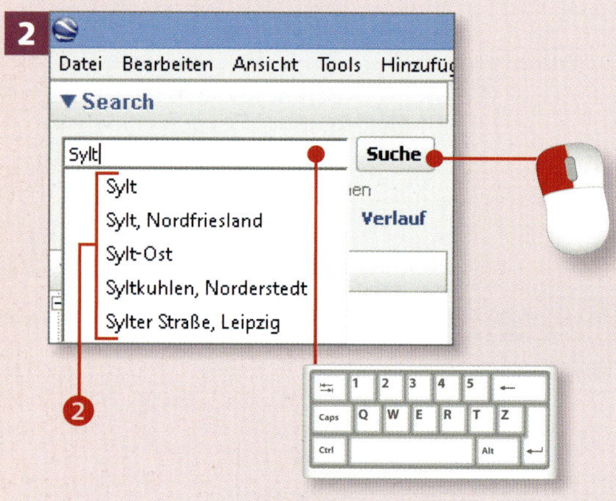

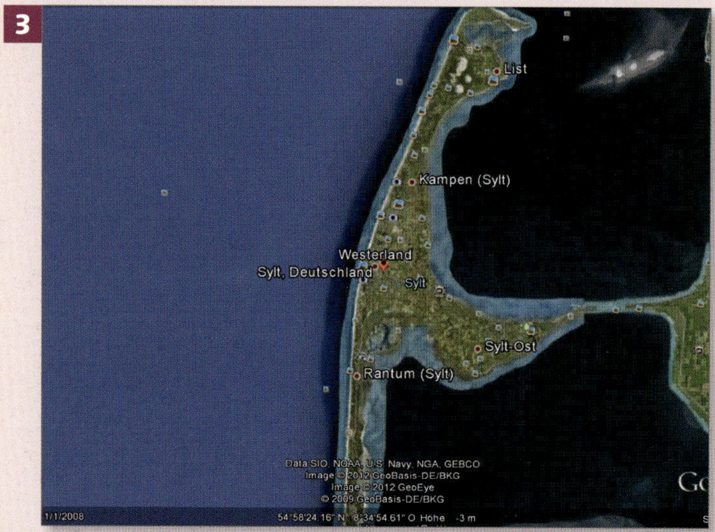

Google Earth ist ein Programm, mit dem Sie sich jeden Ort der Welt, der per Satellitenfoto erfasst wurde, von oben anschauen können. Google Earth bietet jedoch keine aktuellen Bilder.

Schritt 1

Öffnen Sie Google Earth über den Desktop durch einen Doppelklick auf das Programmsymbol. Vom Startbildschirm aus starten Sie Google Earth mit einem Klick auf die Programmkachel ❶.

Schritt 2

Geben Sie im Suchfeld einen Ort oder eine Region (z. B. »Sylt«) ein. Google Earth schlägt Ihnen mögliche passende Ergebnisse vor ❷; klicken Sie darauf, wenn der gewünschte Ort dabei ist. Sie können auch Namen eingeben, z. B. von einem bestimmten Hotel oder einem Restaurant. Klicken Sie dann auf **Suche**.

Schritt 3

Google Earth zoomt nun: Ausgehend von der ganzen Erdkugel wird das Bild immer detailreicher und der Ausschnitt immer kleiner, bis der Ort zu sehen ist. Die Aufnahmen aus großer Höhe sind Satellitenaufnahmen, die Detailaufnahmen sind meistens Überflugbilder.

Schritt 4

Um mehr Details zu sehen, führen Sie den Mauszeiger über das Satellitenbild, und drehen Sie das Mausrad von sich weg. Sie erreichen den gleichen Effekt, wenn Sie auf das Pluszeichen auf der Schiebeleiste klicken ❸.

Schritt 5

Je weiter Sie sich dem Boden nähern, desto flacher wird der Winkel. In kleinen Schritten bewegen Sie sich jetzt mit den Pfeiltasten Ihrer Tastatur nach rechts, links, vor (oben) oder zurück (unten). Diese Bewegungen erreichen Sie auch, wenn Sie auf den entsprechenden Pfeil im Kreis mit der kleinen Hand klicken ❹. Für längere Strecken halten Sie die Taste gedrückt.

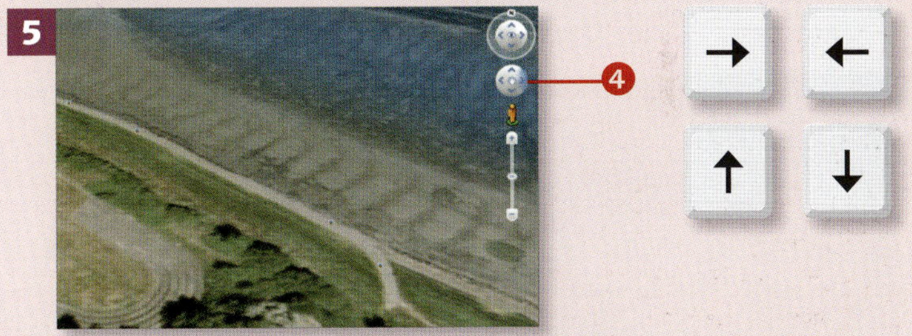

Schritt 6

Greifen Sie den Ring im oberen großen Kreis und ziehen Sie ihn am Kreis entlang: So erhalten Sie einen 360 Grad-Rundumblick. Sollte sich die Charms-Leiste von Windows über die Navigationsinstrumente von Google Earth legen, verschieben Sie die Maus einmal ohne zu klicken, und greifen Sie dann erneut nach dem Ring.

Wie aktuell sind die Bilder?
Je nach Beliebtheit der aufgenommenen Gegend werden die Bilder schneller oder langsamer aktualisiert. Wenn Sie sich also wundern, wieso Sie auf dem Satellitenbild noch Häuser erkennen, die schon vor zwei Jahren abgerissen wurden, liegt das an der schleppenden Aktualisierung bei Google Earth.

Genauer hinschauen mit Google Street View

1

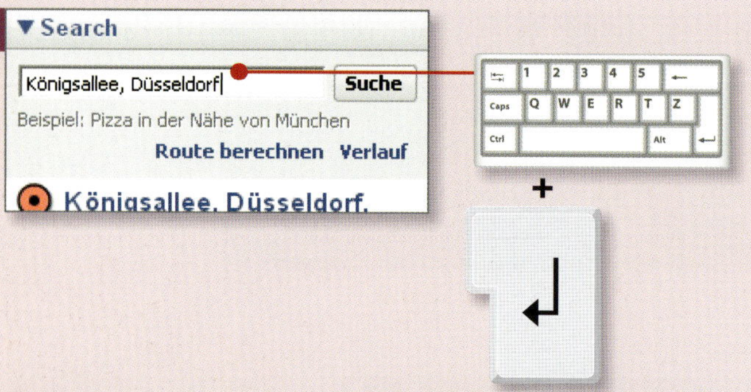

2

3

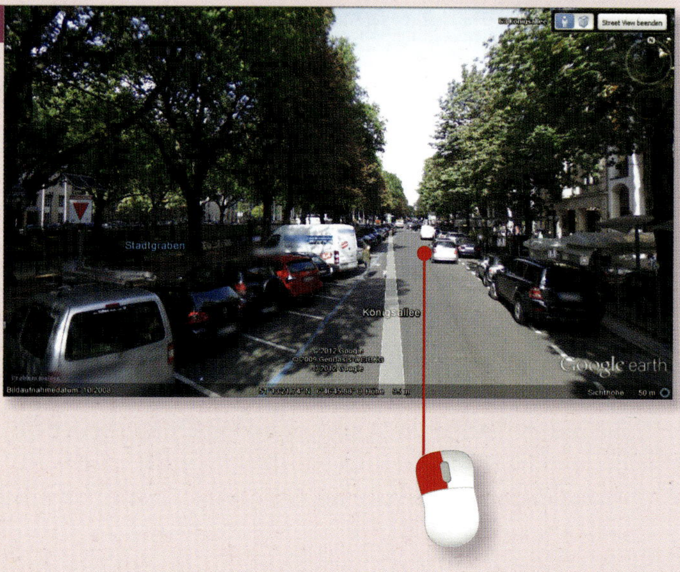

Mit Google Earth sehen Sie die Welt von oben, mit Google Street View vom Boden aus. Es zeigt Ihnen, wie eine Kirche von außen aussieht oder bei welchem Haus eine Straße, in die Sie später fahren wollen, abzweigt. Auch hier gilt: Die Bilder sind keine aktuellen Aufnahmen.

Schritt 1

Öffnen Sie Google Earth (siehe dazu den Abschnitt »Mit Google Earth die Welt entdecken« ab Seite 90), und geben Sie Ort und – wenn möglich – Straße ein. Klicken Sie auf **Suche**, oder drücken Sie die [↵]-Taste.

Schritt 2

Zoomen Sie das Bild ganz groß auf. Ziehen Sie das Männchen (1) von der Schiebeleiste auf die Straße, die Sie sich genauer anschauen wollen.

Schritt 3

Mit der Maus schicken Sie das Männchen los: Es »geht« die Straße entlang und folgt der Linie, bis Sie die Richtung ändern. Klicken Sie weiter hinten auf die Straße, wenn Sie ein größeres Stück auf einmal »zurücklegen« wollen.

Schritt 4

Die Richtung ändern Sie mit der Maus, indem Sie den Mauszeiger an den rechten oder linken Rand führen und dann das Bild mit gedrückter Maustaste langsam Richtung Bildmitte ziehen. Sie können auch das Navigationsinstrument ❷ mit dem Kompassring benutzen, um die Blick- und Laufrichtung zu ändern.

4

Schritt 5

Mit den Pfeiltasten nach oben auf Ihrer Tastatur oder den Pfeilen nach oben ❸ im Kreis auf dem Bildschirm bewegen Sie sich vorwärts in die eingeschlagene Richtung. Nach unten ❹ lässt Sie rückwärts »gehen«.

5

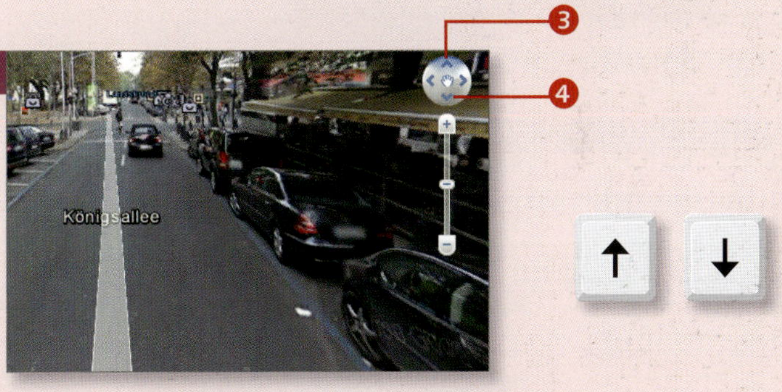

Schritt 6

Google bietet in Street View viele Möglichkeiten, z. B. die »gelaufene« Tour als Film zu speichern oder sich ältere Aufnahmen einer Ansicht anzuschauen. Das Aufnahmedatum steht unten links ❺.

6

Wo ist mein Lieblingsstrand?
Da die Aufnahmen von einem Fahrzeug aus gemacht werden, sind Fußwege und nicht mit dem Auto erreichbare Gegenden nicht erfasst – also kein Strand, keine schmalen Nebenstraßen.

Lesezeichen setzen

Viele Internetseiten sind so interessant, dass Sie sie ein anderes Mal wieder besuchen möchten. Damit Sie dann nicht wieder nach Ihnen suchen müssen, können Sie leicht Lesezeichen setzen und die Seiten als Favoriten speichern.

Schritt 1

Rufen Sie vom Desktop aus den Internet Explorer auf, und öffnen Sie eine Internetseite, die Sie öfter aufrufen wollen, z. B. Ihren E-Mail-Anbieter oder Amazon.

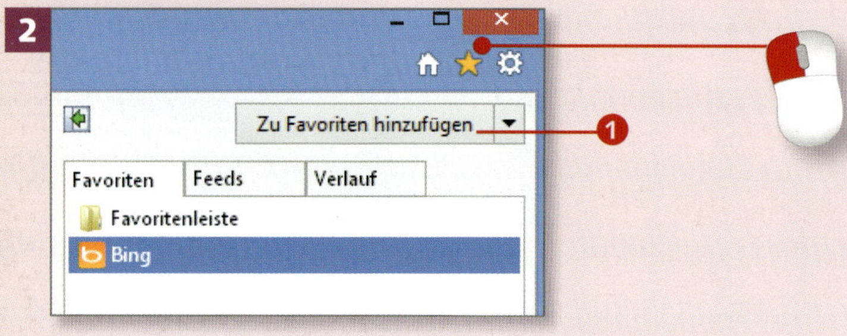

Schritt 2

Klicken Sie rechts oben auf den Stern. In dem neuen Fenster direkt darunter klicken Sie auf **Zu Favoriten hinzufügen** ❶.

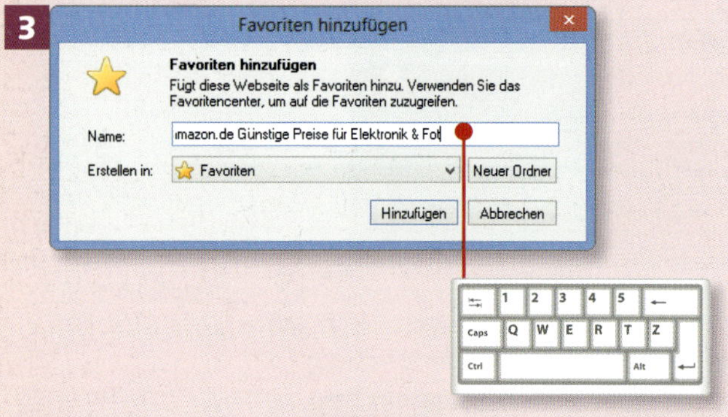

Schritt 3

Ein neues Fenster öffnet sich in der Bildmitte. Hier können Sie den Namen anpassen, z. B. statt der langen Beschreibung einfach nur »amazon.de« verwenden.

Favoriten oder Lesezeichen?

Je nach Browser werden andere Begriffe für die gleiche Sache verwendet. Der Internet Explorer nennt die gespeicherten Links zu Seiten, die Sie wieder schnell besuchen möchten, Favoriten. Firefox, Opera, Chrome und Safari sprechen von Lesezeichen.

Schritt 4

Klicken Sie dann auf den Pfeil rechts in der Zeile **Erstellen in** ❷ und dann auf **Favoritenleiste** ❸. Bestätigen Sie Ihre Einstellungen mit einem Klick auf **Hinzufügen**.

4
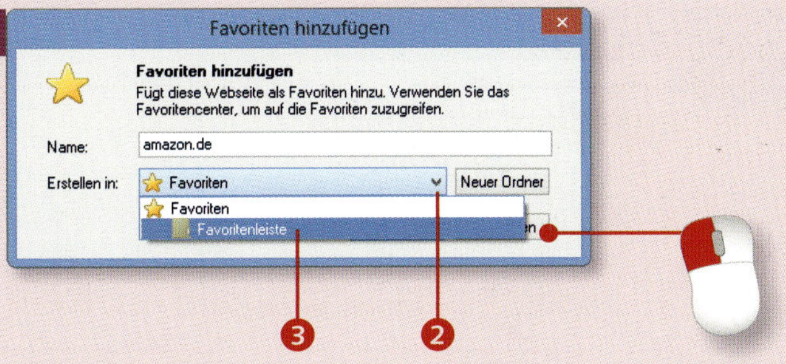

Schritt 5

Ab sofort steht der Name der Internetseite in der Favoritenleiste, die jetzt eingeblendet bleibt. Bei jeder weiteren Seite, die in der Favoritenleiste angezeigt werden soll, brauchen Sie nur noch auf den Stern mit grünem Pfeil ❹ zu klicken. Ein Klick auf einen der Favoriten öffnet die entsprechende Seite.

5
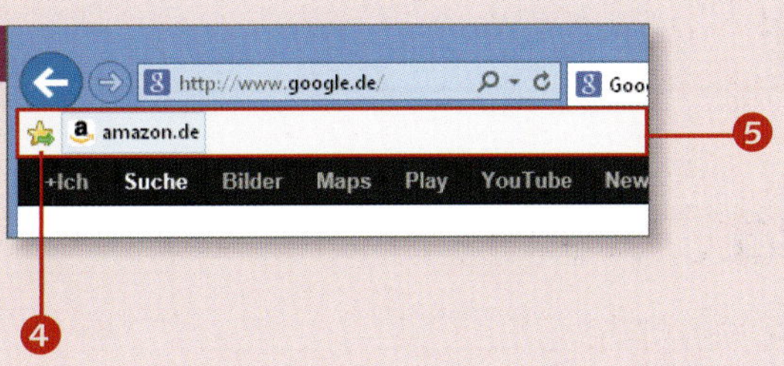

Schritt 6

Seiten, die Sie als »einfache« Favoriten und nicht in der Favoritenleiste ❺ gespeichert haben, rufen Sie über das Sternchen ❻ auf. Klicken Sie den Namen der gewünschten Seite an, dann wird sie sofort geöffnet.

6

Ungeliebte Favoriten?
Möchten Sie einen gespeicherten Favoriten löschen, klicken Sie auf das Sternchen und dann mit der rechten Maustaste auf den entsprechenden Namen. Im Kontextmenü klicken Sie auf Löschen.

Bei Amazon einkaufen

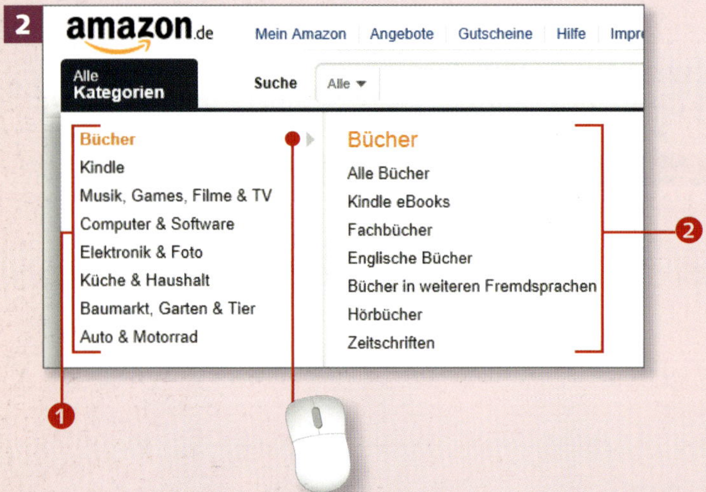

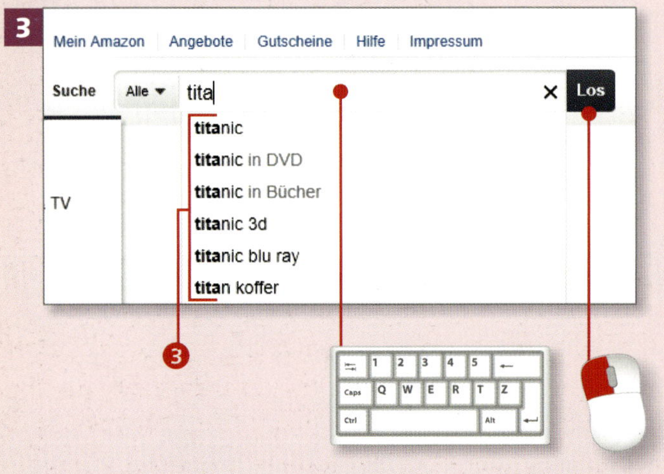

Das Internet wimmelt nur so von Seiten, auf denen Sie etwas kaufen können. Amazon ist eine solche Seite. Sie bietet ein besonders großes Sortiment an Büchern, DVDs und vielen anderen Artikeln.

Schritt 1

Rufen Sie den Internet Explorer über den Desktop auf, und geben Sie »amazon.de« in die Adress- und Suchzeile ein. Drücken Sie die ↵-Taste.

Schritt 2

Die Startseite von amazon.de erscheint. Links sehen Sie die übergeordneten Kategorien ❶ der Artikel. Fahren Sie mit dem Mauszeiger über eine Hauptkategorie: Weitere Kategorien werden aufgelistet ❷.

Schritt 3

Suchen Sie entweder über Kategorien oder geben Sie in das Suchfeld direkt den Suchbegriff ein. Auch Amazon schlägt Ihnen schon während der Eingabe mögliche Ergebnisse vor ❸. Wenn Sie auf einen Vorschlag klicken, wird die Ergebnisseite sofort aufgerufen. Ansonsten klicken Sie auf **Los**.

Schritt 4

Die Ergebnisseite listet die ersten zwölf Treffer ❹ zu Ihrem Suchbegriff auf. Die Gesamtzahl der Treffer ❺ wird ebenfalls angegeben, aber die besten Treffer sind in der Regel am Anfang der Liste zu finden. Produktdetails werden angezeigt, wenn Sie auf den orange geschriebenen Titel ❻ klicken.

4

Schritt 5

Sie können meist wählen zwischen neuen und gebrauchten Angeboten (siehe Kasten auf dieser Seite). Wenn Ihnen ein Artikel zusagt, klicken Sie auf **In den Einkaufswagen**. Sie können weiter einkaufen, indem Sie weitere Artikel Ihrem Einkaufswagen hinzufügen.

5

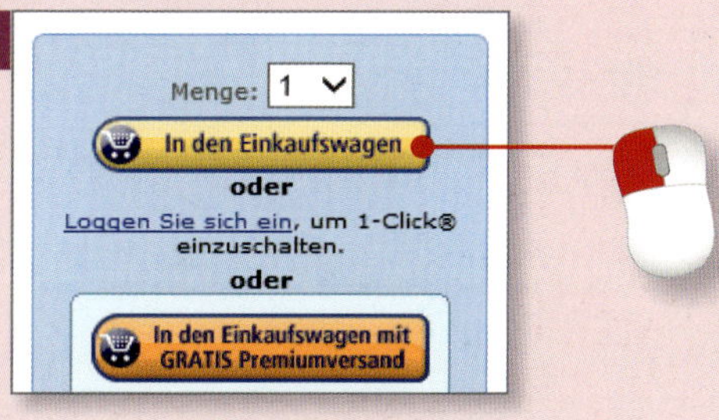

Schritt 6

Um den Einkauf abzuschließen, klicken Sie auf den Einkaufswagen und dann auf **Zur Kasse gehen**. Auf der nächsten Seite geben Sie Ihre E-Mail-Adresse ❼ und Ihr Passwort ❽ ein. Haben Sie noch kein Konto, klicken Sie in den Kreis neben **Ich bin ein neuer Kunde**. Folgen Sie den weiteren Schritten **Adresse**, **Artikel**, **Bezahlen** und **Bestätigen**.

6

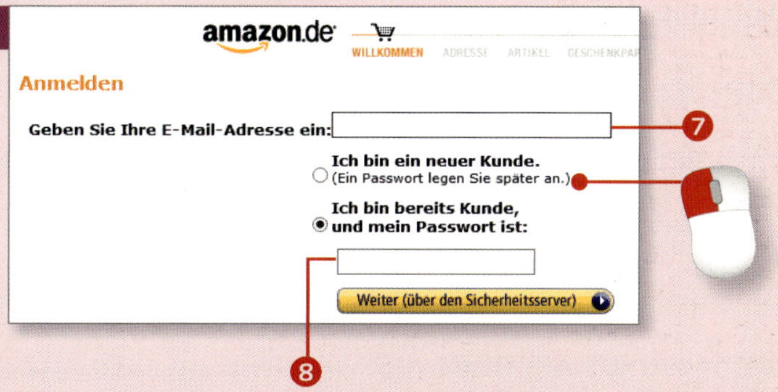

Neu oder gebraucht?
Gebrauchte Artikel, aber auch viele neue Artikel, werden nicht von Amazon selbst angeboten, sondern von gewerblichen Verkäufern. Lesen Sie bei allen Drittanbietern genau die Beschreibung, und achten Sie auf die Angaben zu Versandkosten und Artikelzustand.

Übers Internet telefonieren mit Skype

1

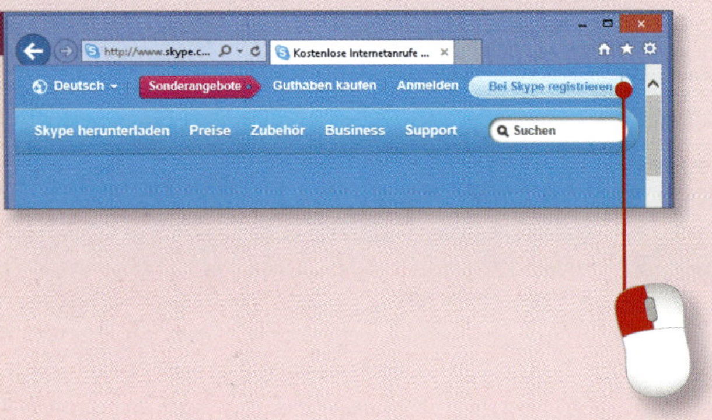

2

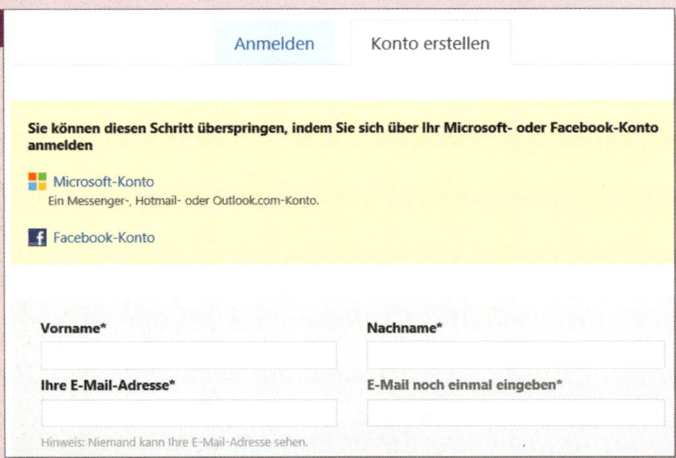

3

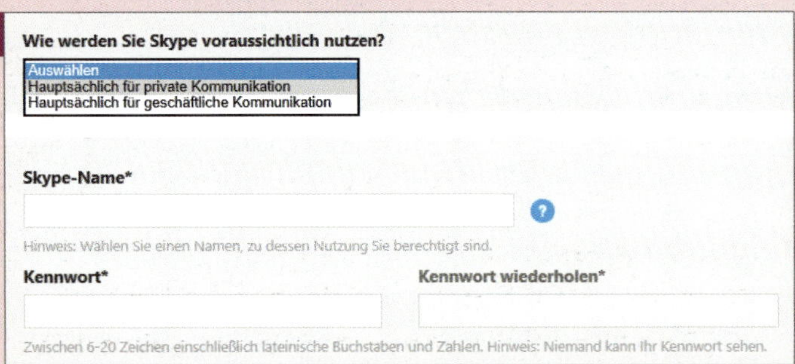

Ihr Notebook hat eine Kamera, ein Mikrofon und eine Internetverbindung? Dann können Sie Skype nutzen und mit Bild und Ton über das Internet telefonieren.

Schritt 1

Rufen Sie in Ihrem Browser die Skype-Homepage auf (*www.skype.com*), und klicken Sie auf die Schaltfläche **Bei Skype registrieren**.

Schritt 2

Sie können sich mit Ihrem Microsoft-Konto anmelden; fahren Sie dann mit Schritt 8 fort. Um ein reines Skype-Konto zu erstellen, geben Sie Ihren Namen und eine E-Mail-Adresse ein; den Namen können Sie später wieder entfernen. Weitere persönliche Profilinformationen können Sie weglassen, denn diese kann jeder Skype-Nutzer sehen.

Schritt 3

Legen Sie fest, wie Sie Skype nutzen (**Hauptsächlich für private Kommunikation**). Wählen Sie dann einen Skype-Namen und ein Kennwort. Der Skype-Name kann aus einem oder zwei Wörtern bestehen. Bei mehreren Wörtern muss ein Punkt zwischen den Wörtern sein.

Schritt 4

Entfernen Sie das Häkchen bei der Werbezustimmung. Geben Sie dann den Spamschutz-Text ein ❶; wenn Sie ihn nicht entziffern können, klicken Sie auf Aktualisieren ❷. Lesen Sie die Skype-Nutzungsbedingungen, und klicken Sie auf die Schaltfläche **Ich erkläre mich einverstanden – Weiter**.

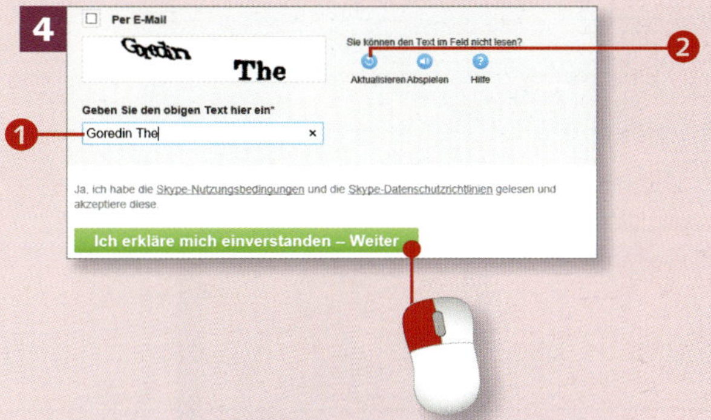

Schritt 5

Skype bietet Ihnen an, Guthaben zu kaufen. Klicken Sie auf **Nein danke, im Moment nicht** und anschließend auf **Weiter**. Nun kann Skype installiert werden. Klicken Sie unten auf **Ausführen**, und bestätigen Sie die Sicherheitsabfrage von Windows.

Schritt 6

Wählen Sie Ihre Sprache aus, und entfernen Sie die Häkchen in den nächsten beiden Fenstern, klicken Sie auf **Weiter**. Geben Sie dann Ihren Skype-Namen ❸ (bereits vorausgefüllt) und Ihr Kennwort ❹ ein. Klicken Sie dann auf **Anmelden** ❺. Nicht wundern: Skype spielt jetzt den auffälligen Startton ab.

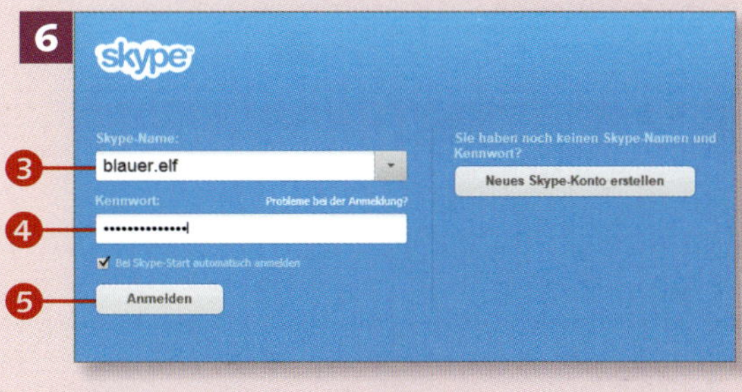

Anrufe ins Festnetz

Wenn Sie z. B. im Urlaub Ihr Notebook dabeihaben und zu Hause anrufen wollen, können Sie auch einen Festnetzanschluss oder eine Mobilfunknummer anrufen. Diese Anrufe sind aber kostenpflichtig.

Übers Internet telefonieren mit Skype (Forts.)

7

Schritt 7

Testen Sie nun Kamera und Mikrofon (einmal auf **Weiter** klicken, dann den Anweisungen folgen). Integrierte Kameras sind mittig über dem Bildschirm platziert und schalten sich automatisch an. Neben der Kamera leuchtet bei einigen Notebooks ein kleines Licht, wenn die Kamera Sie aufnimmt.

8

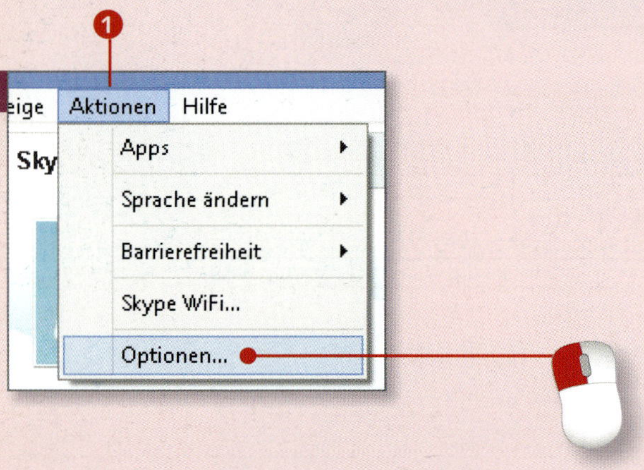

Schritt 8

Nach Abschluss der Einrichtung können Sie Ihren Namen wieder entfernen. Ihr echter Name sollte nur über die Skype-Suche zu finden sein, wenn Sie dort auch gefunden werden wollen, z. B. aus beruflichen Gründen. Wollen Sie mehr Privatsphäre, klicken Sie auf **Aktionen** 1 und dann **Optionen**.

9

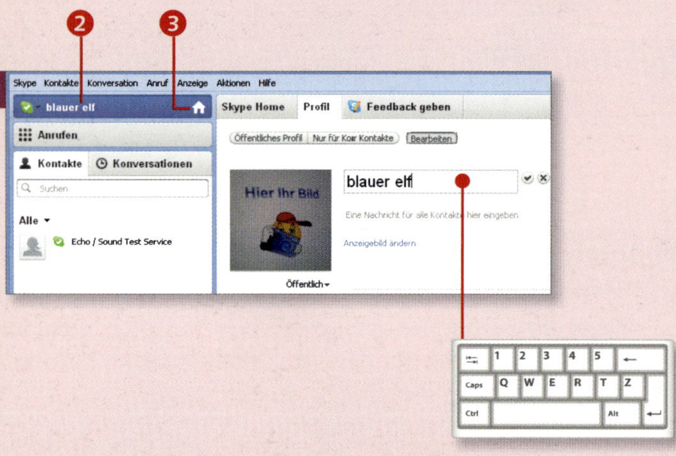

Schritt 9

Bei **Allgemeine Einstellungen** klicken Sie unten auf **Geben Sie Ihre Kontaktdetails in Ihrem persönlichen Profil an** und im nächsten Fenster auf Ihren echten Namen. Geben Sie etwas anderes ein, z. B. Ihren Skype-Namen. Klicken Sie auf das Häkchen daneben; links oben steht dann Ihr neuer »Name« 2. Mit einem Klick auf das Haus-Symbol 3 kehren Sie zur Skype-Startseite zurück.

Schritt 10

Fügen Sie Kontakte hinzu: Wenn Sie den Skype-Namen Ihres Kontakts kennen (vorher erfragen), geben Sie ihn links im Suchfeld ein. Gibt es mehrere Skype-Nutzer mit diesem Namen, versuchen Sie den passenden herauszufinden. Klicken Sie auf **Kontakt hinzufügen**.

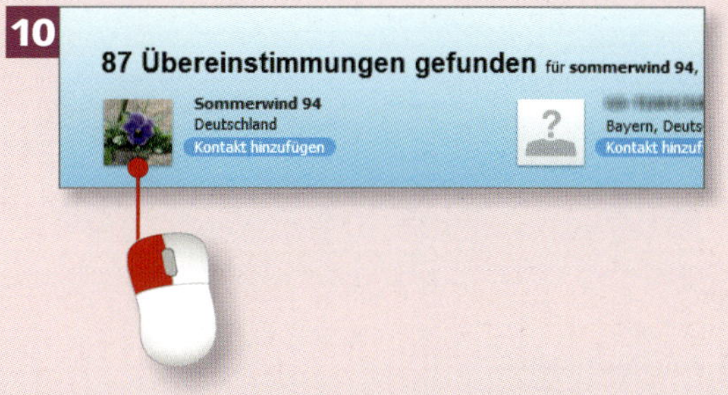

Schritt 11

Skype versendet für Sie eine Kontaktanfrage; den vorgeschlagenen Text ❹ können Sie ändern. Klicken Sie dazu in den Text und dann auf die Schaltfläche **Kontaktanfrage senden**.

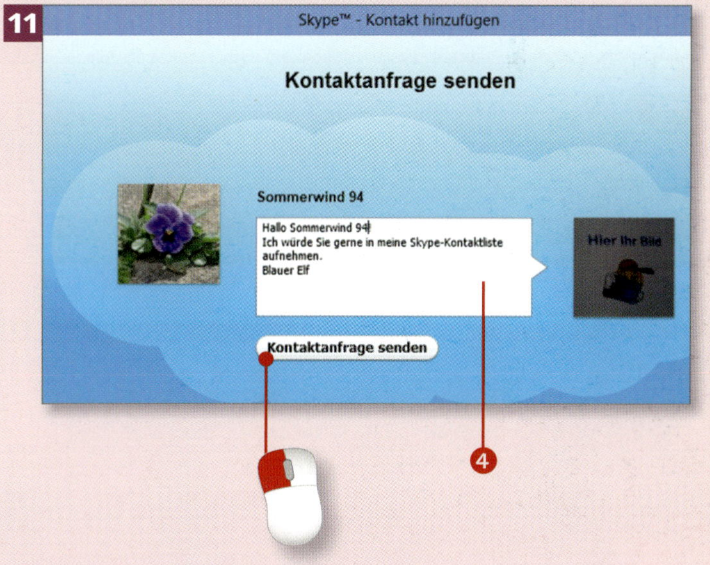

Schritt 12

Sobald die Person Ihre Kontaktanfrage bestätigt hat, erscheint sie in Ihrer Kontakteliste. Kontakte, deren Skype-Symbol grün leuchtet, sind online und »anwesend«. Sie können Sie per Videoanruf anrufen: Klicken Sie im rechten Fensterteil auf die Schaltfläche **Videoanruf**. Skype baut nun die Verbindung auf, das dauert in der Regel nur wenige Sekunden.

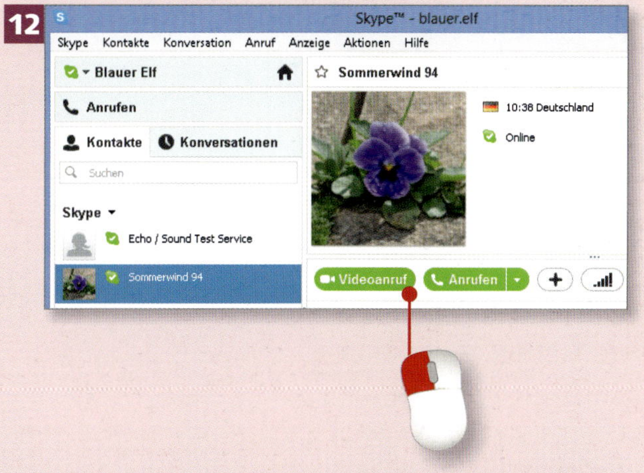

Übers Internet telefonieren mit Skype (Forts.)

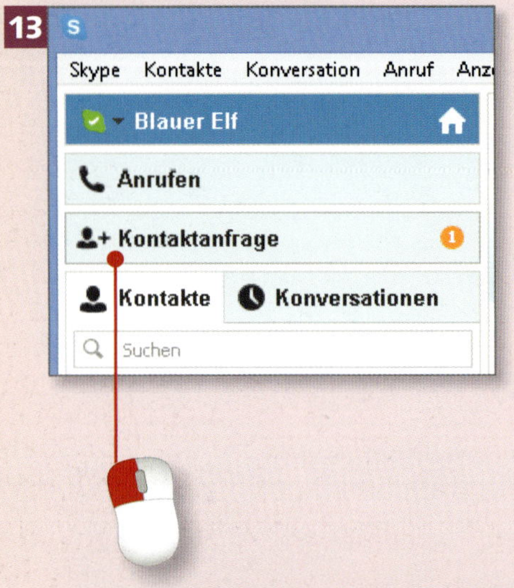

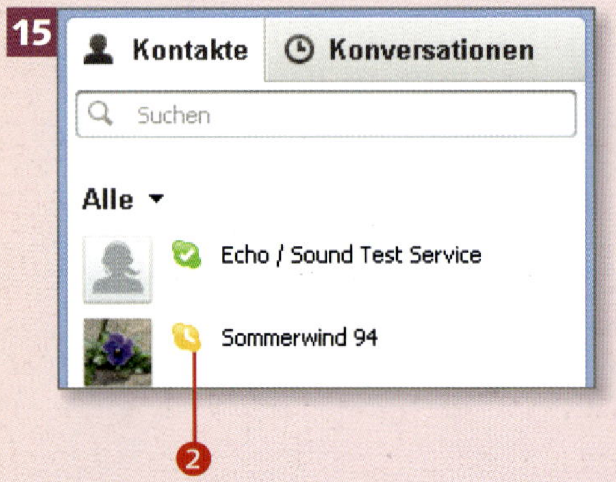

Schritt 13

Wenn Sie eine Kontaktanfrage erhalten, erscheint sie links über den Kontakten. Klicken Sie auf den Balken **Kontaktanfrage**, und wählen Sie rechts eine Option aus (**Zu Kontakten hinzufügen**, **Profil anzeigen**, **Ignorieren**, **Blockieren**).

Schritt 14

Wollen Sie ein Videogespräch annehmen, klicken Sie auf **Mit Video antworten**. Klicken Sie auf **Annehmen** ❶, wenn Sie ohne Videobild telefonieren wollen. Bei Videoanrufen wird unten rechts das Bild eingeblendet, das Ihr Gesprächspartner von Ihnen sieht. Sie sehen sich spiegelverkehrt.

Schritt 15

Eine orange Wolke ❷ neben einem Kontakt bedeutet, dass der Kontakt bei seinem Status auf »Abwesend« geklickt hat. Sie können trotzdem einen Videoanruf starten; wahrscheinlich aber wird der Anruf nicht angenommen.

Schritt 16

Ein Symbol mit grünem Rand 3 bedeutet, dass der Kontakt offline ist, also nicht zur Verfügung steht. Ein kostenloses Skype-Telefonat über das Internet ist dann nicht möglich; Sie erhalten bei einem Klick auf **Anrufen** die Möglichkeit, den Kontakt kostenpflichtig über eine Telefonnummer anzurufen.

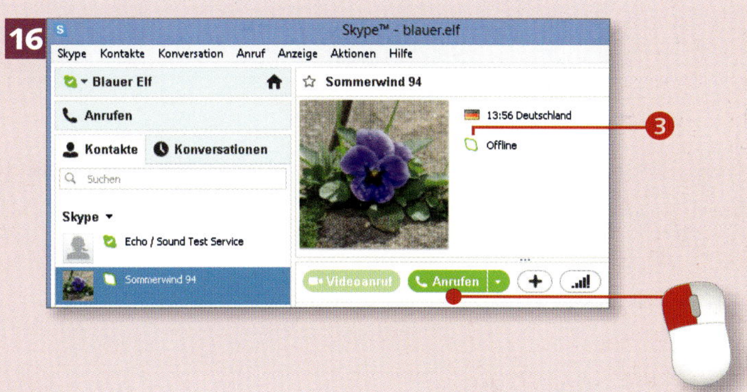

Schritt 17

Vereinbaren Sie mit Ihren Kontakten per Nachricht eine Zeit zum Skypen. So stellen Sie sicher, dass der Kontakt auch da ist. Klicken Sie links einen Kontakt an, und schreiben Sie rechts unten Ihre Nachricht 4. Klicken Sie zum Abschicken auf **Senden** oder drücken Sie die [↵]-Taste

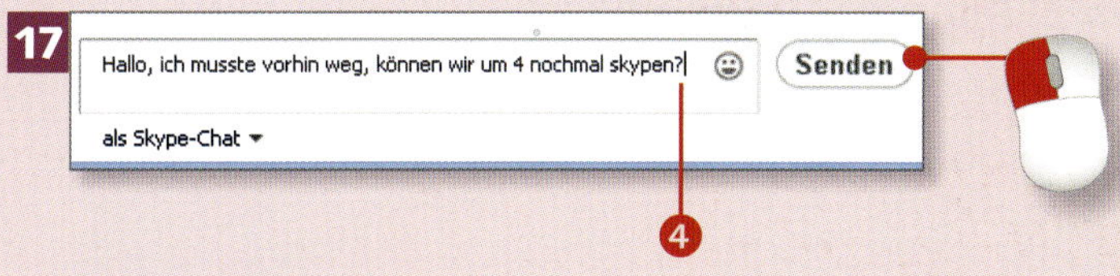

Schritt 18

Zum Beenden von Skype klicken Sie auf das Schließkreuz oben rechts. Damit wird zwar das Fenster geschlossen, aber nicht das Programm selbst. Zum »richtigen« Beenden klicken Sie mit der rechten Maustaste auf das Programmsymbol 5 in der Taskleiste und dann auf **Skype beenden** 6.

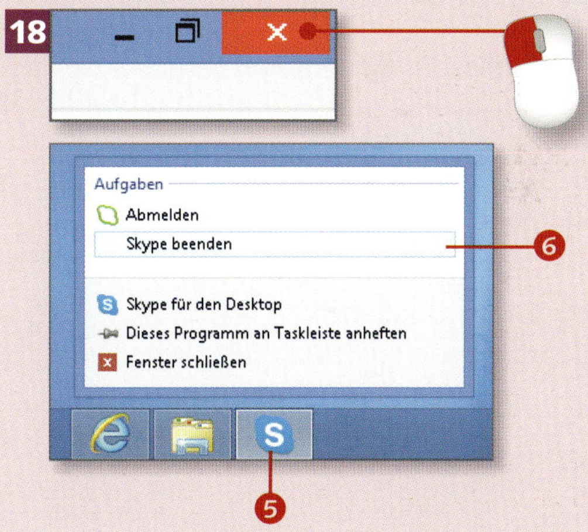

Was tun, wenn die Kamera nicht funktioniert
Achten Sie darauf, dass die Kamera nicht zugeklebt ist, wenn Sie Skypen wollen. Bei manchen Notebooks müssen Sie die Kamera vor der ersten Benutzung einschalten; in der Anleitung zu Ihrem Notebook steht, welche Tastenkombination Sie verwenden müssen.

Kapitel 5
E-Mails schreiben

E-Mails sind ein schneller Weg, sich mit anderen auszutauschen. Noch besser: Sie können Ihren E-Mails ganz einfach Anlagen hinzufügen und so Bilder oder Dokumente elektronisch verschicken. Bilder, die Ihnen geschickt werden, können Sie auf Ihrem Notebook speichern.

Ein E-Mail-Konto eröffnen

Zahlreiche kostenlose E-Mail-Dienste stehen Ihnen zur Verfügung. Richten Sie sich ein E-Mail-Konto ❶ ein, und lernen Sie es kennen.

E-Mails lesen und beantworten

In Ihrem Posteingang finden Sie die E-Mails, die andere Ihnen geschickt haben. Mit einem Klick öffnen Sie eine E-Mail ❷, ein weiterer Klick, und Sie können die E-Mail beantworten. Mit Smileys bringen Sie Farbe in die E-Mail.

Bilder per E-Mail verschicken und empfangen

Mit wenigen Klicks fügen Sie Ihrer E-Mail Bilder als Anlagen hinzu ❸. Bilder, die Ihnen geschickt werden, können Sie sich in einer Diaschau ansehen.

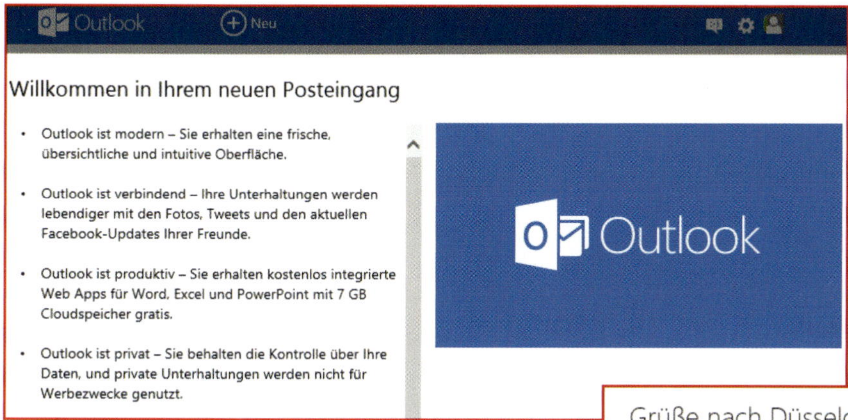

1 Das E-Mail-Konto ist schnell eingerichtet.

Schreiben Sie Ihre E-Mails, und gestalten Sie sie nach Belieben. 2

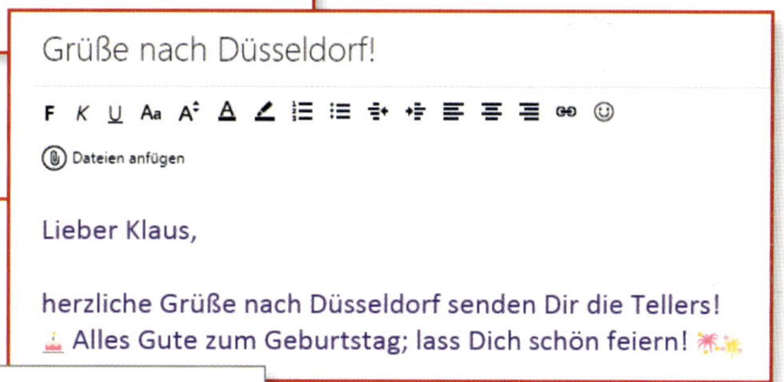

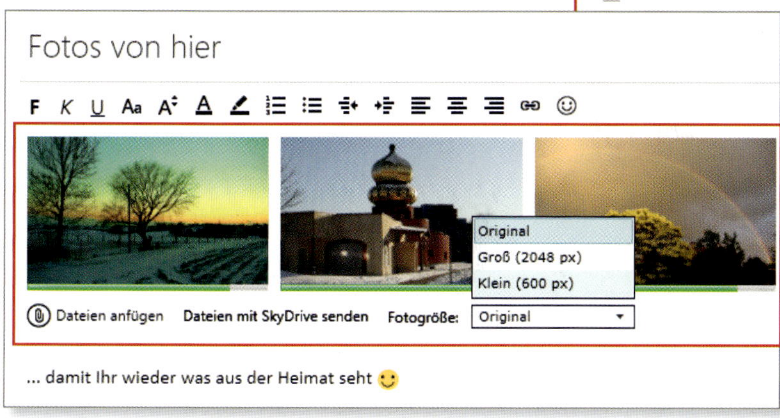

3 Versorgen Sie Freunde mit Fotos, die Sie per E-Mail schicken.

Eine E-Mail-Adresse einrichten

1
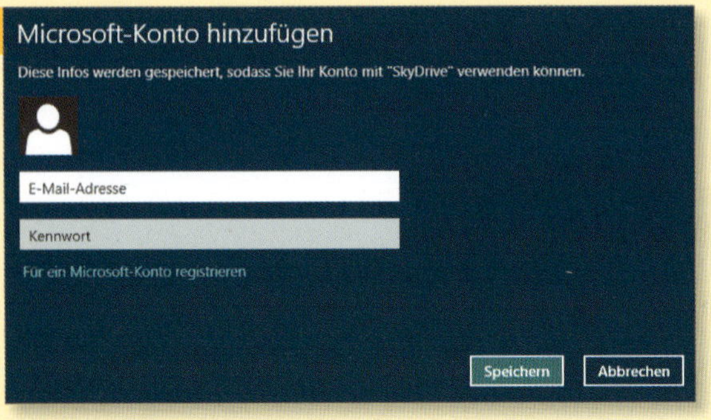

2

3
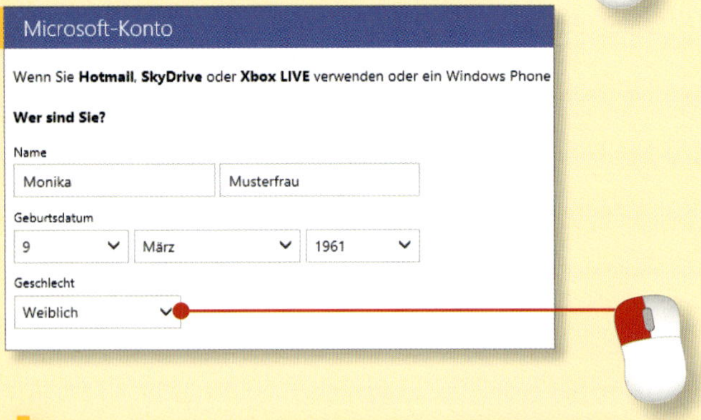

Outlook.com und Microsoft Outlook

Microsoft bietet im großen Office-Paket das E-Mail-Programm Microsoft Outlook an, das E-Mails vom eigentlichen E-Mail-Konto aus dem Internet auf Ihren Computer herunterlädt. Outlook.com hingegen ist ein internetbasierter E-Mail-Dienst, auf den Sie von jedem PC mit Internetanschluss aus zugreifen können.

E-Mails sind ein schneller Weg, um Nachrichten mit Ihren Kontakten auszutauschen. Auch für Bestellungen, Newsletter und Foren brauchen Sie eine E-Mail-Adresse.

Schritt 1

Windows geht davon aus, dass Sie schnell auf Ihre E-Mails zugreifen und weitere Windows-Dienste einfach nutzen möchten. Dazu legen Sie ein Microsoft-Konto an, das gleichzeitig Ihre E-Mail-Adresse ist. Sie können z. B. viele Apps nur vollständig nutzen, wenn Sie Ihre E-Mail-Adresse bestätigt haben.

Schritt 2

Legen Sie sich eine E-Mail-Adresse an. Als Beispiel dient eine Adresse bei Microsoft: Öffnen Sie den Internet Explorer, und geben Sie »outlook.com« in die Adresszeile ein. Die Startseite von Outlook.com öffnet sich. Klicken Sie auf **Registrieren**.

Schritt 3

Im nächsten Fenster geben Sie Ihren Namen, Ihr Geburtsdatum und Ihr Geschlecht ein. Zum Auswählen klicken Sie jeweils auf den Pfeil neben den Feldern.

Schritt 4

In das Feld **Name des Microsoft-Kontos** schreiben Sie Ihre gewünschte E-Mail-Adresse, und zwar nur den Teil vor dem @-Zeichen. Verwenden Sie nur Kleinbuchstaben. Wenn der gewünschte Name nicht verfügbar ist, probieren Sie einen anderen. Wählen Sie dann ein sicheres Kennwort ❶ (siehe dazu den Abschnitt »Sicherheit und Virenschutz« ab Seite 68).

Schritt 5

Geben Sie Ihre Telefonnummer ein, und beantworten Sie eine Sicherheitsfrage: Klicken Sie auf den Pfeil ❷, wählen Sie eine Frage aus, und schreiben Sie die Antwort in das Feld darunter. Wenn Sie Ihr Passwort vergessen haben sollten, können Sie sich mit diesen Angaben gegenüber Microsoft ausweisen und ein neues Passwort vergeben.

Schritt 6

Geben Sie Ihre Postleitzahl ❸ ein, und tippen Sie den *Captcha*-Code ❹ ein. Lesen Sie die Datenschutzbestimmungen und den Servicevertrag, und klicken Sie auf **Ich stimme zu**. Ihr neues E-Mail-Konto wird jetzt geöffnet.

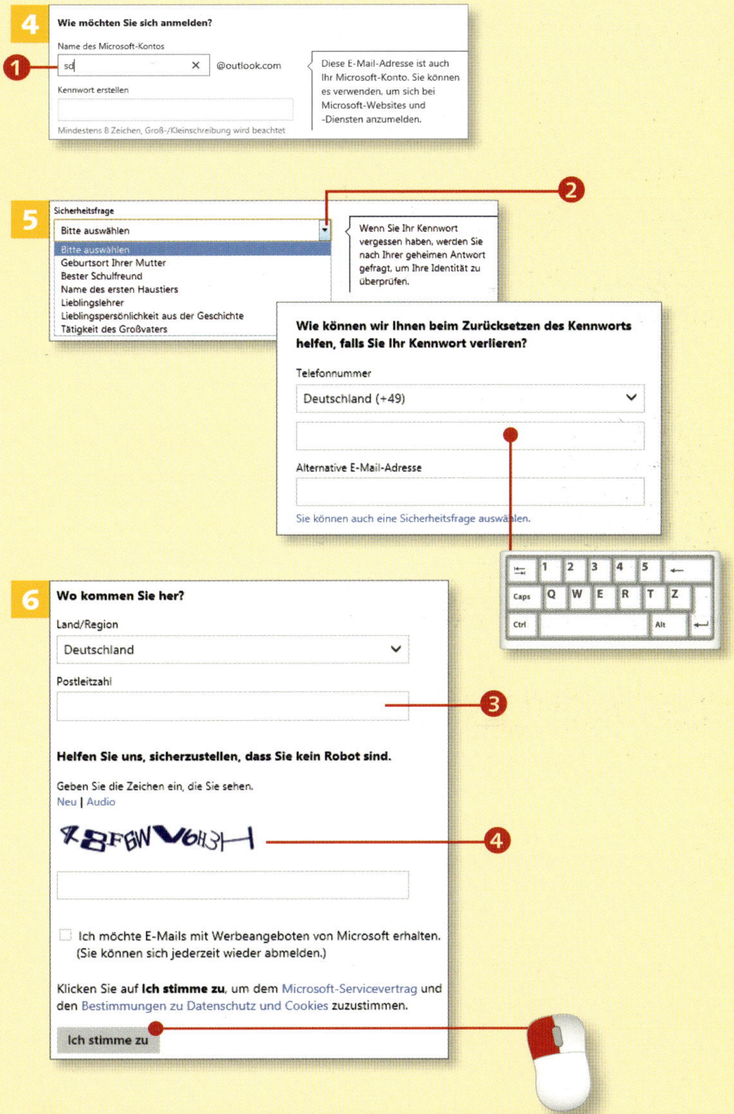

Lieber bei einem anderen Anbieter?
Sie können Ihr E-Mail-Konto natürlich auch bei einem anderen Anbieter (z. B. T-Online.de, web.de, gmx.de, Gmail) einrichten. Sie unterscheiden sich durch die Adress-Endung und das Leistungsangebot.

Ihr E-Mail-Konto öffnen und schließen

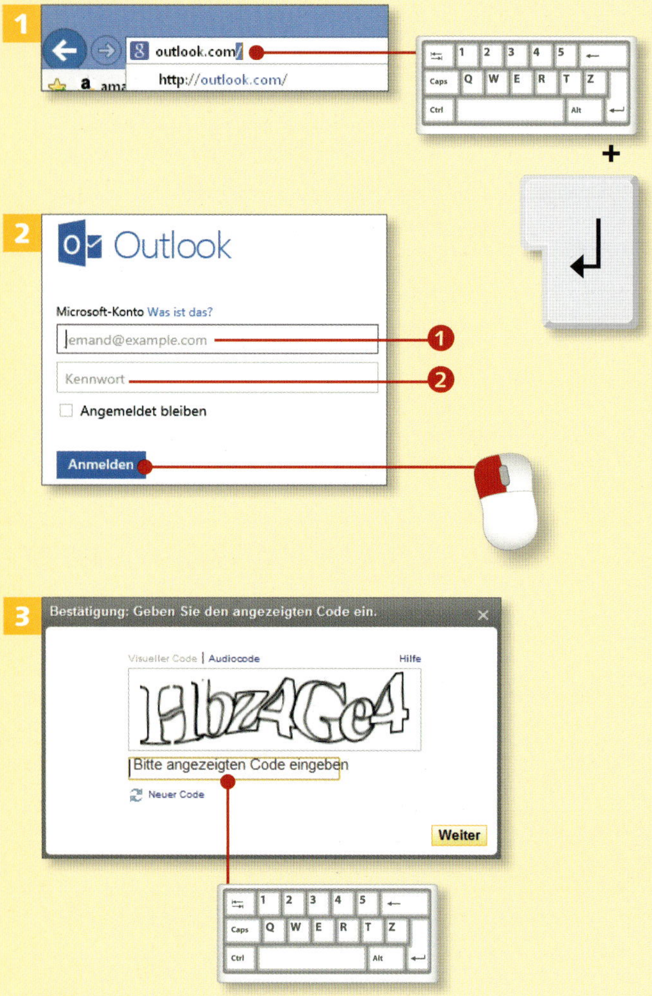

Mit Ihren Anmeldedaten loggen Sie sich von Ihrem Notebook, aber auch von jedem anderen Computer mit Internetanschluss aus in Ihr E-Mail-Konto ein.

Schritt 1

Geben Sie in den Browser (z. B. Internet Explorer) die Adresse Ihres E-Mail-Anbieters ein, z. B. »outlook.com«, und drücken Sie die [↵]-Taste. Bei vielen Anbietern müssen Sie dann noch auf FreeMail oder Mail klicken.

Schritt 2

Die Anmeldeseite wird geöffnet; tragen Sie in das erste Feld Ihre E-Mail-Adresse ❶ ein. In die zweite Zeile tippen Sie Ihr Kennwort ❷ genau so, wie Sie es bei der Registrierung geschrieben haben. Groß- und Kleinschreibung sind genau zu beachten; Leerzeichen kommen hier nicht vor. Klicken Sie dann auf **Anmelden**.

Schritt 3

Je nachdem, wie lange Sie nicht mehr eingeloggt waren, kommt noch eine zusätzliche Sicherheitsabfrage: Geben Sie dann den Captcha-Code ein.

Login speichern?
Die Browser bieten bei der Eingabe der Login-Daten die Möglichkeit, Benutzernamen und Passwort zu speichern. Dann müssen Sie beim nächsten Anmelden nur noch auf **Login** oder **Anmelden** klicken, ohne Ihre Daten einzugeben. Nachteil: Wenn ein Unbefugter an Ihr Notebook geht und sich mit Ihren gespeicherten Daten einloggt, kann er Ihr E-Mail-Konto missbrauchen.

Schritt 4

Bei manchen Anbietern sehen Sie als erste Seite nach dem Einloggen auch eine Werbeseite für die Kaufversion des jeweiligen E-Mail-Dienstes. Suchen Sie die Stelle, an der **Weiter zum Postfach** ❸ steht – meist klein ganz unten.

Schritt 5

Zum Beenden von Outlook.com klicken Sie auf Ihren Namen rechts oben ❹ und dann auf **Abmelden**.

Schritt 6

Andere E-Mail-Dienste haben meist einen Knopf zum Schließen mit der Beschriftung **Logout** oder **Abmelden**. Bei manchen finden Sie auch eine **Tür** zum Schließen. Klicken Sie auf den Knopf; es folgt eine kurze Bestätigung, dass Sie ausgeloggt sind.

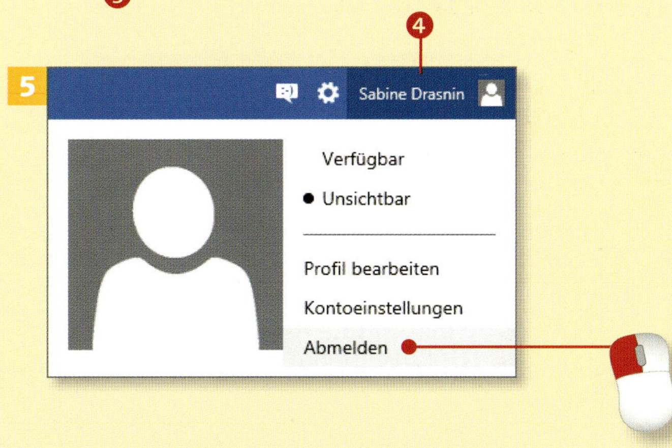

@xyz.de oder @xyz.com?

Viele Anbieter von E-Mail-Diensten haben eine internationale Version mit der Endung *.com* und eine deutsche Variante mit der Endung *.de*. Damit es nicht zu Irrläufern kommt, achten Sie darauf, ob Ihre Adresse mit *.com* oder mit *.de* endet.

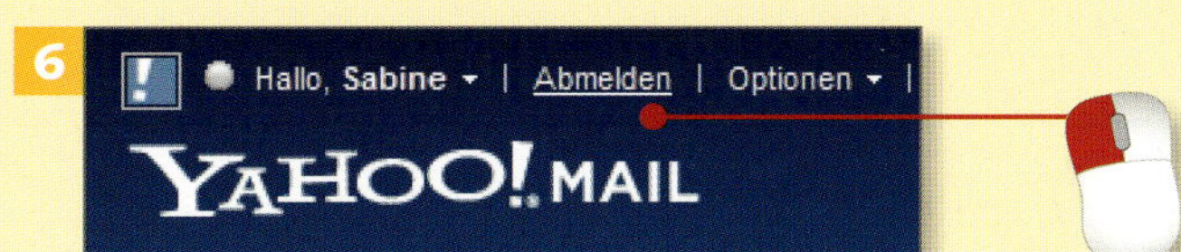

E-Mails empfangen und beantworten

E-Mails lesen und darauf antworten ist ganz einfach. Ihr Posteingang ist die zentrale Stelle in Ihrem E-Mail-Dienst, und mit einem Klick öffnen Sie eine E-Mail. Ein weiterer Klick, und schon können Sie antworten.

1

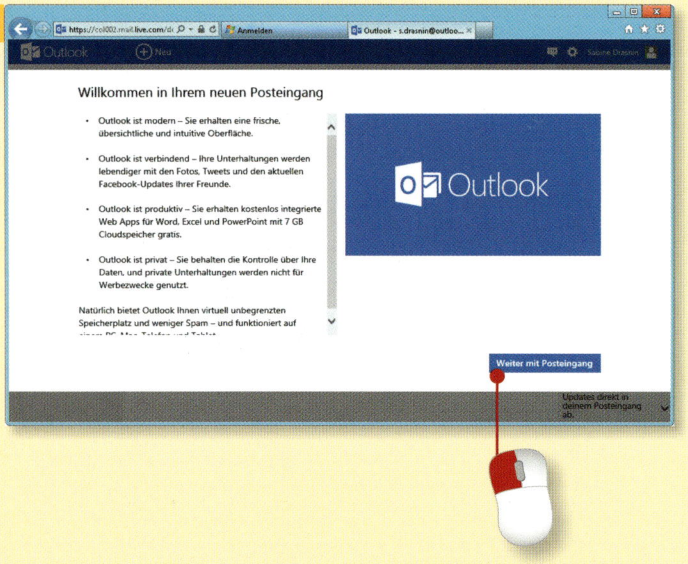

Schritt 1

Wenn Sie Outlook.com das erste Mal aufrufen, sehen Sie einen Willkommensgruß. Klicken Sie auf **Weiter mit Posteingang**.

2

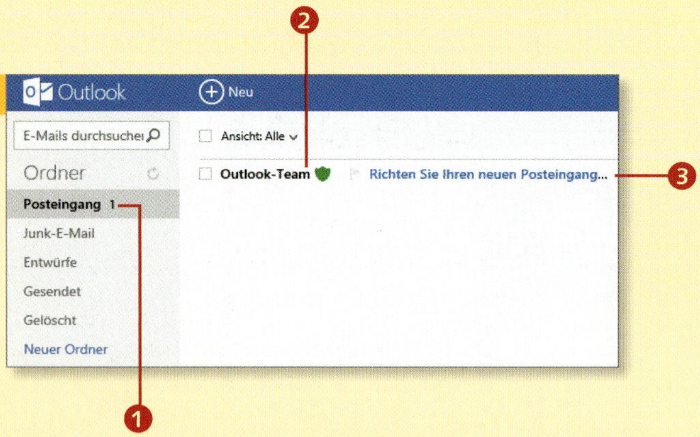

Schritt 2

Sie haben schon eine E-Mail erhalten: Ihr Anbieter schickt Ihnen eine automatisierte Begrüßungs-E-Mail. Sie sehen links in der Liste das Wort **Posteingang** fett angegeben; daneben steht die Zahl ❶ der neuen und ungelesenen E-Mails. Im Ansichtsbereich rechts daneben steht, von wem die E-Mail ist ❷, welchen Betreff ❸ sie hat und – je nach Einstellung – wann sie geschickt wurde.

3

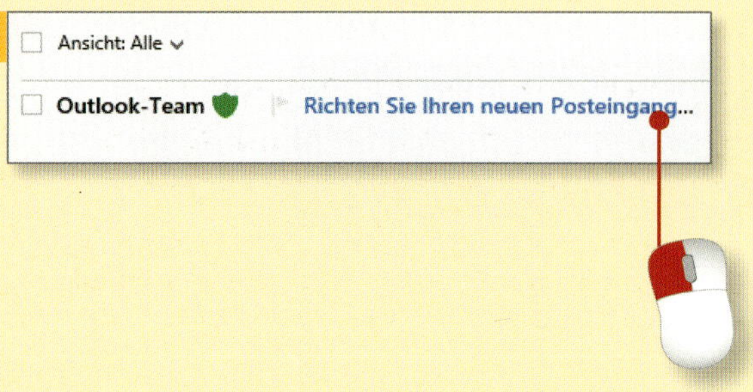

Schritt 3

Zum Lesen der E-Mail klicken Sie einmal auf den Absender oder den Betreff der E-Mail.

Schritt 4

Die E-Mail wird im großen mittleren Lesebereich geöffnet. Sie sehen am oberen Rand die Details Absender ❹, Empfänger ❺ (wichtig, wenn Sie mehrere E-Mail-Konten über Outlook.com verwalten) und Datum ❻. Hier können Sie auch direkt – bei Bekannten und Freunden – den Absender Ihrem Adressbuch hinzufügen ❼.

Schritt 5

Der Nachrichtentext – der Inhalt der E-Mail also – steht darunter. Wenn Sie eine längere E-Mail erhalten haben, scrollen Sie nach unten, um auch den Rest der Nachricht lesen zu können.

Schritt 6

Zur Posteingang-Übersicht gelangen Sie mit einem Klick auf das Wort **Posteingang** links. Es ist jetzt nicht mehr fett wiedergegeben. Das bedeutet: Es sind keine ungelesenen Nachrichten mehr vorhanden.

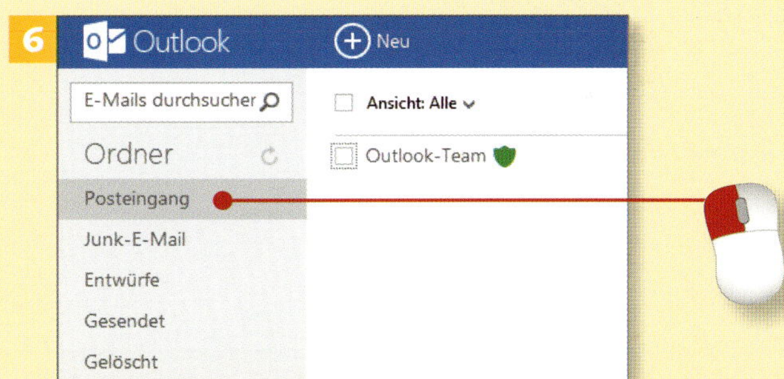

Die erste E-Mail …

Die erste E-Mail bei Outlook.com beinhaltet die Aufforderung zum Einrichten Ihres E-Mail-Kontos. Hier ist gemeint: Wenn Sie schon ein anderes E-Mail-Konto haben, können Sie jetzt Ihre Kontakte importieren, so dass sie Ihnen auch bei Outlook.com zur Verfügung stehen.

E-Mails empfangen und beantworten (Forts.)

7
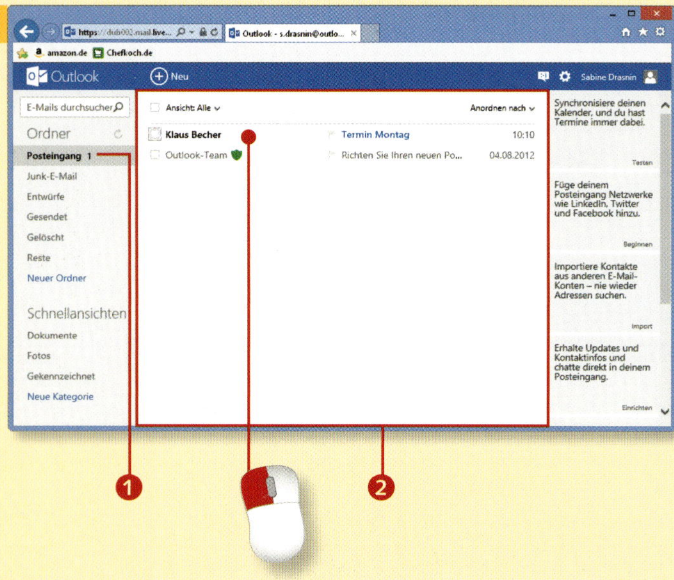

8

9

Schritt 7

Sobald wieder eine neue Nachricht eingegangen ist, erscheint **Posteingang** wieder fett. Die Zahl dahinter ❶ sagt Ihnen, wie viele ungelesene Nachrichten sich im Posteingang befinden. Im großen mittleren Bereich ❷ sehen Sie wieder den Inhalt des Ordners **Posteingang** als Liste.

Schritt 8

Klicken Sie die Nachricht, die Sie lesen wollen, einmal an, dann wird sie geöffnet. Im Beispiel sehen Sie eine kurze E-Mail, hier muss also nicht gescrollt werden.

Schritt 9

Zum Beantworten der E-Mail klicken Sie über der E-Mail auf **Antworten**.

E-Mail markieren

Manchmal ist eine E-Mail so wichtig, dass Sie sie hervorheben möchten. Markieren Sie die E-Mail im Posteingang, indem Sie auf die hellgrüne Fahne links neben dem Betreff klicken. Die E-Mail zeigt nun ein rotes Fähnchen.

Schritt 10

In Vollansicht wird das Antworten-Fenster gezeigt: Links steht unter Ihrer Absenderadresse ❸ der Empfänger ❹. Da Sie ja auf eine E-Mail antworten, wird der Empfänger automatisch eingetragen. Zwischen **Dateien anfügen** ❺ und dem Text der erhaltenen E-Mail ❻ schreiben Sie Ihren Text.

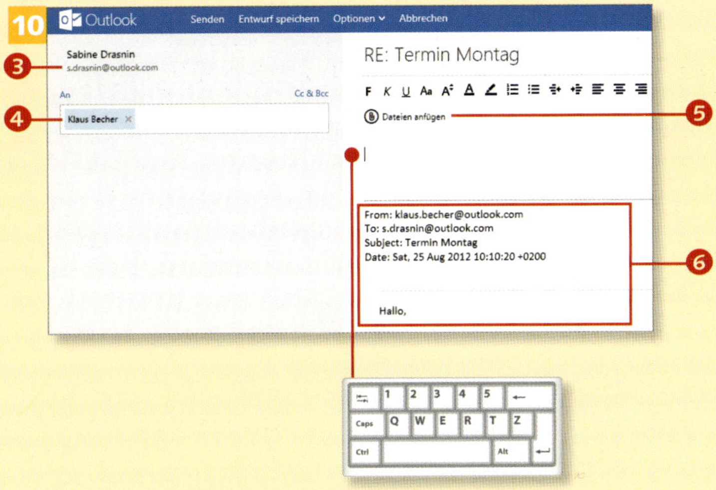

Schritt 11

Klicken Sie in der Symbolleiste oben auf **Senden**. Die E-Mail wird geschlossen, und Sie sehen wieder die Übersicht.

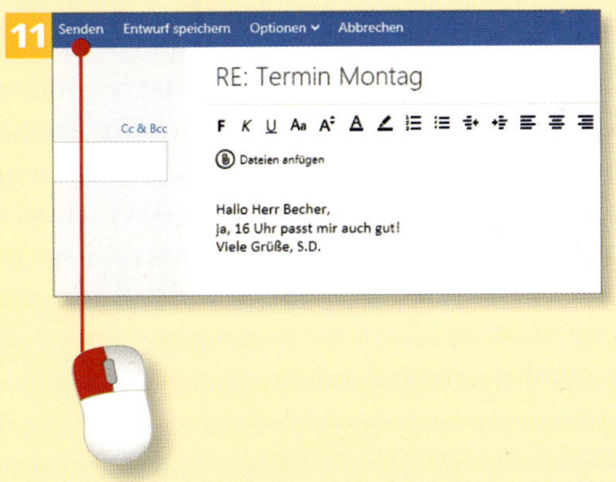

Schritt 12

E-Mails, die Sie selber abgeschickt haben, finden Sie im entsprechenden Ordner wieder. Klicken Sie in der Ordnerliste links auf **Gesendet**, dann werden rechts die gesendeten E-Mails ❼ angezeigt.

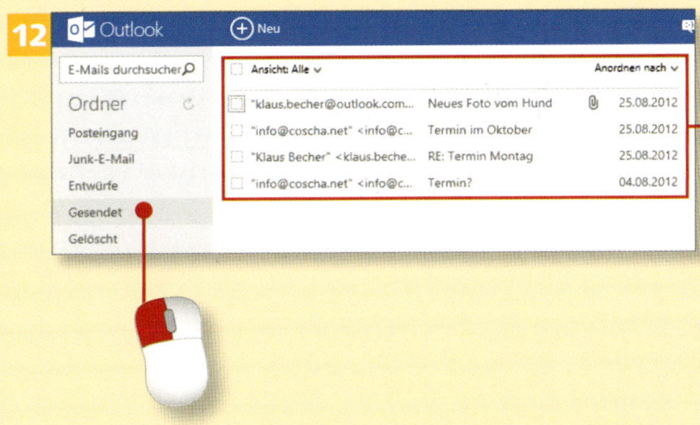

!

Zusätzliche Sicherheitsabfragen

Viele E-Mail-Dienste fragen ab und zu erneut nach Ihren Login-Daten. Sie haben auf Senden geklickt, aber statt der Sendebestätigung werden Sie erst aufgefordert, Ihre Anmeldedaten einzugeben. Sobald Sie die Daten eingegeben haben, können Sie Ihre E-Mail verschicken.

E-Mails schreiben und senden

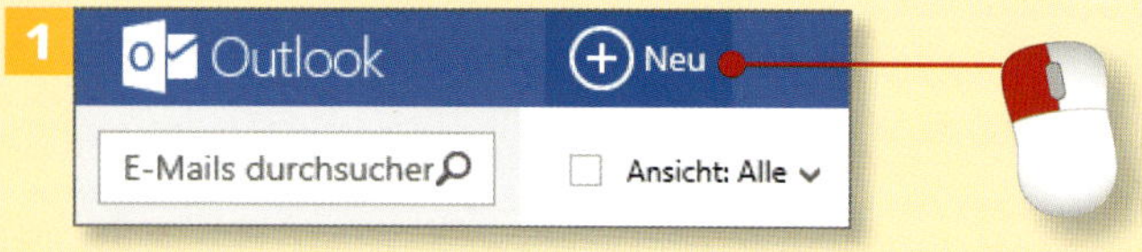

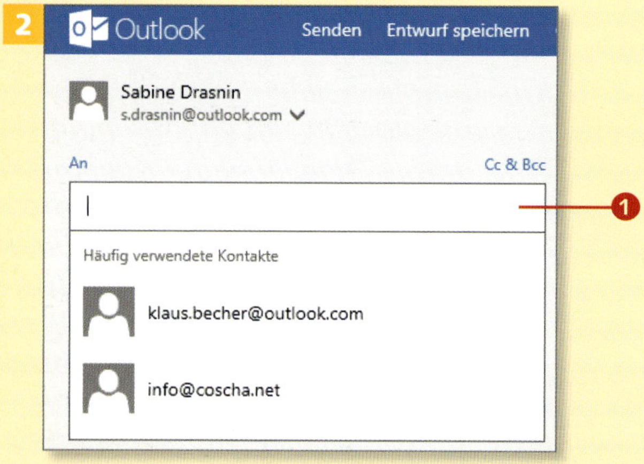

Eine einfache E-Mail besteht aus Betreff, Empfängerangabe und dem Text. Hier lernen Sie, an welcher Stelle Sie was eintragen und wie Sie die E-Mail verschicken.

Schritt 1

Klicken Sie in der Symbolleiste auf **Neu**. Das E-Mail-Schreiben-Fenster öffnet sich in Vollansicht.

Schritt 2

Links sehen Sie unter Ihrer Absenderadresse das Eingabefeld für Empfänger-Adressen ❶. Klicken Sie in das Feld; darunter erscheint die Liste der E-Mail-Adressen, die Sie schon verwendet bzw. von denen Sie eine E-Mail erhalten haben. Wollen Sie eine E-Mail an jemanden aus dieser Liste schicken, klicken Sie einmal auf die Adresse.

Schritt 3

Geht die E-Mail an einen neuen Empfänger, schreiben Sie in das Feld unter **An** die E-Mail-Adresse. Achten Sie genau auf die Schreibweise, und vergessen Sie das @ nicht! Sie schreiben das @, indem Sie die `AltGr`-Taste rechts neben der Leertaste gedrückt halten und dazu das `Q` antippen.

Schritt 4

Im Nachrichtenteil klicken Sie auf **Betreff hinzufügen** und geben einen Betreff ein. Er kann kurz sein, sollte aber dem Empfänger einen Hinweis darauf geben, worum es in Ihrer E-Mail geht. Outlook.com erinnert Sie an den fehlenden Betreff ❷, wenn Sie ihn vergessen haben sollten.

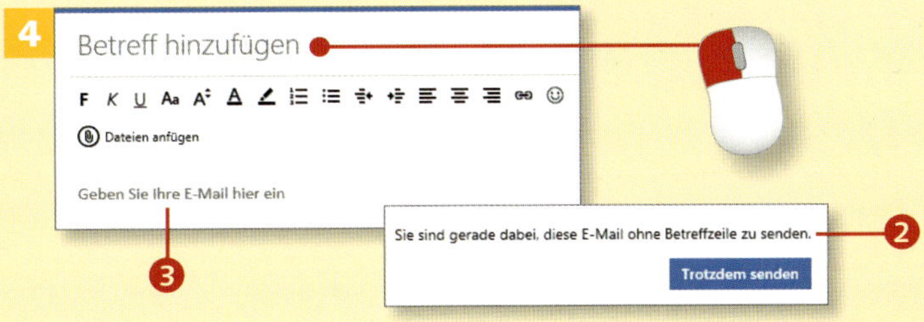

Schritt 5

Klicken Sie jetzt auf **Geben Sie Ihre E-Mail hier ein** ❸. Tippen Sie Ihren Text ein. Geht der Text über eine Zeile hinaus, springt der Cursor automatisch in die nächste Zeile. Bei einem erwünschten Absatz – z. B. vor dem »Viele Grüße« – drücken Sie die Eingabetaste ein- oder zweimal, damit der Cursor an den Anfang der nächsten oder übernächsten Zeile springt.

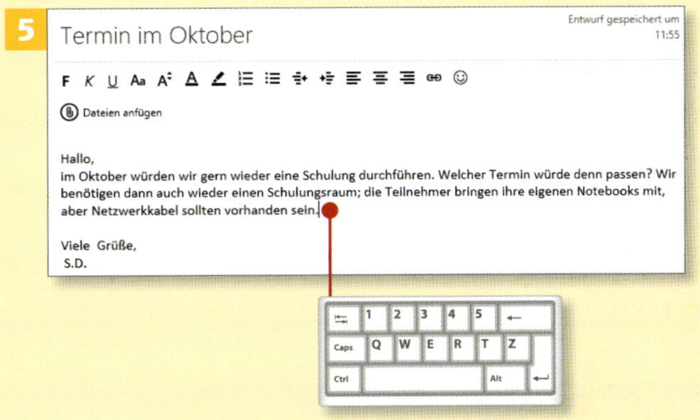

Schritt 6

Klicken Sie schließlich auf **Senden**, damit die E-Mail verschickt wird. Ganz kurz sehen Sie in der Symbolleiste den Hinweis **Wird gesendet**; dann wechselt Outlook.com wieder zur Übersicht.

E-Mail-Adressen schreiben

E-Mail-Adressen müssen immer exakt geschrieben sein. Es gibt keine Leerzeichen, und die meisten haben auch keine Umlaute. Eine E-Mail-Adresse enthält aber immer ein @. Eine Adresse mit *www* ist keine E-Mail-Adresse, sondern eine Internetadresse (z. B. *www.ard.de*).

E-Mails löschen

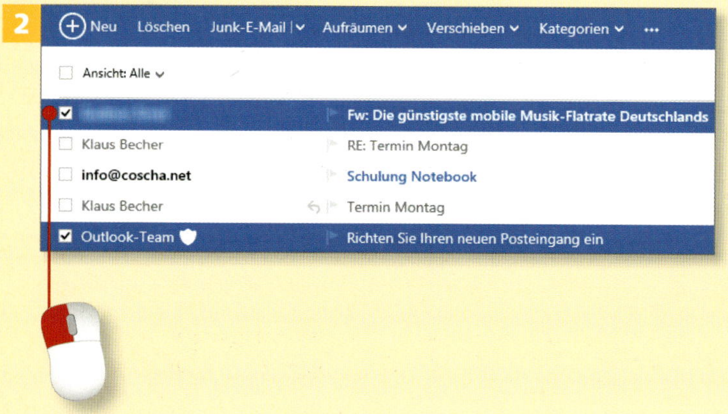

Die meisten E-Mail-Postfächer bieten viel Speicherplatz, aber eben nicht unendlich viel. Daher sollten Sie E-Mails, die Sie nicht mehr brauchen, löschen. Wie das geht, lesen Sie hier.

Schritt 1

Rufen Sie die E-Mail-Übersicht auf, indem Sie in der Symbolleiste auf **Outlook** klicken oder links auf **Posteingang**.

Schritt 2

Klicken Sie in das Kästchen vor der E-Mail, die Sie löschen wollen. Sie können auch mehrere E-Mails markieren.

Schritt 3

Klicken Sie in der Symbolleiste auf **Löschen**; die E-Mails werden in den Ordner **Gelöscht** (bei anderen E-Mail-Diensten: Papierkorb) verschoben.

Der Gelöscht-Ordner

E-Mails, die im **Gelöscht**-Ordner landen, sind damit noch nicht ganz gelöscht, so wie ein Stück Papier, das Sie in den Papierkorb schmeißen auch noch nicht völlig entsorgt ist – Sie können es wieder aus dem Papierkorb herausnehmen.

Schritt 4

Klicken Sie links auf den Ordner **Gelöscht**; hier sind alle gelöschten E-Mails aufgelistet. Wollen Sie eine gelöschte E-Mail doch noch behalten, klicken Sie die E-Mail ❶ einmal an und dann auf **Verschieben** ❷. Wählen Sie hier den Ordner aus, in den Sie die E-Mail verschieben wollen, z. B. **Posteingang** ❸.

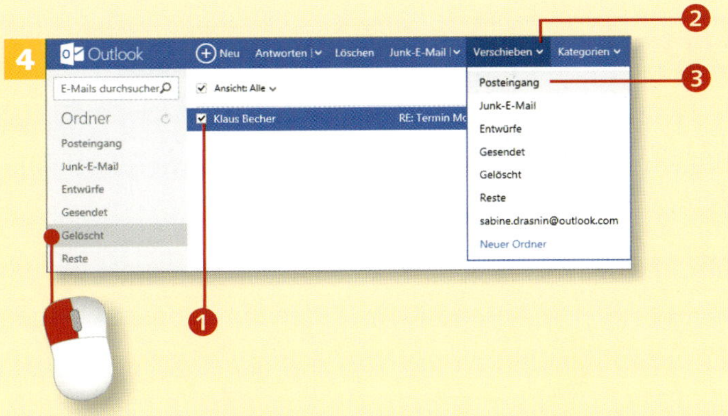

Schritt 5

Um den Ordner **Gelöscht** zu leeren, klicken Sie einfach auf **Leeren** ❹. Outlook.com informiert Sie, dass dann der gesamte Inhalt endgültig gelöscht wird. Wollen Sie alles im Ordner **Gelöscht** entsorgen, klicken Sie auf **Leeren**. Wenn Sie sich nicht sicher sind, drücken Sie die [Esc]-Taste. Bei vielen E-Mail-Dienstanbietern wird der Papierkorb automatisch alle paar Tage geleert.

Schritt 6

Manchmal werden Sie unerwünschte E-Mails erhalten, die eindeutig *Spam* sind. Klicken Sie im Posteingang in das Kästchen vor der E-Mail und dann in der Symbolleiste auf **Junk-E-Mail** ❺. Wenn die Info von Outlook.com zur Spam-Bekämpfung aufpoppt und Sie dem zustimmen, klicken Sie auf OK ❻.

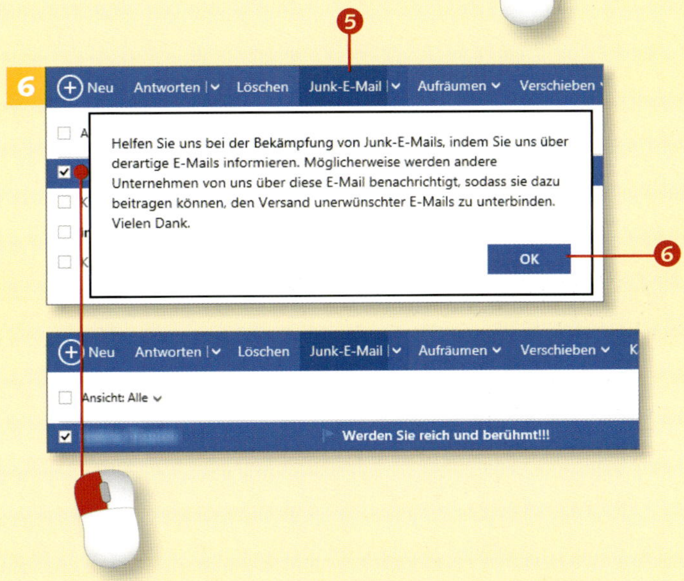

E-Mails mit Anlagen versenden

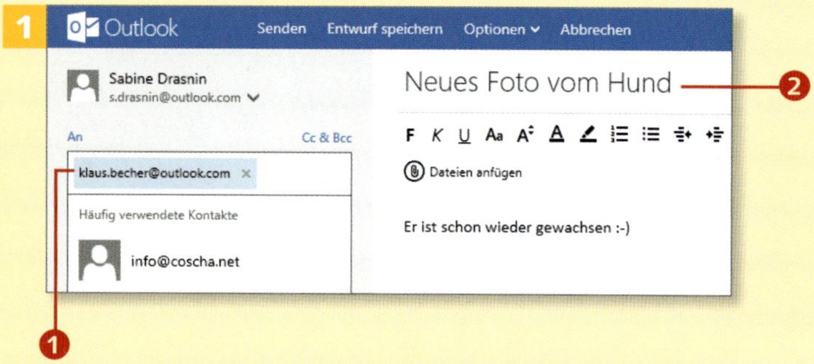

Bilder oder Dokumente lassen sich einfach an E-Mails anhängen. Sie laden sie von Ihrem Notebook in die E-Mail.

Schritt 1

Schreiben Sie Ihre E-Mail; tragen Sie **Empfänger** ❶ und **Betreff** ❷ in die entsprechenden Felder ein.

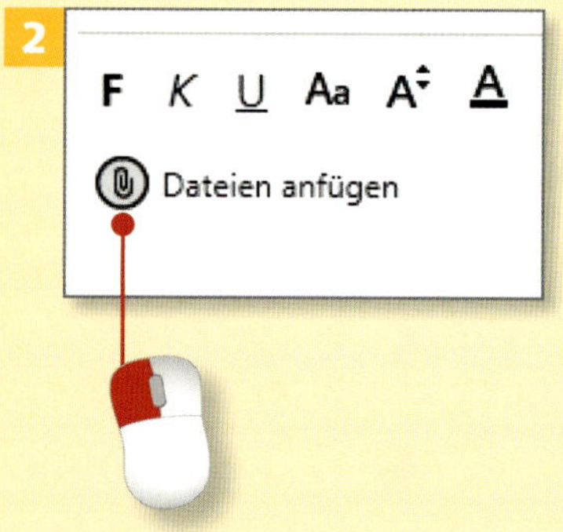

Schritt 2

Klicken Sie auf **Dateien anfügen**. Die Büroklammer signalisiert bei E-Mails einen Anhang (Anlage).

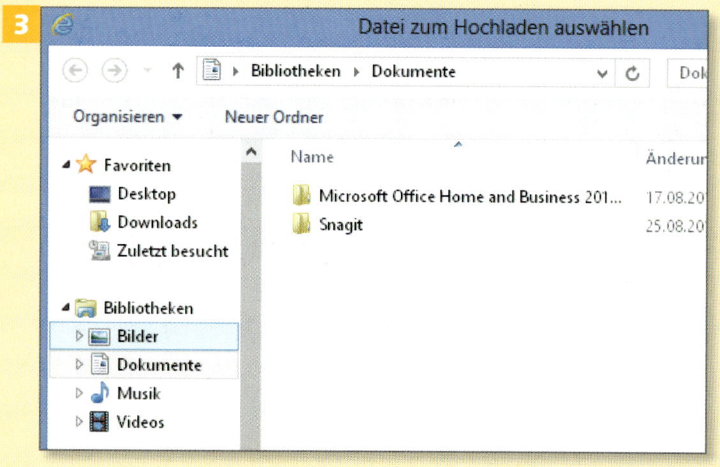

Schritt 3

Ein Dialogfenster öffnet sich: Jetzt geben Sie an, wo die zu verschickende Datei auf Ihrem Notebook gespeichert ist. Outlook.com geht von Dokumenten aus und öffnet – wenn Sie das erste Bild dieser Sitzung verschicken wollen – den Ordner **Bibliotheken ▸ Dokumente**.

Die Bibliotheken

In den Bibliotheken werden unterschiedliche Dateien zusammengefasst und als zentrale Sammlung angezeigt. Die Bibliotheken bietet Windows von Haus aus an.

Schritt 4

Bilder sind in der Regel im Ordner **Bibliotheken ▸ Bilder**; klicken Sie also links in der Ordnerliste auf **Bilder**. Rechts sehen Sie die Bilder ❸, die in diesem Bilderordner gespeichert sind.

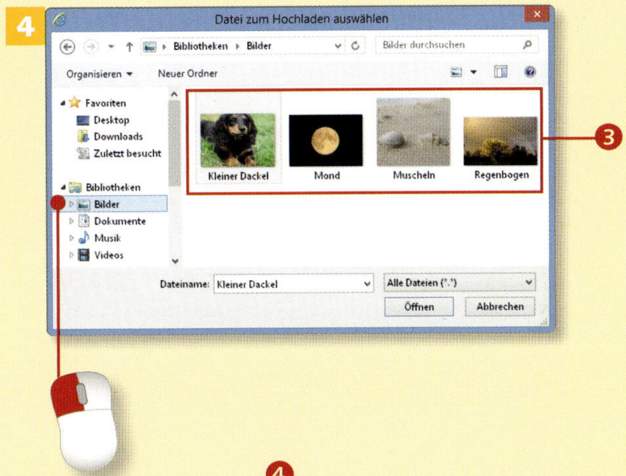

Schritt 5

Klicken Sie auf ein Bild ❹, das Sie versenden möchten, und dann auf **Öffnen**.

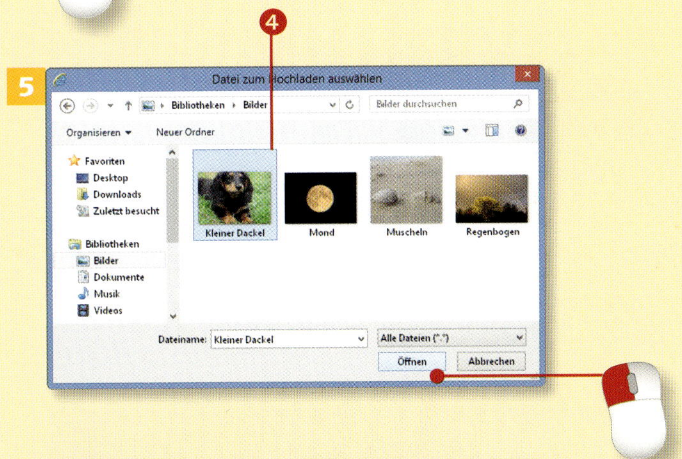

Schritt 6

Das Bild wird nun hochgeladen; direkt unter dem Vorschaubild sehen Sie den Fortschritt. Wiederholen Sie die Schritte 2 und 4, wenn Sie weitere Bilder in der gleichen E-Mail verschicken möchten. Sie können auch mehrere auf einmal auswählen (siehe dazu den Abschnitt »Dateien und Ordner markieren und auswählen« ab Seite 218). Klicken Sie schließlich auf **Senden**.

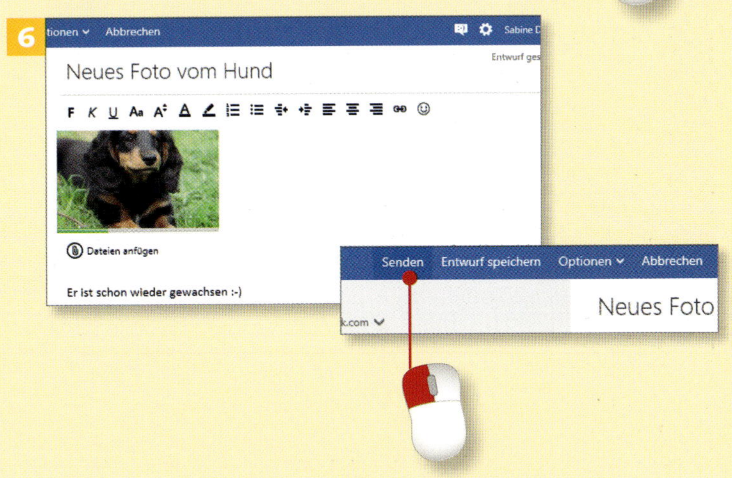

Fotos für den E-Mail-Versand verkleinern

Viele E-Mail-Postfächer bieten nur begrenzten Speicherplatz. Daher verkleinern Sie die Bilder vor dem Verschicken; die Anleitung dazu finden Sie im Abschnitt »Bilder zuschneiden« ab Seite 142.

E-Mail-Anlagen öffnen und speichern

1

2

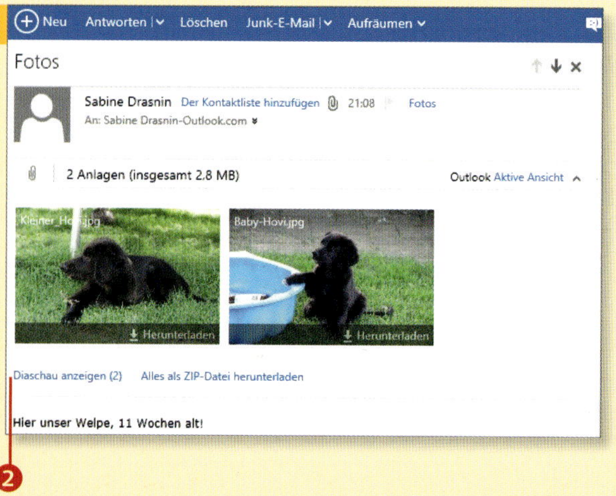

3

Sie haben eine E-Mail mit Bildern oder mit einem Dokument erhalten. In diesem Abschnitt erfahren Sie, wie Sie mit diesen E-Mail-Anlagen umgehen.

Schritt 1

Wenn eine E-Mail Anlagen hat, sehen Sie das schon an der Büroklammer ❶: Wie auch bei den E-Mails mit Anhang, die Sie verschicken, signalisiert die Büroklammer auch beim E-Mail-Eingang einen E-Mail-Anhang.

Schritt 2

Klicken Sie die E-Mail zum Öffnen einmal an; Inhalt und Anhang werden angezeigt. Bei mehreren Bildern können Sie sich die Bilder in einer Diaschau anzeigen lassen (beim ersten Start müssen Sie *Silverlight* installieren; folgen Sie den Anweisungen).

Schritt 3

Klicken Sie auf **Diaschau anzeigen** ❷, dann auf Vollbild und unten in der Mitte auf den Startknopf. Zum Beenden drücken Sie die Esc-Taste.

Schritt 4

Um die Bilder auf Ihrem Notebook zu speichern, klicken Sie auf ein Bild ❸ und auf **Herunterladen**. Am unteren Bildschirmrand sehen Sie die Info-Leiste des Internet Explorers. Klicken Sie auf den Pfeil neben Speichern ❹ und dann auf **Speichern unter** ❺.

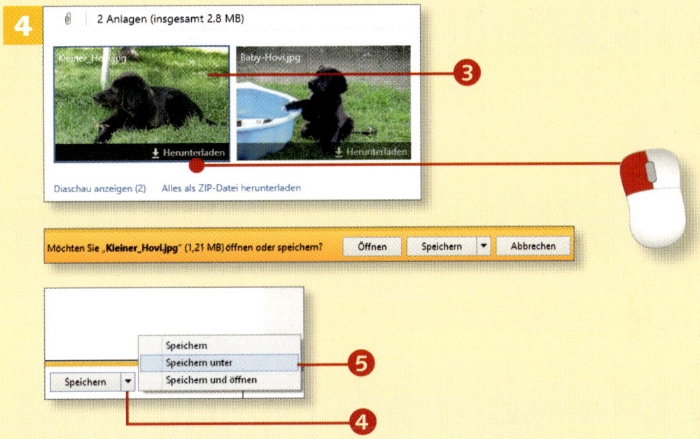

Schritt 5

Im nächsten Fenster wählen Sie den Ordner aus (**Bibliotheken ▸ Bilder**) ❻ und klicken auf **Speichern**. Wiederholen Sie den Vorgang für alle Bilder, die Sie speichern wollen.

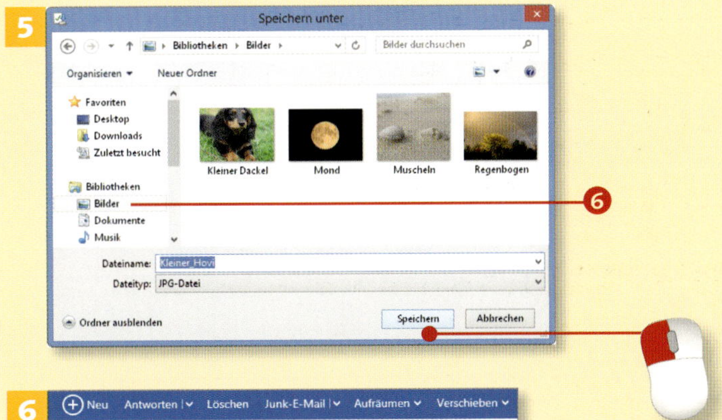

Schritt 6

Dokumente können Sie auch direkt online öffnen: Klicken Sie dazu auf **Online anzeigen** ❼. Zum online bearbeiten – d. h., Sie benötigen kein passendes Programm auf dem Notebook – klicken Sie auf **Im Browser bearbeiten** ❽. Zum Speichern auf dem Notebook klicken Sie auf **Herunterladen**. Wählen Sie zum Speichern den Ordner **Bibliotheken ▸ Dokumente**.

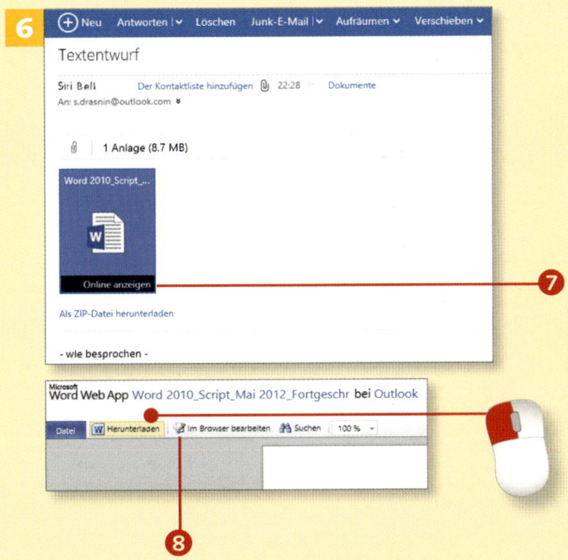

Ein Adressbuch pflegen

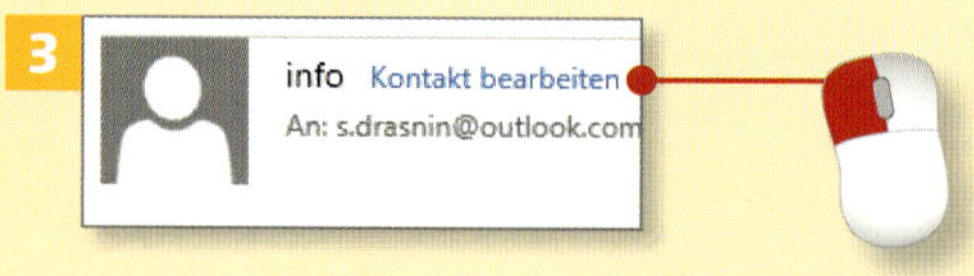

Die Kontaktdaten der Menschen, mit denen Sie öfter mal E-Mails austauschen, speichern Sie in Ihrem Adressbuch. Bei Outlook.com heißt dieses Adressbuch schlicht »Kontakte«.

Schritt 1

So fügen Sie Ihrem Adressbuch Personen hinzu, die Ihnen eine E-Mail geschickt haben: Öffnen Sie eine E-Mail, und klicken Sie auf **Der Kontaktliste hinzufügen**.

Schritt 2

Der Name erscheint in der Spalte rechts als gespeicherter Kontakt; neben dem Namen in der E-Mail steht nun **Kontakt bearbeiten** 1. Wenn Sie das nächste Mal eine E-Mail von diesem Kontakt öffnen, steht dort nur der Name. Wollen Sie den Kontakt dann bearbeiten, klicken Sie auf **Kontakt anzeigen**.

Schritt 3

Bei E-Mail-Adressen, die mit »info@« beginnen, sollten Sie den Kontakt bearbeiten, da dieser sonst nur als »info« gespeichert wird – bei mehreren info@-Adressen wird das unübersichtlich. Klicken Sie auf **Kontakt bearbeiten** oder **Kontakt ansehen**.

Schritt 4

Die Outlook.com-Ansicht ändert sich; jetzt wird Ihr Adressbuch geöffnet. Wo bisher Outlook stand, steht jetzt **Kontakte** ❷. Klicken Sie auf **Bearbeiten**.

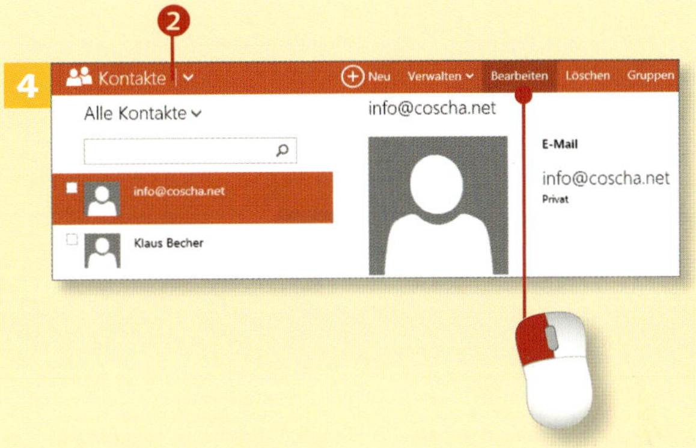

Schritt 5

Tragen Sie die Angaben ein, die Ihnen nützlich erscheinen; bei Firmenadressen, die mit »info@« beginnen, können Sie »info« als Vorname ❸ und den Firmennamen als Nachnamen ❹ verwenden. Klicken Sie dann auf **Speichern**.

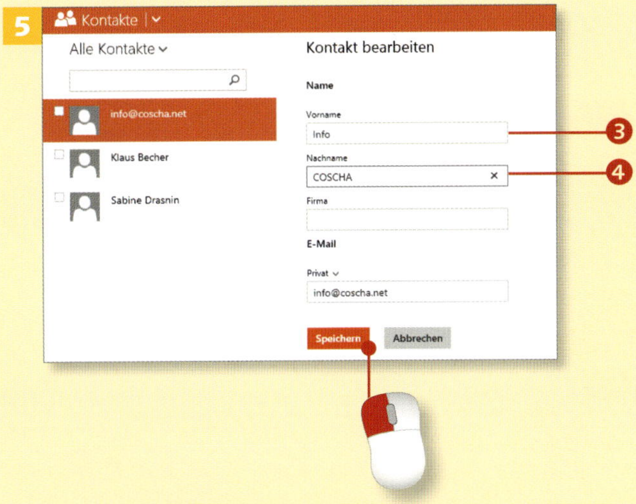

Schritt 6

Um zum Posteingang zurückzukehren, fahren Sie mit dem Mauszeiger über das Wort **Kontakte** und klicken auf den erscheinenden Pfeil ❺. Klicken Sie dann auf **Mail** ❻.

Ein Adressbuch pflegen (Forts.)

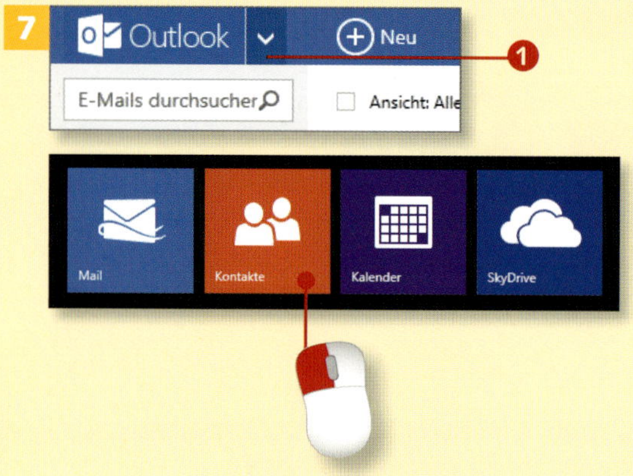

Schritt 7

Wenn Sie einmal einen neuen Kontakt hinzufügen, also eine E-Mail-Adresse in Ihrem Adressbuch speichern möchten, klicken Sie auf den Pfeil neben **Outlook** ❶ und dann auf **Kontakte**.

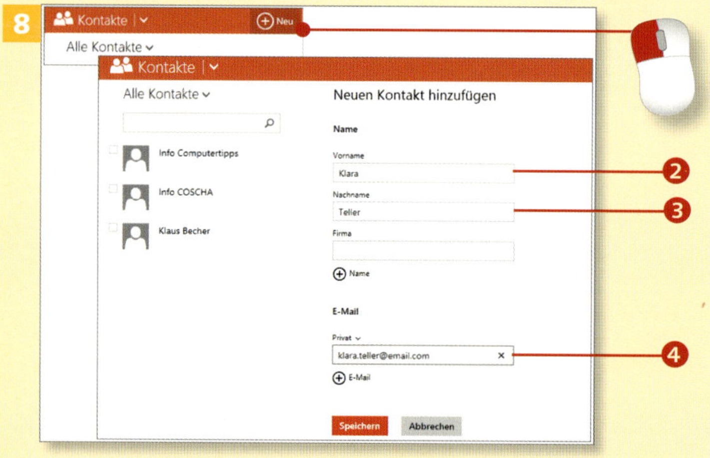

Schritt 8

Klicken Sie auf **Neu**; eine leere Eingabemaske wird geöffnet. Geben Sie **Vorname** ❷, **Nachname** ❸ und **E-Mail-Adresse** ❹ ein. Achten Sie auf die korrekte Schreibweise der E-Mail-Adresse!

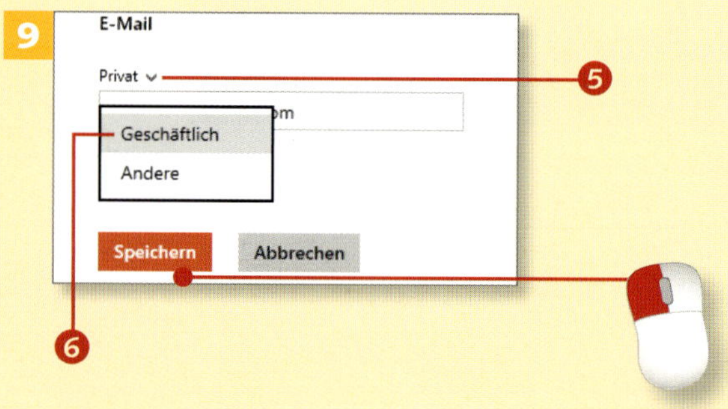

Schritt 9

Wollen Sie einen Kontakt als Geschäftlich kennzeichnen, klicken Sie auf den kleinen Pfeil ❺ neben **Privat** und wählen **Geschäftlich** ❻ aus. Klicken Sie schließlich auf **Speichern**.

E-Mail-Adresse

Eine E-Mail-Adresse ist eine Absender- und Empfängeradresse im E-Mail-Verkehr und immer am @-Zeichen erkennbar. Sie besteht aus zwei Teilen: einem lokalen Teil, der vor dem @-Zeichen steht und einem globalen Teil, der nach dem @-Zeichen steht.

Schritt 10

Zum Löschen von Kontakten klicken Sie in das Kästchen ❼ neben dem Bildplatzhalter und dann oben in der Symbolleiste auf **Löschen** ❽. Um wieder zu Ihren E-Mails zurückzukehren, klicken Sie auf den Pfeil neben Kontakte und dann auf **Mail**.

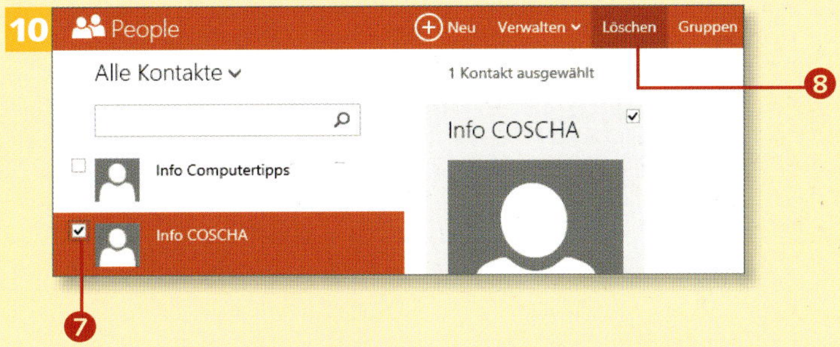

Schritt 11

So wählen Sie einen Adressaten aus Ihren Kontakten aus: Starten Sie eine neue E-Mail. Klicken Sie links im Adressatenfeld auf das blaue **An**.

Schritt 12

Wählen Sie aus der aufklappenden Liste eine Adresse aus. Sie können auch mehrere Adressaten hintereinander auswählen. Sobald Sie in das Textfeld oder die Betreffzeile Ihrer E-Mail klicken, wird die Liste Ihrer Kontakte wieder geschlossen.

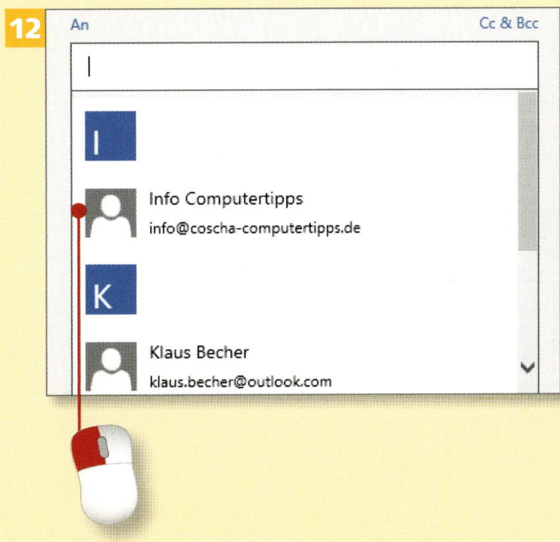

Kontakte – Adressbuch
Der hier vorgestellte E-Mail-Dienst Outlook.com nennt sein Adressbuch »Kontakte«. Andere Anbieter von E-Mail-Diensten haben ein Adressbuch, das Sie durch einen Klick auf ein Buchsymbol, das Wort »Kontakte« oder »Adressbuch« erreichen.

E-Mails gestalten

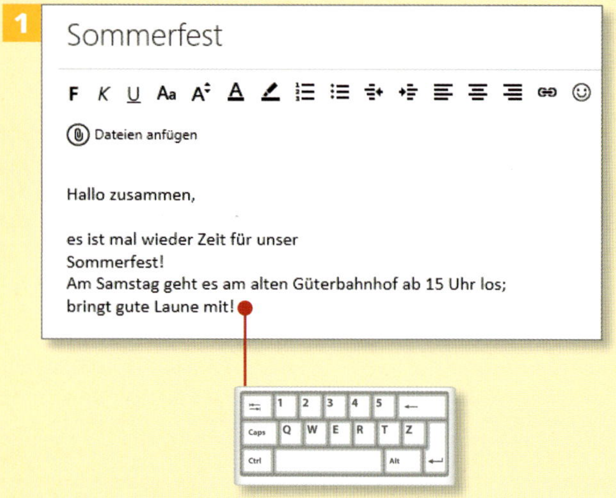

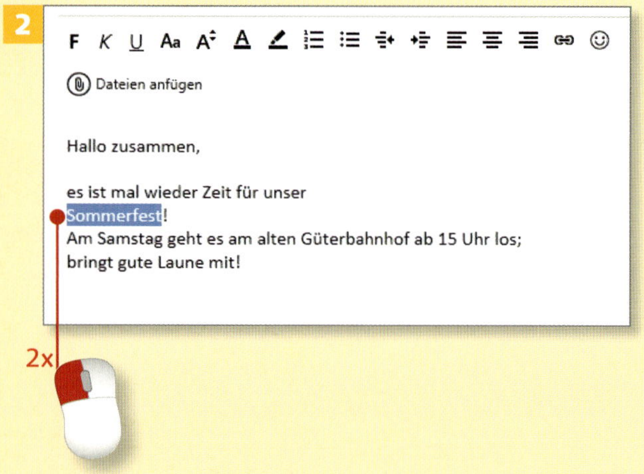

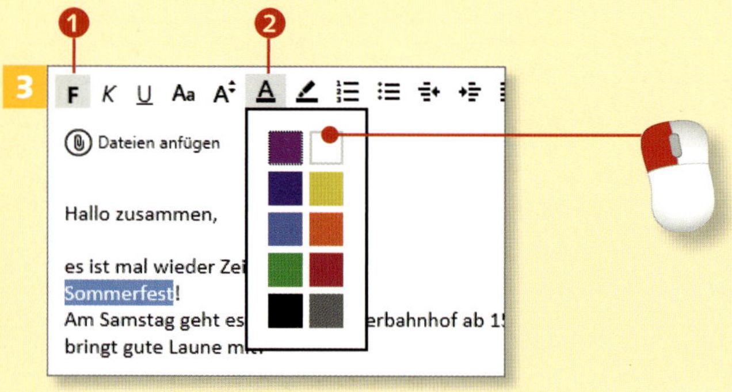

Nur Text ist bei geschäftlichen E-Mails gut, aber vielleicht wollen Sie auch mal eine andere Schriftfarbe als Schwarz verwenden oder einen Smiley setzen? Nichts einfacher als das.

Schritt 1

Klicken Sie im E-Mail-Bereich auf **Neu**; tragen Sie **Betreff** und **Empfänger** ein und schreiben Sie Ihren Text.

Schritt 2

Im Beispiel soll das Wort »Sommerfest« im Nachrichtentext fett, größer und blau geschrieben werden. Klicken Sie doppelt auf das Wort; es wird markiert.

Schritt 3

In der Formatierungsleiste klicken Sie ganz links auf das **F** ❶; es sorgt für die Fettschreibung. Klicken Sie dann auf das **unterstrichene A** ❷. Eine kleine Auswahl an Farben wird angezeigt; wählen Sie durch Klicken eine Farbe aus.

Schritt 4

Drücken Sie jetzt gleichzeitig die Tasten [Strg] + [A]. So markieren Sie den ganzen Text. Zentrieren Sie den Text durch Klicken auf die entsprechende Schaltfläche ❸.

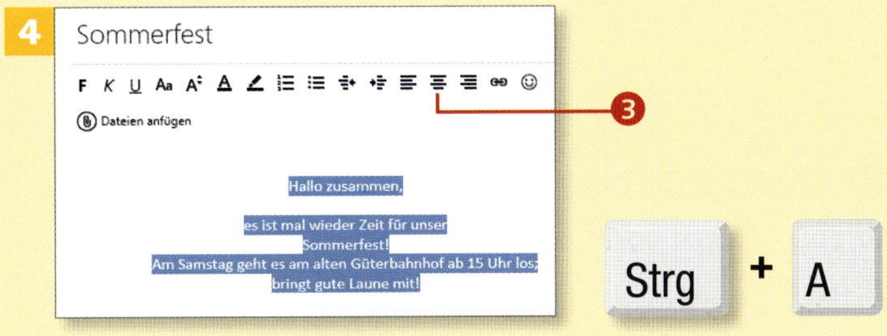

Schritt 5

Der markierte Text wird größer, wenn Sie auf das **A mit den zwei Pfeilen** ❹ drücken und eine höhere Zahl auswählen. Die Schriftart wird über die Schaltfläche **Schriftartname** ❺ geändert. Klicken Sie nach diesen Änderungen wieder an eine leere Stelle, damit Sie nicht aus Versehen den markierten Text durch eine Eingabe ersetzen (siehe dazu den Abschnitt »Text eingeben« ab Seite 158).

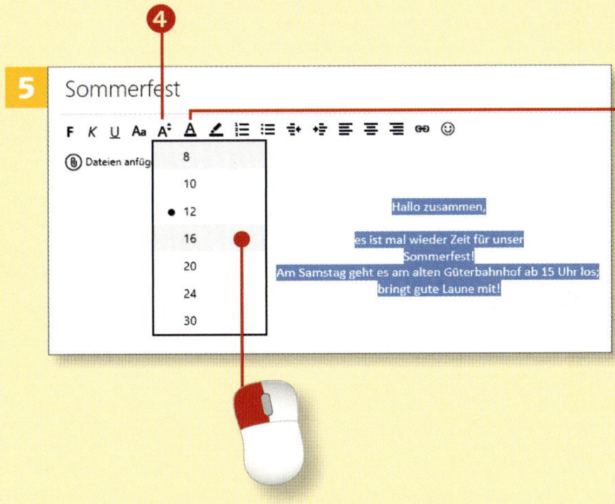

Schritt 6

Ein *Smiley* lockert E-Mails auf. Klicken Sie zunächst an die Stelle, an der Sie einen Smiley einfügen wollen. Dann klicken Sie auf den **Smiley**-Knopf; links öffnet sich eine Auswahl an Smileys und Symbolen. Sieben Kategorien ❻ stehen Ihnen zur Verfügung. Wählen Sie ein Symbol durch Klicken aus. Drücken Sie die Leertaste, dann verschwindet der Auswahlbereich wieder. Ist Ihre E-Mail fertig, klicken Sie auf **Senden**.

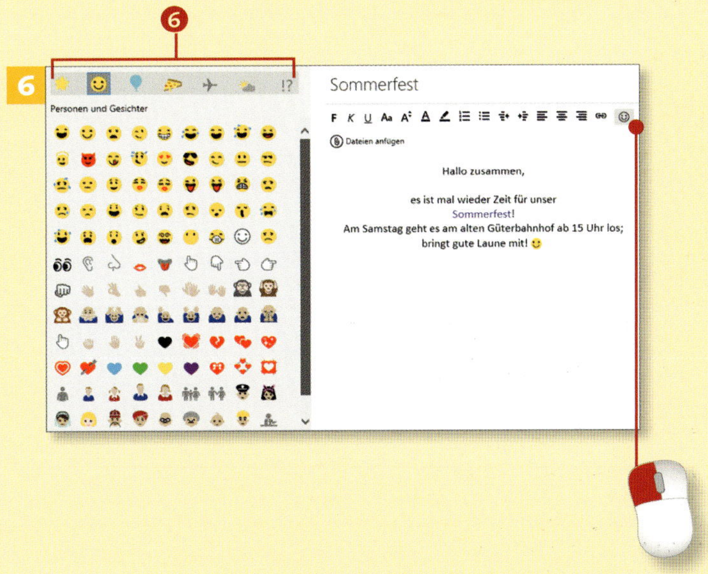

Kapitel 6
Fotos sortieren und bearbeiten

Wer gerne digital fotografiert, wird auch gern Fotos sichten, auswählen und bearbeiten. Mit Ihrem Notebook und den passenden Programmen bringen Sie Ordnung in und Glanz auf Ihre Bilder.

Fotos auf das Notebook kopieren
Ob mit einer SD-Karte oder direkt von der Kamera ❶: Ihre Fotos importieren Sie direkt in den Explorer, der Ihre Dateien aufbewahrt. Dort sortieren Sie die Fotos auch.

Fotos bearbeiten
Sie schneiden Ihre Fotos passend zu, ändern Farbtöne ❷ und entfernen rote Augen. Schiefe Türme werden mit einem Klick wieder gerade – wenn das Original auch senkrecht steht.

Fotos drucken
Sie drucken Fotos auf Foto- oder Normalpapier aus. Dabei entscheiden Sie, ob Sie ein Foto groß ❸ oder mehrere Fotos kleiner auf ein Blatt drucken wollen.

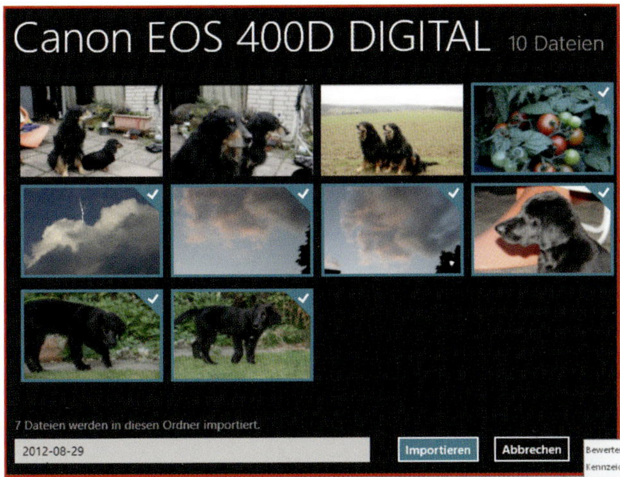

1 Per Kabel sind die Fotos schnell von der Kamera auf das Notebook kopiert.

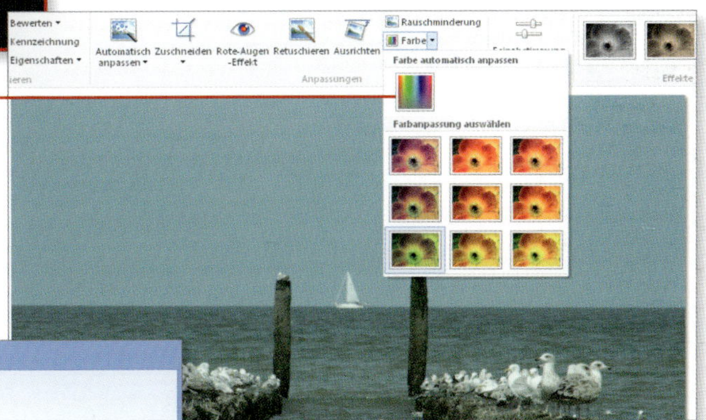

2 Mit wenigen Klicks ändern Sie den Farbton Ihres Bildes.

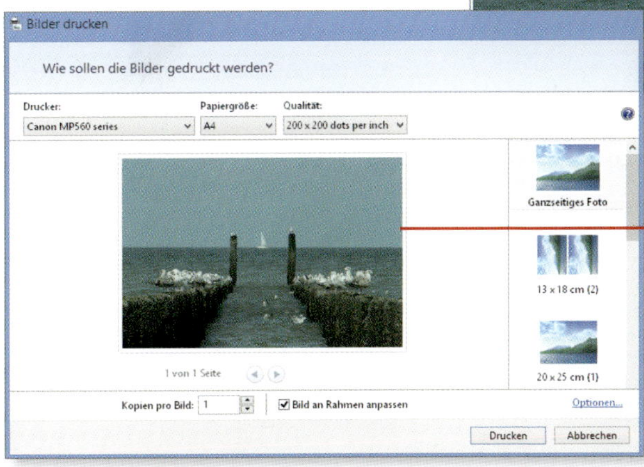

3 Bestimmen Sie Anzahl, Papier und Layout Ihres Fotodrucks.

Fotos auf das Notebook kopieren

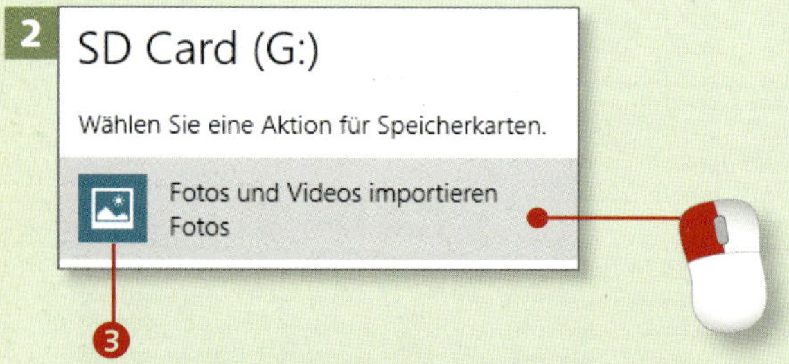

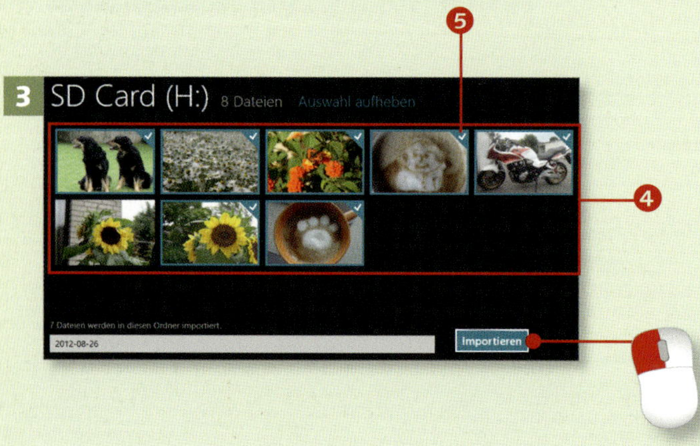

Digitalkamera, Handy, MP3-Player mit Kamera – digitale Bilder kommen von vielen Geräten. Ihr Notebook erkennt beim Anschließen, welche Dateien zu übertragen sind.

Schritt 1

Fotos, die sich auf einer SD-Karte befinden, können Sie ganz einfach auf Ihr Notebook übertragen. Entnehmen Sie dazu die SD-Karte Ihrer Kamera, und stecken Sie sie in Ihr Notebook ❶. Windows registriert die neue Hardware, und fordert Sie auf, zum Fortfahren auf eine Schaltfläche ❷ zu klicken.

Schritt 2

Im nächsten Fenster klicken Sie auf **Fotos und Videos importieren**. Das Wort **Fotos** darunter und das Bildsymbol ❸ zeigen schon an, womit Windows die Bilder öffnen wird: mit der Fotos-App, also über den Startbildschirm.

Schritt 3

Die Fotos-App öffnet sich, und die Fotos von der SD-Karte werden angezeigt ❹. Bilder mit Häkchen oben rechts ❺ sind zum Importieren auf Ihr Notebook ausgewählt. Klicken Sie unten auf **Importieren**.

Schritt 4

Die Fotos-App teilt Ihnen mit, wo die Bilder gespeichert werden: Sie finden sie alle zusammen in dem Ordner mit dem aktuellen Datum ❻. Dieser Ordner wiederum ist in der Startbildschirm-App **Fotos** und dort in der **Bildbibliothek** zu finden (siehe dazu den Abschnitt »Fotos sortieren« ab Seite 134). Klicken Sie auf **Ordner öffnen**.

4
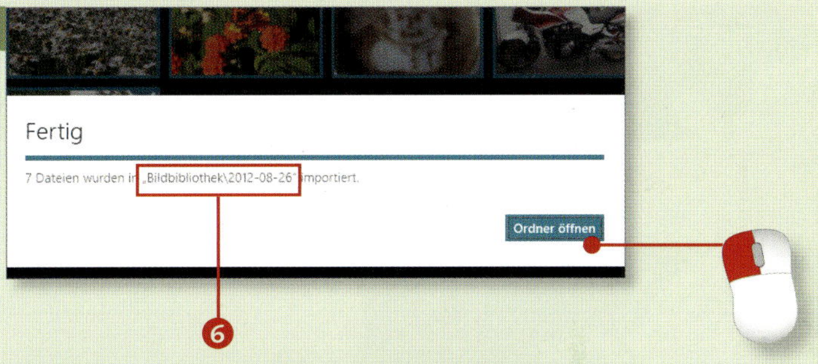

Schritt 5

Die Bilder werden in der Fotos-App angezeigt. Die weiteren Bilder sind rechts neben den ersten Bildern angeordnet, also horizontal ❼ (siehe dazu den Abschnitt »Apps starten, nutzen und beenden« ab Seite 48). Sie sehen die Bilder, wenn Sie nach unten scrollen. Auch die Bildlaufleiste unten steht zum Navigieren zur Verfügung.

5

Schritt 6

Wenn Sie ein Bild mit der linken Maustaste anklicken, wird es fast bildschirmfüllend angezeigt. Klicken Sie unten rechts auf das Minuszeichen ❽, um die Ansicht wieder zu verkleinern. Ein weiterer Klick auf das Minuszeichen zeigt die Bilder als kleine Kacheln. Ein Klick auf das Plus ❾ vergrößert das Bild. So können Sie in das Bild hineinzoomen.

6

Fotos auf das Notebook kopieren (Forts.)

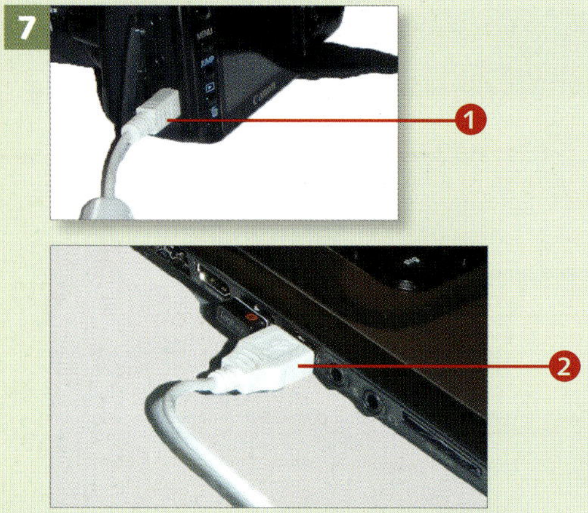

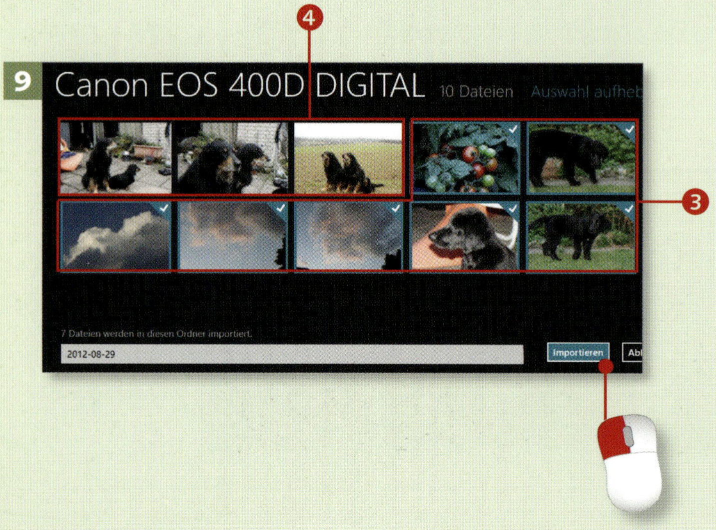

Schritt 7

Kameras lassen sich auch mit einem USB-Kabel mit dem Notebook verbinden. Schließen Sie das Kabel an Kamera ❶ und Notebook ❷ an.

Schritt 8

Windows erkennt eine angeschlossene Kamera und bietet Ihnen eine Auswahl an Aktionen an. Klicken Sie auf **Fotos und Videos importieren**.

Schritt 9

Die Fotos-App öffnet sich und zeigt die auf der Kamera vorhandenen Bilder an. Die Bilder mit Häkchen ❸ sind ausgewählt; soll ein Bild nicht auf das Notebook geladen werden, klicken Sie es an, so dass kein Häkchen ❹ sichtbar ist. Klicken Sie auf **Importieren**.

Speicherordner anders benennen
Die Fotos-App gibt als Namen für den Speicherordner das Importdatum vor. Er steht in dem Namensfeld links unten neben **Importieren**. Wenn Sie einen anderen Namen vergeben wollen, klicken Sie in das Feld, und tippen Sie den Namen ein. Klicken Sie dann auf **Importieren**.

Schritt 10

Windows legt einen neuen Ordner für die Bilder in der Bildbibliothek der Fotos-App an. Auch im Explorer finden Sie die Bilder (siehe Kapitel 9, »Dateien und Ordner verwalten«, ab Seite 212). Wenn Windows fertig ist, klicken Sie auf **Ordner öffnen**.

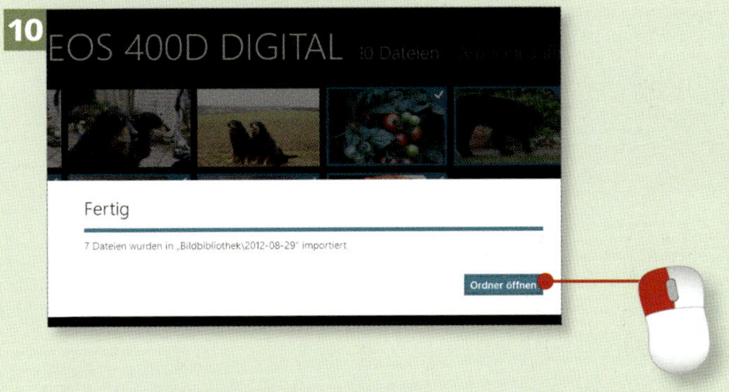

Schritt 11

Der Ordner mit dem Datum, das Windows gerade als Ordnername verwendet hat, wird in der Fotos-App angezeigt. Zum Scrollen benutzen Sie wieder das Mausrad, oder ziehen Sie die Bildlaufleiste nach rechts. Klicken Sie auf den Pfeil nach links 5; so gelangen Sie zur Übersicht der Fotos-App.

Schritt 12

Links unten ist Ihre Bildbibliothek 6. Zum Schließen der App greifen Sie den oberen Bildschirmrand mit der Maus und ziehen die App an den unteren Bildschirmrand. Lassen Sie dann die Maustaste wieder los. Ziehen Sie schließlich das Kabel von Notebook und Kamera ab.

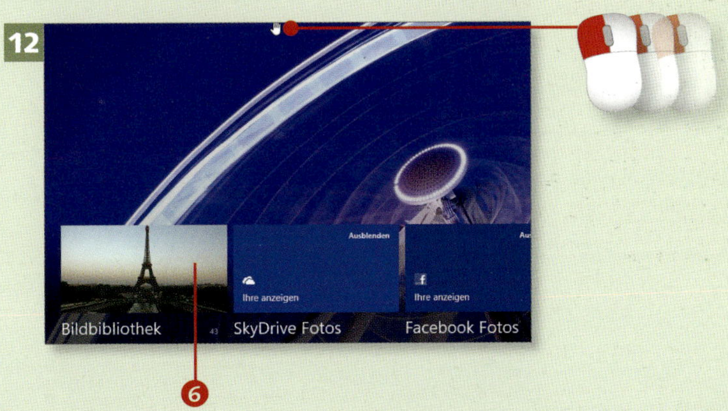

Fotos sortieren

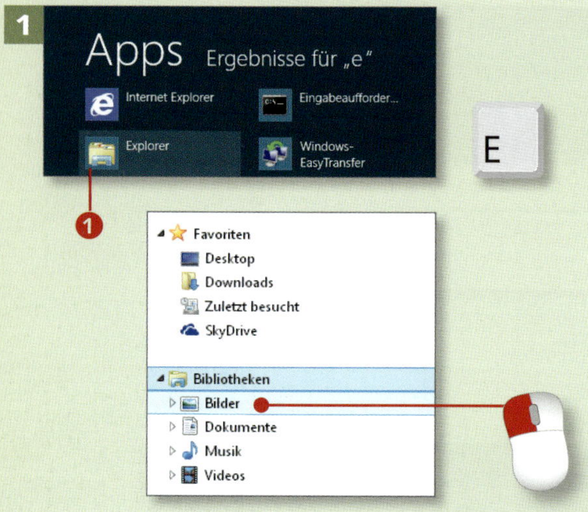

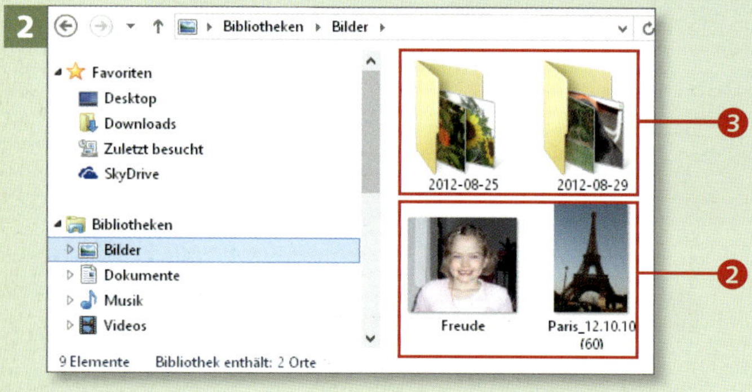

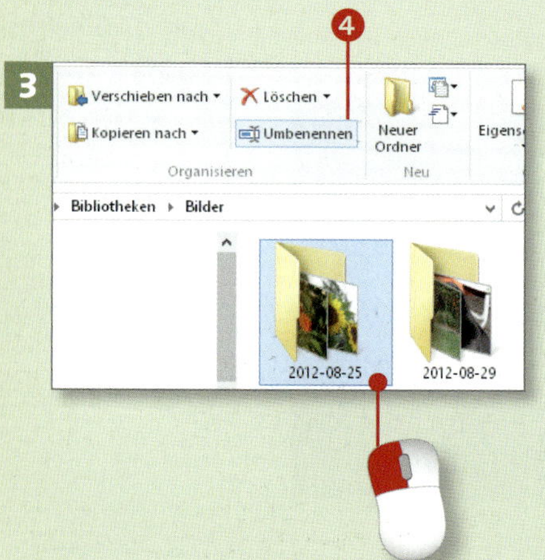

Wer gern fotografiert, möchte seine digitalen Bilder auch gern wiederfinden. Dazu sollten sie in eindeutig bezeichneten Ordnern zur Verfügung stehen. Lesen Sie hier, wie Sie im Explorer Ihre Fotos sortieren.

Schritt 1

Öffnen Sie den Explorer: Auf dem Startbildschirm tippen Sie [E] auf der Tastatur und klicken dann auf **Explorer** ❶; vom Desktop aus öffnen Sie den Explorer mit einem Klick auf das Programmsymbol in der Taskleiste. Im Explorer klicken Sie links auf **Bilder**.

Schritt 2

Im rechten Fensterbereich sehen Sie einzelne Bilder ❷ und einige Ordner ❸. Diese Ordner enthalten die von der SD-Karte und von der Kamera heruntergeladenen Bilder.

Schritt 3

Geben Sie den Ordnern neue Namen: Im Beispiel soll der Ordner **2012-08-25** »Reisen 2011« heißen. Klicken Sie den Ordner an, den Sie umbenennen wollen, und dann oben im Menüband auf **Umbenennen** ❹.

Schritt 4

Der bisherige Ordnername ist blau hinterlegt ❺, tippen Sie jetzt einfach den neuen Namen ein, ohne zu klicken. Drücken Sie dann zum Bestätigen die [↵]-Taste, oder klicken Sie an eine andere Stelle. Je nach Name springt der Ordner auf einen anderen Platz, da die Ordner standardmäßig nach Alphabet sortiert werden.

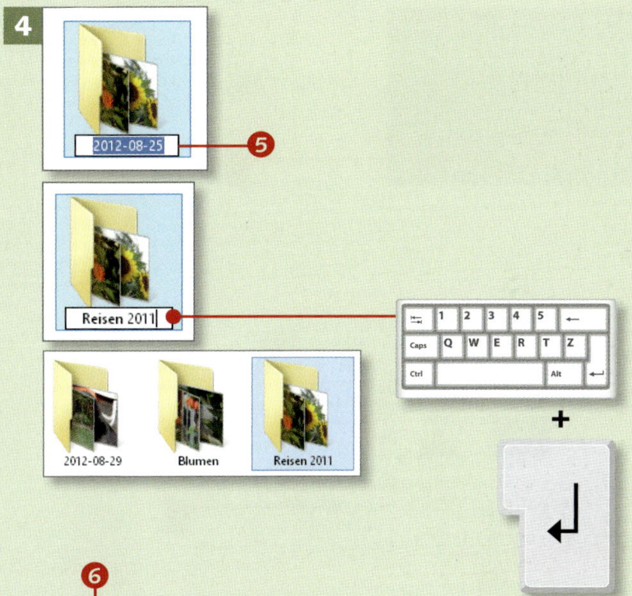

Schritt 5

Bilder und Ordner lassen sich auch nach anderen Kategorien sortieren, z. B. nach dem Aufnahmedatum. Klicken Sie in den rechten Fensterteil, in dem die Bilder zu sehen sind. Im Register **Ansicht** klicken Sie auf **Sortieren nach** ❻ und dort auf **Aufnahmedatum** ❼.

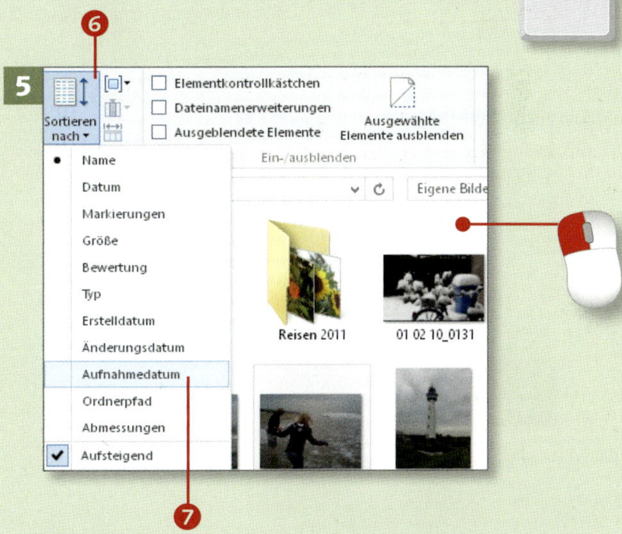

Schritt 6

Jetzt können Sie alle Bilder, die bei einer Gelegenheit aufgenommen wurden, aber unterschiedlich betitelt wurden, zusammen in einen neuen Ordner verschieben (siehe Kapitel 9, »Dateien und Ordner verwalten«, ab Seite 212). Sie müssen nicht alle Bilder einzeln durchsehen.

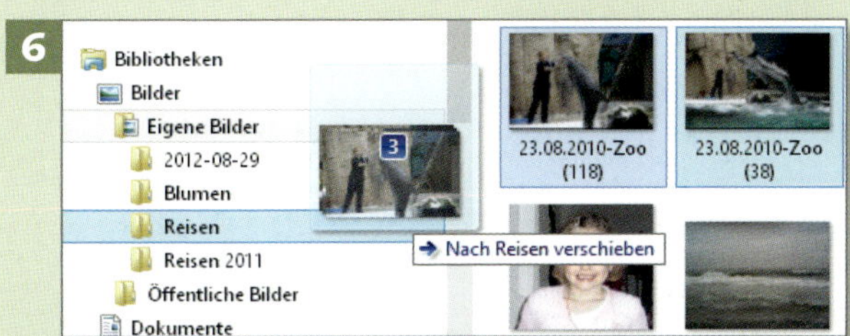

Bilder geraderücken

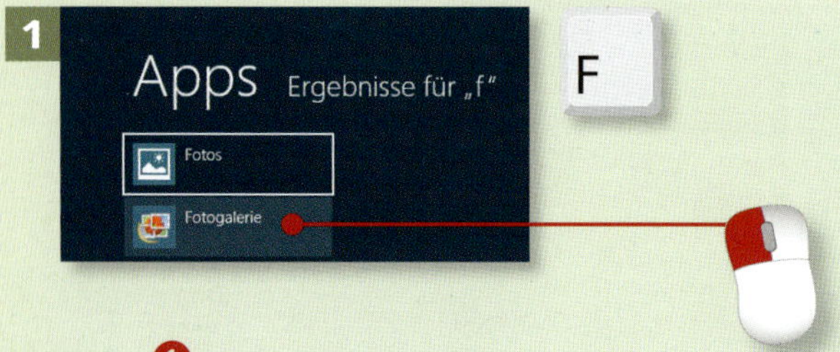

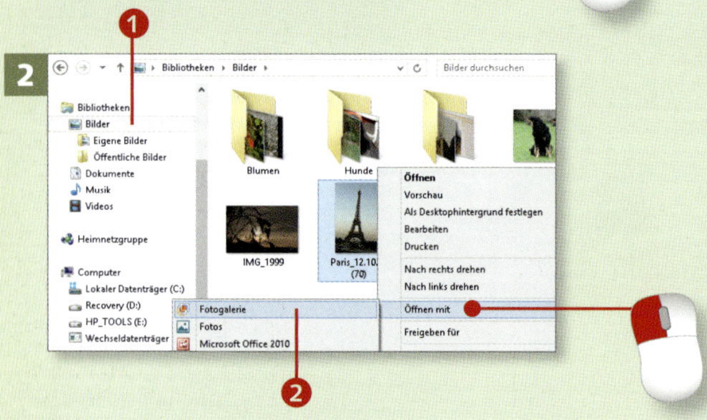

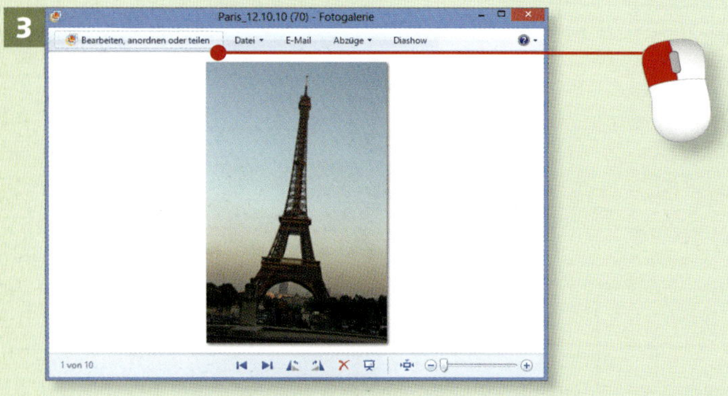

Ein schönes Bild – aber leider schief. Wie Sie das wieder geraderücken, lesen Sie hier.

Schritt 1

Prüfen Sie zunächst, ob das Microsoft-Programm Fotogalerie installiert ist. Drücken Sie dazu auf dem Startbildschirm die Taste [F]; **Fotogalerie** müsste hier erscheinen. Wenn das Programm nicht erscheint, installieren Sie es bitte (siehe Kasten auf dieser Seite).

Schritt 2

Öffnen Sie den Explorer und den Ordner ❶, der das schiefe Bild enthält. Klicken Sie mit der rechten Maustaste auf das Bild. Im Kontextmenü klicken Sie auf **Öffnen mit** und dann auf **Fotogalerie** ❷.

Schritt 3

Das Bild wird in der Fotogalerie geöffnet. Klicken Sie in der Befehlsleiste auf **Bearbeiten, anordnen oder teilen**.

Windows Fotogalerie 2012 installieren

Geben Sie im Browser »windows.microsoft.com« ein. Im Suchfeld tippen Sie »Windows Fotogalerie« ein und drücken die [↵]-Taste. Klicken Sie nun auf **Fotogalerie** und anschließend auf **Jetzt herunterladen** sowie unten auf **Ausführen**. Folgen Sie den Anweisungen.

Schritt 4

Das Bild sehen Sie markiert im rechten Fensterteil ❸. Dort sind alle Bilder nach Aufnahmedatum in Monatsordner einsortiert. Rufen Sie im Menüband das Register **Bearbeiten** auf.

Schritt 5

Klicken Sie in der Gruppe **Schnelle Anpassungen** auf **Ausrichten** ❹. Nach einem kurzen Moment ❺ ist das Bildmotiv gerade ausgerichtet ❻.

Schritt 6

Die Änderung wird automatisch gespeichert. Kehren Sie zum Explorer zurück, indem Sie unten in der Taskleiste auf das Programmsymbol klicken. Auch hier ist das Motiv jetzt gerade.

Die Bilder-App umgehen

Stellen Sie den Explorer so ein, dass Ihre Bilder nicht mit der App, sondern, wie hier beschrieben, mit der Fotogalerie geöffnet werden. Klicken Sie mit der rechten Maustaste auf ein Bild im Explorer. Im Kontextmenü klicken Sie auf **Öffnen mit** und dann im neuen Fensterteil auf **Standardprogramm auswählen**. Klicken Sie im nächsten Fenster auf **Fotogalerie**.

Rote Augen entfernen

Eine schöne Porträtaufnahme, wenn nur die roten Augen nicht wären! Mit wenigen Klicks sind die roten Augen durch »echte« Augen ersetzt.

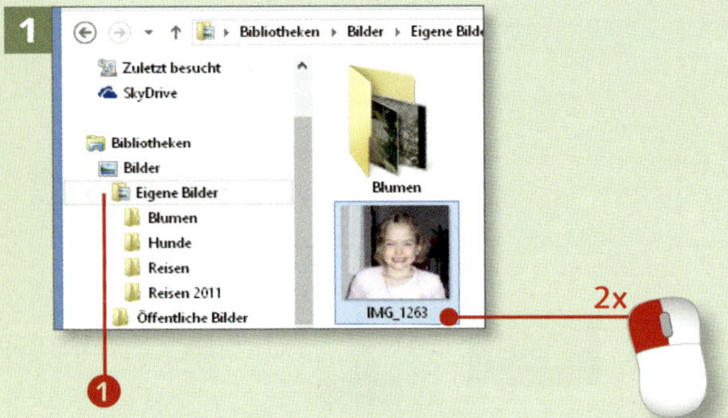

Schritt 1

Öffnen Sie den Explorer, und rufen Sie den Ordner **1** auf, in dem das Bild mit den roten Augen gespeichert ist. Klicken Sie doppelt aufs Bild.

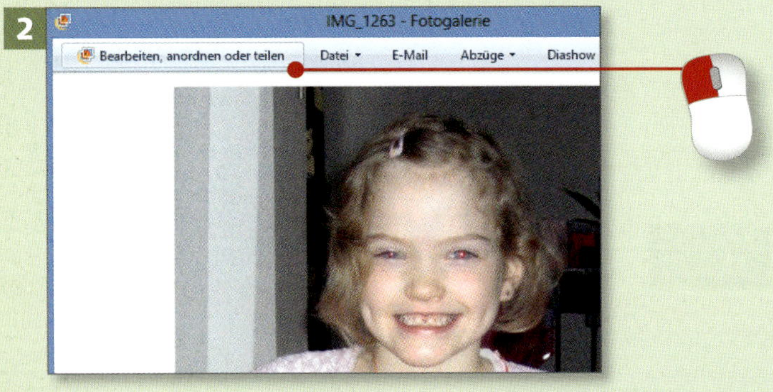

Schritt 2

Die Fotogalerie öffnet sich. Klicken Sie auf **Bearbeiten, anordnen oder teilen**. Die Fotogalerie zeigt das Foto in einer nach Datum sortierten Übersicht aller Bilder; das gerade angeklickte Bild ist markiert.

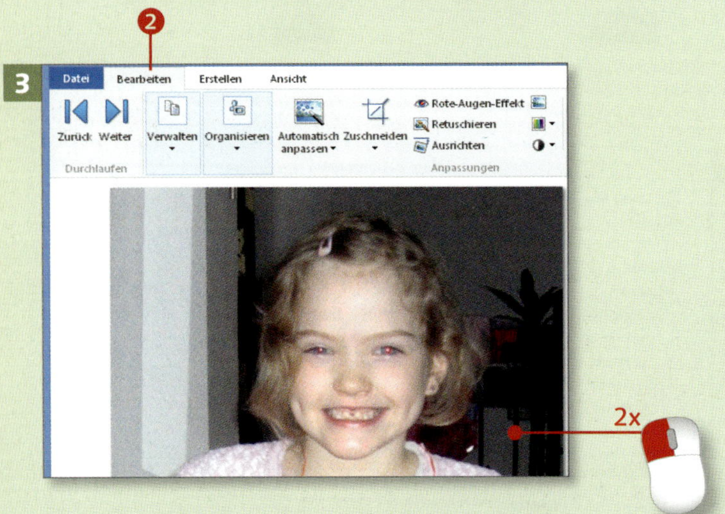

Schritt 3

Klicken Sie jetzt noch einmal doppelt aufs Bild, das **Bearbeiten**-Fenster **2** wird geöffnet.

Bilder in der Fotogalerie öffnen

Wenn Sie wissen, wann das Bild aufgenommen wurde, können Sie es auch direkt in der Fotogalerie öffnen. Scrollen Sie im Startfenster der Fotogalerie bis zu dem Monat, in dem das Bild aufgenommen wurde. Klicken Sie zum Bearbeiten doppelt auf das Bild.

Schritt 4

In der Gruppe **Anpassungen** klicken Sie auf **Rote-Augen-Effekt** ❸. Ziehen Sie mit dem Mauszeiger ein Rechteck um die roten Pupillen. Setzen Sie den Mauszeiger so an, wie in der Abbildung zu sehen: Der Startpunkt muss höher und weiter außen sein als die Pupille, sonst erwischen Sie sie nicht ganz.

4

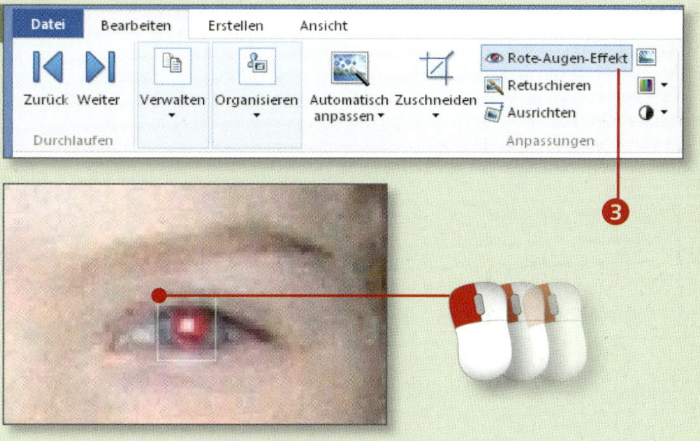

Schritt 5

Sobald Sie die Maustaste loslassen, wird das rote Auge dunkel. Sind Sie mit dem Ergebnis nicht zufrieden, wiederholen Sie das Ziehen mit der Maus, und vergrößern Sie dabei das Quadrat. Das Bild können Sie durch Scrollen stark vergrößern, so dass Sie das Auge genauer sehen können.

5

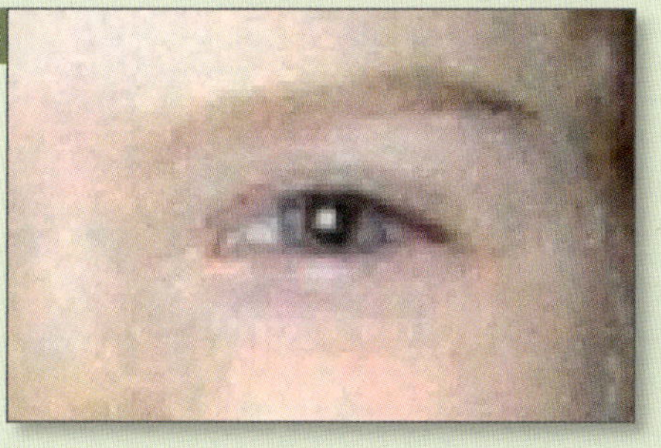

Schritt 6

Sie können das Bild jetzt noch weiter bearbeiten oder schließen; dazu klicken Sie auf **Datei schließen**. Das Bild wird automatisch gespeichert. Das Programm Fotogalerie bleibt noch geöffnet. Wollen Sie direkt das ganze Programm schließen, klicken Sie oben rechts auf das Schließkreuz ❹.

6

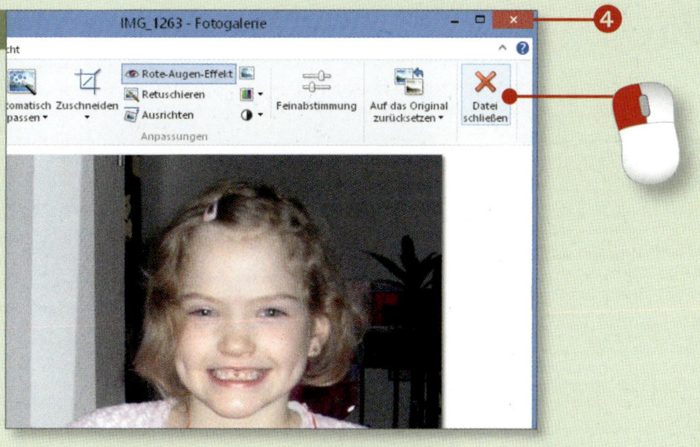

Bilder nachschärfen

1

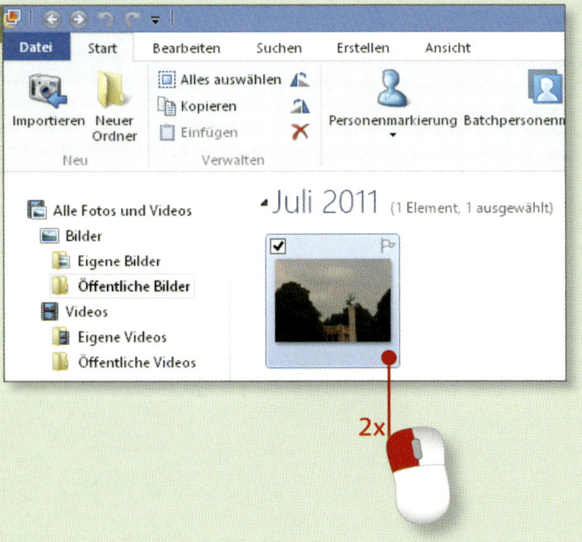

2

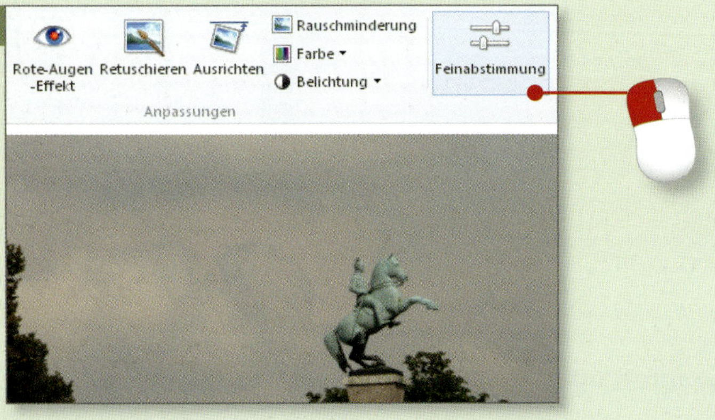

3

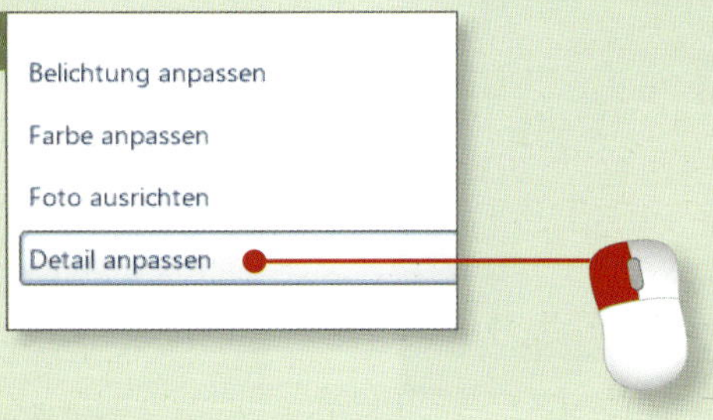

Richtig unscharfe Bilder können auch Bildbearbeitungsprogramme nicht retten, aber kleinere Unschärfen lassen sich gut bearbeiten. Dabei hilft Ihnen die Windows-Fotogalerie.

Schritt 1

Öffnen Sie das Bild zum Bearbeiten, indem Sie erst im Explorer und dann in der Fotogalerie doppelt darauf klicken. Sie können auch erst das Programm Fotogalerie und von dort aus das Bild per Doppelklick öffnen (siehe Kasten auf Seite 138).

Schritt 2

Ihr Bild ist nun groß zu sehen und das **Bearbeiten**-Register eingeblendet. Klicken Sie in der Gruppe **Anpassungen** auf **Feinabstimmung**.

Schritt 3

Rechts neben dem Bild öffnet sich eine neue Bearbeitungsleiste. Hier können Sie selber bestimmen, wie stark ein Effekt sein soll. Klicken Sie auf **Detail anpassen**.

Schritt 4

Das Bild wird automatisch vergrößert; wenn es Sie nicht stört, lassen Sie es so groß, sonst können Sie mit dem Mauszeiger über das Bild fahren und zu sich hin scrollen, bis es wieder klein genug ist. Schieben Sie den Regler bei **Schärfen** nach rechts. Sie sehen direkt, wie Ihr Bild geschärft wird. Im Beispiel sehen Sie den Reiter vor ❶ und nach ❷ dem Schärfen.

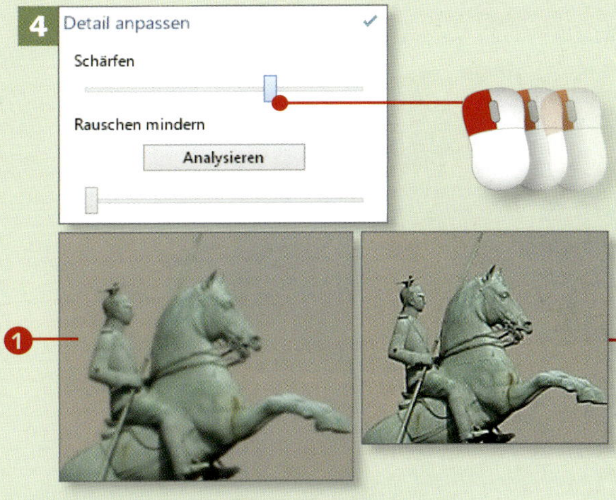

Schritt 5

»Leidet« Ihr Bild auch an Rauschen (körniges Bild), klicken Sie auf **Analysieren** ❸. Nach dem Analysieren springt der Regler unter **Rauschen mindern** in die Mitte. Meist ist das Bild dann zu verwaschen, wie im Beispiel zu sehen. Schieben Sie den Regler in kleinen Schritten wieder nach links, im Zweifel ganz zurück.

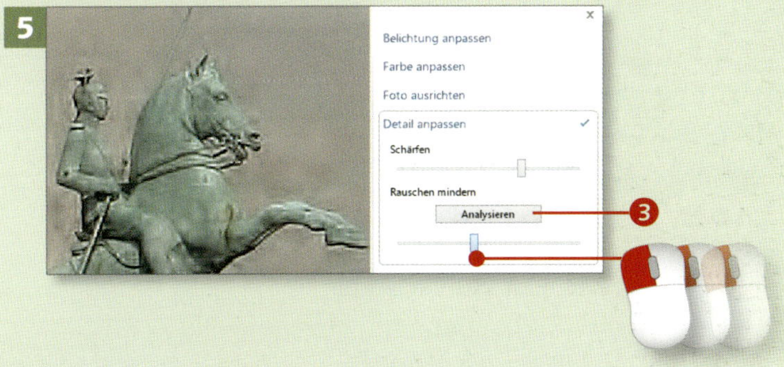

Schritt 6

Bearbeiten Sie Ihr Bild weiter, wenn Sie möchten. Klicken Sie dann auf **Datei schließen**. Die Fotogalerie speichert Ihr Bild und teilt Ihnen mit, dass Sie die Änderungen durch einen Klick auf **Auf das Original zurücksetzen** ❹ wieder rückgängig machen können.

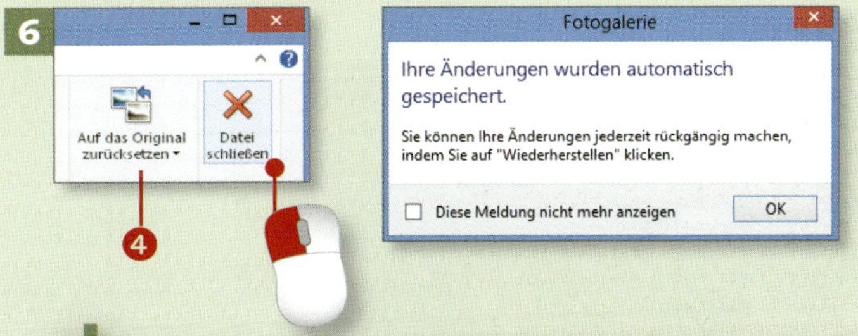

Das Original erhalten

Bevor Sie mit dem Korrigieren beginnen, können Sie in der Fotogalerie eine Kopie Ihres Bildes erstellen, um das Original zu erhalten. Klicken Sie dazu auf der Registerkarte **Bearbeiten** links auf **Kopie erstellen**.

Bilder zuschneiden

Beim Fotografieren haben Sie den Ausschnitt zu groß gewählt? Kein Problem, Ihr Foto ist schnell zugeschnitten. Lesen Sie hier, wie einfach Ihnen die Fotogalerie das Zuschneiden macht.

Schritt 1

Öffnen Sie ein Foto in der Fotogalerie zum Bearbeiten, indem Sie erst im Explorer und dann in der Fotogalerie doppelt darauf klicken.

Schritt 2

Klicken Sie in der Gruppe **Anpassungen** auf das Symbol der Schaltfläche **Zuschneiden**.

Schritt 3

Auf Ihrem Bild erscheint ein weißer Zuschneiderahmen. Sie können den Rahmen größer oder kleiner ziehen; greifen Sie eine der Ecken, und ziehen Sie sie nach außen (größer) oder Richtung Rahmenmitte (kleiner).

Schritt 4

Zum Verschieben fahren Sie mit dem Mauszeiger über das Bild, bis Sie einen Vierfachpfeil sehen. Ziehen Sie den Rahmen mit gedrückter Maustaste an die gewünschte Stelle.

4

Schritt 5

Klicken Sie jetzt noch einmal auf die **Zuschneiden**-Schaltfläche; das Bild wird zugeschnitten und füllt mit dem ausgewählten Bildteil das Fenster. Alles, was außerhalb des Rahmens war, ist nicht mehr zu sehen.

5

Schritt 6

Wollen Sie Bilder zuschneiden (eigentlich verkleinern), um sie per E-Mail zu verschicken, wählen Sie zunächst in der Fotogalerie das oder die Bilder aus. Klicken Sie dann auf der Registerkarte **Bearbeiten** in der Gruppe **Eigenschaften** ❶ auf **Größe ändern** ❷. Wählen Sie anschließend eine Größe aus; für die Bildschirmansicht ist die Option **Klein: 800** ausreichend.

6

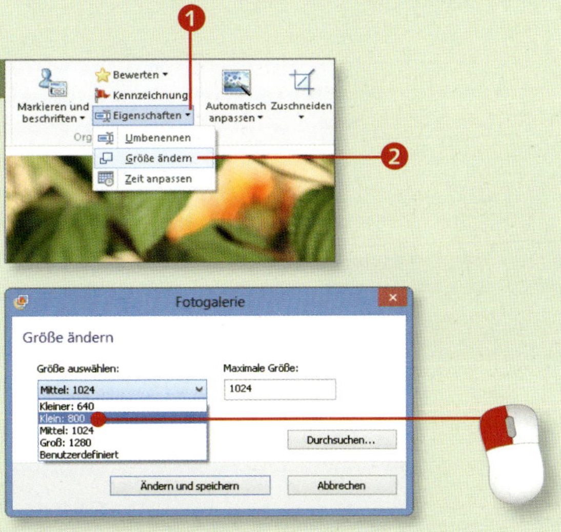

Farbkorrekturen vornehmen

1
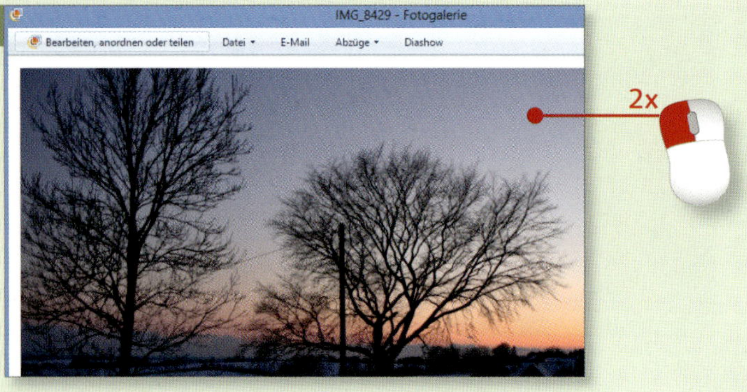

2

3
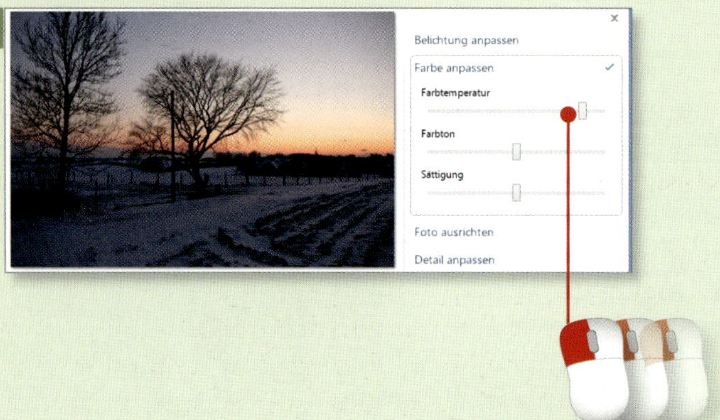

Farbfotos können einen Farbstich haben: Zu viel Blau oder Gelb können bewirken, dass das Bild nicht mehr schön aussieht. Lesen Sie hier, wie Sie Korrekturen an der Farbe vornehmen.

Schritt 1

Öffnen Sie ein Bild in der Fotogalerie. Klicken Sie doppelt darauf, so dass Sie es bearbeiten können.

Schritt 2

Klicken Sie auf **Feinabstimmung** und im Arbeitsbereich rechts auf **Farbe anpassen** ❶.

Schritt 3

Probieren Sie zunächst, wie sich eine wärmere oder kältere **Farbtemperatur** auf Ihr Bild auswirkt. Schieben Sie den Regler nach rechts. Die Farben wirken wärmer. Wenn Sie den Regler nach links schieben, dominieren kalte Töne das Bild.

Weniger ist mehr

Bei allen Bildkorrekturen sollten Sie darauf achten, dass die Bearbeitung das Bild wirklich verbessert und nicht schon zu viel des Guten ist. Bedenken Sie auch, dass Ihr Bildschirm die Farben in der Regel nicht so anzeigt, wie sie auf einem Fotoabzug aussehen.

Schritt 4

Die Skala beim **Farbton** reicht von gelbgrün (links) bis rotviolett (rechts). Im Beispiel schieben Sie den Regler nach links und erreichen eine ganz andere Wirkung des Bildes.

4

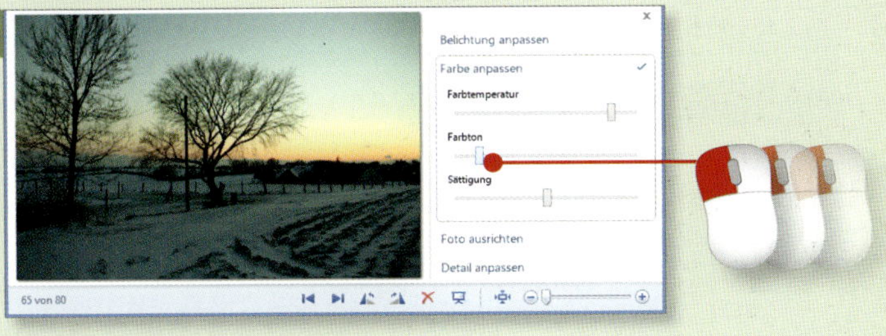

Schritt 5

Die **Sättigung** der Farben kann Ihr Bild kitschig bunt machen (Regler ganz rechts) oder die Farbe entfernen (Regler ganz links). Im Beispiel geben Sie etwas Sättigung hinzu.

5

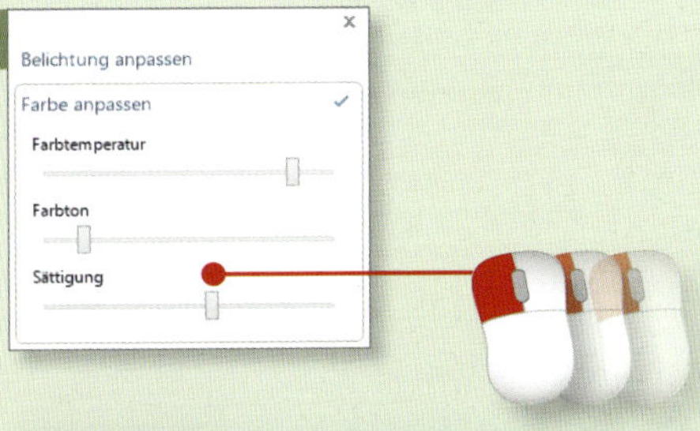

Schritt 6

Wollen Sie die Farbe nicht selbst ändern, nutzen Sie die Option **Farbe automatisch anpassen** ❷: Klicken Sie auf den kleinen Pfeil am Rand der Schaltfläche. Sie können auch eine **Farbanpassung auswählen** ❸. Lassen Sie sich in der Livevorschau die einzelnen Farbkombinationen anzeigen. Wählen Sie eine Variante ❹ durch Klicken aus.

6

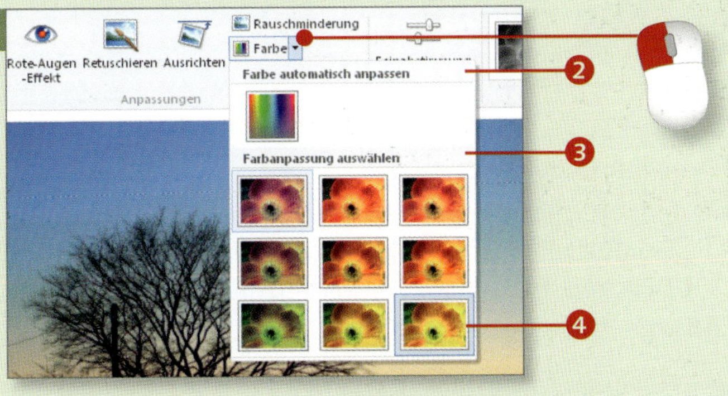

Fotos drucken

Mal schnell einen Schnappschuss auf Papier herumzeigen, eine Auswahl von Fotos auf einem Blatt drucken: Mit dieser Anleitung gelingt Ihnen das Drucken von Fotos spielend.

1

Schritt 1

Sie können sowohl vom Explorer als auch von der Fotogalerie aus drucken. Die ersten Aktionen unterscheiden sich; hier der Weg beim Explorer (zur Fotogalerie siehe Kasten auf dieser Seite). Markieren Sie die Bilder, die Sie drucken wollen (siehe dazu den Abschnitt »Dateien und Ordner markieren und auswählen« ab Seite 218).

2

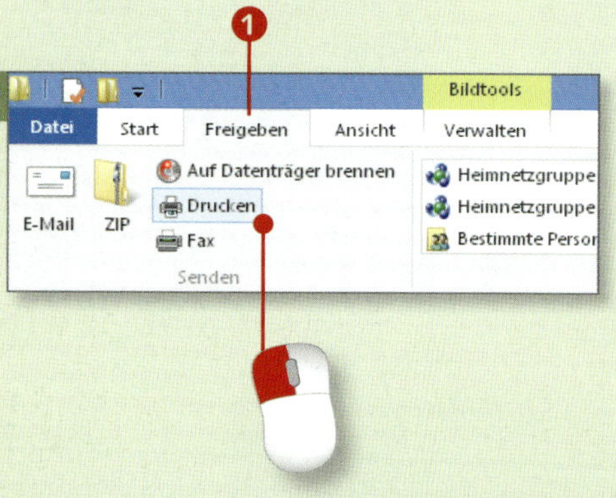

Schritt 2

Rufen Sie die Registerkarte **Freigeben** ❶ auf. Klicken Sie hier in der Gruppe **Senden** auf **Drucken**.

3

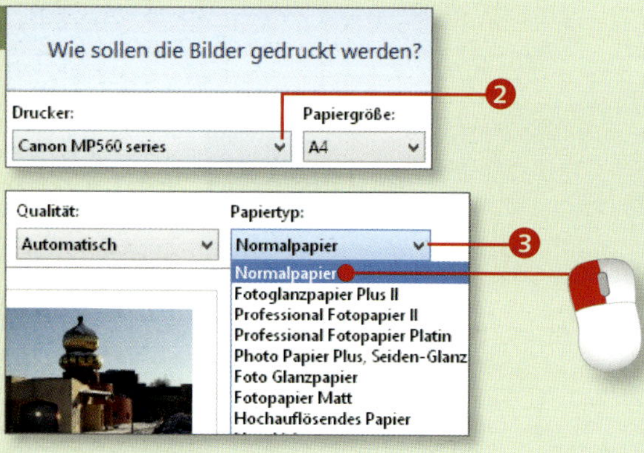

Schritt 3

Explorer und Fotogalerie öffnen das gleiche Druckfenster. Achten Sie hier darauf, dass der richtige **Drucker** ausgewählt ist ❷. Bei **Papiertyp** ❸ klicken Sie die Papiersorte an, die Sie in den Drucker eingelegt haben, z. B. Normalpapier oder Fotopapier.

i

Drucken in der Fotogalerie

In der Fotogalerie setzen Sie Häkchen bei den Bildern, die Sie drucken möchten. Klicken Sie auf **Datei**, dann auf **Drucken**. Im rechten Fensterteil klicken Sie auf **Abzüge**. Weiter geht es mit Schritt 3 dieser Anleitung.

Schritt 4

Wählen Sie nun das Layout: Soll ein einzelnes Bild in voller Größe oder sollen wie im Beispiel vier Bilder auf ein Blatt gedruckt werden? Schieben Sie die Bildlaufleiste ❹ nach unten, um weitere Layouts anzuzeigen. Im Beispiel drucken Sie alle vier ausgewählten Bilder auf ein Blatt und klicken dafür auf **9 × 13 cm**.

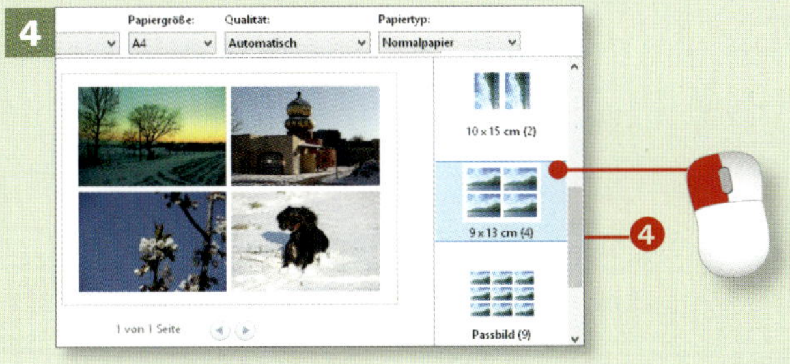

Schritt 5

Achten Sie darauf, dass im Drucker genug und vor allem das richtige Papier eingelegt ist. Starten Sie dann den Druck mit einem Klick auf **Drucken**.

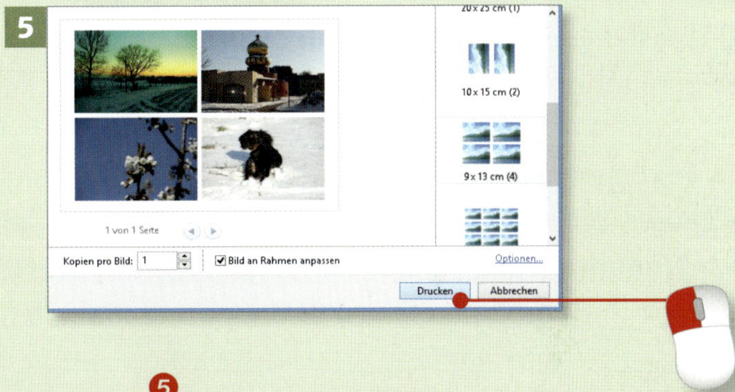

Schritt 6

Jetzt ist Geduld gefragt: Es dauert eine Weile, bis die Daten an Ihren Drucker geschickt wurden und der Druck startet. Sie sehen bis zum Start das **Bitte warten**-Fenster ❺. Ihr Drucker zeigt Ihnen auch ein Fenster mit **Fortschrittsbalken** ❻. Wenn die Bilder gedruckt sind, schließen sich diese Fenster.

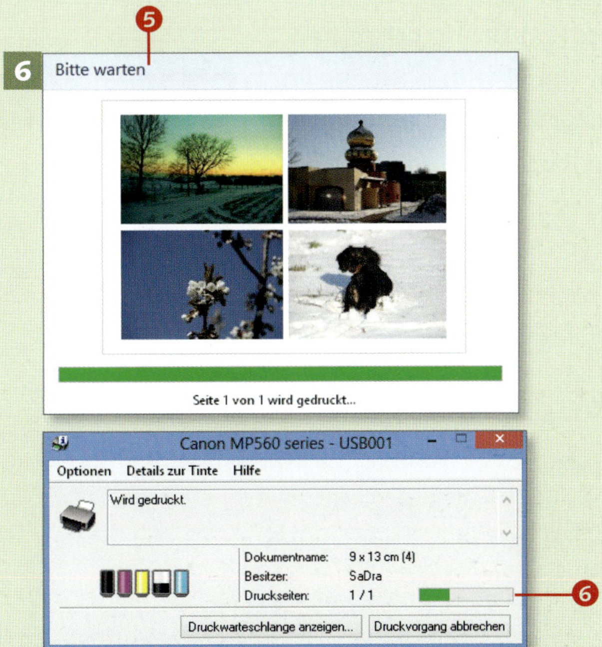

Kapitel 7
Texte schreiben

Briefe, Verträge, Rezepte, Gedichte, Aufsätze, Einkaufslisten und vieles mehr können Sie mit Word schreiben und so formatieren, dass Ihre Dokumente immer ansprechend aussehen.

Microsoft installieren und Word kennenlernen
Word installieren Sie einfach von einer DVD ❶. Nach der Installation können Sie sofort loslegen und Ihre ersten Texte schreiben. Auch mit Fehlern gehen Sie souverän um.

Den Text gestalten
Sie geben Ihrem Text Form, indem Sie Absätze ausrichten, mit Aufzählungspunkt oder einer Nummerierung versehen. Sie gestalten den Text nach Ihren Vorstellungen, wenn Sie Schriftart und -größe ändern und Bilder oder Tabellen ❷ einfügen.

Mit WordPad Briefe schreiben
Auch mit dem kleinen Bruder von Word schreiben Sie ansprechende Briefe, erstellen Listen oder fügen Bilder ein. WordPad ❸ ist schon auf Ihrem Notebook eingerichtet, so dass Sie nichts installieren müssen.

1 Das Office-Paket installieren Sie von der DVD

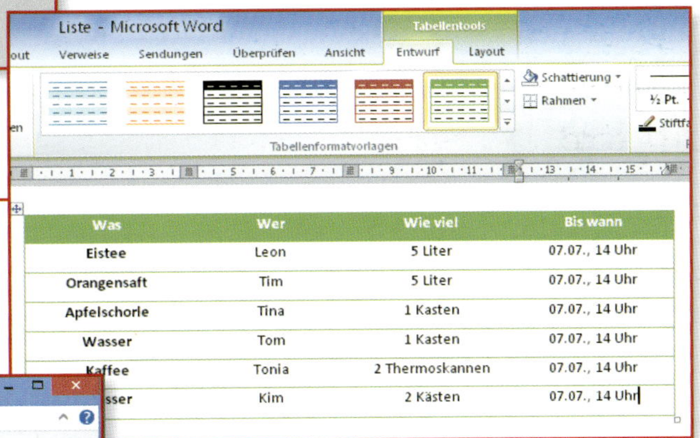

2 Tabellen gestalten Sie mit den Formatvorlagen im Handumdrehen.

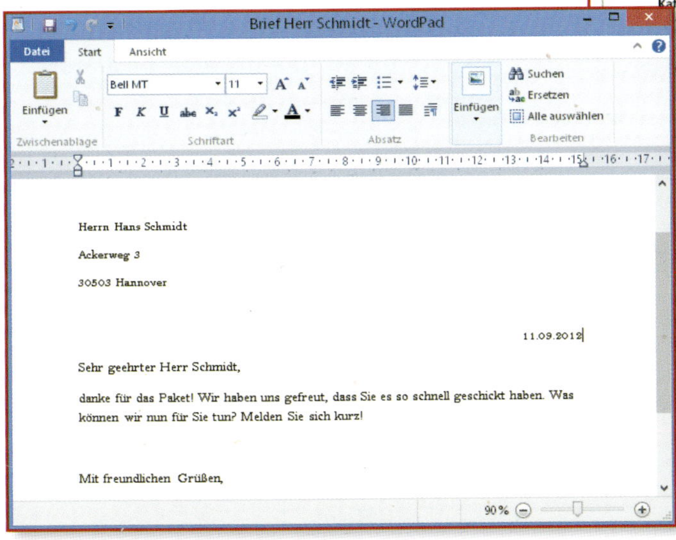

3 Mit WordPad schreiben und formatieren Sie Briefe.

Microsoft Office installieren

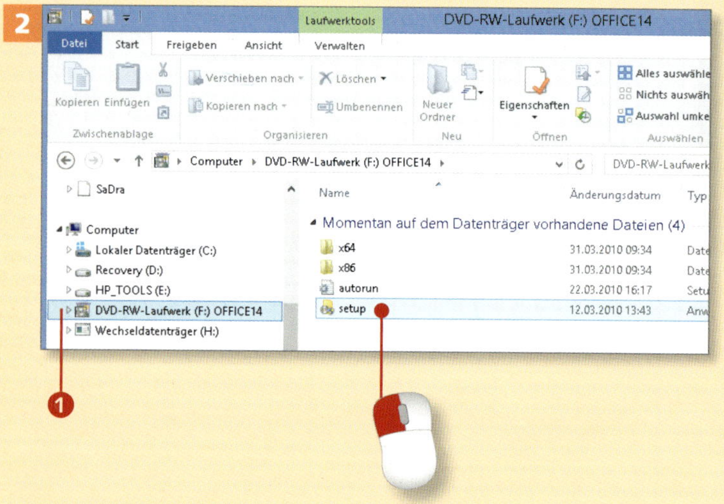

Das Programm-Paket MS Office lässt sich von DVD oder per Download installieren. In beiden Fällen benötigen Sie den Produktschlüssel.

Schritt 1

Legen Sie die DVD in das Laufwerk des Notebooks (oder in ein externes Laufwerk, siehe dazu den Abschnitt »Eine externe Festplatte anschließen« ab Seite 252). Nach wenigen Augenblicken erscheint auf Ihrem Desktop eine Schaltfläche, auf die Sie klicken. Windows führt Sie anschließend durch die Installation.

Schritt 2

Wird diese Schaltfläche nicht angezeigt, öffnen Sie den Explorer, und rufen Sie dort mit einem Klick das DVD-Laufwerk ❶ auf. Klicken Sie doppelt auf die Installationsdatei **setup** bzw. **setup.exe**.

Schritt 3

Die Installation beginnt mit der Abfrage des Produktschlüssels (*Product Key*): Sie finden ihn in der Innenseite der DVD-Hülle. Geben Sie den Schlüssel in das Feld ein ❷; die Bindestriche fügt Windows automatisch ein. Klicken Sie anschließend auf **Weiter**.

Schritt 4

Im nächsten Fenster deaktivieren Sie die Option **Kostenlose Testversion von Office 2010 Professional installieren** ❸, indem Sie in das Kästchen davor klicken, so dass kein Häkchen mehr zu sehen ist. Klicken Sie dann auf **Jetzt installieren**.

Schritt 5

Das Programm-Paket wird jetzt installiert; das kann einige Minuten dauern. Den Fortschritt erkennen Sie an einem grünen Ladebalken. Den Abschluss der Installation meldet Windows in einem Fenster. Klicken Sie hier auf **Schließen**, um die Installation fertigzustellen.

Schritt 6

Ab jetzt öffnen Sie Word einfach mit einem Klick auf die Programmkachel auf dem Startbildschirm. Beim ersten Öffnen müssen Sie das Programm noch aktivieren; klicken Sie hierzu auf **Aktivieren über das Internet**.

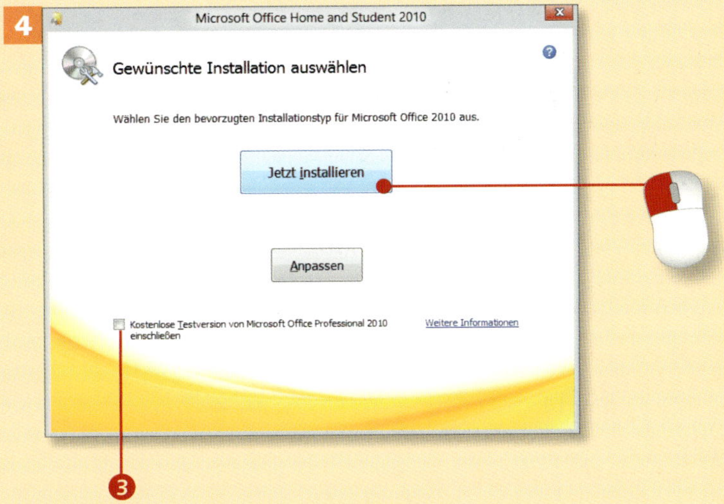

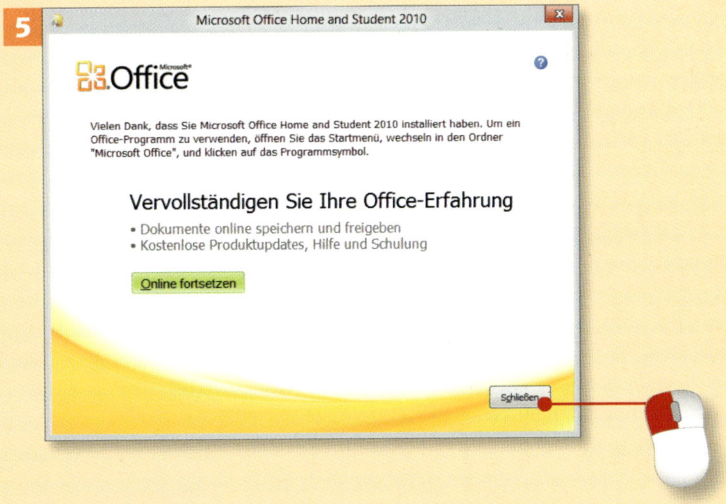

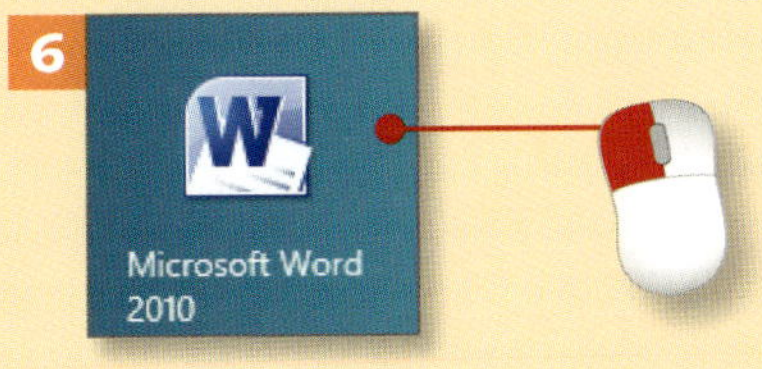

Word kennenlernen

1

2
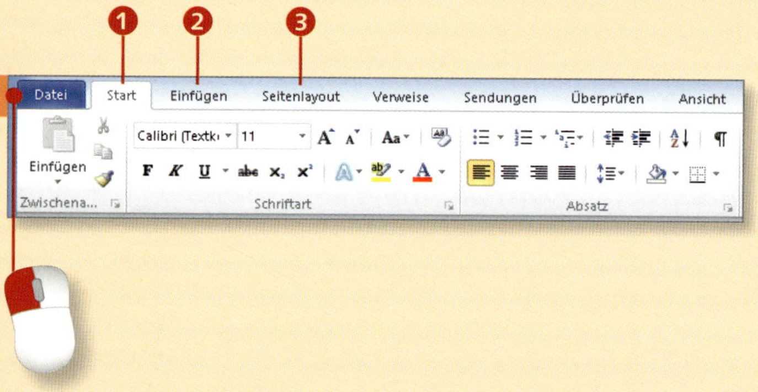

3
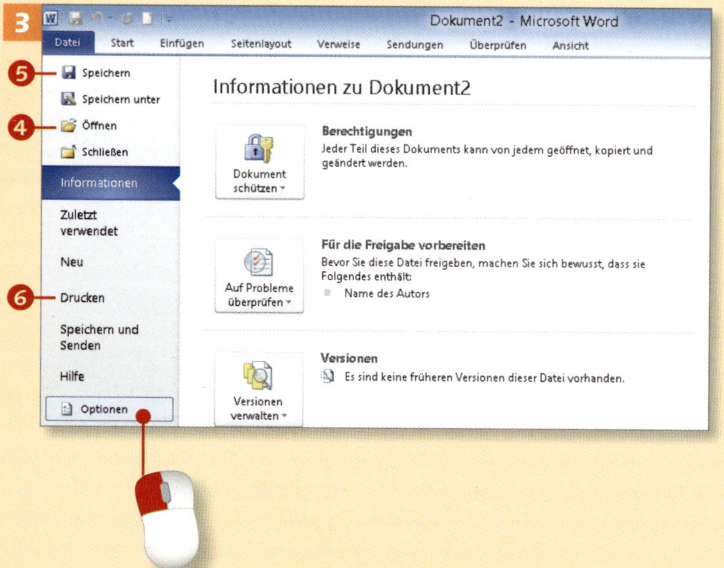

Word ist ein sehr leistungsfähiges Programm – es bietet sehr viele Funktionen, mit deren Hilfe Sie Ihre Texte gestalten können.

Schritt 1

Das frisch geöffnete Word bietet Ihnen ein leeres Dokument an. Sie sehen am oberen linken Rand einen blinkenden Strich; das ist der Cursor. Wo dieser Cursor blinkt, können Sie anfangen, zu schreiben.

Schritt 2

Über dem leeren Blatt sehen Sie einen breiten Streifen mit Schaltflächen, das *Menüband*. Im linken Teil finden Sie direkt über den Schaltflächen die Registerkarten **Datei**, **Start** ❶, **Einfügen** ❷ und **Seitenlayout** ❸. Diese vier Register werden Sie vermutlich am häufigsten benötigen. Um sie zu öffnen, klicken Sie auf den Reiter, z. B. auf **Datei**.

Schritt 3

Hier finden Sie Befehle für den Umgang mit Word-Dateien, z. B. **Öffnen** ❹, **Speichern** ❺ oder **Drucken** ❻. Auch grundlegende Einstellungen in Word nehmen Sie hier vor; klicken Sie dazu auf **Optionen**.

Schritt 4

Im Dialogfenster **Optionen** deaktivieren Sie unter **Allgemein** die Auswahl **Minisymbolleiste für die Auswahl anzeigen** ❼, indem Sie in das Kästchen klicken und so das Häkchen entfernen. Die Minisymbolleiste stört meistens mehr als dass sie nützt, daher schalten Sie sie aus. Klicken Sie auf **OK**.

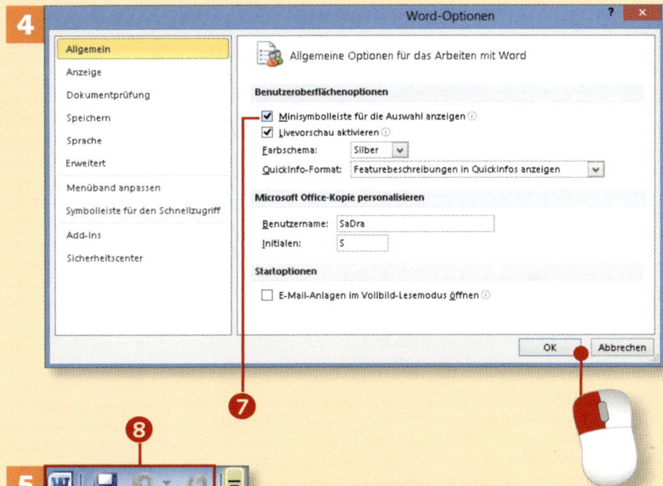

Schritt 5

Sehr hilfreich ist die *Symbolleiste für den Schnellzugriff* ❽, die Sie über dem Menüband oben links sehen: Hier finden Sie häufig verwendete Befehle, die Sie mit einem Klick aufrufen können. Sie können der Leiste weitere Symbole hinzufügen. Klicken Sie rechts daneben auf den kleinen Pfeil.

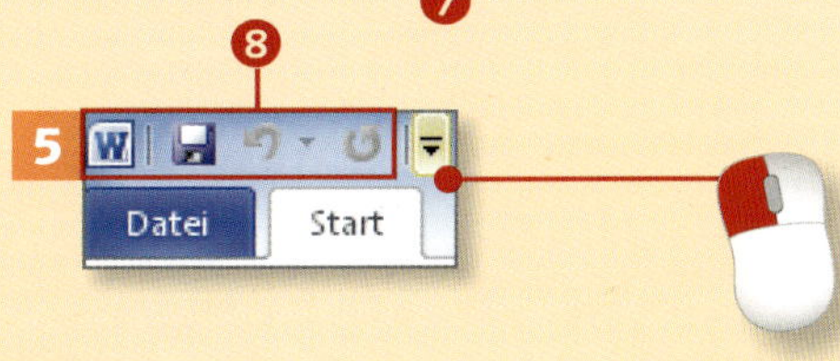

Schritt 6

Wählen Sie durch Anklicken die Befehle **Neu** ❾ und **Schnelldruck** ❿. Klicken Sie auf **Weitere Befehle**, um z. B. den Befehl **Speichern unter** hinzuzufügen. Damit speichern Sie ein Dokument unter einem anderen Namen.

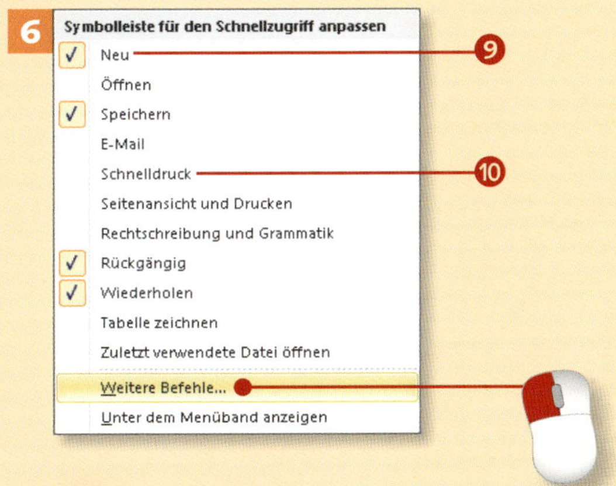

Sinn oder Unsinn der Minisymbolleiste

Die Minisymbolleiste zeigt einige Formatierungssymbole an, die Sie durch Klicken anwenden und damit den markierten Text schnell formatieren können. Da sie aber vor dem Text schwebt, stört sie beim Bewegen im Text. Wenn Sie nicht das Gefühl haben, dass sie stört, lassen Sie sie eingeschaltet.

Dokumente neu anlegen und öffnen

1

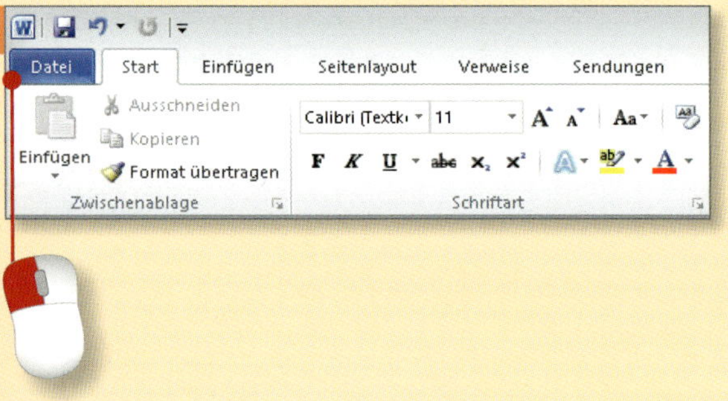

2

3

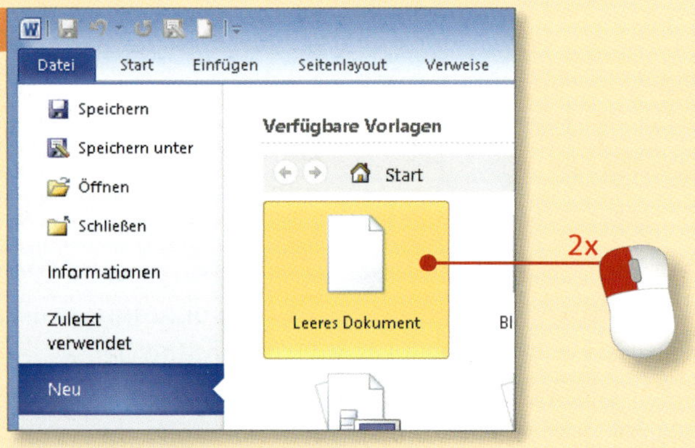

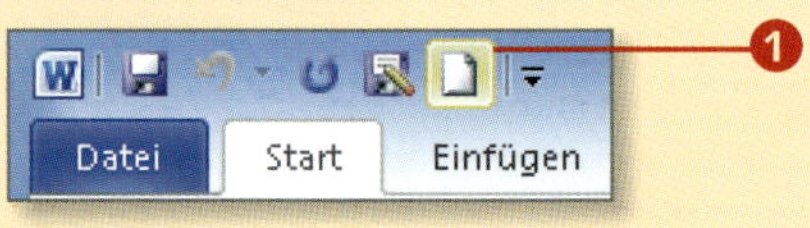

Neue Dokumente sind in Word schnell angelegt. Aber auch Texte, die Sie gespeichert haben oder die Ihnen ein Freund geschickt hat, können Sie mit Word einfach wieder öffnen.

Schritt 1

Wenn Sie Word öffnen, legt das Programm automatisch ein neues, leeres Dokument an. Sie beginnen also immer mit einer leeren Seite. Aber auch wenn Sie gerade an einem Dokument arbeiten, können Sie ein leeres Dokument öffnen. Klicken Sie dazu auf die Registerkarte **Datei**.

Schritt 2

In der Leiste links klicken Sie auf **Neu**. Damit öffnen Sie einen neuen Bereich, in dem Sie auswählen können, welche Art von Dokument Sie öffnen möchten: eine leere Seite oder eine Vorlage.

Schritt 3

Um ein neues Dokument anzulegen, klicken Sie doppelt auf die Schaltfläche **Leeres Dokument**. Alternativ klicken Sie einfach auf das entsprechende Symbol ❶ in der *Symbolleiste für den Schnellzugriff*. Dafür muss die Registerkarte **Datei** nicht geöffnet sein.

Schritt 4

Um ein Dokument zu öffnen, das Sie bereits gespeichert haben (siehe dazu den Abschnitt »Dokumente speichern« ab Seite 156), klicken Sie auf die Registerkarte **Datei** ❷ und dann auf **Öffnen**.

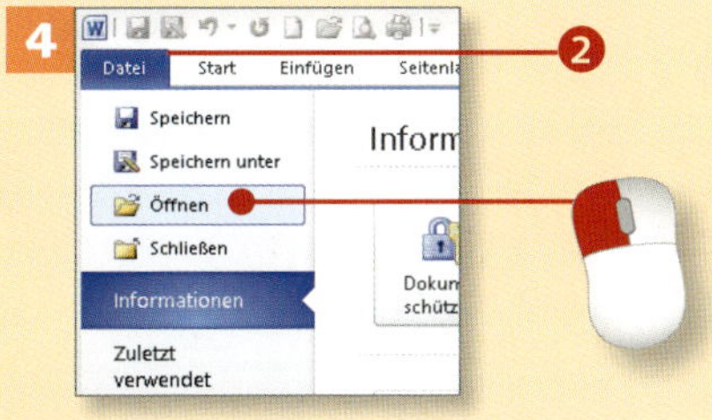

Schritt 5

Der Windows-Explorer öffnet sich mit dem Ordner **Bibliotheken** und dessen Unterordner **Dokumente**. Markieren Sie die zu öffnende Datei ❸ mit einem Klick, und klicken Sie dann auf die Schaltfläche **Öffnen**. Das Dokument erscheint auf dem Bildschirm. Auch ein Doppelklick auf den Dateinamen öffnet das Dokument.

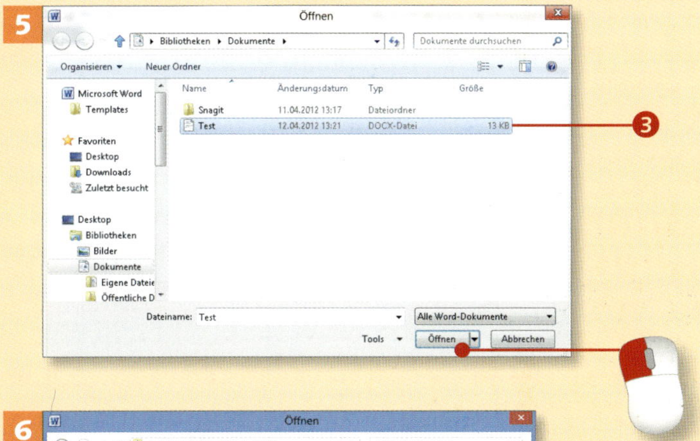

Schritt 6

Wenn die Datei in einem anderen Ordner als **Dokumente** gespeichert ist, müssen Sie erst zu diesem Ordner navigieren. Im Explorer sehen Sie links eine Ordnerliste ❹. Mit einem Doppelklick öffnen Sie Ordner und Unterordner, hier **Briefe**. Dann gehen Sie vor, wie in Schritt 5 beschrieben.

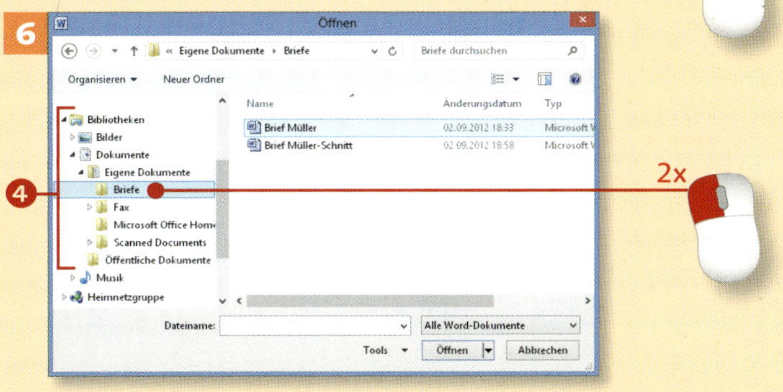

Dateien schneller öffnen

Die Dateien, die Sie zuletzt geöffnet haben, sammelt Word in einer Liste. Klicken Sie zum Aufrufen der Liste auf **Datei ▸ Zuletzt verwendet**. Im rechten Fensterteil werden daraufhin Ihre Dokumente aufgelistet. Wenn Sie Word öffnen und dann gleich auf **Datei** klicken, wird die Liste sofort angezeigt.

Dokumente speichern

Gespeicherte Dokumente können Sie weiterbearbeiten, ausdrucken oder per E-Mail an andere verschicken.

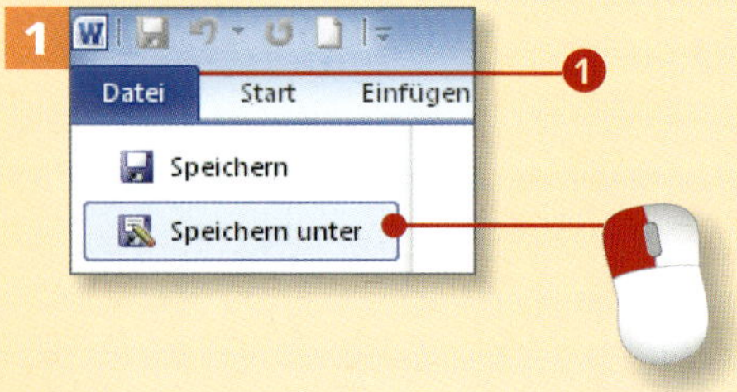

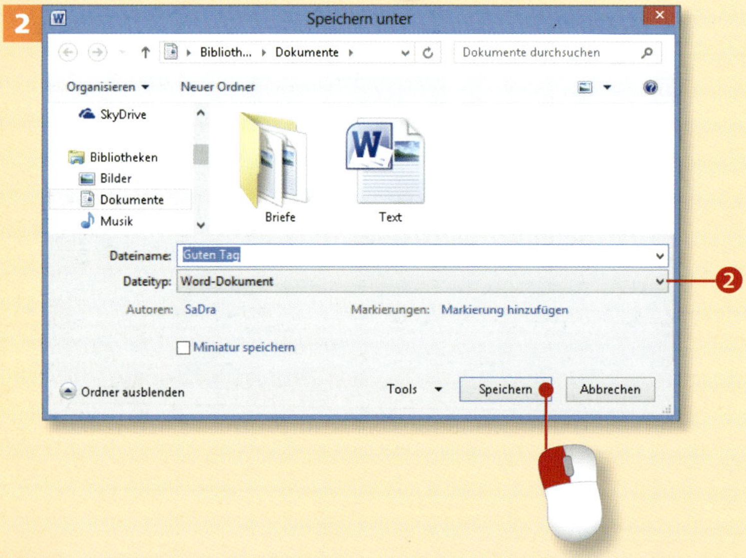

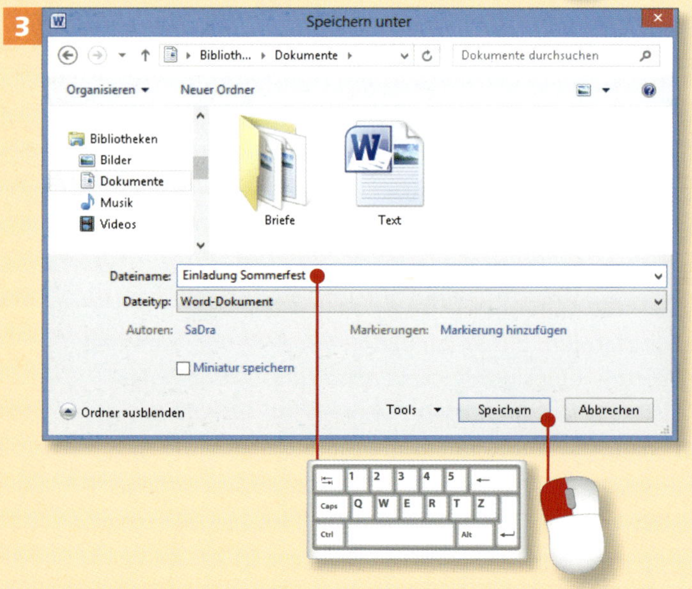

Schritt 1

Wenn Sie Ihr Dokument bisher noch nicht gespeichert haben, heißt es einfach »Dokument1« – das ist kein guter Dateiname, da er keinen Hinweis auf den Inhalt gibt. Klicken Sie auf der Registerkarte **Datei** ❶ auf **Speichern unter**.

Schritt 2

Das Dialogfenster **Speichern unter** öffnet sich. Im Feld **Dateiname** ❷ können Sie dem Dokument einen eindeutigen Namen geben. Standardmäßig verwendet Word die ersten Worte Ihres Textes; sie sind im Feld **Dateiname** blau hinterlegt, d. h. markiert. Wenn Sie nun auf **Speichern** klicken, wird der vorgeschlagene Titel übernommen.

Schritt 3

Soll das Dokument einen anderen Namen bekommen, tippen Sie den Namen direkt in das Feld **Dateiname**. Sie müssen vorher nicht in das Feld klicken und den vorhandenen Titel löschen. Ihre Eingabe ersetzt automatisch die Markierung. Klicken Sie danach auf **Speichern**.

Schritt 4

Einen einmal geschriebenen Brief können Sie jederzeit ändern und unter einem neuen Namen speichern, z. B. mit dem aktuellen Datum. Dabei bleibt die Originaldatei natürlich erhalten. Wiederholen Sie dazu die Schritte 1 bis 3.

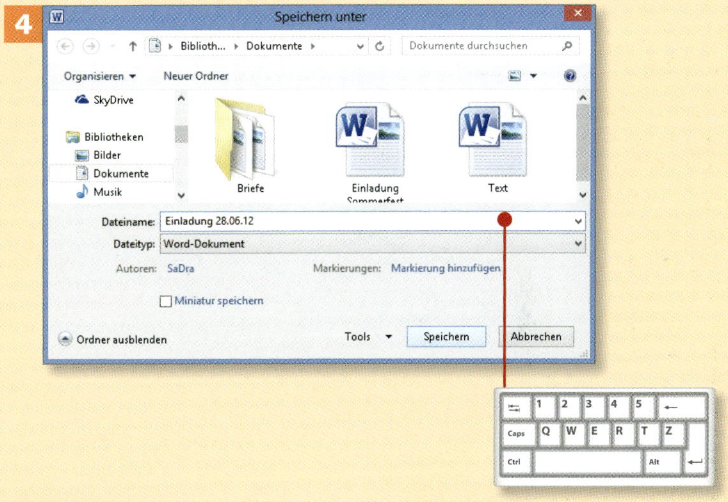

Schritt 5

Während der Arbeit an einem Text sollten Sie immer wieder zwischenspeichern: Damit gehen Änderungen nicht verloren, selbst wenn Ihr Notebook ausgeht, weil der Akku leer ist. Wenn Sie das Dokument einmal mit Namen gespeichert haben, reicht dazu ein Klick auf das Diskettensymbol in der Symbolleiste für den Schnellzugriff.

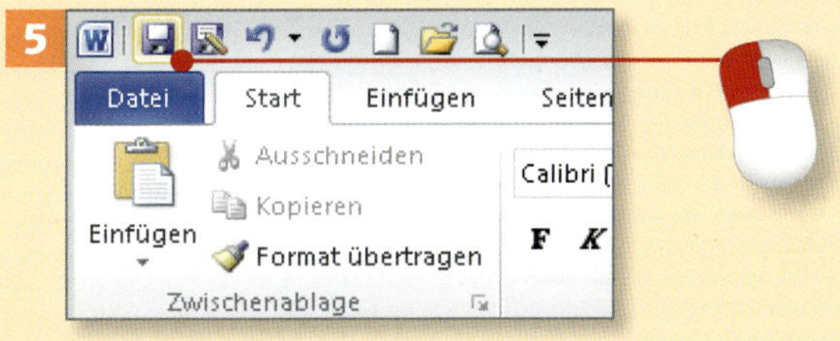

Schritt 6

Wenn Sie an einem Dokument gearbeitet haben und es schließen möchten (siehe dazu den Abschnitt »Programme starten und beenden« ab Seite 56), fragt Word sicherheitshalber nach, ob es vorher gespeichert werden soll. Wollen Sie die Änderungen speichern, klicken Sie auf **Speichern**, ansonsten auf **Nicht speichern** ❸. **Abbrechen** ❹ sollten Sie nur anklicken, wenn Sie Word doch nicht schließen wollen.

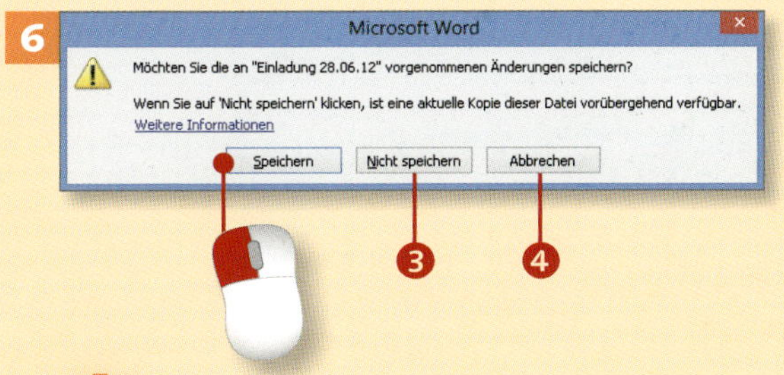

Warum die »Diskette«?

Bevor man Daten auf CDs, DVDs oder USB-Sticks speichern konnte, nutzte man Disketten. Sie boten nur 1,44 Megabyte Speicherplatz – zu wenig für ein Digitalfoto oder einen MP3-Song. Die Diskette hat also schon lange keine praktische Bedeutung mehr, sie steht aber immer noch symbolisch für das Speichern.

Text eingeben

1

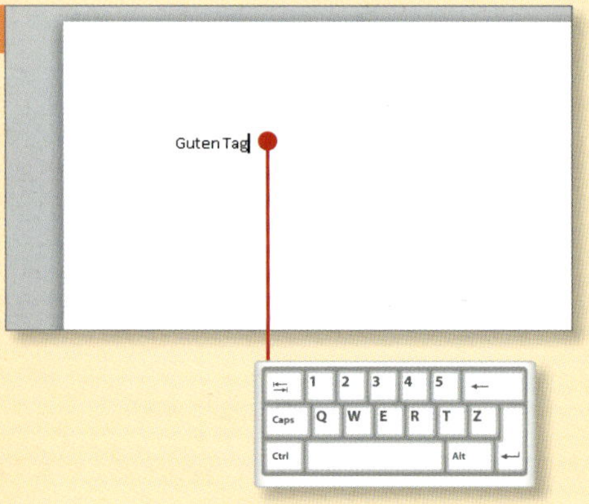

2

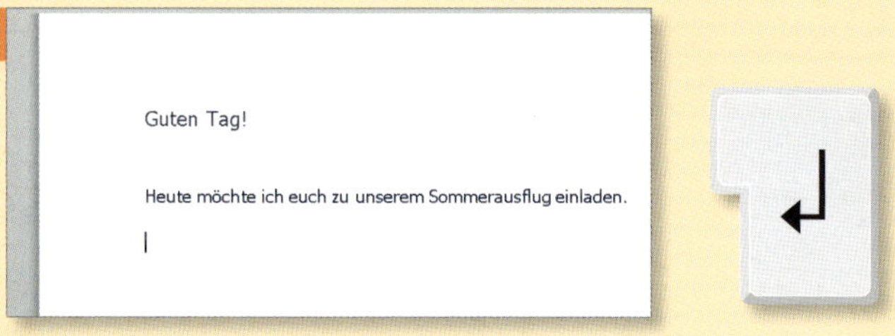

3

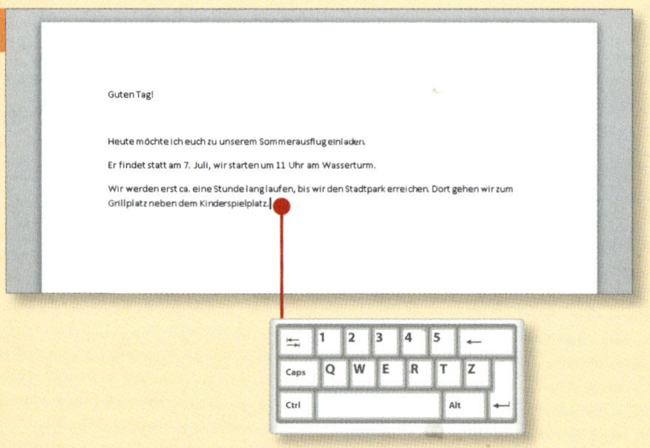

Was auch immer Sie schreiben wollen: Geben Sie zuerst Ihren Text ein, und gestalten Sie ihn dann. In diesem Abschnitt geht es um die Eingabe (das Tippen) von Text.

Schritt 1

Schreiben Sie Ihren Text – legen Sie einfach los. Die Buchstaben, die Sie eintippen, erscheinen dort, wo der Cursor blinkt. Der Cursor verschiebt sich mit jedem Buchstaben weiter nach rechts und springt am Ende der Zeile in die nächste. Er ist beim Tippen immer zu sehen.

Schritt 2

Um einen Absatz zu erzeugen, drücken Sie die ↵-Taste. Der Cursor springt an den Anfang der nächsten Zeile. Sie können die ↵-Taste auch mehrmals drücken, um mehrere Absätze zu erzeugen.

Schritt 3

Oft geht eine Textpassage über mehrere Zeilen. Sie brauchen in diesem Fall nicht die ↵-Taste zu drücken, wenn der Text das Ende einer Zeile erreicht. Word erledigt den Zeilenumbruch für Sie. Wenn nötig, werden lange Wörter am Zeilenende automatisch getrennt.

Silbentrennung ausschalten

Die Silbentrennung schalten Sie über über die Registerkarte **Seitenlayout** in der Gruppe **Seite einrichten** aus, indem Sie auf die Schaltfläche **Silbentrennung** und dann auf **Keine** klicken.

Schritt 4

Wenn das Ende einer Seite erreicht ist, wechselt Word automatisch zur nächsten Seite. In der als Standard eingestellten **Seitenlayout**-Ansicht sehen Sie zwischen den Seiten einen breiten grauen Balken ❶. Falls Sie zwischen zwei Seiten nur eine dünne Linie sehen, klicken Sie doppelt darauf: Jetzt können Sie wieder genau erkennen, wo die Seite endet.

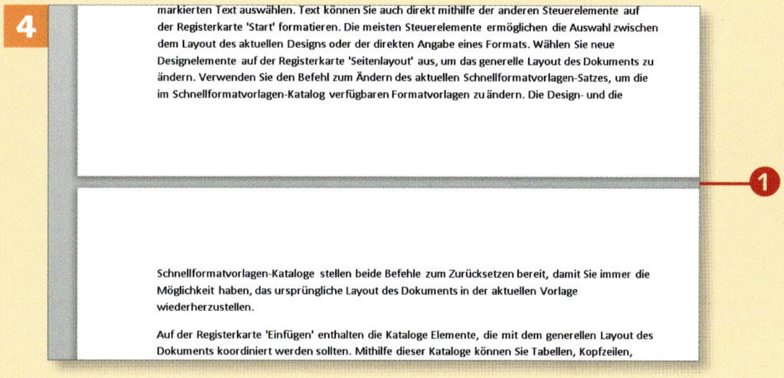

Schritt 5

Im Normalfall sehen Sie nur die Hälfte Ihres Blattes, damit Sie den Text noch gut lesen können. Der Rest ist aber trotzdem immer da, nur ist er gerade nicht eingeblendet. Um den Text weiter oben oder unten zu sehen, ziehen Sie den Schieberegler auf der Bildlaufleiste ❷ rechts nach oben oder unten.

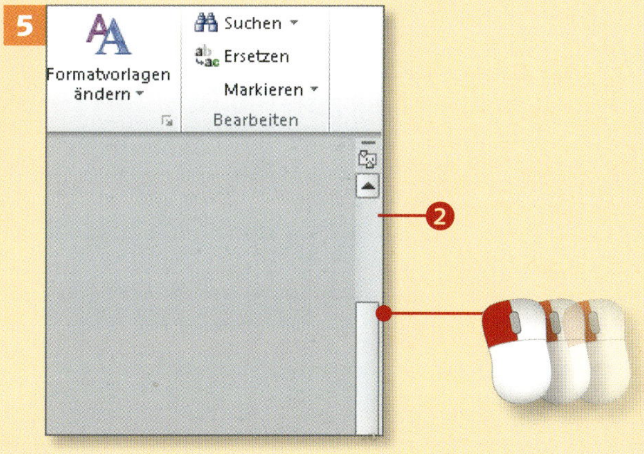

Schritt 6

Wenn der Text schlecht lesbar ist, ändern Sie nicht die Schriftgröße (siehe dazu den Abschnitt »Schrift und Layout gestalten« ab Seite 170), sondern nutzen Sie die Zoom-Leiste. Klicken Sie rechts unten auf das Plus ❸, um die Anzeige schrittweise zu vergrößern, mit dem Minus ❹ verkleinern Sie sie wieder.

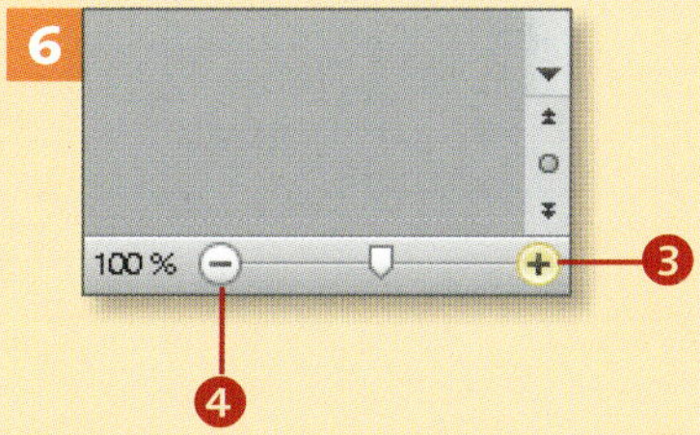

Seitenlayout
In Word können Sie sich Ihre Dokumente auf verschiedene Arten anzeigen lassen. Standard ist die Ansicht Seitenlayout. Sie finden die Ansichtsvarianten links neben der Zoomleiste.

Den Text korrigieren

1

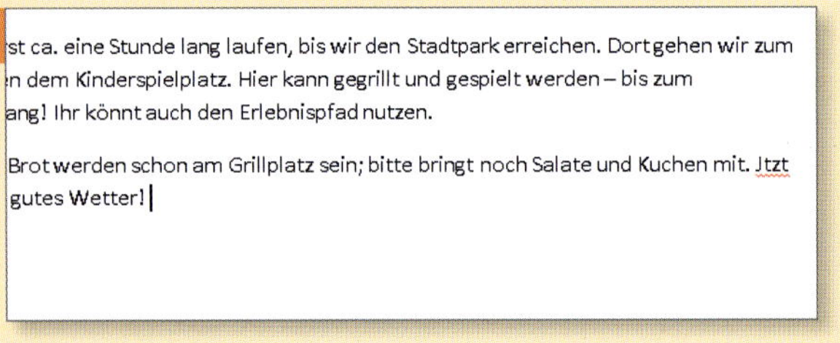

2

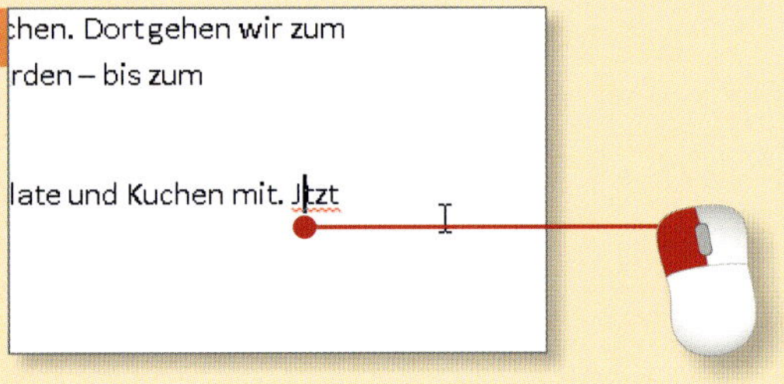

3

Tippfehler kommen häufiger vor, doch zum Glück sind sie auch leicht zu korrigieren.

Schritt 1

Word arbeitet mit einer *Rechtschreibprüfung*, die standardmäßig im Hintergrund arbeitet, während Sie tippen. Wörter, die Word für falsch geschrieben hält oder die es nicht kennt, z. B. Eigennamen, werden rot unterkringelt. Grammatikfehler werden grün unterkringelt.

Schritt 2

Nutzen Sie nicht die [←]-Taste, um das ganze Wort bis hin zum Fehler zu löschen. Sie löschen sonst unnötig viel, wenn der Fehler einige Wörter zurückliegt. Klicken Sie stattdessen mit der Maus direkt an die Fehlerstelle und tippen Sie den fehlenden Buchstaben ein.

Schritt 3

Es kommt auch vor, dass Buchstaben vertauscht oder ein falscher Buchstabe getippt wurde. Klicken Sie dann einfach neben den zu korrigierenden Buchstaben. Sie können auch die Pfeiltasten auf Ihrer Tastatur benutzen, um den Cursor zu bewegen (siehe Kasten »Durch den Text springen« auf Seite 161).

Hilfe bei der Korrektur durch Steuerzeichen
Wenn Sie unerklärliche Abstände zwischen zwei Buchstaben bemerken oder sich über einen Absatz mitten innerhalb eines Absatzes wundern, schauen Sie sich mit den Steuerzeichen den Text genauer an. Über die Schaltfläche **Formatierungssymbole anzeigen** auf der Registerkarte **Start** blenden Sie die Steuerzeichen ein. Abätze enden dann mit diesem Zeichen: ¶ Für jedes Leerzeichen steht ein Punkt in Höhe der Zeilenmitte; so finden Sie schnell überflüssige Leerzeichen und falsch gesetzte Absätze. Die Formatierungszeichen werden nicht mitgedruckt.

Schritt 4

Mit der [←]-Taste löschen Sie den Buchstaben *links* vom Cursor. Drücken Sie die Taste nur einmal, wenn nur ein Buchstabe zu löschen ist. Kräftiges oder längeres Drücken der Taste bewirkt, dass gleich mehrere Buchstaben gelöscht werden. Sollten Sie das aus Versehen getan haben, drücken Sie einmal die Tastenkombination [Strg] + [Z], um diese Aktion rückgängig zu machen.

Schritt 5

Wenn Sie den Cursor *vor* den zu löschenden Buchstaben setzen, drücken Sie zum Löschen die [Entf]-Taste auf Ihrer Tastatur. Damit löschen Sie Buchstaben *rechts* von der Schreibmarke. Welche Taste Sie verwenden, hängt also immer von der Position des Cursors ab.

Schritt 6

Sie können auch ganze Wörter auf einmal löschen: Klicken Sie vor den ersten Buchstaben des zu löschenden Wortes, und drücken Sie [Strg] + [Entf]. Oder klicken Sie hinter den letzten Buchstaben, und drücken Sie [Strg] + [←]-Taste.

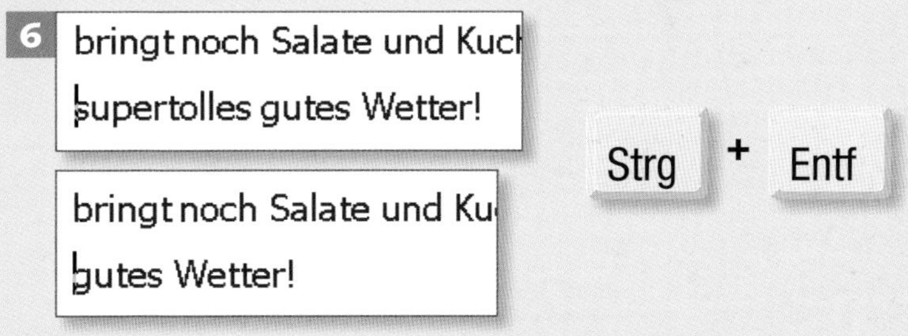

Durch den Text springen

Auf Ihrer Tastatur finden Sie rechts neben (oder auch unter) dem großen Buchstabenblock vier Pfeiltasten, mit denen Sie den Cursor im Text bewegen können. Mit [↑] bzw. [↓] springen Sie eine Zeile höher bzw. tiefer. Mit [→] kommen Sie in der Leserrichtung buchstabenweise weiter, mit [←] zurück.

Die Rechtschreibkorrektur einsetzen

1

2
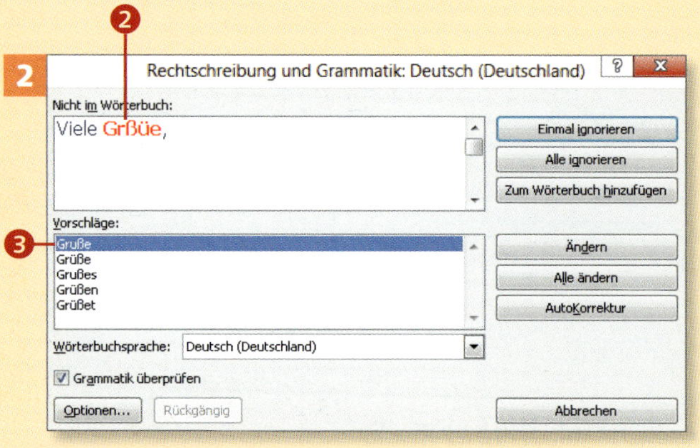

3
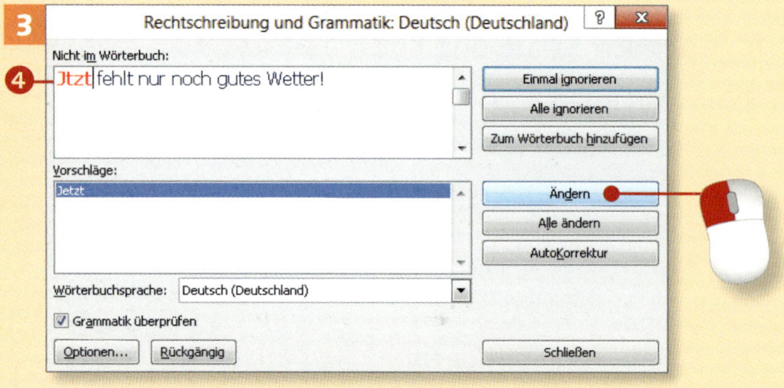

Word erkennt nicht nur Fehler, sondern hilft Ihnen auch bei der Korrektur. Entweder lassen Sie Ihren Text von der Rechtschreibprüfung durchsuchen, oder Sie nutzen die Vorschläge zu einzelnen Fehlern.

Schritt 1

Zum Starten der Rechtschreib- und Grammatikprüfung wechseln Sie auf die Registerkarte **Überprüfen** ❶. Ganz links im Menüband sehen Sie die Schaltfläche **Rechtschreibung und Grammatik**. Klicken Sie darauf.

Schritt 2

Word durchsucht nun Ihren Text und blendet zu jedem als fehlerhaft erkannten Wort ❷ einen Korrekturvorschlag ❸ ein. Dabei versucht Word aus dem Zusammenhang zu erkennen, welche Wörter passen könnten; daher erhalten Sie bei manchen Fehlern auch mehrere, nicht immer sinnvolle Vorschläge.

Schritt 3

Wählen Sie im Abschnitt **Vorschläge** das passende Wort ❹ mit einem Klick aus (es wird blau markiert), und klicken Sie dann rechts auf **Ändern**. Das Wort wird im Text automatisch korrigiert, und Word springt zum nächsten Fehler.

Schritt 4

Wiederholen Sie Schritt 3 für jedes fehlerhafte Wort im Text. Sobald Word mit der Suche fertig ist, erhalten Sie die Meldung **Die Rechtschreib- und Grammatikprüfung ist abgeschlossen**. Klicken Sie auf **OK**, um die Prüfung zu beenden.

Schritt 5

Wollen Sie nur ein einzelnes Wort korrigieren, können Sie sich Korrekturvorschläge direkt für dieses Wort anzeigen lassen. Klicken Sie dazu mit der rechten Maustaste auf das Wort. Dadurch rufen Sie das Kontextmenü auf.

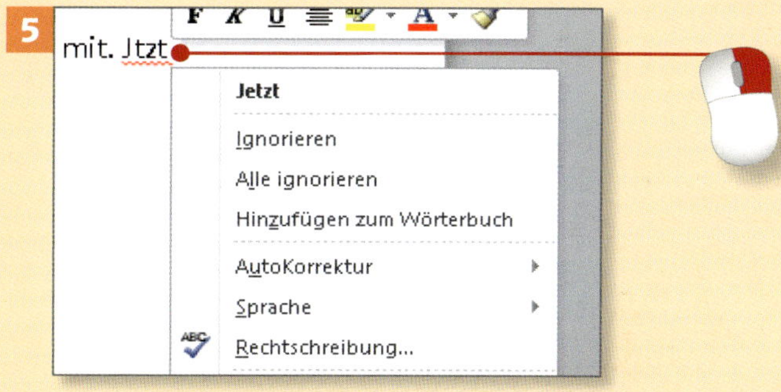

Schritt 6

Word schlägt Ihnen im Kontextmenü eine Korrektur vor. Klicken Sie mit der linken Maustaste auf den Vorschlag, und schon wird das Wort korrigiert. Word erkennt meistens selbst bei mehreren Fehlern im Wort, was gemeint war, und schlägt Ihnen die richtige Schreibweise vor.

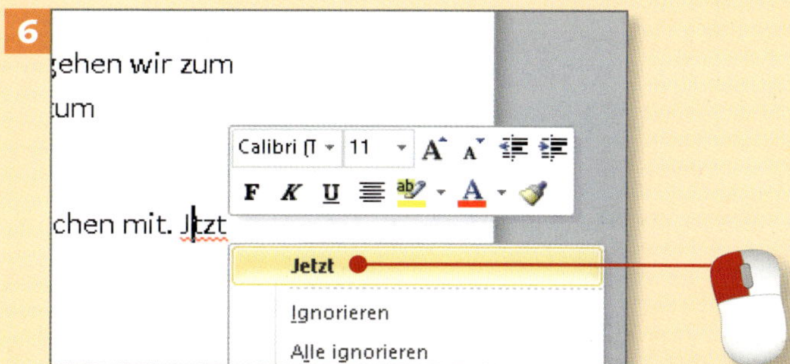

Die Seite einrichten

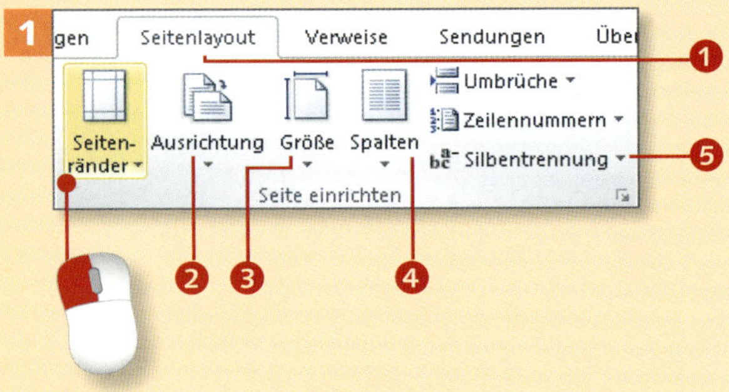

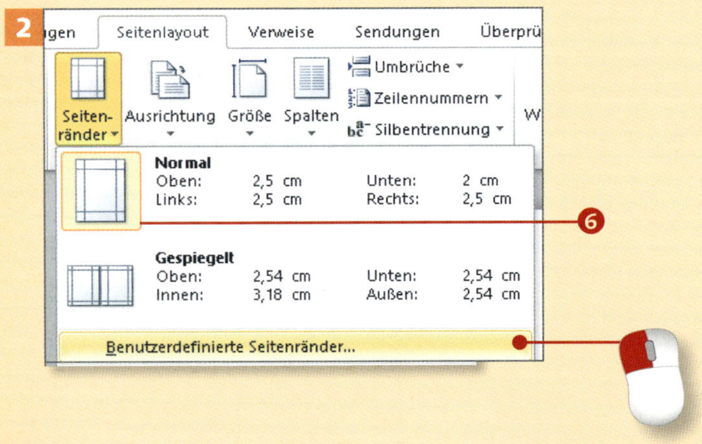

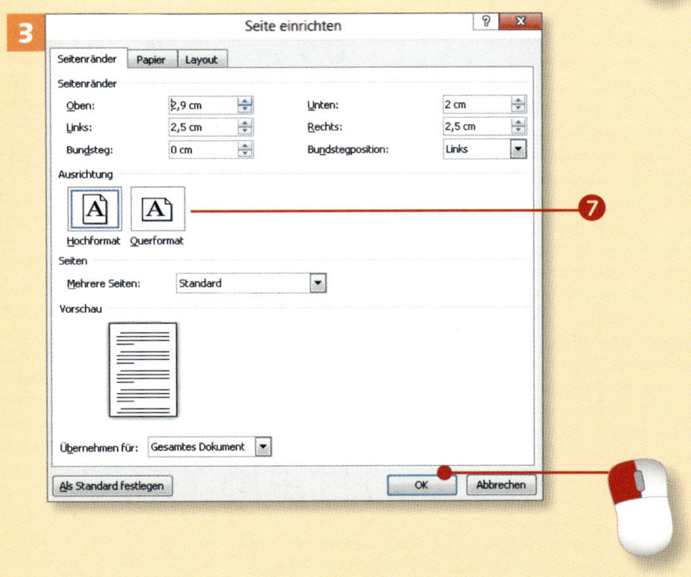

Je nach Zweck des Dokuments können Sie in Word Format und Seitenränder einstellen.

Schritt 1

Rufen Sie die Registerkarte **Seitenlayout** ❶ auf. In der Gruppe **Seite einrichten** sehen Sie die wesentlichen Befehle **Seitenränder**, **Ausrichtung** ❷, **Größe** ❸, **Spalten** ❹ und **Silbentrennung** ❺. Klicken Sie auf die Schaltfläche **Seitenränder**.

Schritt 2

Word zeigt Ihnen einen Katalog mit Voreinstellungen für die Seitenränder, die Abstände vom Text zum Blattrand. Standardmäßig ist **Normal** ❻ eingestellt. Um die Seitenränder selbst einzustellen, klicken Sie ganz unten auf **Benutzerdefinierte Seitenränder**.

Schritt 3

Word öffnet das Dialogfenster **Seite einrichten**, in dem Sie die Seitenränder genau bestimmen können. Außerdem können Sie festlegen, wie Sie Ihr Dokument ausrichten ❼ (Hoch- oder Querformat). Bestätigen Sie Ihre Änderungen mit einem Klick auf **OK**.

Schritt 4

Die Standardseite hat das Format DIN-A4, Sie brauchen aber DIN-A5? Kein Problem: Klicken Sie auf der Registerkarte **Seitenlayout** in der Gruppe **Seite einrichten** auf **Größe** ❽. Word öffnet einen Katalog möglicher Formate. DIN-A5 ist hier leider nicht dabei; um diese Größe einzustellen, klicken Sie unten auf **Weitere Papierformate**.

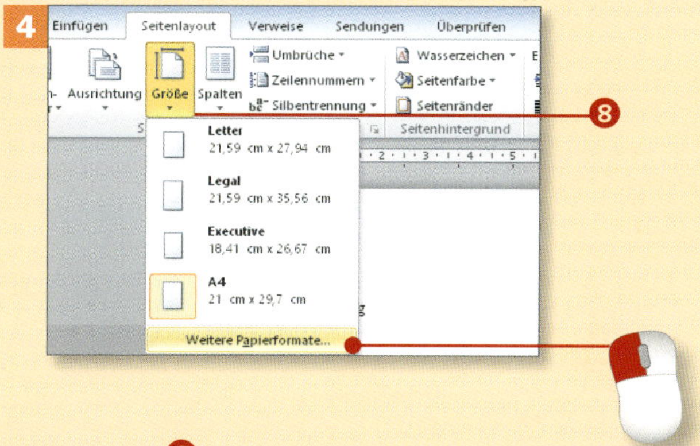

Schritt 5

Word öffnet erneut das Dialogfenster **Seite einrichten**, das Sie schon in Schritt 3 gesehen haben; diesmal ist jedoch die Registerkarte **Papier** ❾ im Vordergrund zu sehen. Klicken Sie auf den Pfeil am Feld **Papierformat** ❿, und wählen Sie den Eintrag **A5** ⓫ in der aufgeklappten Liste. Zum Bestätigen klicken Sie auf **OK**.

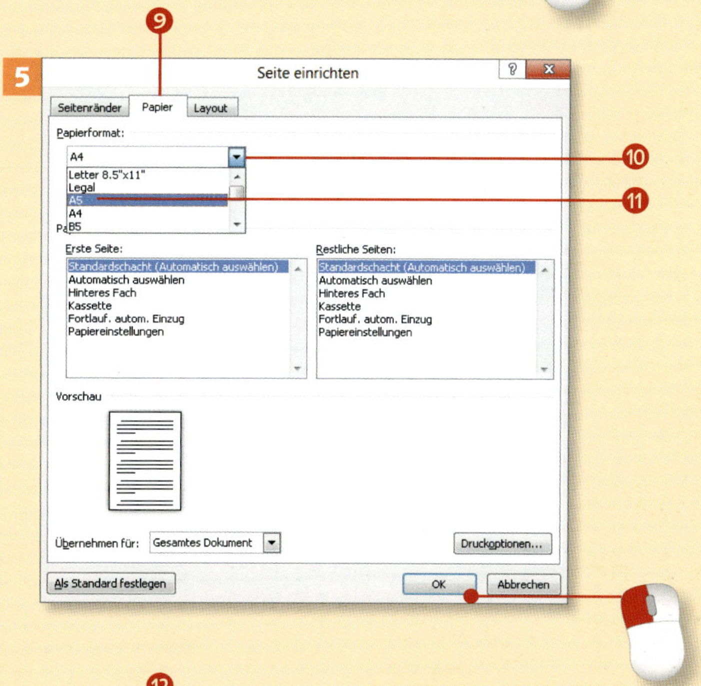

Schritt 6

Wenn das Blatt nicht im Hochformat, sondern quer angezeigt werden soll, ist auch das schnell eingerichtet: Klicken Sie auf der Registerkarte **Seitenlayout** in der Befehlsgruppe **Seite einrichten** auf **Ausrichtung** ⓬ und im Menü auf **Querformat** – fertig!

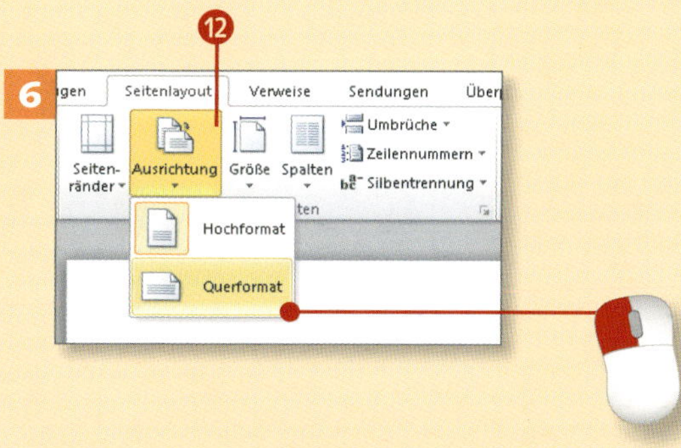

Die Seite einrichten (Forts.)

7

8

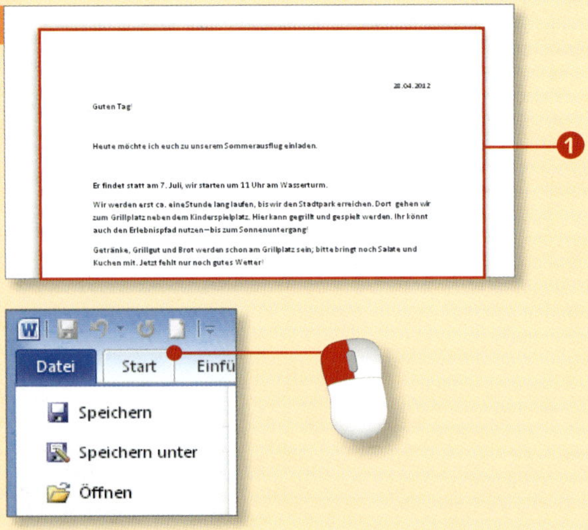

9

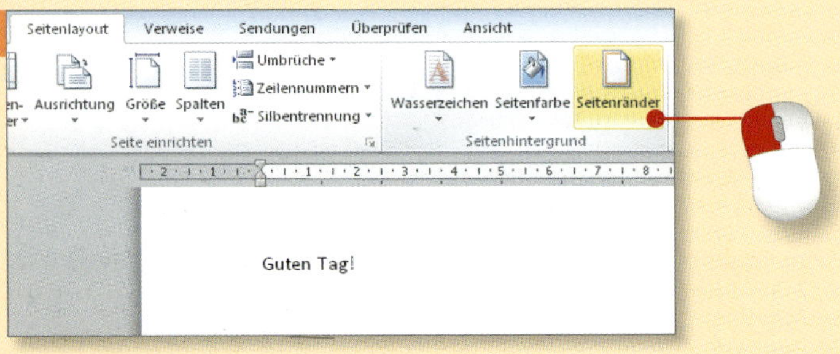

Schritt 7

Zwischendurch sollten Sie sich anschauen, wie die Änderungen auf dem ganzen Blatt aussehen. Rufen Sie dazu die Seitenansicht auf, indem Sie auf der Registerkarte **Datei** auf **Drucken** und dort auf **Seitenansicht** klicken.

Schritt 8

Sie sehen nun eine verkleinerte Gesamtansicht der aktuellen Textseite Ihres Dokuments ❶ (der Seite, auf der sich der Cursor befindet). Zugleich öffnet sich das Druckermenü (siehe dazu den Abschnitt »Dokumente ausdrucken« ab Seite 182). Um das Dokument weiterzubearbeiten, klicken Sie oben auf die Registerkarte **Start**. Die Symbolleiste für den Schnellzugriff können Sie in der Seitenansicht nicht benutzen.

Schritt 9

Eine weitere Möglichkeit, Ihr Dokument einzurichten, haben Sie mit sogenannten *Schmuckrändern*. Sie finden sie auf der Registerkarte **Seitenlayout** in der Gruppe **Seitenhintergrund**. Die Schaltfläche heißt zwar auch **Seitenränder**, aber hier sind die Schmuckränder gemeint. Klicken Sie darauf.

Schritt 10

Word öffnet das Dialogfenster **Rahmen und Schattierung**. Die Registerkarte **Seitenrand** ❷ ist schon aktiviert; hier legen Sie fest, welchen Rahmen Ihr Dokument haben soll. Dieser wird zwischen Blattrand und Text platziert. Im Vorschaubereich rechts legen Sie mit einem Klick auf die jeweilige(n) Linie(n) fest, an welchem Rand der Seite eine Rahmenlinie erscheint.

Schritt 11

Wenn Sie mehr als eine einfache Linie möchten, nutzen Sie die Liste unter **Effekte**. Klicken Sie auf den kleinen Pfeil ❸ neben dem Auswahlfeld, und wählen Sie aus der Liste eine Variante ❹ aus. Sie erscheint im Vorschaubild ❺. Bestätigen Sie mit einem Klick auf **OK**.

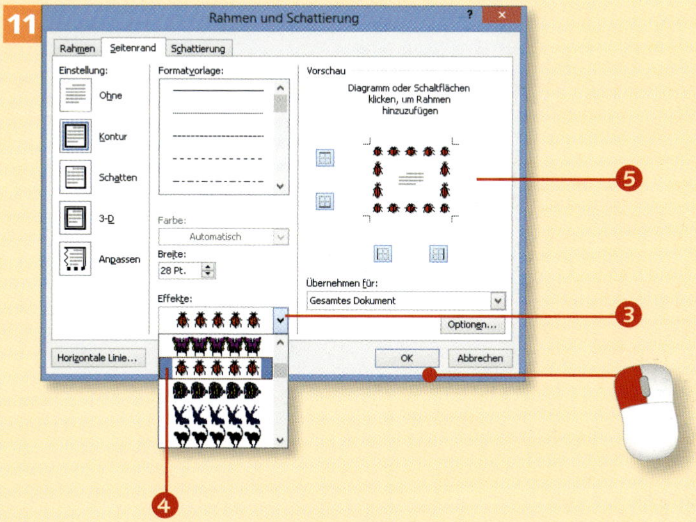

Schritt 12

Lassen Sie sich in der **Seitenansicht** anzeigen, wie Ihr Dokument nun aussieht (siehe die Schritte 7 und 8). Mithilfe der Registerkarte **Seitenrand** im Dialogfenster **Rahmen und Schattierung** können Sie auch farbige Linien und Rahmen mit Muster einstellen oder Ihrem Dokument einen Schatten hinzufügen. Probieren Sie es aus!

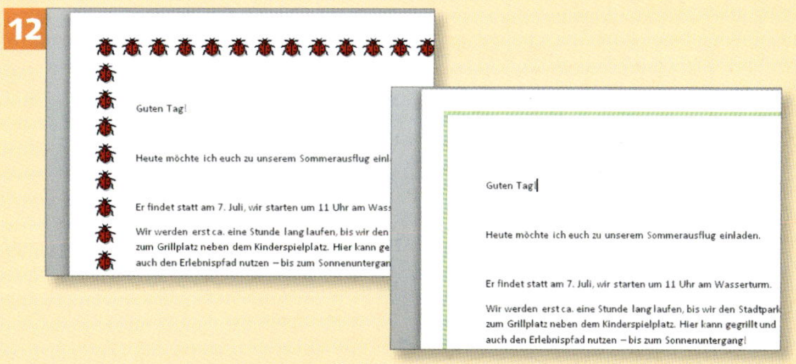

Text kopieren und einfügen

1

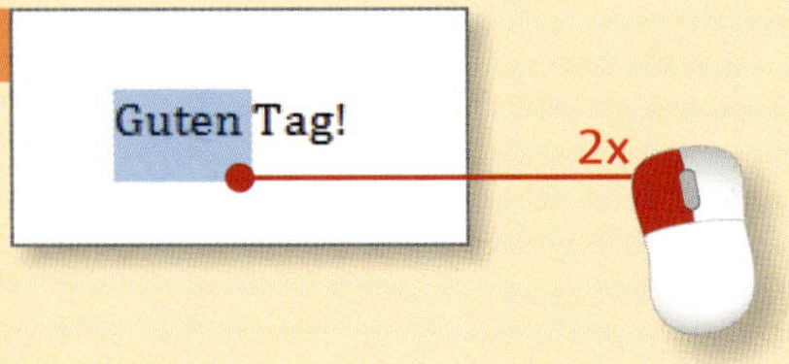

2

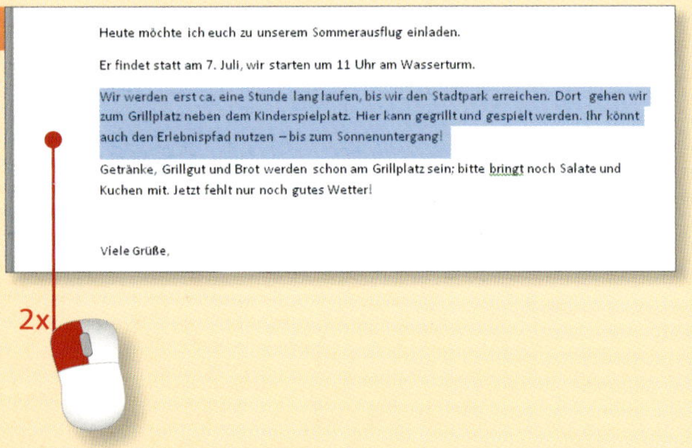

3

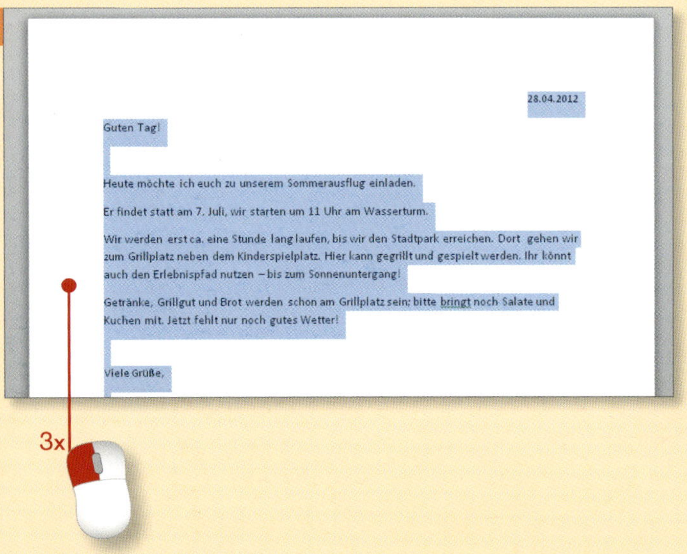

Word erleichtert Ihnen die Arbeit – auch beim Kopieren und Einfügen von Textabschnitten. So brauchen Sie den gleichen Text nicht mehrmals zu schreiben. Die wichtigste Technik hierbei ist das Markieren von Text.

Schritt 1

Mit einer Markierung teilen Sie Word mit, welche Textstelle Sie bearbeiten wollen. Nur markierter Text kann formatiert, kopiert oder ausgeschnitten werden. Um ein Wort zu markieren, klicken Sie doppelt darauf. An der blauen Hinterlegung erkennen Sie die Markierung.

Schritt 2

Jetzt markieren Sie einen ganzen Absatz: Klicken Sie doppelt auf den weißen Bereich links neben dem Absatz (die Markierungsleiste). Der Absatz wird blau hinterlegt.

Schritt 3

Um den gesamten Text zu markieren, klicken Sie dreimal schnell hintereinander auf die Markierungsleiste. Alternativ drücken Sie die Tastenkombination [Strg] + [A].

Schritt 4

Wenn nur ein Teil des Textes markiert werden soll, klicken Sie vor den ersten Buchstaben des zu markierenden Bereichs. Drücken Sie die [⇧]-Taste, und halten Sie sie gedrückt, während Sie mit der Maus hinter den letzten zu markierenden Buchstaben klicken. Dann lassen Sie die Taste wieder los.

4

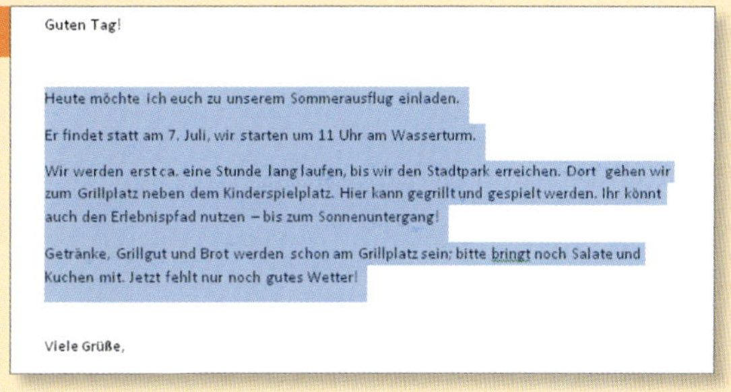

Schritt 5

Zum Kopieren drücken Sie nun bei markiertem Text [Strg] + [C]. Auch hier gibt es eine zweite Möglichkeit: Klicken Sie mit der rechten Maustaste auf den markierten Text und im Kontextmenü auf **Kopieren**. Der kopierte Bereich wird in der *Zwischenablage* gespeichert.

5

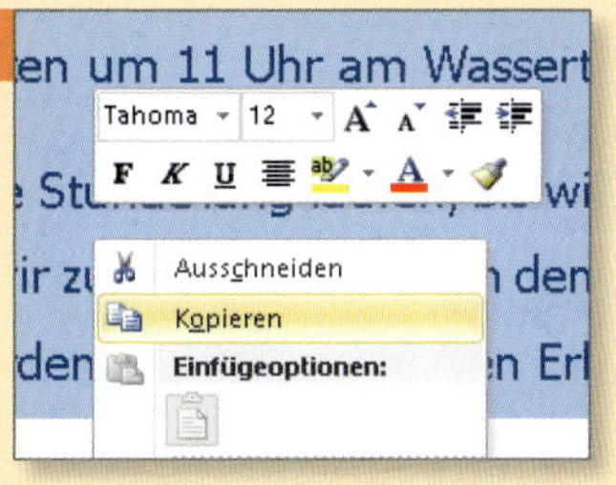

Schritt 6

Jetzt setzen Sie den Cursor an die Stelle, an der Sie den kopierten Text, einfügen wollen. Drücken Sie [Strg] + [V], oder klicken Sie an dieser Stelle mit der rechten Maustaste, und wählen Sie im Kontextmenü das linke Symbol unter **Einfügeoptionen**, um den Text mit allen Gestaltungsmerkmalen zu kopieren.

6

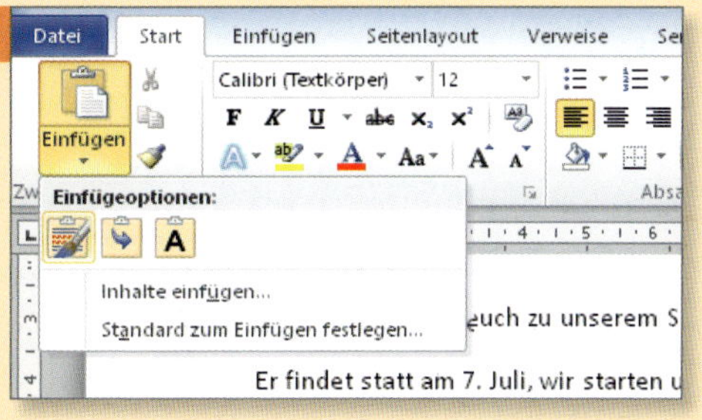

Texte umbauen

Soll ein Textabschnitt an einer ganz anderen Stelle des Dokuments stehen, können Sie ihn ausschneiden. Markieren Sie den Text, und drücken Sie [Strg] + [X]. An der »Zielstelle« drücken Sie [Strg] + [V].

Schrift und Layout gestalten

1

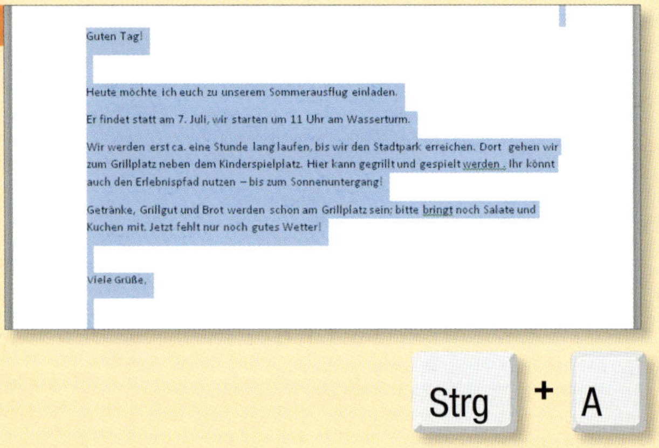

2

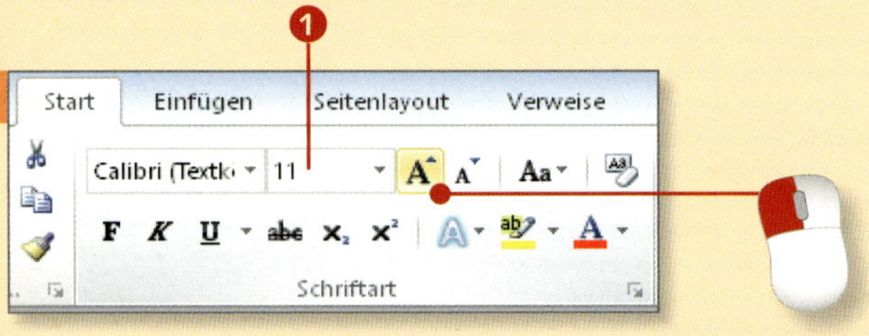

3

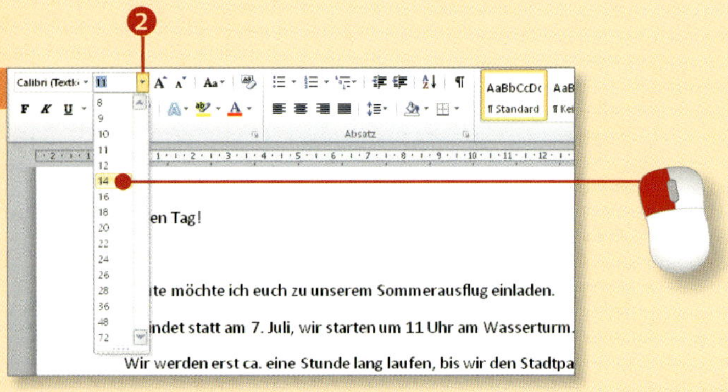

!

Eingabe ersetzt Markierung

Wenn Text markiert ist, müssen Sie aufpassen: Ein Tastendruck ersetzt die gesamte Markierung!

Den Text verschönern – das bedeutet formatieren. Ändern Sie Schriftart und -größe, fügen Sie Farbe hinzu oder heben Sie Wörter hervor.

Schritt 1

Beim Gestalten gilt: Erst markieren, dann formatieren. Nur so erkennt Word, welchen Textteil Sie verschönern wollen. Im Beispiel soll der komplette Text eine größere Schrift erhalten. Markieren Sie den Text, indem Sie [Strg] + [A] drücken.

Schritt 2

Klicken Sie in der Registerkarte **Start** in der Gruppe **Schriftart** auf die Schaltfläche mit dem größeren A. Der Schriftgrad (die Schriftgröße) wird um eine Stufe vergrößert. Je höher die Zahl im Feld ❶ daneben, desto größer die Schrift.

Schritt 3

Klicken Sie auf den kleinen Pfeil am Feld **Schriftgrad** ❷, wenn Sie einen Schriftgrad genau einstellen wollen. Word öffnet eine Liste mit Zahlen; fahren Sie mit dem Mauszeiger über die Werte. Der markierte Text wird in der entsprechenden Größe angezeigt (*Livevorschau*). Um eine Größe auszuwählen, klicken Sie darauf.

Schritt 4

Auch die Schriftart ändern Sie so: Markieren Sie den Text, und klicken Sie auf den Pfeil am Feld **Schriftart** ❸. Fahren Sie mit dem Mauszeiger über die Liste; Ihr Text wird in der Vorschau in der jeweiligen Schriftart angezeigt. Klicken Sie auf einen Eintrag, um die jeweilige Schrift auszuwählen.

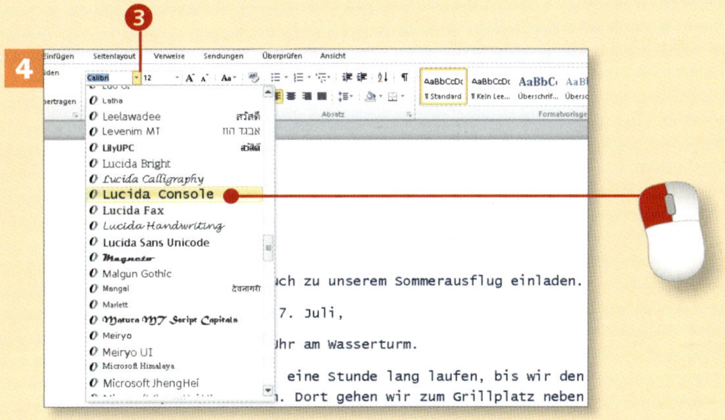

Schritt 5

Die Standardschriftfarbe ist Schwarz, Sie können aber natürlich auch eine andere Farbe wählen. Markieren Sie dazu den Text, und klicken Sie auf den kleinen Pfeil neben der Schaltfläche **Schriftfarbe** ❹. Wählen Sie durch Klicken eine Farbe aus dem Angebot aus. Auch hier hilft Ihnen die Vorschau.

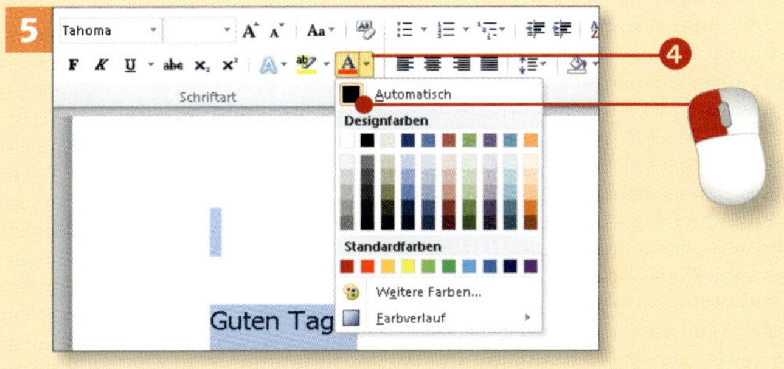

Schritt 6

Einzelne Wörter heben Sie hervor, indem Sie sie fett oder kursiv formatieren. Markieren Sie das Wort, und klicken Sie in der Gruppe **Schriftart** auf die Schaltfläche **Fett**. Kursiv wird der markierte Text, wenn Sie auf die Schaltfläche **Kursiv** ❺ daneben klicken. Denken Sie daran, die Markierung durch Klicken wieder aufzuheben, bevor Sie weitertippen.

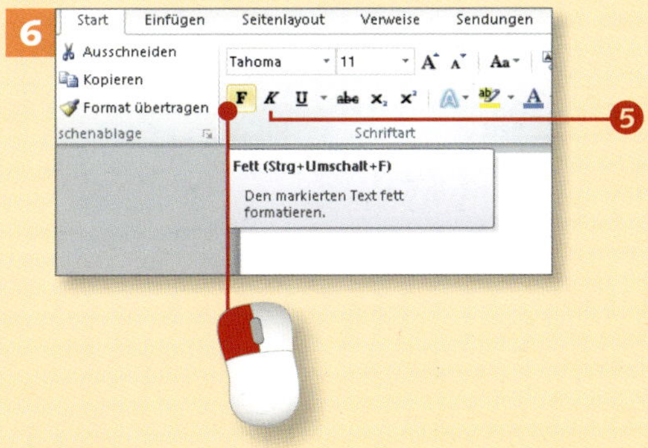

Keine Riesenschrift!
Übertreiben Sie es nicht mit der Schriftgröße! Ein Brief lässt sich mit Schriftgröße 12, maximal 14 gut lesen. Größere Schriften erinnern eher an ein Plakat.

Absätze und Aufzählungen formatieren

Listen sind leichter zu lesen, wenn sie mithilfe von Aufzählungspunkten gegliedert werden. In Word ist das mit einem Klick erledigt.

1

Schritt 1

Schreiben Sie Ihre Liste, und drücken Sie am Ende jedes Aufzählungspunktes die [↵]-Taste. Markieren Sie die ganze Liste, in dem Sie dreimal hintereinander in die Markierungsleiste klicken.

2

Schritt 2

Klicken Sie auf der Registerkarte **Datei** in der Gruppe **Absatz** auf die Schaltfläche **Aufzählungszeichen**. Wenn Sie auf den linken Teil der Schaltfläche klicken, wird Ihre Liste mit den Standard-Aufzählungszeichen versehen. Um selbst ein Zeichen auszuwählen, klicken Sie auf den kleinen Pfeil (1) im rechten Teil der Schaltfläche.

3

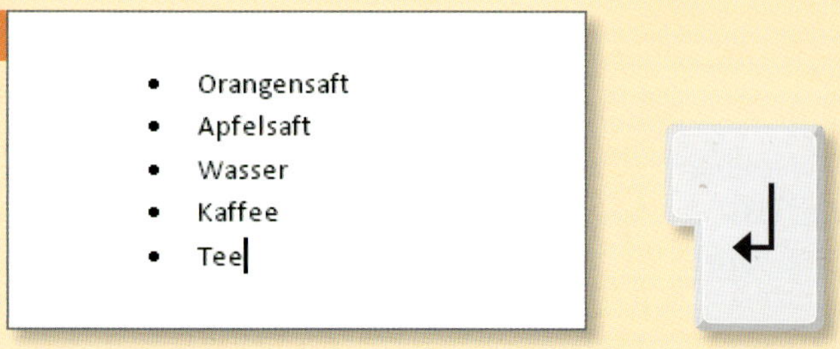

Schritt 3

Word versieht Ihre Liste mit Aufzählungspunkten und formatiert den Text neu. Möchten Sie die Liste fortsetzen, klicken Sie hinter einen der Punkte, und drücken Sie die [↵]-Taste. Die nächste Zeile beginnt wieder mit dem Aufzählungspunkt.

Schritt 4

Anstelle der neutralen Aufzählungspunkte können Sie auch eine Nummerierung verwenden. Markieren Sie dazu wieder die Liste, wie in Schritt 1 gezeigt. In der Gruppe **Absatz** ist die Schaltfläche **Aufzählungszeichen** ❷ gelb markiert, weil Ihre Liste momentan mit Aufzählungszeichen versehen ist. Nun klicken Sie aber auf die Schaltfläche **Nummerierung** rechts daneben.

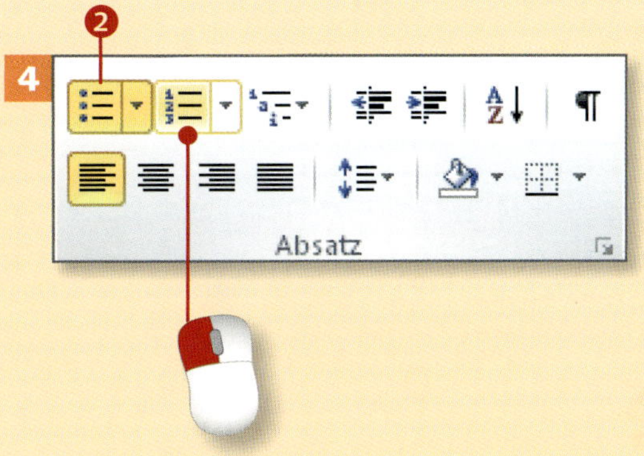

Schritt 5

Word nummeriert Ihre Liste. Auch hier gilt: Wenn Sie noch weitere Listenpunkte hinzufügen möchten, klicken Sie hinter einen der vorhandenen Punkte, und drücken Sie die [↵]-Taste, um einen neuen Listenpunkt zu erzeugen.

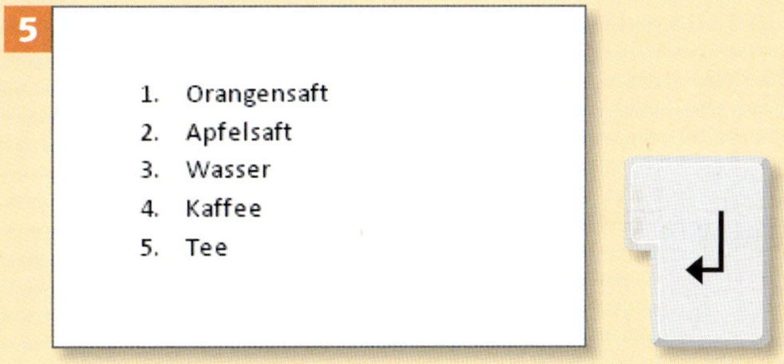

Schritt 6

Word setzt die Liste mit der passenden Zahl fort. Die Liste ist etwas eingerückt, d. h., sie steht auf dem Blatt weiter rechts als ein Standardabsatz. Um wieder »normal« weiterzuschreiben, die Liste also zu beenden, drücken Sie zweimal die [↵]-Taste. Der Cursor springt wieder an den linken Rand des Blattes.

Tabellen anlegen

1
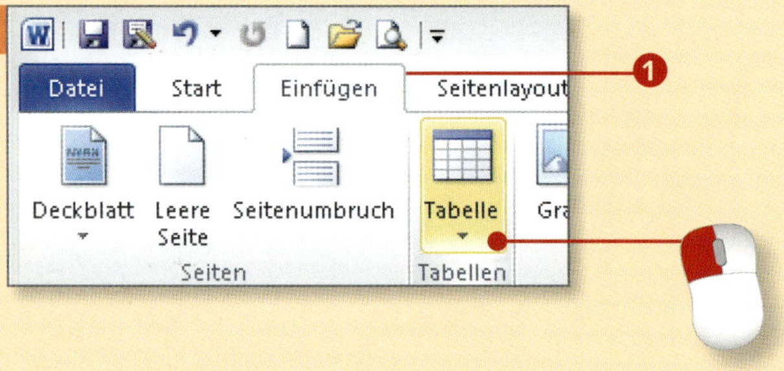

2
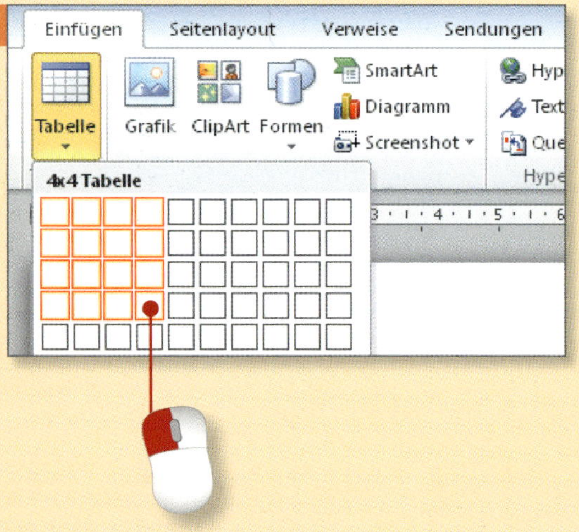

3
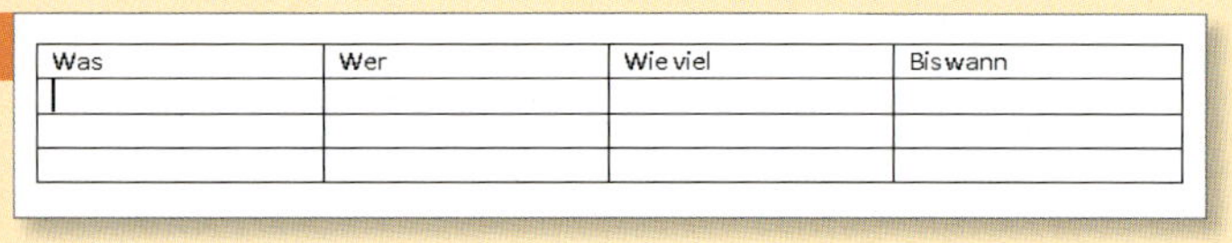

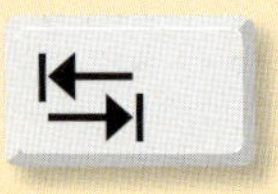

In Tabellen können Sie Informationen übersichtlich darstellen. Word bietet Ihnen eine Vielzahl an Einstellungen zur Tabellengestaltung an.

Schritt 1

Klicken Sie in Ihrem Dokument an die Stelle, an der Sie eine Tabelle einfügen wollen. Wechseln Sie zur Registerkarte **Einfügen** (1); dort finden Sie die Schaltfläche **Tabelle**. Klicken Sie darauf.

Schritt 2

Word zeigt Ihnen ein Gitternetz, mit dem Sie die benötigten Zeilen (waagerecht) und Spalten (senkrecht) auswählen können. Fahren Sie dazu mit dem Mauszeiger über die Kästchen, und klicken Sie, wenn genügend Zeilen und Spalten ausgewählt sind. Weitere Zeilen und Spalten können Sie später leicht hinzufügen.

Schritt 3

Auf Ihrem Blatt sehen Sie nun eine schlichte Tabelle, die Sie gestalten und erweitern können. Geben Sie in die Felder Ihren Text ein. Von Feld zu Feld können Sie sich durch Klicken oder mit der [Tab]-Taste bewegen. Auch die Pfeiltasten [↑], [↓], [←] und [→] auf Ihrer Tastatur sind in Tabellen sehr hilfreich.

Schritt 4

Wenn Sie weitere Tabellenzeilen benötigen, klicken Sie in das letzte Tabellenfeld, *Zelle* genannt, ganz unten rechts, und drücken Sie die ↹-Taste. Eine weitere Zeile wird angefügt.

4

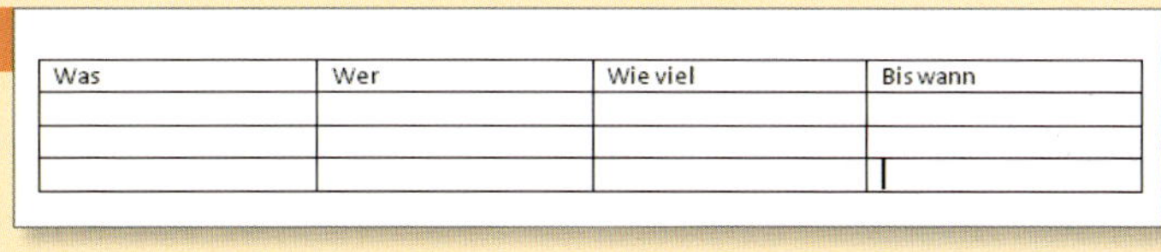

Schritt 5

Nun formatieren Sie Ihre Tabelle. Um Ihnen Arbeit zu ersparen, bietet Word vorgefertigte Designs. Solange die Tabelle angeklickt ist, sehen Sie über dem Menüband die Registerkarte **Tabellentools** ❷ mit den Reitern **Entwurf** und **Layout**. Auf der Registerkarte **Entwurf** sehen Sie den großen Bereich **Tabellenformatvorlagen**. Wählen Sie eine Vorlage durch Klicken aus. Die Vorschau hilft Ihnen bei der Entscheidung.

5

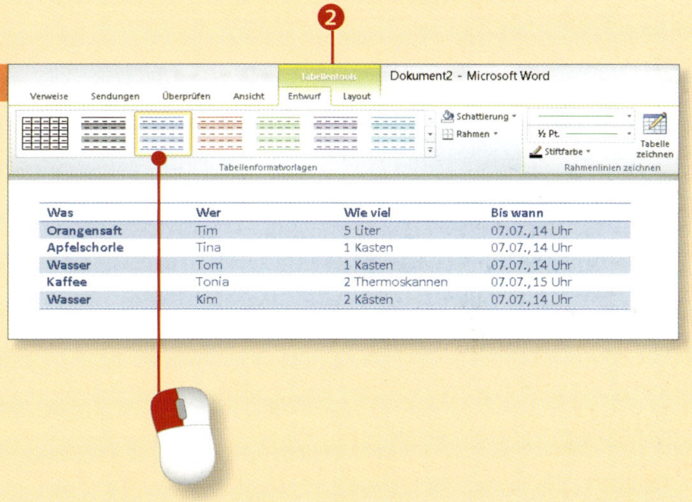

Schritt 6

Sie können die Vorlage anpassen. Im Beispiel soll die erste Spalte nicht hervorgehoben werden, weil sie keine *Vorsatzspalte* ist, also nicht als Zeilenkopf oder Überschrift dient. Klicken Sie in der Gruppe **Optionen für Tabellenformat** in das Kästchen neben **Erste Spalte**, und entfernen Sie so das Häkchen. Die erste Spalte sieht jetzt wie die anderen Spalten aus.

6

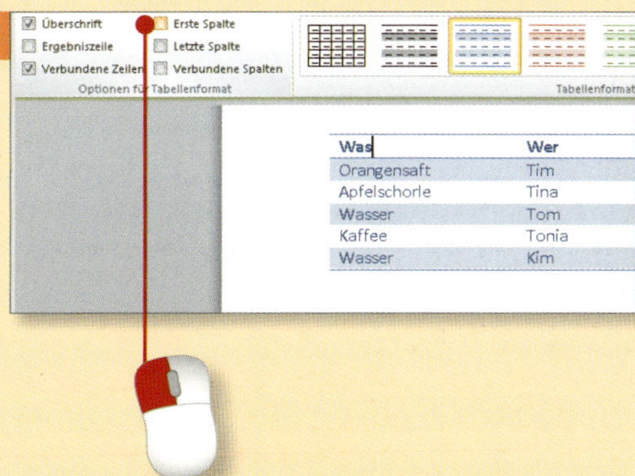

Tabellen anlegen (Forts.)

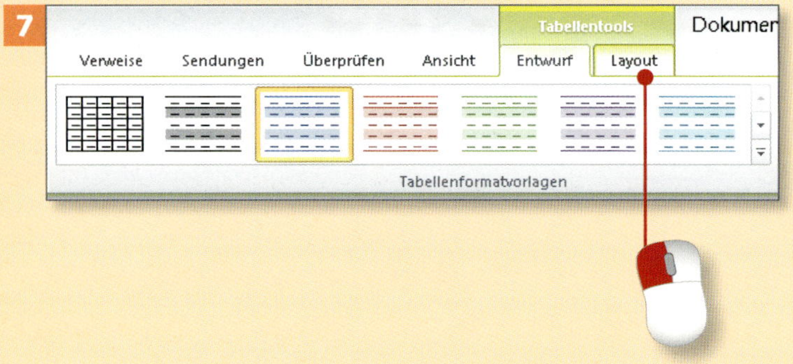

Schritt 7

Wechseln Sie jetzt zur Registerkarte **Layout**. Beachten Sie, dass die Registerkarte **Tabellentools** nur so lange zu sehen ist, wie die Tabelle angeklickt ist, also solange sich der Cursor irgendwo innerhalb der Tabelle befindet.

Schritt 8

In der Gruppe **Zeilen und Spalten** finden Sie die Befehle zum Hinzufügen von Zeilen und Spalten. »Darüber«, »darunter«, »links« und »rechts« beziehen sich auf die Zeile, in der sich der Cursor befindet. Steht der Cursor in der ersten Spalte und Sie klicken auf die Schaltfläche **Rechts einfügen**, wird rechts neben der ersten Spalte eine neue Spalte eingefügt.

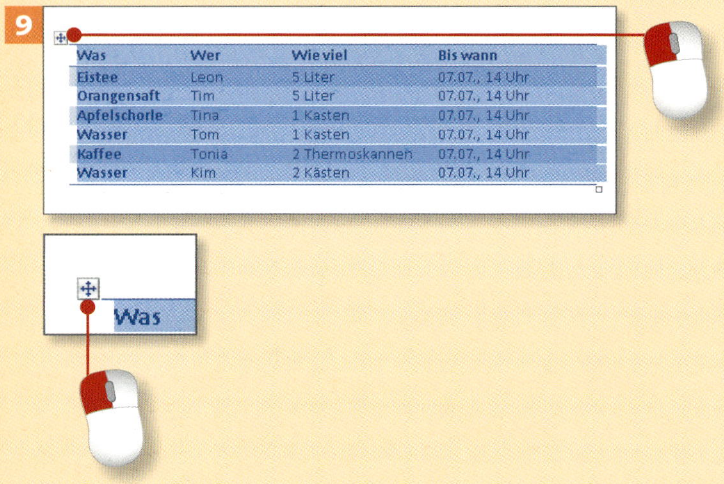

Schritt 9

Um den Text in der Tabelle gleichmäßig zu verteilen, ihn zu zentrieren oder z. B. die Zeilenhöhe zu ändern, markieren Sie die ganze Tabelle. Dazu klicken Sie auf den *Vierfachpfeil* an der linken oberen Ecke der Tabelle. Die ganze Tabelle wird markiert. Falls der Vierfachpfeil verschwindet, bevor Sie ihn anklicken konnten, bewegen Sie den Mauszeiger erneut über die Ecke.

Schritt 10

In der Gruppe **Ausrichtung** auf der Registerkarte **Tabellentools ▸ Layout** sind neun Felder angeordnet, die die vertikale und horizontale Ausrichtung des Textes festlegen. Soll der Text genau mittig in den Tabellenfeldern (Zellen) stehen, klicken Sie auf die Schaltfläche **Mitte ausrichten**. Hier gibt es leider keine Livevorschau; probieren Sie die Varianten einfach aus.

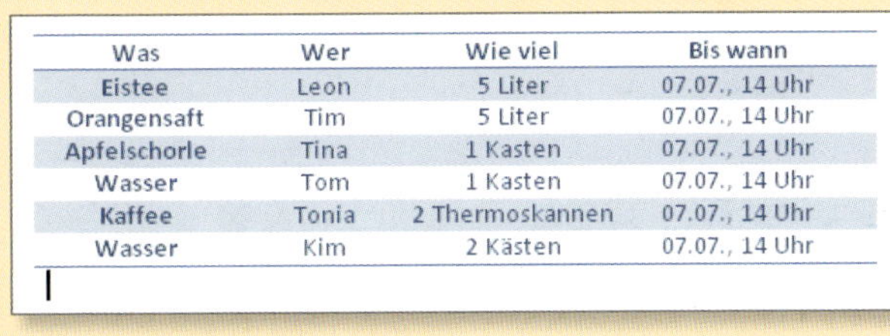

Was	Wer	Wie viel	Bis wann
Eistee	Leon	5 Liter	07.07., 14 Uhr
Orangensaft	Tim	5 Liter	07.07., 14 Uhr
Apfelschorle	Tina	1 Kasten	07.07., 14 Uhr
Wasser	Tom	1 Kasten	07.07., 14 Uhr
Kaffee	Tonia	2 Thermoskannen	07.07., 14 Uhr
Wasser	Kim	2 Kästen	07.07., 14 Uhr

Schritt 11

Um die Höhe oder Breite der Zeilen und Spalten anzupassen, markieren Sie wieder die ganze Tabelle. Auf der Registerkarte **Tabellentools ▸ Layout** können Sie in der Gruppe **Zellengröße** in den Feldern **Höhe** ❶ und **Breite** ❷ genaue Maße festlegen.

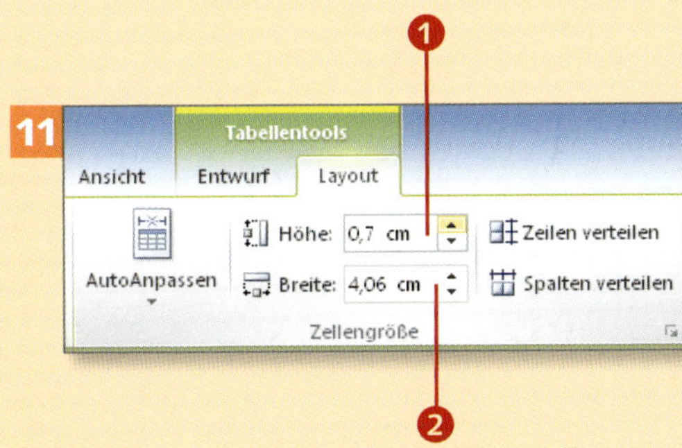

Schritt 12

Wenn die Zeilen unterschiedlich viel Text enthalten, aber dennoch gleich hoch sein sollen, lassen Sie Word das schnell erledigen: Klicken Sie einfach auf die Schaltfläche **Zeilen verteilen**.

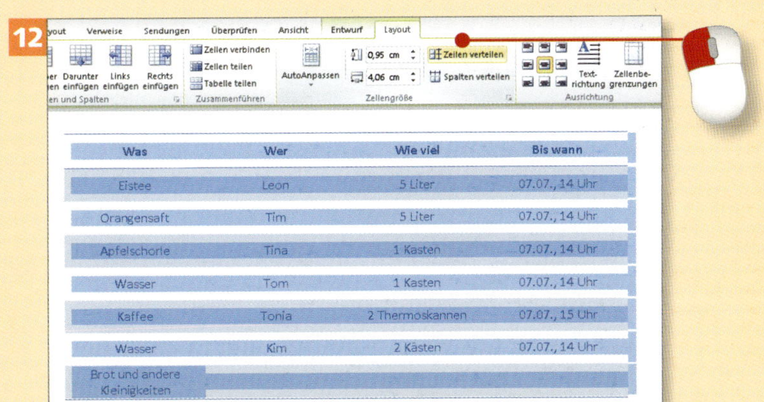

Was	Wer	Wie viel	Bis wann
Eistee	Leon	5 Liter	07.07., 14 Uhr
Orangensaft	Tim	5 Liter	07.07., 14 Uhr
Apfelschorle	Tina	1 Kasten	07.07., 14 Uhr
Wasser	Tom	1 Kasten	07.07., 14 Uhr
Kaffee	Tonia	2 Thermoskannen	07.07., 15 Uhr
Wasser	Kim	2 Kästen	07.07., 14 Uhr
Brot und andere Kleinigkeiten			

Bilder und Cliparts einfügen

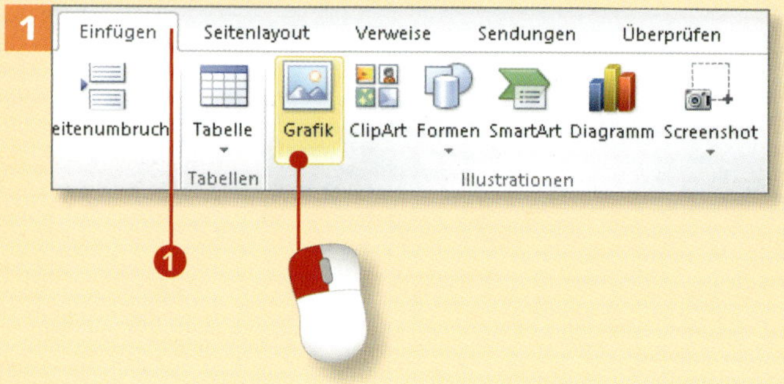

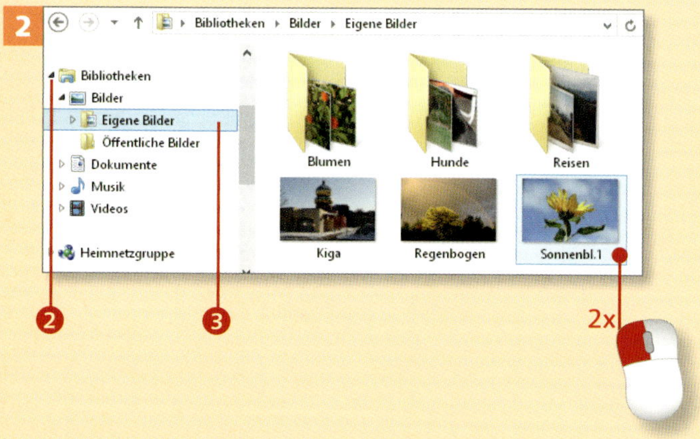

Viele Texte lassen sich mit Bildern auflockern. Auch Cliparts, von Office mitgelieferte Illustrationen und Fotos, bringen Farbe aufs Blatt.

Schritt 1

Klicken Sie an die Stelle in Ihrem Text, an der Sie ein Bild einfügen möchten. Auf der Registerkarte **Einfügen** ❶ klicken Sie dann auf die Schaltfläche **Grafik** (auch Fotos sind für Word Grafiken).

Schritt 2

Word öffnet ein Dialogfenster, das im Ordner **Bibliotheken** ❷ den Unterordner **Eigene Bilder** ❸ anzeigt. Wählen Sie ein Bild mit einem Doppelklick aus.

Schritt 3

Word fügt das – meist viel zu große – Bild in Ihren Text ein. Klicken Sie das Bild an, erscheint oberhalb des Menübands die Registerkarte **Bildtools** mit dem Reiter **Format** ❹. In der Gruppe **Anordnen** klicken Sie auf die Schaltfläche **Zeilenumbruch** ❺, auf der ein Hund zu sehen ist, und im Menü auf **Passend** ❻.

Schritt 4

Jetzt können Sie das Bild ganz einfach mit den *Ziehpunkten* verkleinern, die sich an den Ecken des Bildes befinden. Fahren Sie mit dem Mauszeiger über einen Eckpunkt, bis Sie einen Doppelpfeil 7 sehen, und drücken Sie dann die Maustaste. Bei gedrückter Maustaste ziehen Sie den Punkt Richtung Bildmitte, bis das Bild klein genug ist. Lassen Sie die Taste los.

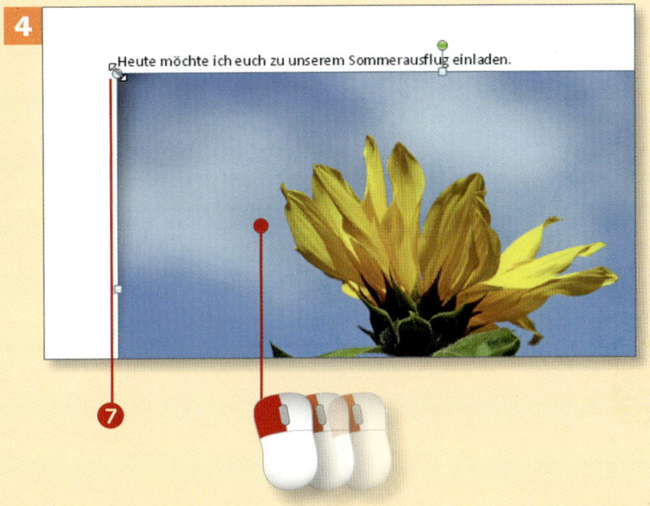

Schritt 5

Sie wollen das Bild an eine andere Stelle verschieben? Fahren Sie mit dem Mauszeiger über den Bildrand, bis Sie einen Vierfachpfeil sehen. Drücken Sie die Maustaste, und halten Sie sie gedrückt, während Sie das Bild an die gewünschte Stelle ziehen. Lassen Sie die Taste dann wieder los. Das »Originalbild« bleibt an der ursprünglichen Stelle stehen, bis Sie die Maustaste an der neuen Position loslassen.

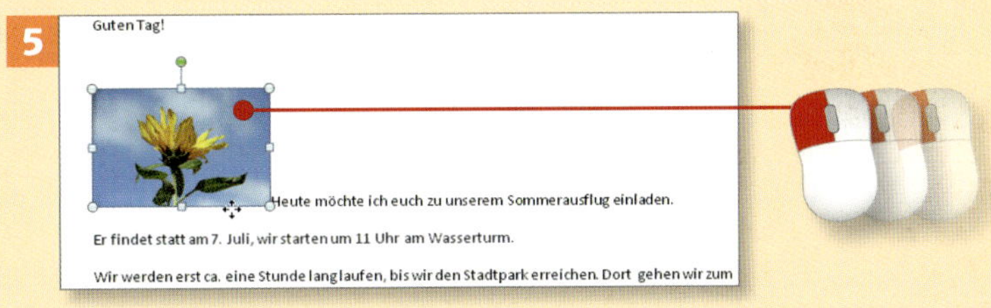

Schritt 6

Sie können das Bild noch mit einem Rahmen versehen; auch hierfür bietet Word auf der Registerkarte **Bildtools ▸ Format** Vorgefertigtes in der Gruppe **Bildformatvorlagen**.

Bilder und Cliparts einfügen (Forts.)

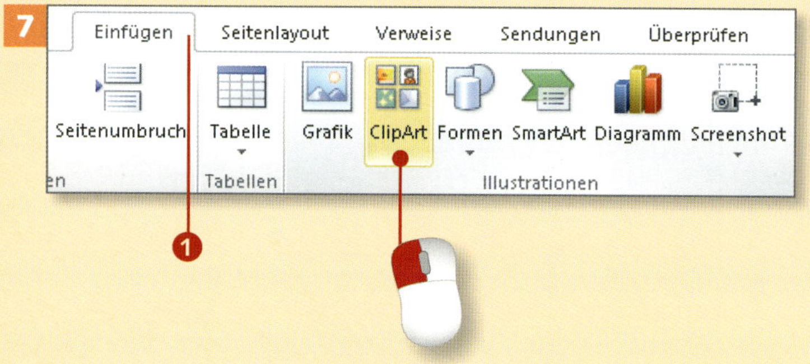

Schritt 7

Um eine Clipart einzufügen, klicken Sie auf der Registerkarte **Einfügen** ❶ in der Gruppe **Illustrationen** auf die Schaltfläche **ClipArt**.

Schritt 8

Am rechten Bildschirmrand öffnet Word den Bereich **ClipArt**: Da es sehr viele Cliparts gibt, sollten Sie gezielt nach thematisch zu Ihrem Dokument passenden Cliparts suchen. Geben Sie einen Suchbegriff in das Feld **Suchen nach** ein ❷, z. B. »Sommer«. Starten Sie die Suche mit einem Klick auf **OK**.

Schritt 9

Der Suchvorgang kann eine Weile dauern, dann zeigt Ihnen Word die gefundenen Cliparts an. Daran, dass der Scrollbalken ❸ in der Bildlaufleiste verkürzt ist, erkennen Sie, dass noch viele weitere Cliparts zur Auswahl stehen. Wenn Sie den Balken mit gedrückter Maustaste verschieben, können Sie sich die Ergebnisse ansehen. Wählen Sie eine Clipart durch Klicken aus.

Schritt 10

Bitte warten Sie einen Augenblick, das Einfügen dauert etwas. Die Clipart wird an der Stelle eingefügt, an der der Cursor stand; eventuell müssen Sie noch die Größe der Clipart anpassen. Auch hier benutzen Sie dafür die Ziehpunkte ❹, wie in Schritt 4 beschrieben.

Schritt 11

Wenn Sie eine Clipart anklicken, sehen Sie über dem Menüband ebenfalls die Registerkarte **Bildtools ▸ Format**. Klicken Sie in der Gruppe **Anordnen** auf die Schaltfläche **Zeilenumbruch** und im Menü auf **Passend**. Jetzt können Sie die Clipart ganz einfach verschieben (siehe Schritt 5).

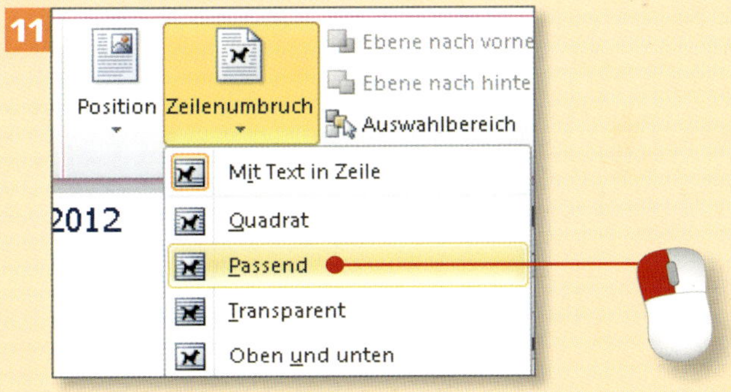

Schritt 12

Lassen Sie sich jetzt in der **Seitenansicht** anzeigen, wie Ihr Dokument nun aussieht (siehe dazu die Schritte 7 und 8 im Abschnitt »Die Seite einrichten« auf Seite 164). Um die Seitenansicht wieder zu schließen, klicken Sie auf **Start**. Denken Sie daran, Ihr Dokument regelmäßig zwischenzuspeichern!

Dokumente ausdrucken

1

2

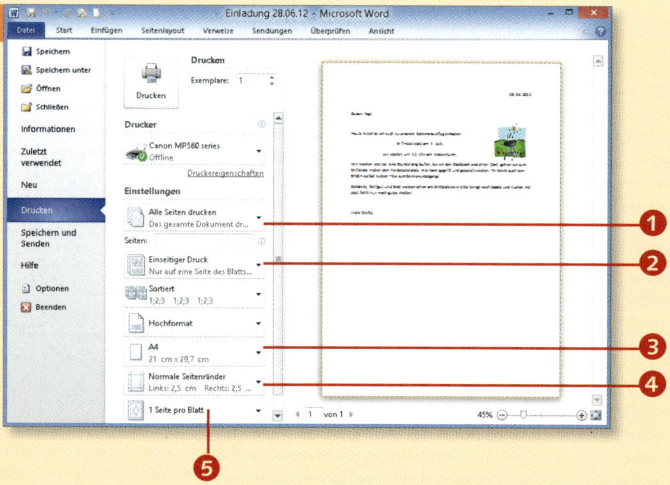

3

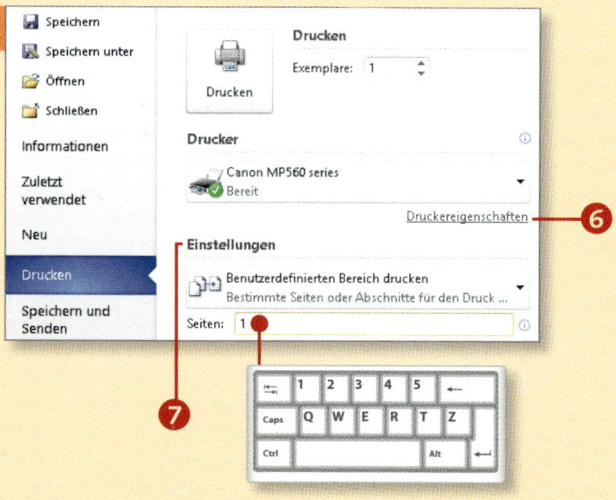

Das papierlose Büro ist gut und schön, aber einiges braucht man trotz allem schwarz auf weiß. Auch Briefe müssen Sie ausdrucken, um sie verschicken zu können. Word druckt für Sie auf einen Klick.

Schritt 1

Rufen Sie die Registerkarte **Datei** auf. Klicken Sie dort auf **Drucken**.

Schritt 2

In den Druckoptionen sehen Sie rechts eine *Druckvorschau*. In der Mitte sind Ihr Drucker und die Standardeinstellungen für den Druck zu sehen: **Alle Seiten drucken ❶**, **Einseitiger Druck ❷**, **A4 ❸**, **Normale Seitenränder ❹**, **1 Seite pro Blatt ❺**.

Schritt 3

Über den Link **Druckereigenschaften ❻** können Sie festlegen, ob im Entwurfsmodus gedruckt werden soll, wie die Blätter sortiert werden etc. Im Bereich **Einstellungen ❼** legen Sie u. a. fest, ob nur bestimmte Seiten gedruckt werden sollen. Klicken Sie in das Feld **Seiten**, und geben Sie »1–3« ein, wenn Sie die ersten drei Seiten drucken wollen. Möchten Sie nur die Seiten 1 und 4 drucken, geben Sie »1,4« ein.

Schritt 4

Bei den Druckoptionen sind weitere Einstellungen möglich. Sie öffnen die Listen, indem Sie auf den kleinen Pfeil 8 rechts am jeweiligen Feld klicken. Bei normalen Dokumenten brauchen Sie hier nichts weiter einzustellen.

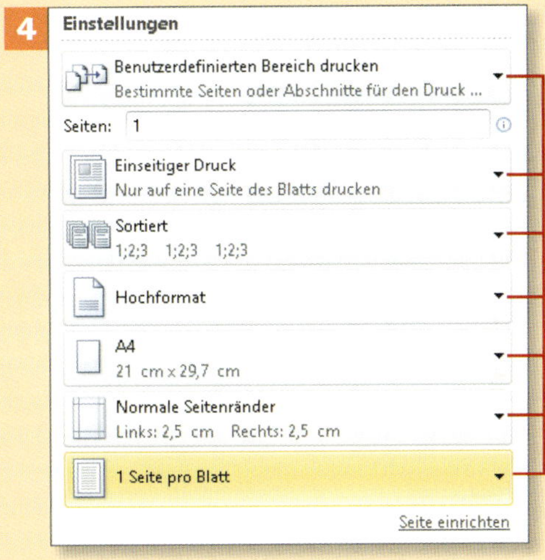

Schritt 5

Im oberen Teil der Druckoptionen legen Sie noch fest, wie viele Exemplare Ihres Dokuments Sie ausdrucken möchten. Ein Klick auf den Pfeil nach oben erhöht die Anzahl, mit dem unteren Pfeil 9 verringern Sie sie.

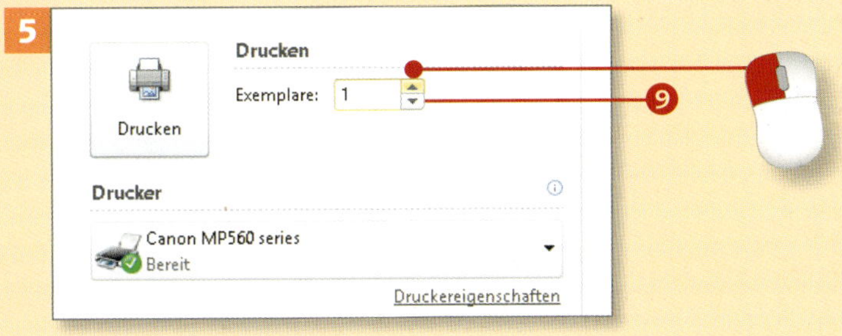

Schritt 6

Falls Sie mehrere Drucker haben, vergewissern Sie sich, dass der richtige Drucker ausgewählt ist. Prüfen Sie, ob ihr Drucker angeschaltet ist und über genügend Papier verfügt. Klicken Sie schließlich auf die Schaltfläche **Drucken**.

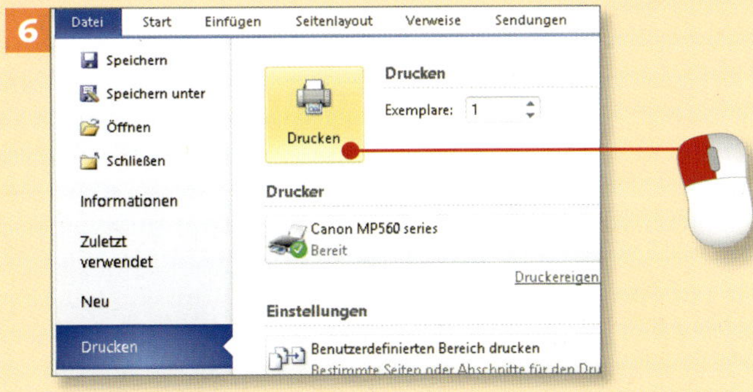

Die einfache Variante – mit WordPad schreiben

Windows bringt ein einfaches Textverarbeitungsprogramm mit, sozusagen eine abgespeckte Version von Word, nämlich WordPad.

1

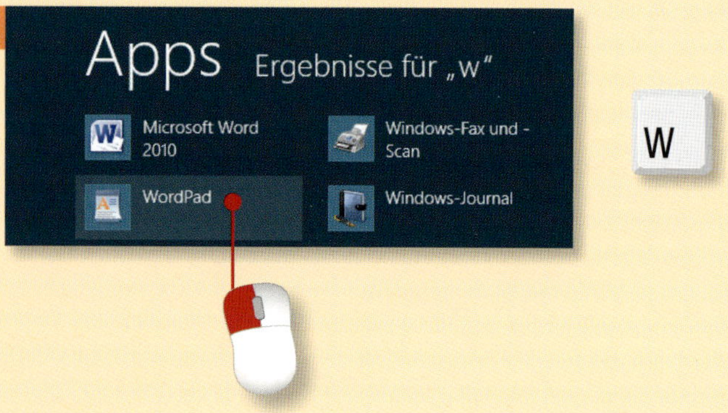

Schritt 1

Tippen Sie auf dem Startbildschirm die Taste [W]; aus der Liste der angezeigten Apps und Programme klicken Sie auf **WordPad**.

2

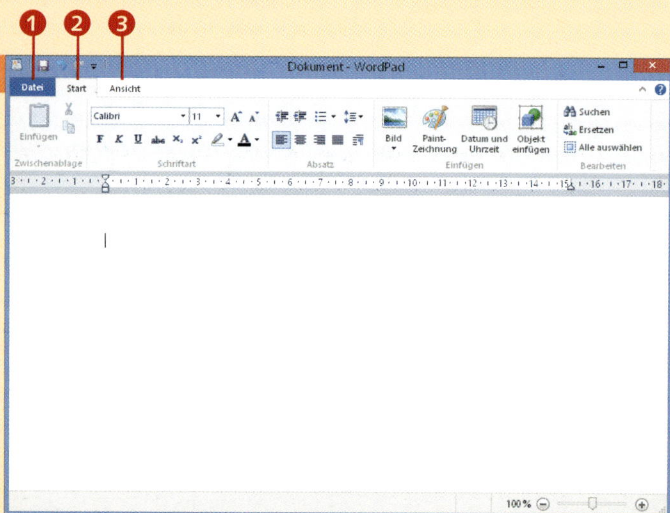

Schritt 2

Das Programm öffnet sich. Auch WordPad hat eine Menüleiste. Hier finden Sie nur drei Registerkarten: **Datei** ❶, **Start** ❷ und **Ansicht** ❸.

3

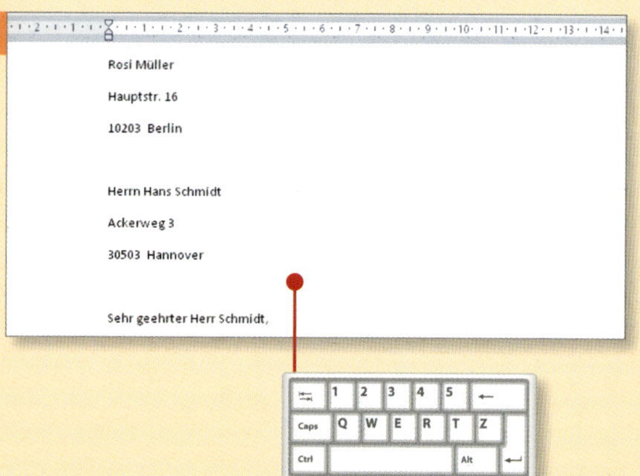

Schritt 3

Geben Sie Ihren Text ein. Im Beispiel schreiben Sie einen Brief, und zwar tippen Sie erst alles ein, bevor Sie den Text formatieren (siehe dazu den Abschnitt »Den Text sauber anordnen und verschönern« ab Seite 186).

Vorteile von WordPad

WordPad ist einfach gehalten. So brauchen Sie sich nicht mit Registerkarten zu befassen, die Sie gar nicht nutzen. WordPad kann dabei mehr als der Editor. Sie können Text gestalten und Bilder einfügen.

Schritt 4

Am Zeilenende springt der Cursor in die nächste Zeile. Wie auch bei Word drücken Sie die [↵]-Taste, wenn Sie selbst einen Absatz erzeugen wollen.

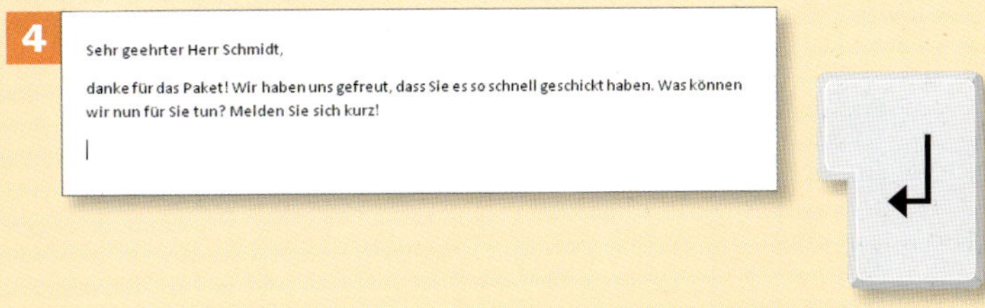

Schritt 5

Auch das Markieren von Text funktioniert wie in Word: Um ein Wort zu markieren, klicken Sie doppelt darauf. Einen Absatz markieren Sie mit einem Doppelklick auf die Markierungsleiste links neben dem Absatz.

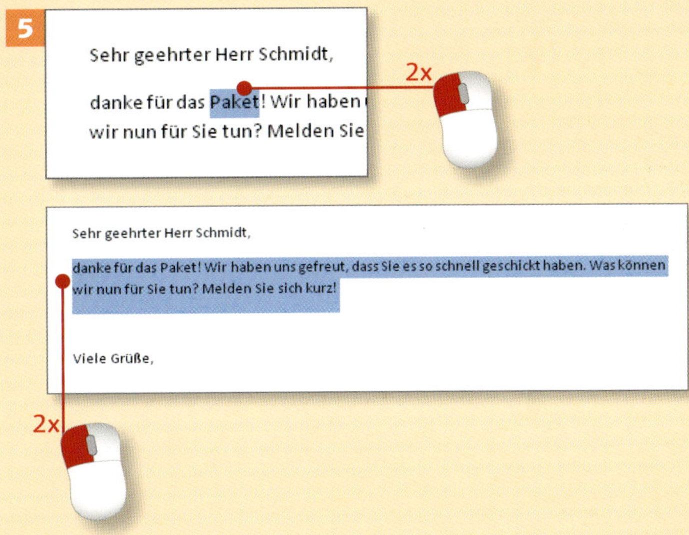

Schritt 6

Den ganzen Text markieren Sie mit einem dreifachen Klick auf die Markierungsleiste oder indem Sie die Tastenkombination [Strg] + [A] drücken. Markierten Text können Sie formatieren, kopieren, verschieben oder löschen.

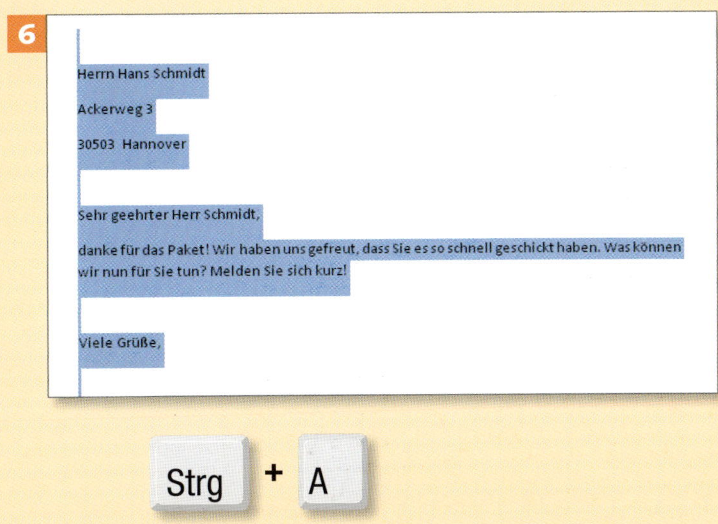

Nachteile von WordPad

Wenn Sie beim Formatieren gern aus dem Vollen schöpfen, müssen Sie bei WordPad auf viele Optionen, die Word bietet, verzichten. So gibt es in WordPad keine Formatvorlagen, keine Tabellen und auch keine Rechtschreibprüfung.

Den Text sauber anordnen und verschönern

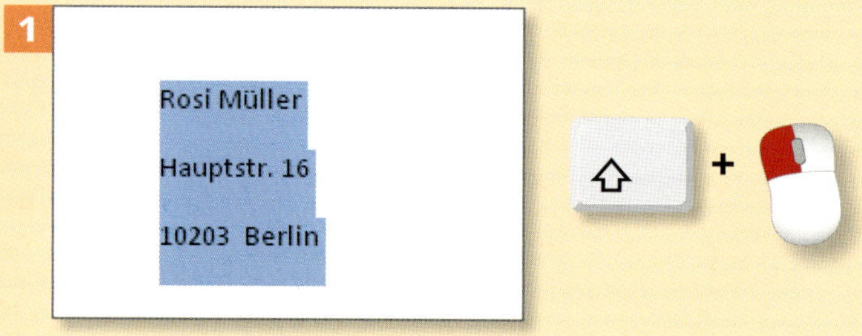

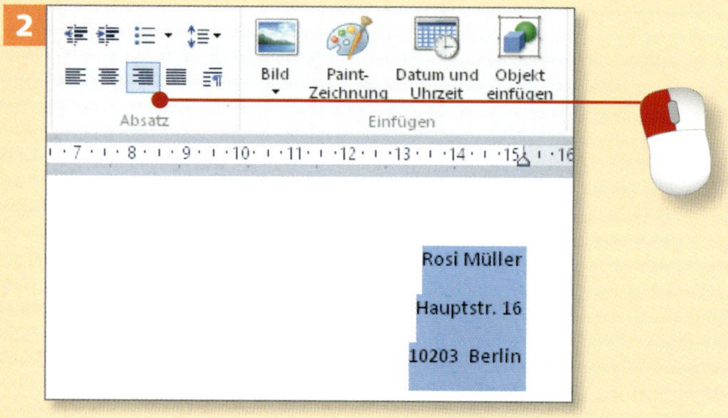

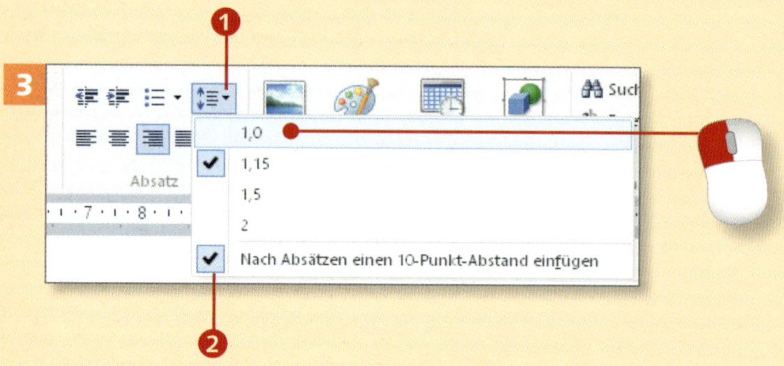

WordPad hat zwar nicht viele Verschönerungshilfen zu bieten, für einen schönen Brief oder eine Einladung reicht es aber allemal.

Schritt 1

Der Brief soll jetzt formatiert werden; dazu wird als Erstes der Absenderblock rechtsbündig ausgerichtet. Markieren Sie die Absenderzeilen, indem Sie den Cursor vor den ersten Buchstaben setzen, die ⇧-Taste gedrückt halten und dabei hinter den letzten Buchstaben des Absenderblocks klicken.

Schritt 2

Klicken Sie nun auf der Registerkarte **Start** in der Gruppe Absatz auf **Rechtsbündig**; der Absenderblock hüpft an den rechten Rand.

Schritt 3

Ändern Sie den Zeilenabstand des Absenderblocks: Klicken Sie auf die Schaltfläche **Zeilenabstand** ❶ in der Gruppe Absatz. Klicken Sie zunächst auf **1,0** und – wenn Ihnen der Abstand immer noch zu groß ist – nochmals auf die Schaltfläche; diesmal entfernen Sie das Häkchen bei **Nach Absätzen einen 10-Punkt-Abstand einfügen** ❷.

Schritt 4

Markieren Sie nun den Brieftext ab »Sehr geehrter« bis »Mit freundlichen Grüßen«. Ändern Sie die Schriftgröße um einen Grad, indem Sie auf das größere **A** in der Gruppe **Schriftart** klicken.

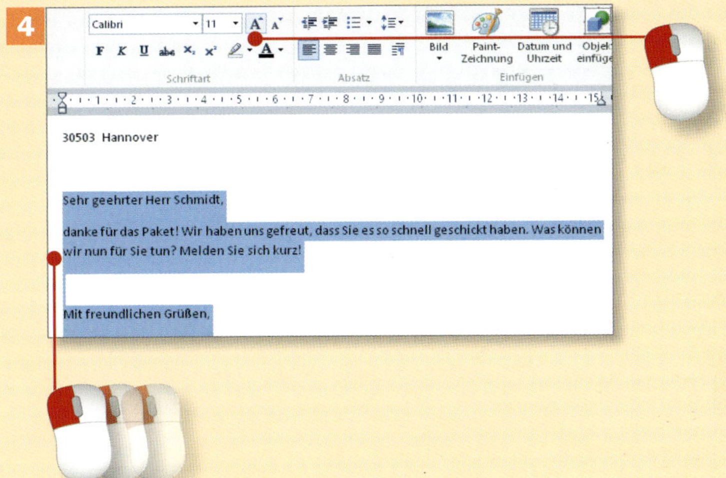

Schritt 5

Markieren Sie den ganzen Text, wenn Sie die Schriftart ändern wollen (ein Brief sollte möglichst nur eine Schriftart enthalten). Klicken Sie auf den Pfeil ❸ neben der aktuellen Schriftart (meist Calibri), und wählen Sie aus der Liste eine andere Schriftart aus. Wenn Sie mit dem Mauszeiger über die Schriftartnamen fahren, sehen Sie schon eine Vorschau der Schriftart.

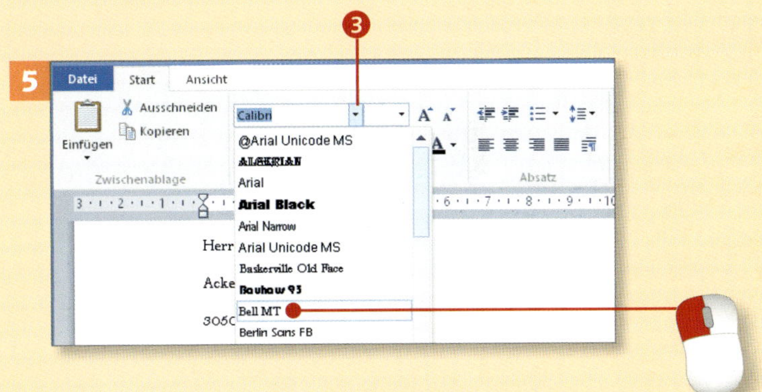

Schritt 6

Fügen Sie das Datum zwischen Empfängeradresse und Grußzeile ein. Klicken Sie in die zweite Zeile dazwischen – schaffen Sie gegebenenfalls Platz, indem Sie mit der [↵]-Taste neue Zeilen erzeugen. Klicken Sie dann auf die Schaltfläche **Rechtsbündig**. Der Cursor blinkt nun rechts. Klicken Sie auf **Datum und Uhrzeit** in der Gruppe **Einfügen**. Suchen Sie sich ein Format aus ❹, und klicken Sie auf **OK**.

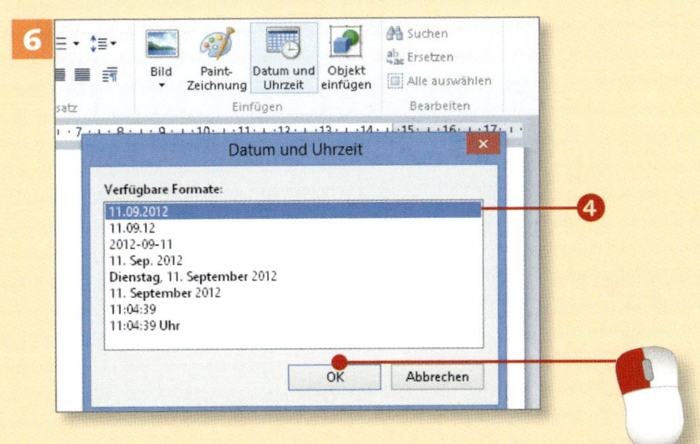

Textdatei speichern, schließen und öffnen

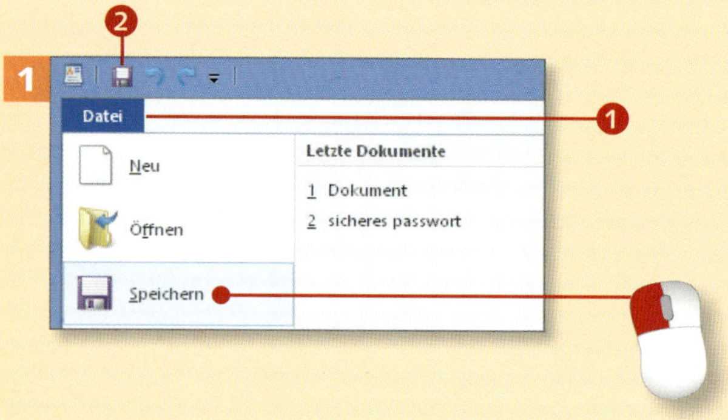

Damit Ihnen Ihre Dokumente auch später zur Verfügung stehen, speichern Sie sie. Lesen Sie außerdem, wie Sie Dateien in WordPad schließen und wieder öffnen.

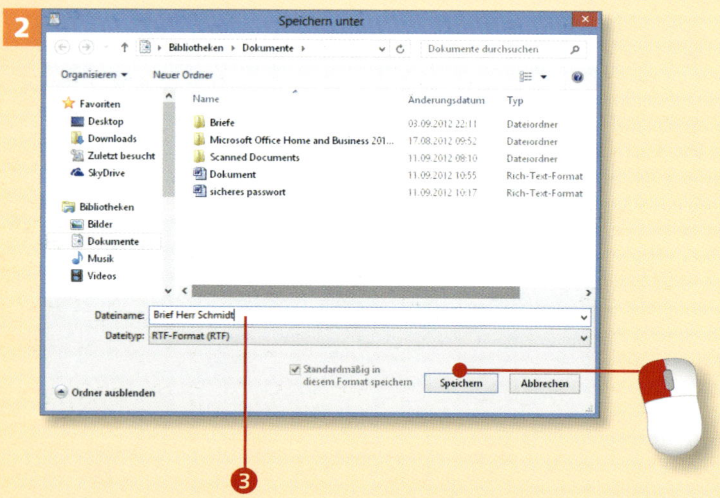

Schritt 1

Zum Speichern klicken Sie auf die Registerkarte **Datei** ❶ und dann auf **Speichern**. Sie können auch auf das Diskettensymbol in der kleinen Symbolleiste für den Schnellzugriff klicken ❷; dann brauchen Sie nicht erst auf Datei zu klicken.

Schritt 2

Wenn Sie eine Datei das erste Mal speichern, müssen Sie einen Dateinamen angeben ❸. Wählen Sie einen Namen, an dem Sie später erkennen können, worum es in dem Dokument geht. Klicken Sie anschließend auf **Speichern**.

Schritt 3

Wollen Sie ein Dokument unter einem neuen Namen speichern, damit das Original erhalten bleibt, klicken Sie auf der Registerkarte **Datei** auf **Speichern unter**. Geben Sie dann einen neuen Dateinamen ein.

Schritt 4

Ein bereits gespeichertes Dokument öffnen Sie, indem Sie auf **Datei** ❹ klicken und rechts aus dem Feld **Letzte Dokumente** ein Dokument auswählen.

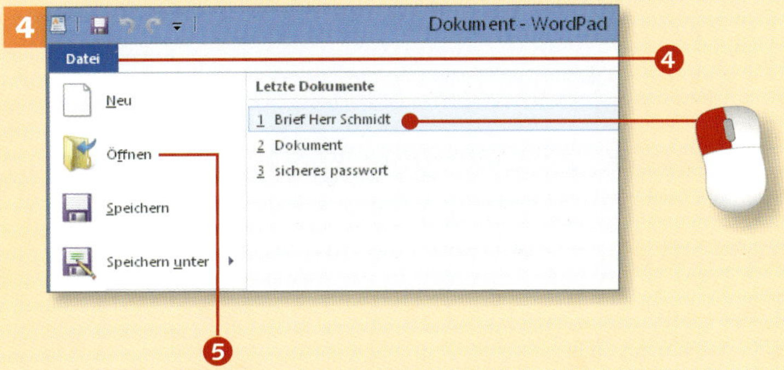

Schritt 5

Ist Ihr Dokument nicht in dieser Liste enthalten, klicken Sie auf **Öffnen** ❺. Sie sehen dann alle in Ihrer Bibliothek **Dokumente** ❻ gespeicherten Texte. Öffnen Sie die gewünschte Datei per Doppelklick.

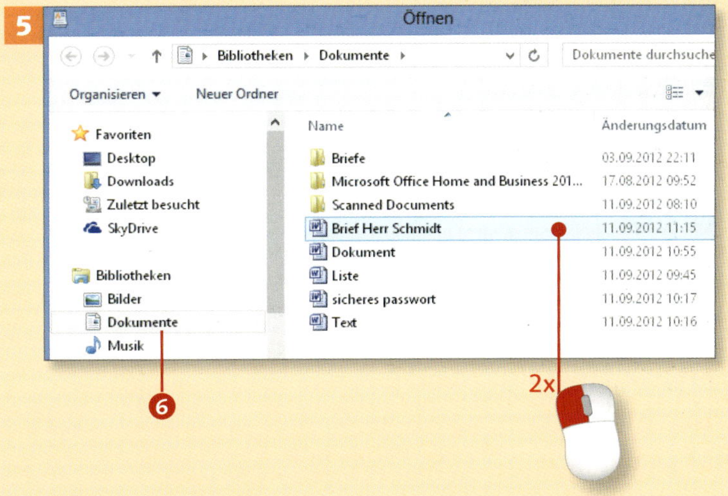

Schritt 6

Zum Schließen eines Dokuments beenden Sie WordPad. Klicken Sie dazu entweder auf das Schließkreuz rechts oben. Oder klicken Sie auf die Registerkarte **Datei** und unten auf **Beenden**. Eine dritte Möglichkeit bietet das WordPad-Symbol links oben ❼ in der Symbolleiste: Klicken Sie darauf und dann auf **Schließen**.

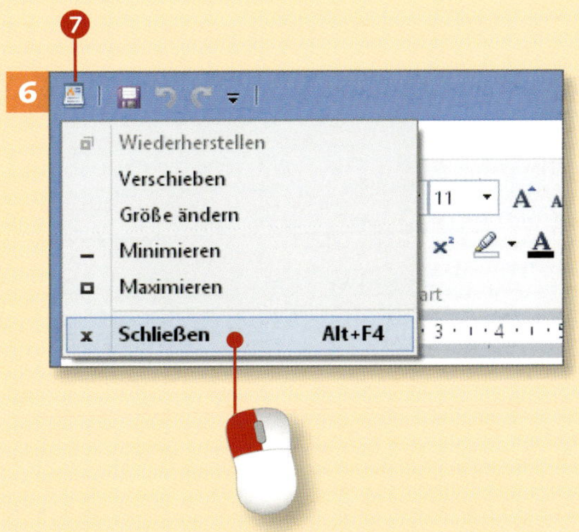

Datei gespeichert als …

WordPad speichert Dateien standardmäßig als RTF-Dateien (RTF = Rich Text Format = Dateien sind in fast allen Textverarbeitungsprogrammen lesbar und behalten dabei die meisten Formatierungen).

Kapitel 8
Rechnen mit dem Notebook

Ob kleine Summe oder große komplizierte Berechnung: Excel rechnet für Sie. Sobald Sie Ihre Daten eingetragen haben, kann das Rechnen losgehen. Aus einfachen Worten und Zahlen zaubern Sie dann mit den Vorlagen von Excel eine aussagefähige Tabelle.

Mit dem Windows-Rechner rechnen

Er sieht einfach aus, bringt aber eine Menge Funktionen mit: Der Rechner ❶ von Microsoft. Er rechnet Einheiten um, findet die Anzahl an Tagen zwischen zwei Daten heraus und errechnet Ihren Benzinverbrauch.

Text und Zahlen in Excel eingeben

Auch wenn es zuerst gewöhnungsbedürftig ist: Selbst Text geben Sie leicht in Excel ❷ ein. Sie nutzen die Autoausfüllfunktion und sparen sich so viel Arbeit. Zahlen tippen Sie ein und formatieren sie.

Eigene Formeln eingeben

Das klingt schwierig, ist es aber nicht. Mit ein paar Eingaben ziehen Sie Summen ❸ oder berechnen den Durchschnitt einer Zahlenreihe.

1 Kleine Rechnungen tippen Sie direkt in den Rechner ein.

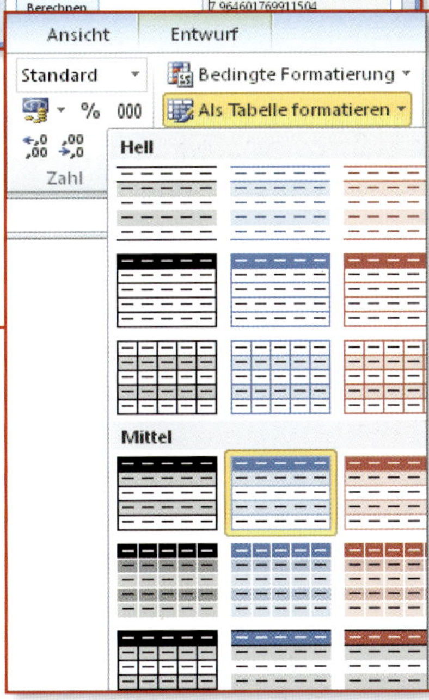

Titel	Jahr (auf DVD)	Hauptdarstellerin	Hauptdarsteller
Batman	1998	Kim Basinger	Michael Keaton
Shrek - Der tollkühne Held	2001	Zeichentrick	
Titanic	2001	Kate Winslet	Leonardo DiCaprio
Harry Potter 1	2002	Emma Watson	Daniel Radcliffe
Der König der Löwen	2003	Zeichentrick	
Frühstück bei Tiffany	2003	Audrey Hepburn	George Peppard
Heinz Erhardt - Die Willi-Box	2005		Heinz Erhardt
Mamma Mia!	2008	Meryl Streep	Pierce Brosnan
Die schönsten Städte der Welt	2008	Dokumentarfilm	
Sherlock Holmes	2010	Rachel McAdams	Robert Downey Jr
Julie & Julia	2010	Meryl Streep	Stanley Tucci

Aus Text und Zahlen wird mit Excel eine aussagekräftige Tabelle. **2**

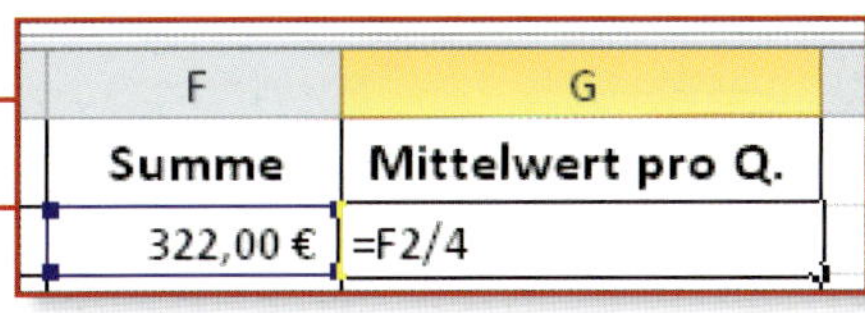

Mit dem Gleichheitszeichen beginnen Ihre Formeln. **3**

Den Taschenrechner nutzen

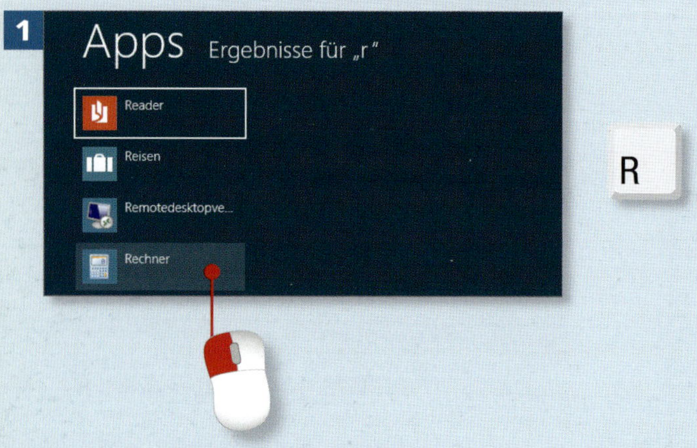

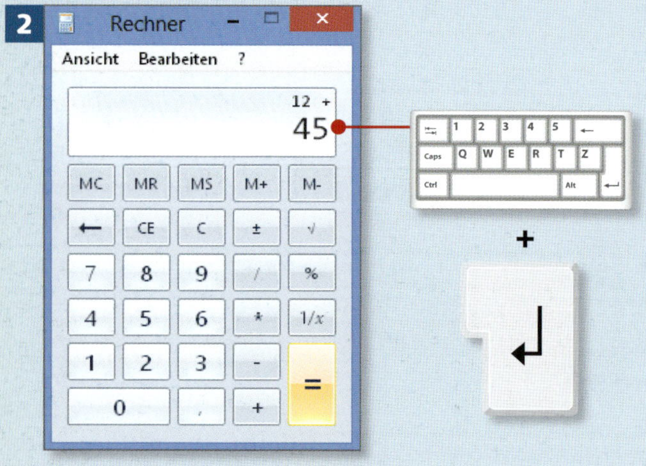

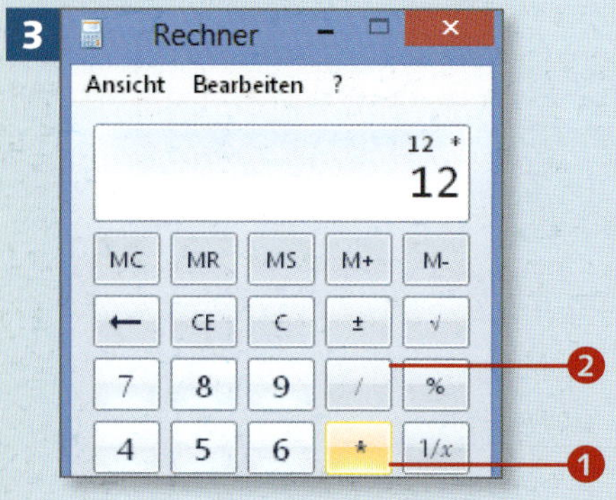

Windows bringt einen Taschenrechner mit, der für kleine Rechenoperationen schnell zur Verfügung steht. Hier lesen Sie, wie Sie ihn nutzen.

Schritt 1

Drücken Sie auf dem Startbildschirm die Taste [R]; alle Apps und Programme mit »R« im Namen werden aufgelistet. Klicken Sie auf **Rechner**.

Schritt 2

Der Taschenrechner öffnet sich auf dem Desktop. Sie bedienen den Taschenrechner mit der Maus, indem Sie auf die Tasten klicken, oder mit der Tastatur. Tippen Sie eine kleine Rechnung ein. Zum Abschließen klicken Sie auf das Gleichheitszeichen oder drücken die [↵]-Taste.

Schritt 3

Im Standard-Basismodus stehen Ihnen die Grundrechenarten zur Verfügung. Zum Multiplizieren klicken Sie auf das Sternchen ❶ auf dem Rechner, oder tippen es: Drücken Sie gleichzeitig die [⇧]-Taste und das [+]-Zeichen auf Ihrer Tastatur. Zum Dividieren nutzen Sie den Schrägstrich ❷ bzw. [⇧]-Taste und [7] im Buchstabenblock.

Schritt 4

Klicken Sie auf **Ansicht**: Bei den Rechnertypen im oberen Teil finden Sie u. a. den aktiven Typ **Standard** ❸ und den wissenschaftlichen Rechner (**Wissenschaftlich**). Im unteren Teil ❹ wird für den jeweils gewählten Rechnertyp der **Basismodus**, die **Einheitenumrechnung**, die **Datumsberechnung** oder die **Arbeitsblätter** (z. B. Benzinverbrauch berechnen) ausgewählt.

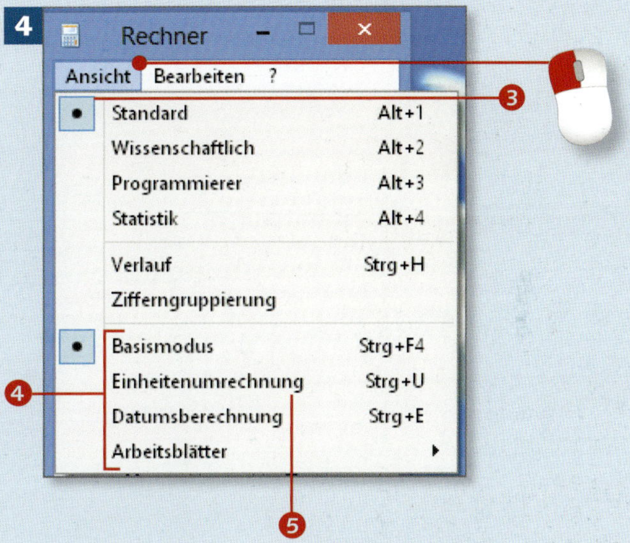

Schritt 5

Klicken Sie unten auf **Einheitenumrechnung** ❺. Rechts neben dem Rechner öffnet sich ein kleines Arbeitsblatt. Klicken Sie auf den Pfeil ❻ neben **Druck** und dann auf die gewünschte Einheit. Im Beispiel wird **Länge** angeklickt.

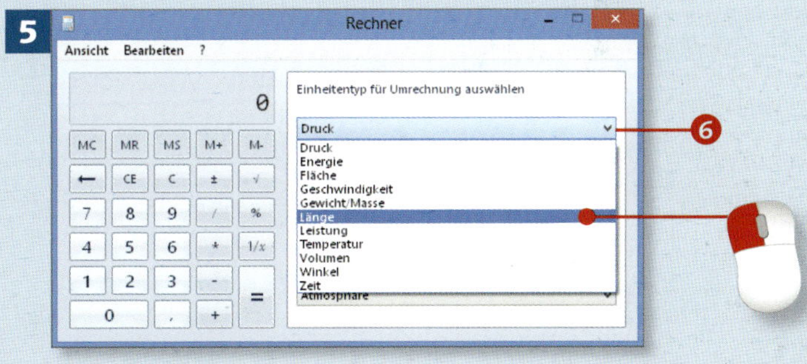

Schritt 6

In den Abschnitten **Von** und **Nach** stellen Sie die gewünschte Einheit ein, hier von **Kilometer** in **Meile**. Sobald Sie bei Kilometer eine Zahl eingeben, erscheint unten bei **Meile** schon das Ergebnis. Zum Schließen des Rechners klicken Sie einmal auf das Schließkreuz.

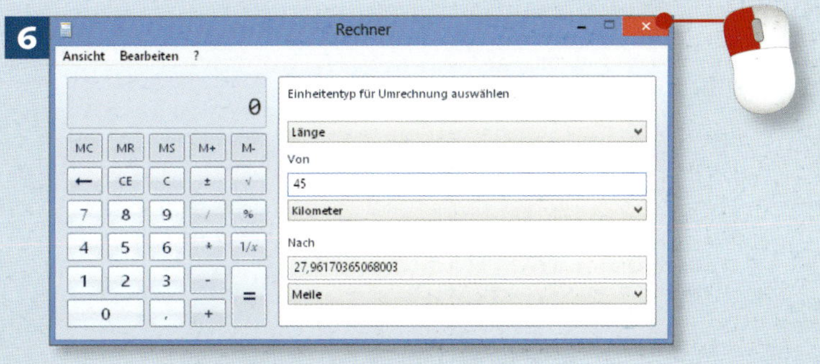

Excel kennenlernen

1

2

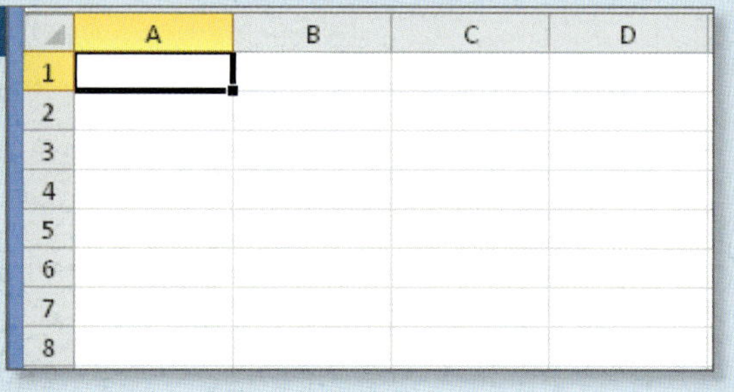

3

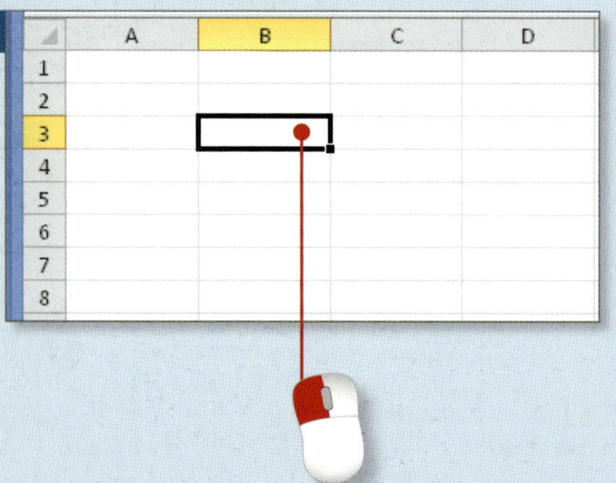

Excel arbeitet mit Tabellen und ist spezialisiert aufs Rechnen. Aber auch mit Text kann Excel umgehen. Lernen Sie hier die Grundlagen kennen.

Schritt 1

Excel öffnen Sie schnell über den Startbildschirm: Nach der Installation wurde eine Kachel angelegt, die Sie rechts neben den Standardsymbolen sehen. Klicken Sie darauf.

Schritt 2

Excel öffnet sich und zeigt ein leeres Tabellenblatt. Es besteht aus Spalten (senkrecht) und Zeilen (waagerecht). Die einzelnen Felder, in die Sie schreiben können, sind die Zellen. Sie sind die Schnittstellen von Spalten und Zeilen.

Schritt 3

Die aktuell angeklickte Zelle hat einen schwarzen Rahmen. So können Sie schnell erkennen, an welcher Stelle Sie sich befinden; der Rahmen ist quasi Ihr Cursor. Dementsprechend heißt er *Zellcursor*. Die aktuell angeklickt Zelle wird auch *aktive Zelle* genannt. Klicken Sie in eine andere Zelle; der Zellcursor wandert mit.

Schritt 4

Um eine Zahl oder ein Wort in eine Zelle zu schreiben klicken Sie die Zelle einmal an, und tippen Sie drauflos. Erst wenn Sie ein Zeichen getippt haben, ist ein »normaler« Cursor in der Zelle zu sehen. Sie benötigen ihn also nicht, um mit dem Tippen zu beginnen.

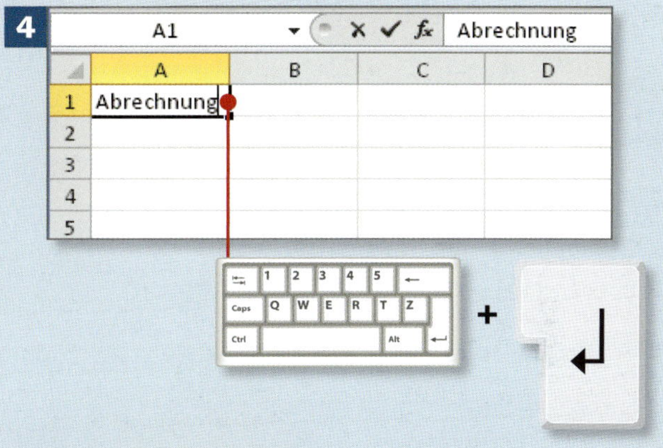

Schritt 5

Bei Excel müssen Sie die Eingabe von Zahlen oder Buchstaben immer bestätigen. Klicken Sie daher mit der Maus in eine andere Zelle, oder drücken Sie die [↵]-Taste, wenn Sie mit der Eingabe in einer Zelle fertig sind.

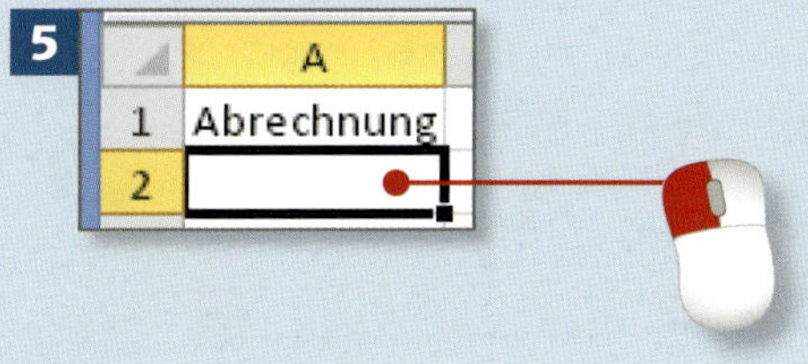

Schritt 6

Zum Bearbeiten klicken Sie die Zelle einmal an. In der *Bearbeitungsleiste* **1** können Sie dann Fehler korrigieren oder Zahlen und Text ergänzen. Solange Sie in der Bearbeitungsleiste schreiben, verändert sich die Ansicht in der Zelle. Sobald Sie die Eingabe bestätigt haben, sehen Sie wieder die normale Zellenansicht.

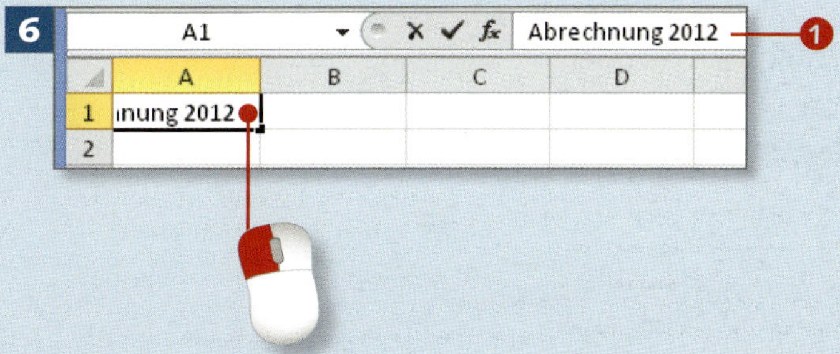

Direkte Zellbearbeitung

Excel ist so eingestellt, dass Sie auch die direkte Zellbearbeitung nutzen können: Klicken Sie doppelt in die Zelle, die Sie bearbeiten wollen. Der Cursor erscheint in der Zelle und nicht in der Bearbeitungsleiste. Ihre Änderungen sehen Sie direkt in der Zelle. Bestätigen Sie Ihre Eingabe mit der [↵]-Taste.

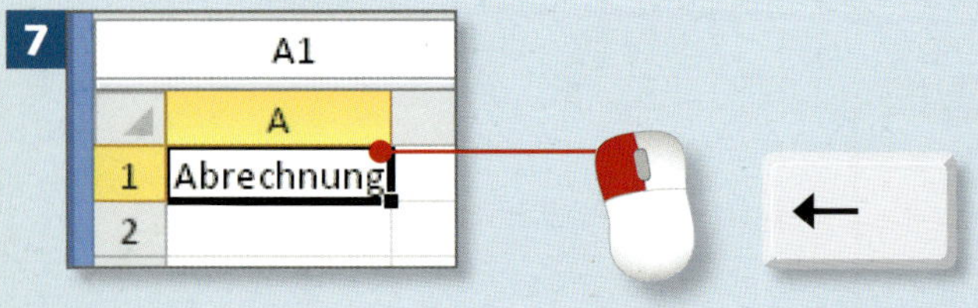

Schritt 7

Um den ganzen Inhalt einer Zelle zu löschen, brauchen Sie nicht die Bearbeitungsleiste. Klicken Sie die Zelle einmal an, und drücken Sie dann die Entf- oder die ← -Taste.

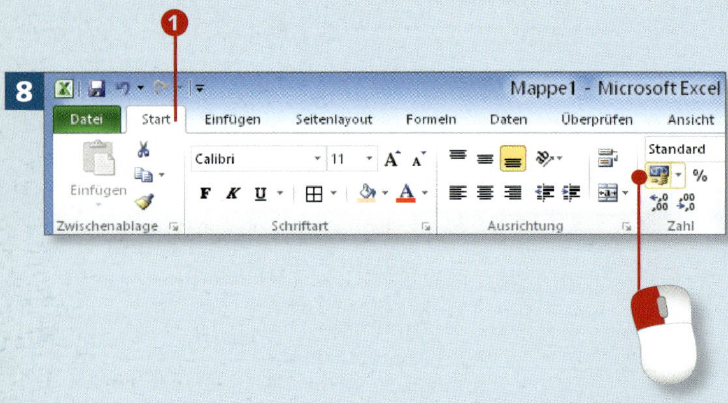

Schritt 8

Über der Bearbeitungsleiste ist das Menüband. Hier finden Sie alle wichtigen Befehle, sortiert in Registerkarten. Die Registerkarte **Start** ❶ ist im Vordergrund (also aktiv), wenn Sie Excel öffnen. Hier können Sie z. B. mit einem Klick auf das **Währung**-Symbol eine Zahl in eine Währungsangabe verwandeln.

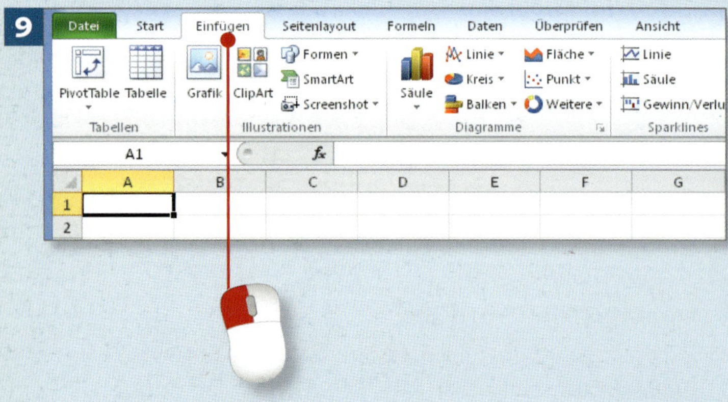

Schritt 9

Klicken Sie auf die Registerkarte **Einfügen**. Hier stellt Ihnen Excel zahlreiche Möglichkeiten zur Verfügung, um aus Zahlen ein Diagramm zu erstellen oder Illustrationen in Ihre Tabelle einzufügen.

Das Menüband reagiert nicht?
Solange der Cursor in der Bearbeitungsleiste oder direkt in einer Zelle zu sehen ist, können Sie viele der Befehle im Menüband nicht nutzen. Beenden Sie erst die Bearbeitung der Zelle; dann sind die Schaltflächen wieder nutzbar.

Schritt 10

Rufen Sie jetzt die Registerkarte **Seitenlayout** auf. In der Gruppe **Seite einrichten** legen Sie die Seitenränder Ihrer Tabelle fest und bestimmen, ob Sie ein Hoch- oder Querformat benutzen wollen. Unabhängig davon, welche Registerkarte gerade aktiv ist (außer **Datei**, siehe Schritt 1), können Sie Daten in das Tabellenblatt eingeben.

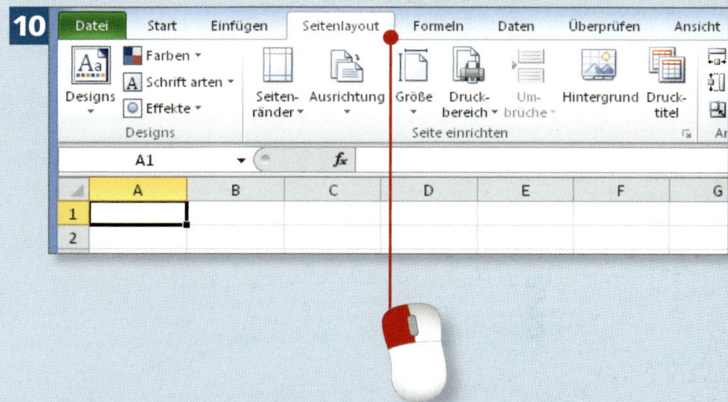

Schritt 11

Die Registerkarte **Datei** ❷ enthält alle Befehle rund ums Öffnen, Speichern, Drucken und Weitergeben von Dateien. Wenn Sie diese Registerkarte aufgerufen haben, können Sie die Daten in den Arbeitsblättern Ihrer Arbeitsmappe nicht bearbeiten. Klicken Sie wieder auf **Start**; so kommen Sie zurück zum Tabellenblatt.

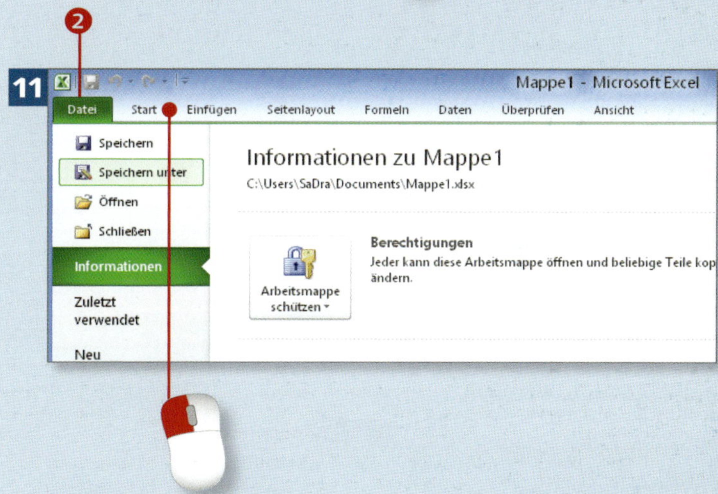

Schritt 12

Oben links am Bildschirmrand ist die **Symbolleiste für den Schnellzugriff** ❸. Hier finden Sie häufig verwendete Befehle, die Sie mit einem Klick starten. Fügen Sie der Leiste weitere Symbole hinzu, indem Sie rechts auf den kleinen Pfeil ❹ klicken und einen Befehl anklicken, z. B. **Neu**.

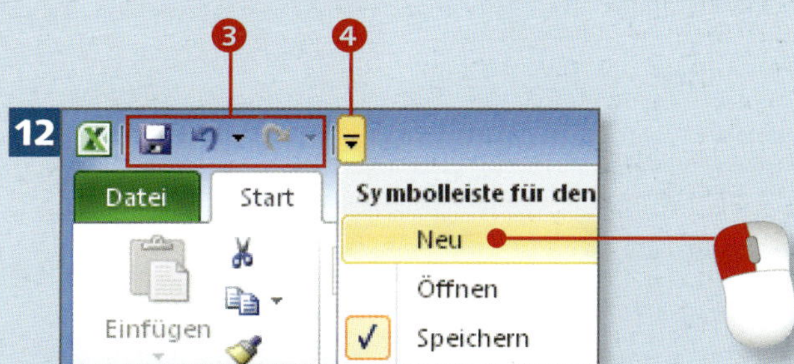

Daten in Tabellen eingeben

Eine ausgefüllte Tabelle enthält Text und Zahlen. Hier erfahren Sie, wie Sie beides unterbringen.

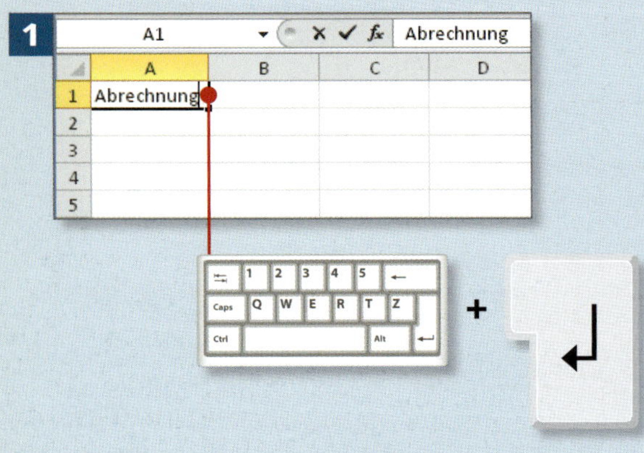

Schritt 1

Schreiben Sie in die erste Zelle oben links (A1) ein Wort, z. B. »Abrechnung«. Zum Bestätigen der Eingabe klicken Sie mit der Maus in eine andere Zelle, oder drücken Sie die [↵]-Taste.

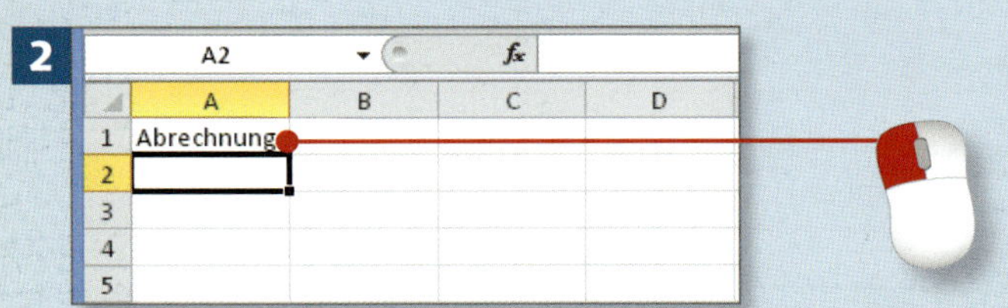

Schritt 2

Der Zellcursor (schwarzer Rand um die aktive Zelle) springt beim Drücken der [↵]-Taste in die nächste Zeile; die Eingabe ist erst einmal abgeschlossen. Wollen Sie doch etwas ändern, klicken Sie wieder auf die zu bearbeitende Zelle.

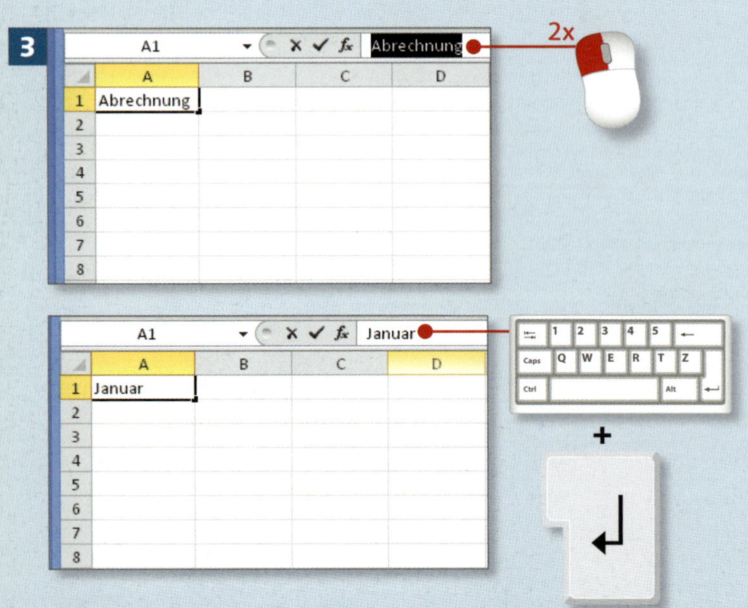

Schritt 3

Um Tippfehler zu korrigieren klicken Sie in die **Bearbeitungsleiste**. Sie können dort aber auch den ganzen Text ändern, z. B. in »Januar«. Klicken Sie dazu doppelt auf das Wort »Abrechnung«, und tippen Sie das neue Wort direkt ohne weiteres Klicken ein. Bestätigen Sie wieder die Eingabe durch Drücken der [↵]-Taste.

Schritt 4

Klicken Sie die Zelle A1 – »Januar« – wieder an. Ziehen Sie dann mit gedrückter Maustaste das kleine schwarze Rechteck unten rechts an der Zelle (*Ausfüllkästchen*) nach rechts. Lassen Sie bei Spalte L die Maustaste los. So nutzen Sie die Autoausfüllen-Funktion: Excel schreibt selbst die weiteren Monatsnamen in die Zellen neben A1.

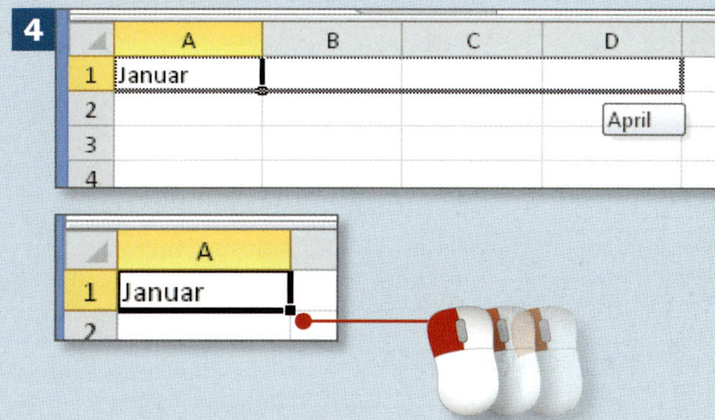

Schritt 5

Klicken Sie in die Zelle A2, das ist die Zelle direkt unter »Januar«. Tippen Sie eine Zahl ein. Klicken Sie jetzt in die Zelle B2 oder drücken Sie die Taste [→] auf Ihrer Tastatur. Auch so wird die Eingabe in der ersten Zelle bestätigt. Außerdem ist die Zelle neben der ersten Zahl und unter »Februar« nun aktiv; geben Sie auch hier eine Zahl ein.

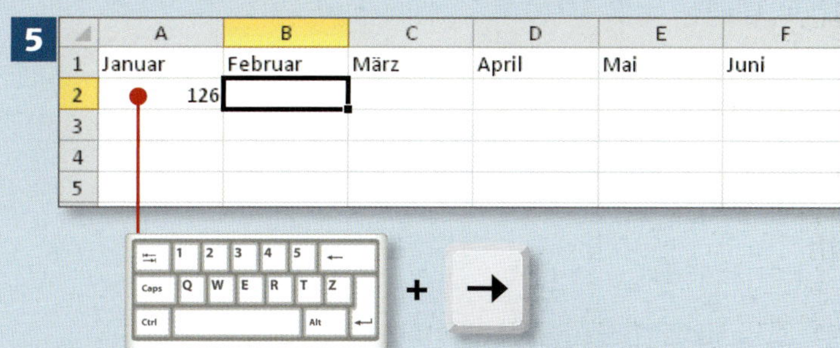

Schritt 6

Geben Sie für die anderen Monate Zahlen ein. Bei der letzten Zahl – unter »Dezember« – können Sie nach der Eingabe auch das Häkchen in der Bearbeitungsleiste anklicken, um die Eingabe zu bestätigen.

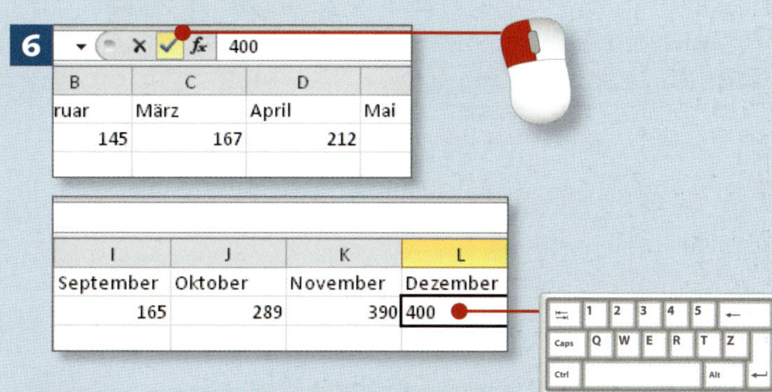

Autoausfüllen mit gemischten Zellen

Die praktische Autoausfüllen-Funktion hilft auch bei kombinierten Zahlen-Text-Feldern. Wenn Sie in eine Zelle »1. Monat« geschrieben haben, schreibt Excel in die folgenden Zellen »2. Monat«, »3. Monat« usw.

Daten in Tabellen eingeben (Forts.)

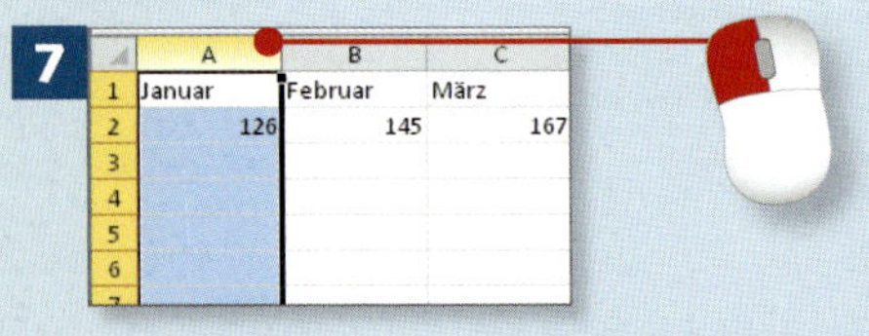

Schritt 7

Sie haben die Zahlen eingegeben und stellen fest, dass Sie links noch eine weitere Spalte benötigen, um die Kategorien wie Benzinkosten einzutragen. Klicken Sie auf das **A** über der ersten Spalte. Die ganze Spalte wird markiert.

Schritt 8

Jetzt klicken Sie auf der Registerkarte **Start** innerhalb der Gruppe **Zellen** auf die Schaltfläche **Einfügen**. Neben der bisherigen **Spalte A** fügt Excel eine neue leere Spalte ❶ ein.

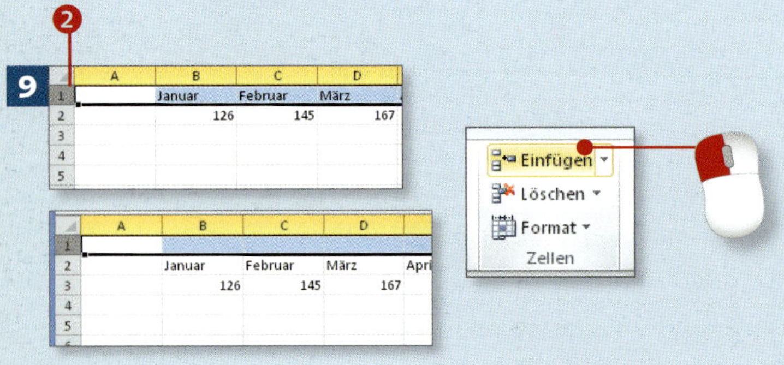

Schritt 9

Auch neue Zeilen sind schnell eingefügt: Markieren Sie eine ganze Zeile, indem Sie ganz vorn auf die **Zeilennummer** ❷ klicken. Im Menüband klicken Sie in der Gruppe **Zellen** wieder auf **Einfügen**. Das klappt auch mit mehreren Zeilen.

Pfeil oder Text – zweigeteilte Schaltflächen

Im Menüband gibt es viele Schaltflächen, die zweigeteilt sind: der große Teil ist die eigentliche Schaltfläche mit Text und kleinem Symbol, der kleine Teil ist ein Pfeil. Beim Klick auf den großen Teil wird sofort eine Aktion ausgeführt. Der Pfeil ganz rechts auf den Schaltflächen öffnet ein Menü, aus dem Sie weitere Möglichkeiten auswählen können.

Schritt 10

Zeilen oder Spalten löschen funktioniert ähnlich: Klicken Sie die Zeile ❸ oder Spalte an, die Sie löschen wollen (auf die Zeilennummer bzw. den Spaltenbuchstaben klicken). Klicken Sie dann in der Gruppe **Zellen** auf **Löschen**. Schon sind Zeile oder Spalte wieder weg.

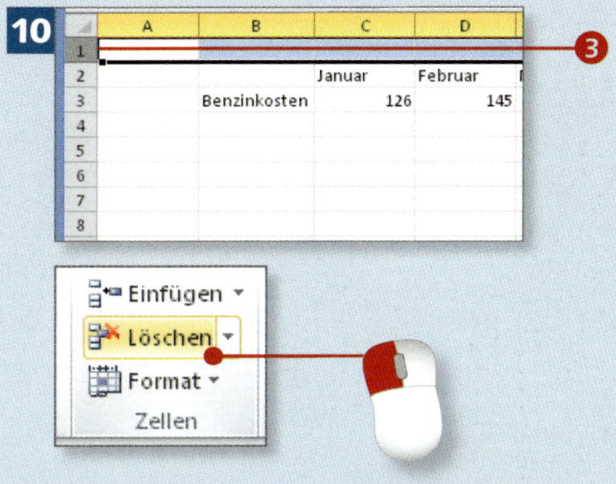

Schritt 11

Was tun bei zu wenig Platz in der Zelle? Schreiben Sie in Zelle A2 »Benzinkosten«, und drücken Sie die [↵]-Taste. Weil in der Zelle daneben schon etwas steht, wird das Wort nicht ganz angezeigt. Verbreitern Sie einfach die Spalte: Klicken Sie doppelt auf die Linie zwischen Spalte A und B. Die Spaltenbreite wird dem Inhalt angepasst.

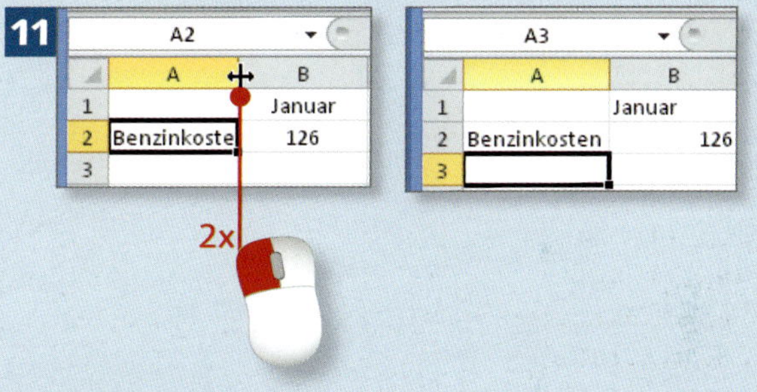

Schritt 12

Speichern Sie auch in Excel regelmäßig Ihre Arbeit. Klicken Sie auf das Diskettensymbol ❹ in der Symbolleiste für den Schnellzugriff. Beim ersten Speichern fragt Excel nach einem Namen für die Datei; vergeben Sie einen aussagekräftigen Namen. Ab sofort steht der neue Name am oberen Bildschirmrand.

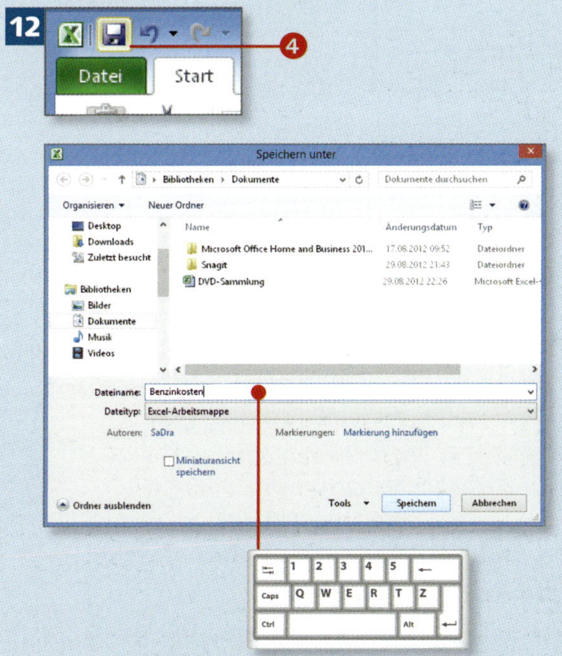

Tabellen verschönern und Daten sortieren

Formatieren Sie Ihre Tabelle, so dass sie ansprechend aussieht. Excel nimmt Ihnen dabei viel Arbeit hat: Es bringt Vorlagen mit, die Ihre Tabelle mit einem Klick verschönern.

Schritt 1

Tragen Sie Ihre Daten in ein Tabellenblatt ein, zum Beispiel die Auflistung einer DVD-Sammlung.

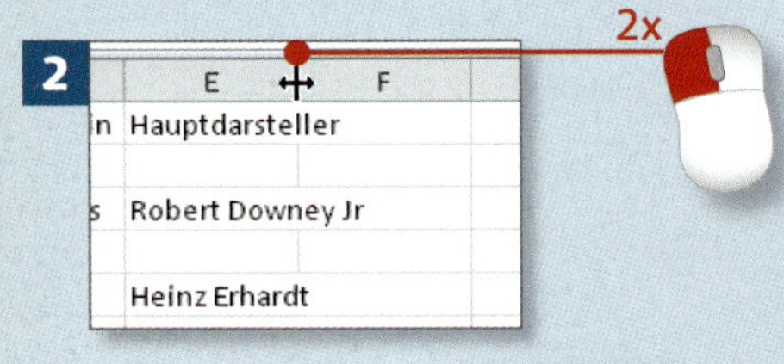

Schritt 2

Verbreitern Sie die Spalten, indem Sie doppelt auf die Linien zwischen den Buchstaben A und B, B und C usw. klicken.

Schritt 3

Als Nächstes sollen Text und Zahlen mittig platziert werden. Klicken Sie die Spalte B an – Sie sehen einen schwarzen Pfeil –, halten Sie die Maustaste gedrückt, und ziehen Sie sie bis zur Spalte E. Lassen Sie die Maustaste los, und klicken Sie auf der Registerkarte **Start** in der Gruppe **Ausrichtung** auf **Zentriert** ❶.

Spaltenbreite individuell ändern

Wenn Sie bei einer Spalte eine ganz bestimmte Breite einstellen wollen, greifen Sie die Linie zwischen den Buchstaben der beiden Spalten mit dem Doppelpfeil und ziehen sie nach rechts oder links. Die Spaltenbreite wird Ihnen beim Ziehen angezeigt. Beachten Sie, dass Excel immer die Spalte links vom Doppelpfeil ändert.

Schritt 4

Die Zellen sind zentriert. Jetzt formatieren Sie alle Spaltenüberschriften auf einmal: Klicken Sie vorne auf die Zeilennummer 1. Klicken Sie auf das **F** ❷ für fett in der Gruppe **Schriftart**.

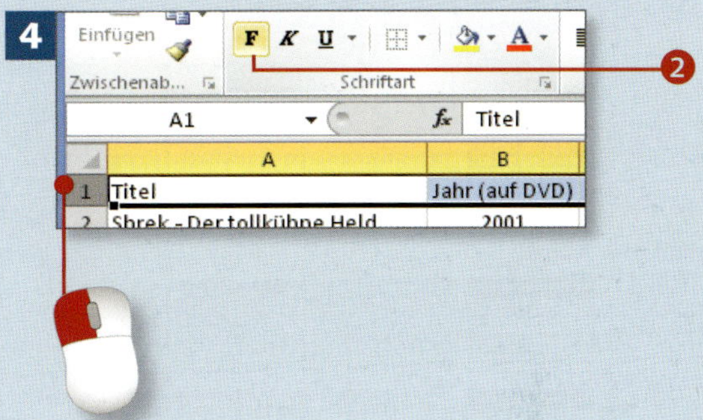

Schritt 5

Die Schriftgröße ändern Sie auch gleich: Lassen Sie die erste Zeile noch markiert, und klicken Sie auf das größere **A** in der Gruppe **Schriftart**; die Schrift in den markierten Zellen wird pro Klick eine Stufe größer. Passen Sie gegebenenfalls die Spaltenbreiten wieder an; fetter und größerer Text braucht mehr Platz.

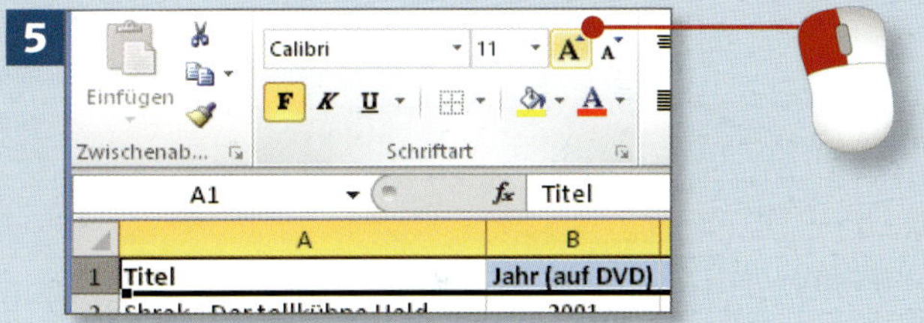

Schritt 6

Es fehlen nur noch die Rahmenlinien; die jetzt sichtbaren Linien werden nicht ausgedruckt. Markieren Sie Ihre Tabelle, indem Sie die erste Zelle oben links (A1) anklicken und die Maus mit gedrückter Maustaste nach unten rechts zur letzten Zeile Ihrer Tabelle ziehen. Klicken Sie in der Gruppe **Schriftart** auf das **Rahmen-Symbol** und dann auf **Alle Rahmenlinien** ❸.

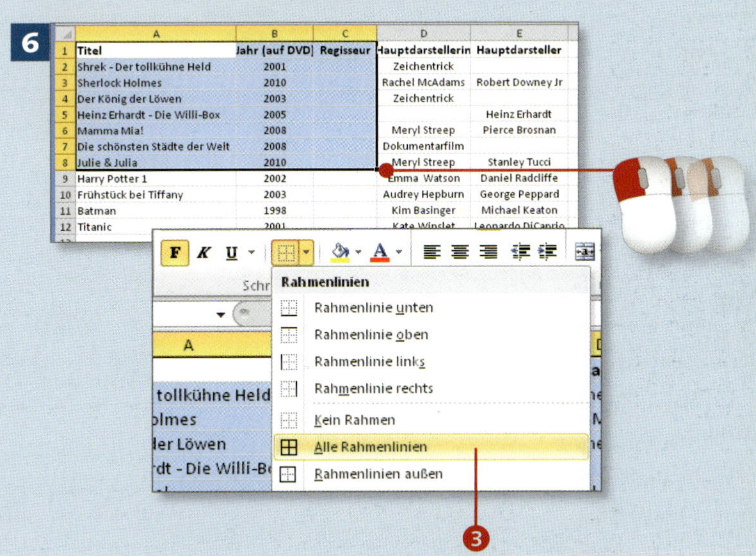

Tabellen verschönern und Daten sortieren (Forts.)

7

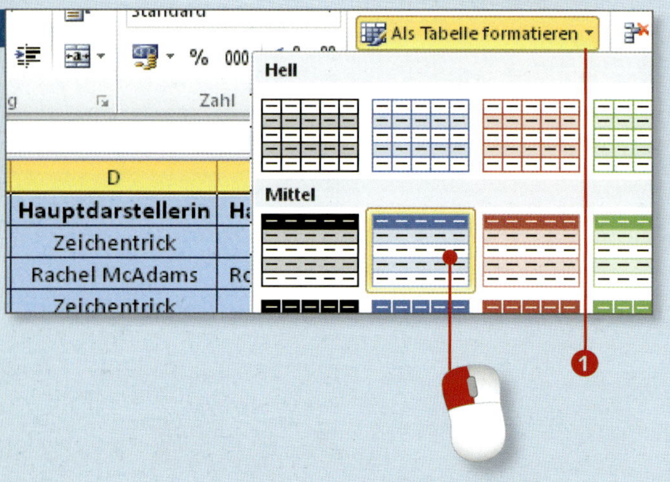

Schritt 7

Excel bietet Ihnen Formatvorlagen an, mit denen Sie Ihre Tabelle noch schneller formatieren können. Lassen Sie dazu Ihre Tabelle markiert, oder markieren Sie sie wie in Schritt 6 beschrieben. Auf der Registerkarte **Start** klicken Sie bei **Formatvorlagen** und dann auf **Als Tabelle formatieren** ❶. Wählen Sie ein Design aus dem Katalog aus.

8

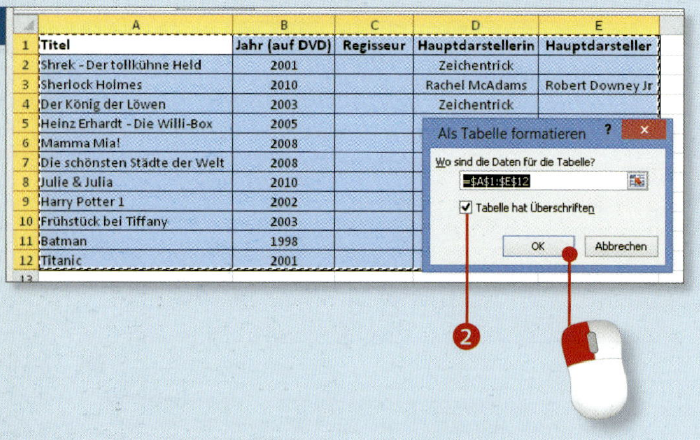

Schritt 8

Im nächsten Fenster fragt Excel, wo die Daten der Tabelle sind, und schlägt Daten vor. Da Sie die Daten in Schritt 7 markiert haben, ändern Sie hier nichts. Wenn Ihre Tabelle keine Überschriften hat, entfernen Sie das Häkchen vor **Tabelle hat Überschriften** ❷. Klicken Sie auf **OK**.

9

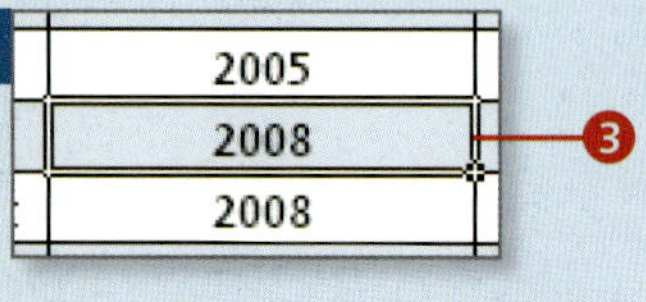

Schritt 9

Klicken Sie eine Zelle Ihrer Tabelle an. Sie sehen jetzt das neue Design, weil die Markierung der Tabelle aufgehoben wurde. Außerdem sehen Sie, dass der Zellcursor in der so formatierten Tabelle keinen dicken schwarzen Rand hat, sondern einen weiß gefüllten Rand ❸ mit dünnen schwarzen Außenlinien.

Schritt 10

Wollen Sie der Tabelle weitere Zeilen hinzufügen, die das gleiche Design haben sollen, klicken Sie in die letzte Zeile Ihrer Tabelle. Dann klicken Sie auf den kleinen Pfeil der Schaltfläche **Einfügen** ❹ (siehe Kasten auf Seite 200) und wählen dort **Tabellenzeile unterhalb einfügen** ❺. Im Beispiel wurde zweimal auf die Schaltfläche geklickt: Der Farbwechsel der Zeilen ist korrekt.

10
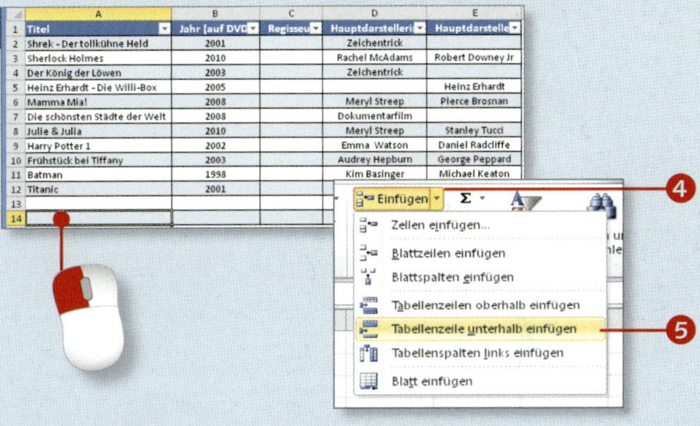

Schritt 11

Neben den Spaltenüberschriften der DVD-Tabelle sehen Sie kleine Pfeile ❻. Damit können Sie sortieren: Wollen Sie die Tabelle z. B. nach dem DVD-Erscheinungsjahr sortieren lassen, klicken Sie auf den Pfeil neben »Jahr (auf DVD)«.

11

Schritt 12

In der aufklappenden Liste klicken Sie oben auf **Nach Größe sortieren (aufsteigend)**. Das heißt, Excel fängt mit dem ältesten Erscheinungsjahr an, das neueste Datum steht ganz unten. Die ganze Tabelle wird nun umsortiert; neben dem Pfeil in der Jahr-Spalte ist ein neuer Sortierpfeil ❼ zu sehen.

12
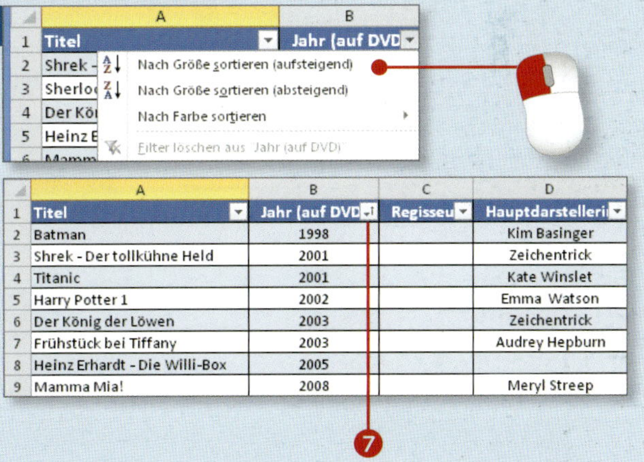

Sortieren bei Tabellen ohne Formatvorlagen
Daten in Tabellen, die Sie nicht mit einer Formatvorlage formatiert haben, sortieren Sie so: Markieren Sie die Tabelle. Klicken Sie in der Gruppe **Bearbeiten** auf **Sortieren und Filtern**, dann auf **Von A bis Z sortieren**. Die Tabelle wird nach der ersten Spalte sortiert.

Rechnen in Tabellen

Excel nimmt Ihnen das Rechnen ab. Egal, ob einfaches Zusammenzählen oder komplizierte Verweis-Rechenoperationen: Excel hat die passende Formel parat.

1

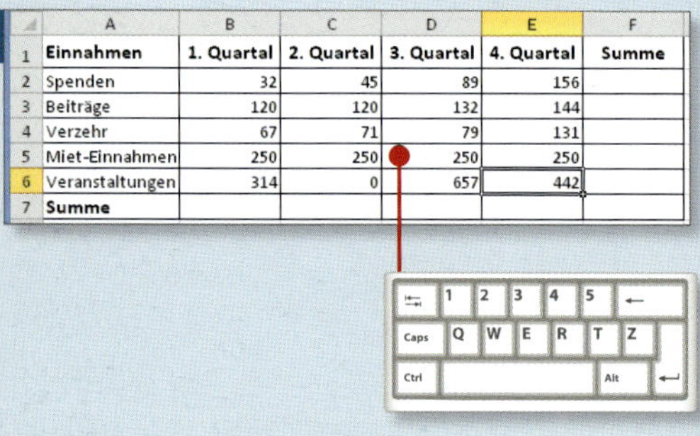

2

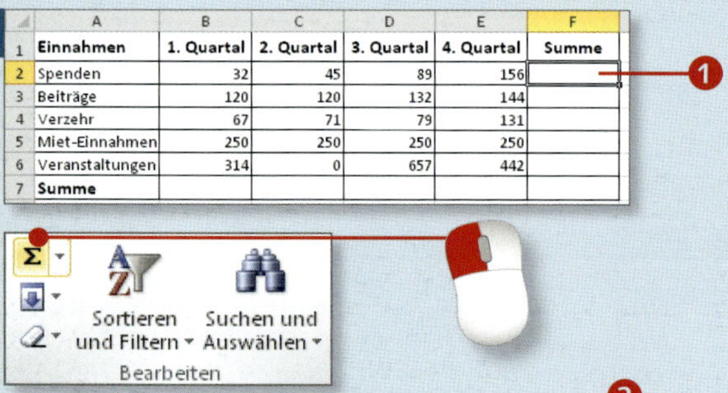

3

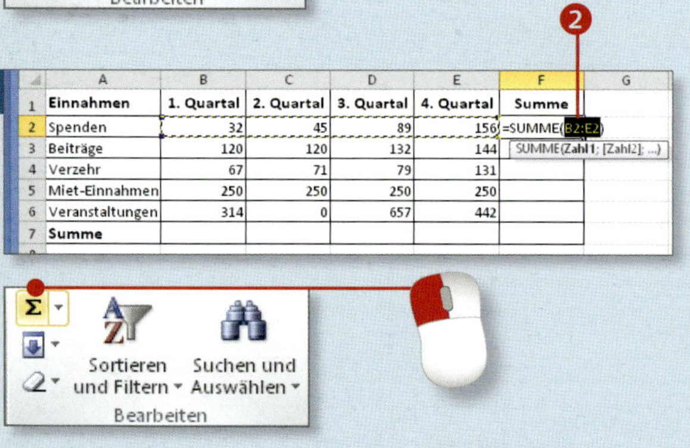

Schritt 1

Füllen Sie eine Tabelle mit Daten, die Sie auswerten wollen, etwa die Einnahmen eines kleinen Vereins über vier Quartale. Es sollen nun Jahressummen gezogen werden, und zwar pro Einnahmeart und gesamt pro Quartal.

Schritt 2

Klicken Sie in die Zelle, in der die Summe einer Einnahmeart stehen soll (im Beispiel Zelle F2) ❶. Klicken Sie dann auf der Registerkarte **Start** innerhalb der Gruppe **Bearbeiten** auf das **Summe**-Symbol (nicht auf den Pfeil, siehe Kasten auf Seite 200).

Schritt 3

Excel erkennt die Werte, die addiert werden sollen, automatisch. Prüfen Sie, ob es sich auch um die richtigen Zellen handelt ❷ (siehe Kasten auf dieser Seite). Klicken Sie dann zur Bestätigung noch einmal auf das **Summe**-Symbol in der Gruppe **Bearbeiten**.

Ups! Datum mitgerechnet

Manchmal steht in der ersten Spalte eine laufende Nummer oder ein Datum; das zählt Excel schon mal mit. In dem Fall markieren Sie die Zellen selbst: Klicken Sie auf die Zelle mit der ersten Zahl, die in die Summe soll. Ziehen Sie die Maus mit gedrückter Taste bis zur letzten Zelle mit einer Zahl. Klicken Sie dann wieder auf das **Summe**-Symbol.

Schritt 4

In der Zelle steht nun die Summe ❸. Klicken Sie auf das *Ausfüllkästchen* unten rechts an dieser Zelle, und ziehen Sie es bis zur vorletzten Zeile nach unten. So kopieren Sie die Formel schnell in die anderen Summenzellen.

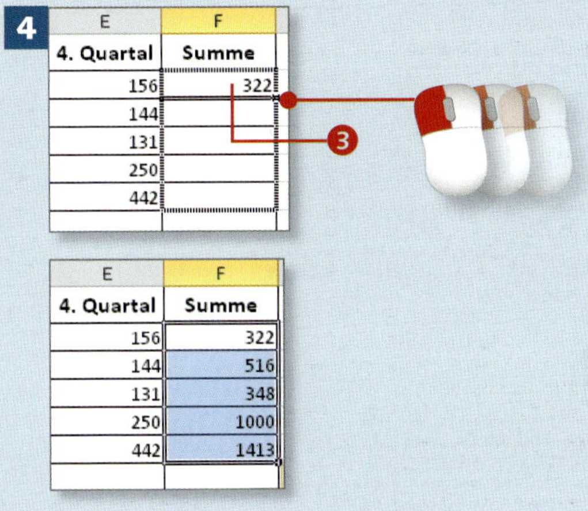

Schritt 5

Klicken Sie jetzt in die unterste Zelle ❹ Ihrer Tabelle in der Spalte »1. Quartal«. Die Zahlen darüber sollen alle addiert werden. In so einem »klaren Fall« klicken Sie doppelt auf das **Summe**-Symbol rechts oben in der Gruppe **Bearbeiten**. Schon steht die Summe in der Zelle ❺.

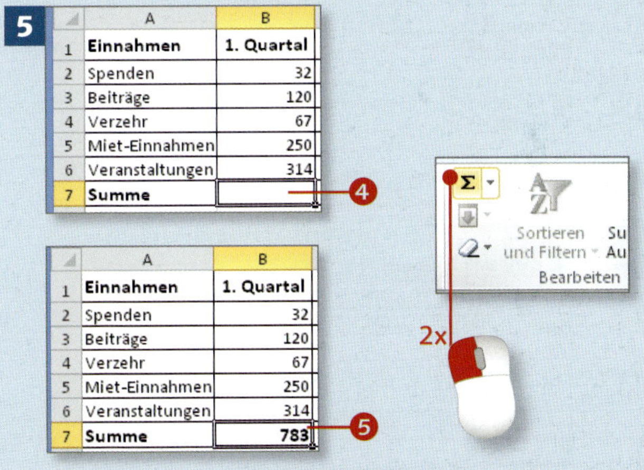

Schritt 6

Kopieren Sie die Formel durch Ziehen der Zelle mit dem Ausfüllkästchen nach rechts bis zum vierten Quartal. Welche Zahlen Sie in der letzten Zelle (hier F7) ❻ summieren ist egal; die Summe muss gleich sein – sowohl beim Addieren der Quartalssummen, als auch der Einnahmeartensummen.

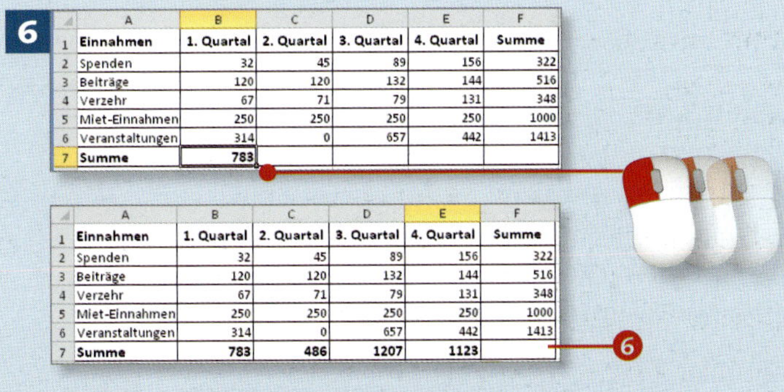

Rechnen in Tabellen (Forts.)

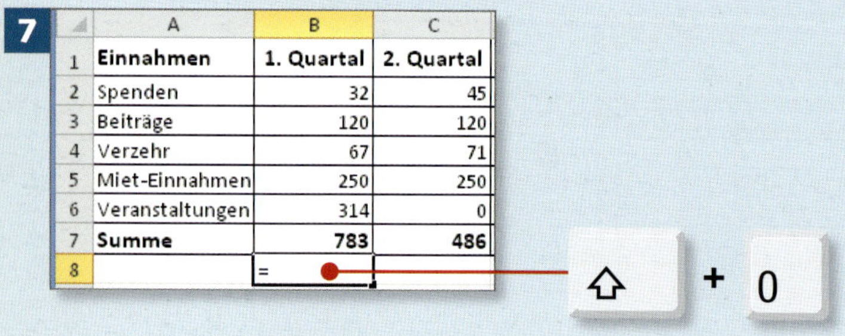

Schritt 7

Um von einer Summe, z. B. der in Zelle B7, wieder eine Zahl abzuziehen, klicken Sie die Zelle unter der Summe an und geben ein Gleichheitszeichen ein (gleichzeitig [⇧]-Taste und [0] drücken).

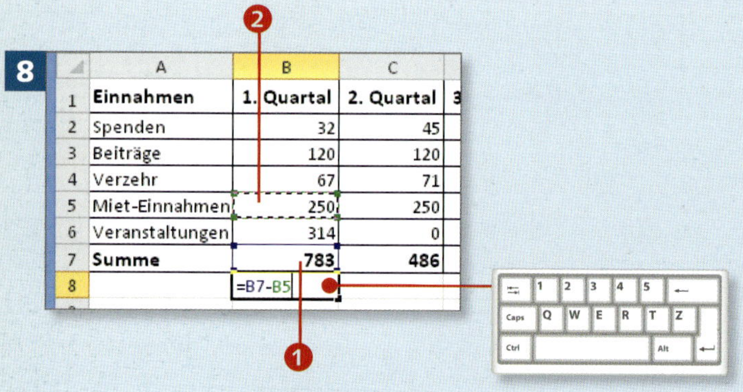

Schritt 8

Klicken Sie die Summe in Zelle B7 ❶ an, drücken Sie dann die [-]-Taste auf Ihrer Tastatur, und klicken Sie auf die Zahl, die Sie abziehen wollen, hier in Zelle B5 ❷. Drücken Sie schließlich die [↵]-Taste. So haben Sie selbst eine Formel eingegeben.

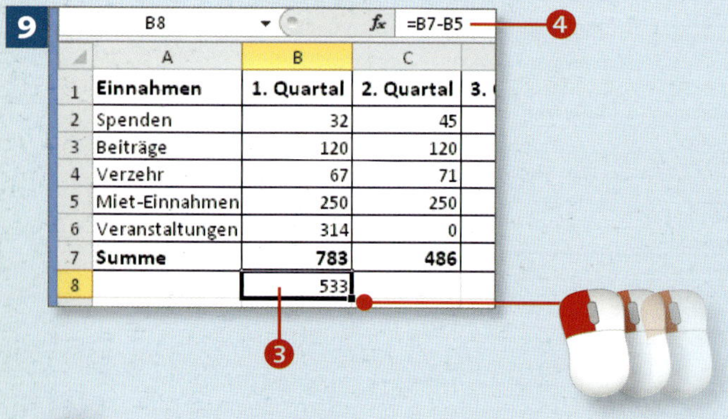

Schritt 9

In der Tabelle steht in der Zelle mit der Formel das Ergebnis ❸, während Sie in der Bearbeitungsleiste die Formel sehen ❹. Ziehen Sie die Formel mit dem Ausfüllkästchen nach rechts, um auch für die anderen Quartale das Ergebnis der Berechnung zu sehen.

Schnell wieder zur obersten Zeile kommen

Bei langen Tabellen sehen Sie die ersten Zeilen gar nicht mehr. Um wieder dorthin zu kommen, tippen Sie »A1« in das Namensfeld ganz links auf der Bearbeitungsleiste und drücken die [↵]-Taste, dann springt Excel wieder nach oben zur ersten Zeile.

Schritt 10

Um herauszufinden, wie viel im Durchschnitt pro Quartal eingenommen wurde, errechnen Sie den Mittelwert. Klicken Sie hinter die erste Summe, hier Zelle G2. Geben Sie ein Gleichheitszeichen ein.

10
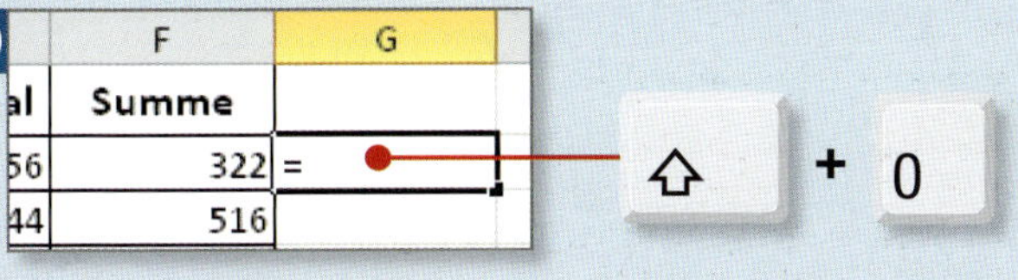

Schritt 11

Klicken Sie auf die Summe in der Zelle links daneben, und geben Sie ein Geteiltzeichen ein (gleichzeitig [⇧]-Taste und [7] drücken). Dann tippen Sie eine »4« ein und drücken die [↵]-Taste; so erhalten Sie den Mittelwert pro Quartal. Ziehen Sie die Formel nach unten.

11
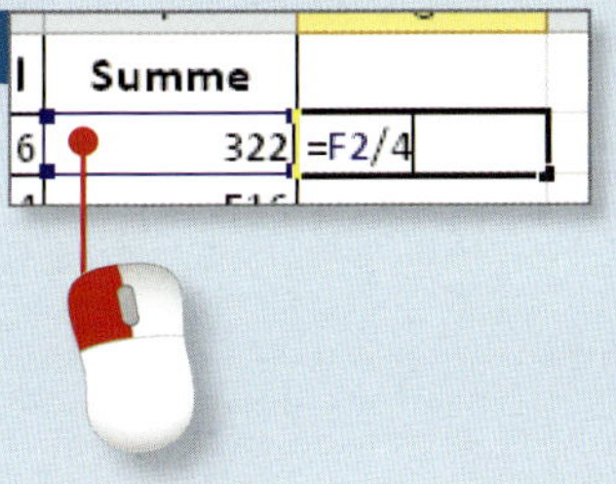

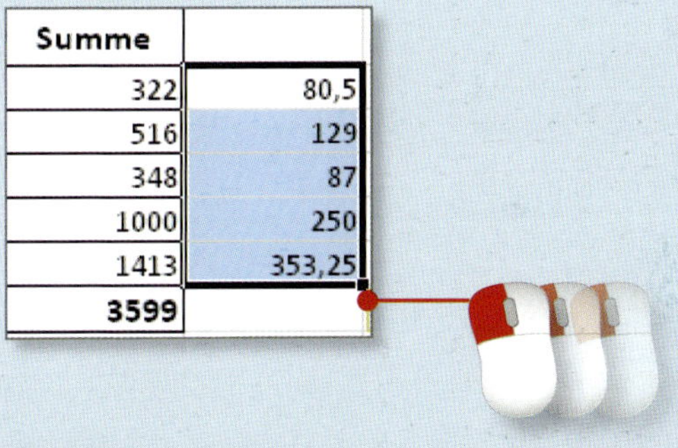

Schritt 12

Die Ergebnisse sind Zahlen, teilweise mit, teilweise ohne Stellen hinter dem Komma. Um alle Zahlen zu vereinheitlichen, markieren Sie die ganze Tabelle und klicken auf der Registerkarte **Start** innerhalb der Gruppe **Zahl** auf das **Währung**-Symbol; alle Zahlen erhalten ein Euro-Zeichen und zeigen zwei Stellen hinter dem Komma an. Ergänzen Sie Überschriften und Rahmenlinien, passen Sie Spaltenbreiten an (siehe dazu den Abschnitt »Tabellen verschönern und sortieren«) – fertig ist Ihre Tabelle.

12

	A	B	C	D	E	F	G
1	**Einnahmen**	**1. Quartal**	**2. Quartal**	**3. Quartal**	**4. Quartal**	**Summe**	**Mittelwert pro Q.**
2	Spenden	32,00 €	45,00 €	89,00 €	156,00 €	322,00 €	80,50 €
3	Beiträge	120,00 €	120,00 €	132,00 €	144,00 €	516,00 €	129,00 €
4	Verzehr	67,00 €	71,00 €	79,00 €	131,00 €	348,00 €	87,00 €
5	Miet-Einnahmen	250,00 €	250,00 €	250,00 €	250,00 €	1.000,00 €	250,00 €
6	Veranstaltunger	314,00 €	- €	657,00 €	442,00 €	1.413,00 €	353,25 €
7	**Summe**	**783,00 €**	**486,00 €**	**1.207,00 €**	**1.123,00 €**	**3.599,00 €**	
8	ohne Miete	533,00 €	236,00 €	957,00 €	873,00 €	2.599,00 €	

Formeln anwenden

Bei langen Zahlenreihen berechnen Sie einen Mittelwert so: Klicken Sie in die Zelle unter der Zahlenreihe. Klicken Sie in der Bearbeitungsleiste auf das Formelzeichen **fx**, und wählen Sie aus der Liste **Mittelwert**. Markieren Sie die Zellen, die in die Rechnung einbezogen werden sollen. Klicken Sie auf **OK**.

Zellen kopieren und verschieben

1
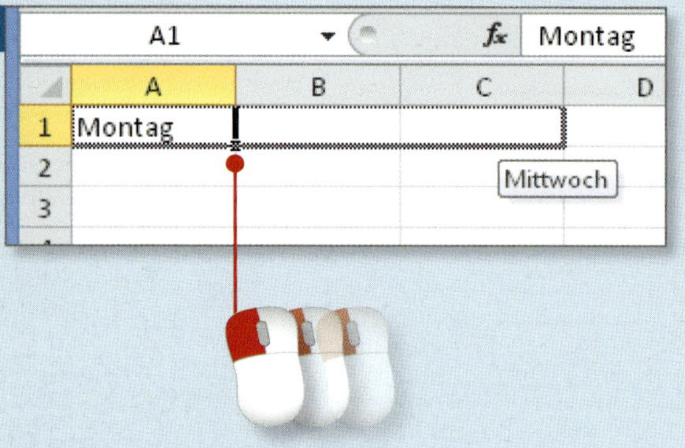

2
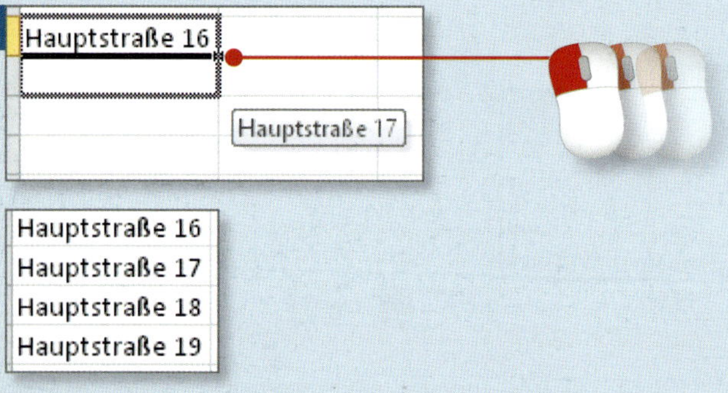

3
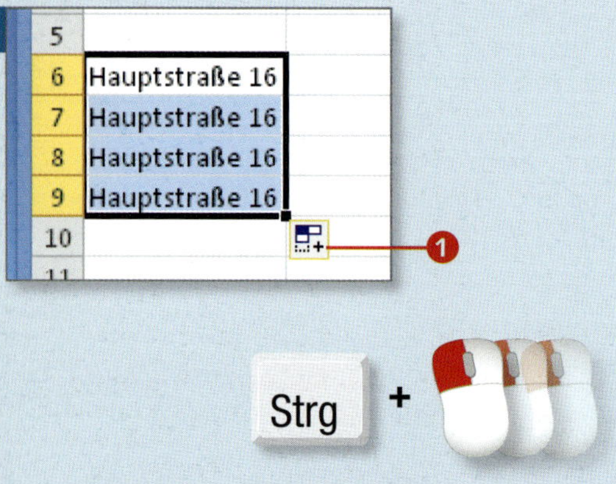

Nicht nur beim Rechnen hilft Excel, auch beim Eingeben einer Reihe gleichartiger Begriffe wie Wochentage bietet es eine einfache Technik, diese Reihen automatisch auszufüllen.

Schritt 1

Die Autoausfüllen-Funktion spart viele Arbeitsschritte. Hier ein weiteres Beispiel: Schreiben Sie »Montag« in eine Zelle, und bestätigen Sie die Eingabe. Ziehen Sie das Ausfüllkästchen der Zelle A1 mit der Maus nach rechts – Excel ergänzt die restlichen Wochentage.

Schritt 2

Formeln und einzelne Zahlen können Sie ebenfalls mit dem Ausfüllkästchen in andere Zellen ziehen und dabei kopieren. Aber Achtung: Bei manchen Zellinhalten schreibt Excel die Reihe einfach fort, vor allem bei Zellen mit Text und Zahl.

Schritt 3

Kopieren Sie die Zelle dann so: Ziehen Sie das Ausfüllkästchen bei gedrückter Strg-Taste weiter. Das Fadenkreuz, das das aktive Ausfüllkästchen anzeigt, hat nun ein weiteres kleines Pluszeichen 1. Das Kopieren funktioniert in alle Richtungen.

Schritt 4

Sie können eine Zelle auch an eine Stelle kopieren, die nicht direkt neben der Originalzelle liegt. Greifen Sie mit der Maus den **Rand** der Originalzelle (nicht das Ausfüllkästchen!), sobald Sie den Vierfachpfeil sehen. Ziehen Sie die Zelle bei gedrückter Strg-Taste und Maustaste an den neuen Ort. Lassen Sie Strg- und Maustaste wieder los.

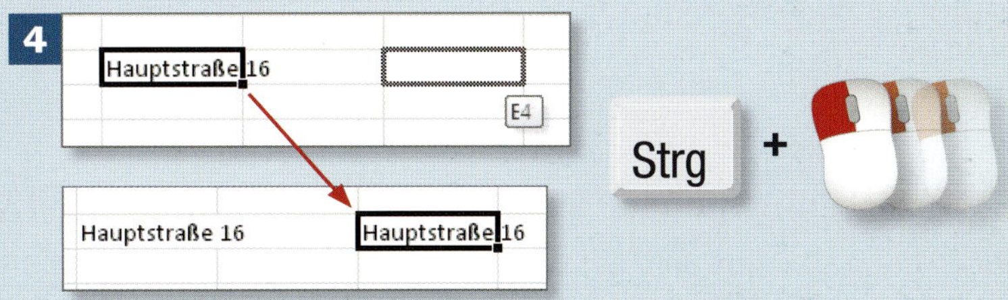

Schritt 5

Zum *Verschieben* einer Zelle greifen Sie den Rand der Zelle und ziehen sie an den neuen Ort. Hier benötigen Sie keine weitere Taste.

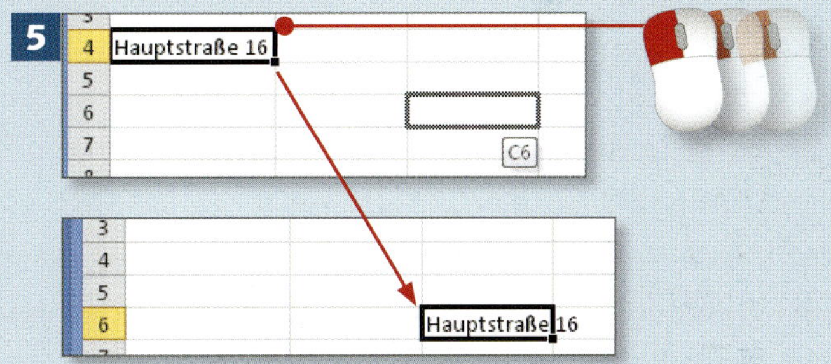

Schritt 6

Mehrere Zellen verschieben Sie so: Markieren Sie die Zellen. Führen Sie den Mauszeiger über den Rand der Zellen, und drücken Sie die Maustaste, sobald Sie den Vierfachpfeil sehen. Ziehen Sie die Zellen mit gedrückter Maustaste an den neuen Platz. Klicken Sie dann an eine andere Stelle, um die Markierung wieder aufzuheben.

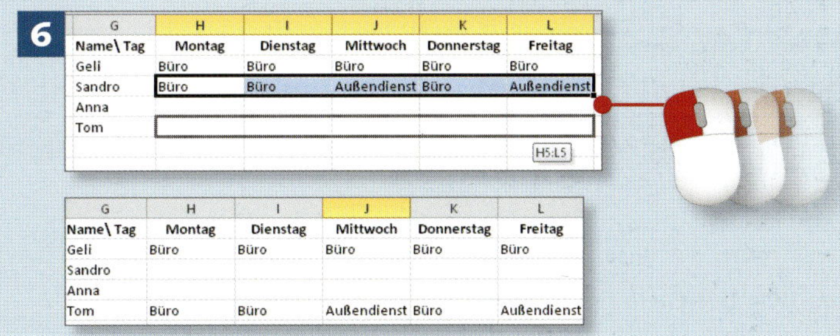

Vorsicht beim Verschieben formatierter Zellen

Wenn Sie eine formatierte Zelle verschieben, verliert der bisherige Platz der Zelle diese Formatierung. Die Formatierung stellen Sie wieder her, in dem Sie eine formatierte Zelle anklicken, dann in der Gruppe **Zwischenablage** auf den Pinsel klicken und schließlich direkt die unformatierte Zelle anklicken.

Kapitel 9
Dateien und Ordner verwalten

Auf Ihrem Notebook sammeln sich im Laufe der Zeit viele persönliche Dateien: Texte, Excel-Tabellen, Fotos, Musik. Je mehr, desto unübersichtlicher wird es. Wie finden Sie bei 1.000 Bildern, die alle einfach unter »Fotos« abgelegt sind, ein bestimmtes Bild wieder? In diesem Kapitel lernen Sie, wie Sie Ihre Dateien besser in klar benannten Ordnern speichern.

Den Explorer kennenlernen
Der Explorer ist Ihr Lager für Dateien. Er beinhaltet vier Bibliotheken ❶ – Bilder, Dokumente, Musik, Videos –, in denen wiederum Regale stehen. Auf den Regalbrettern liegen Ordner, in denen beim Aufklappen mehrere Unterordner sichtbar werden können. Auf den Regalbrettern liegen aber auch Fotos oder Texte, die bisher noch nicht in einen Ordner einsortiert wurden.

Dateien im Explorer verwalten
Sie legen neue Ordner ❷ an, benennen Dateien und Ordner um und verschieben die »losen« Dateien von den Regalbrettern in die richtigen Ordner. Was Sie nicht mehr aufheben möchten, löschen Sie.

Musik von einer CD speichern
Sie füllen Ihre Musik-Bibliothek, indem Sie entweder im Internet Musik-Downloads kaufen oder Musik von CDs speichern. Das Programm Windows Media Player ❸ macht das Überspielen von Musik auf Ihr Notebook einfach.

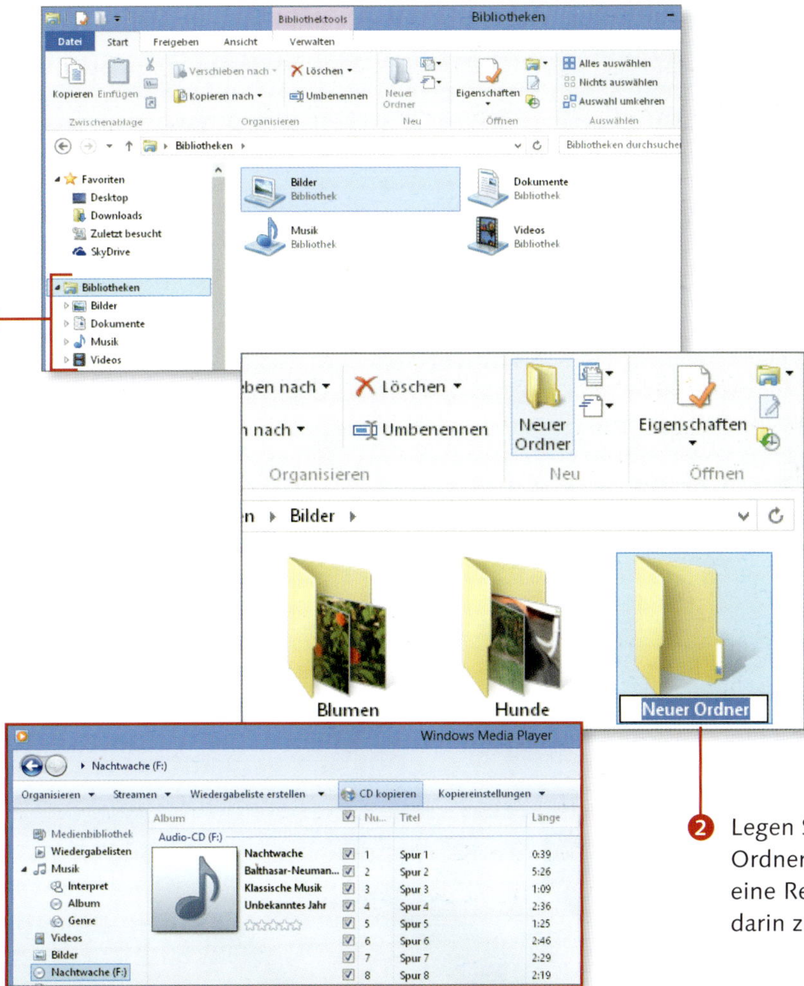

Eine Bibliothek **1** wird im rechten Fensterteil mit einem Doppelklick geöffnet.

2 Legen Sie neue Ordner an, um eine Reihe Fotos darin zu sammeln.

3 Eine CD-Aufnahme starten Sie im Windows Media Player mit einem Klick auf **CD kopieren**.

Dateien und Ordner anzeigen lassen

Windows bringt ein eigenes Programm mit, das Ihre Dateien und Ordner anzeigt. So finden Sie sich im Explorer zurecht.

Schritt 1

Öffnen Sie den Explorer vom Desktop aus durch einen Klick auf das Programmsymbol ❶. Vom Startbildschirm aus öffnen Sie den Explorer, indem Sie auf der Tastatur [E] eingeben und in der Liste auf die **Explorer**-Kachel klicken.

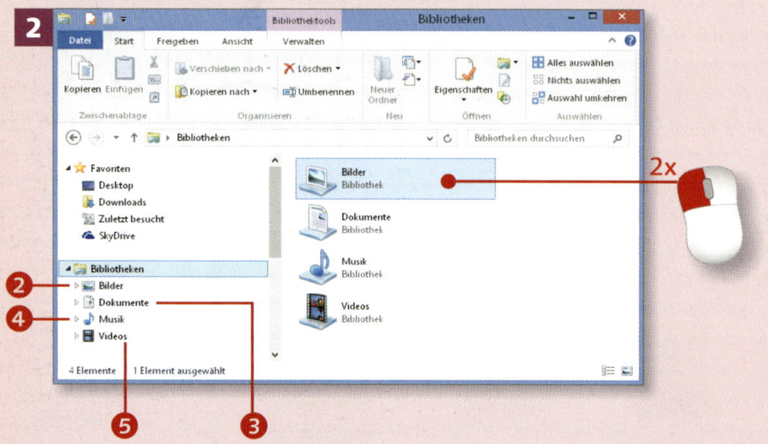

Schritt 2

Der Explorer öffnet seine Startansicht. Sie sehen folgende **Bibliotheken**: **Bilder** ❷, **Dokumente** ❸, **Musik** ❹ und **Videos** ❺. Führen Sie einen Doppelklick auf **Bilder** im rechten Fensterteil aus.

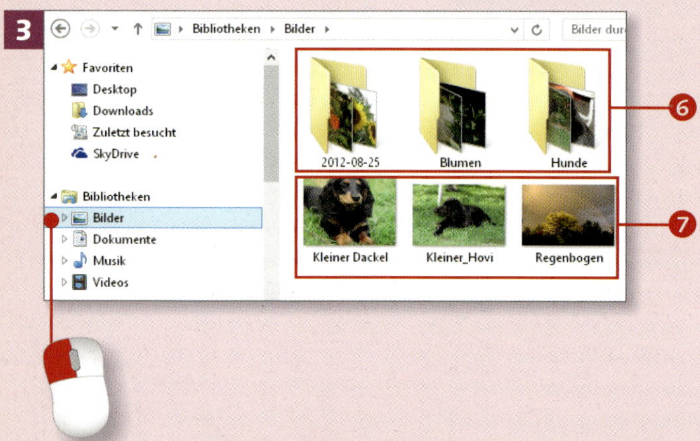

Schritt 3

Stellen Sie sich die Bibliothek als Regal vor: Dort stehen Fotoalben ❻ (d. h. Ordner) mit vielen Fotos; es liegen aber auch Fotos »lose« im Regal. Diese Fotos sehen Sie direkt als Miniaturbilder ❼, wenn Sie die Bibliothek **Bilder** öffnen.

Schritt 4

Ein Doppelklick zeigt das Foto in ganzer Größe. Entweder wird die Fotos-App geöffnet oder die Windows Fotogalerie (siehe Kapitel 6, »Fotos sortieren und bearbeiten«, ab Seite 128). Um zum Explorer zurückzukehren, klicken Sie in der App links oben auf die Explorer-Miniatur ❽. Die Fotogalerie beenden Sie mit einem Klick auf das Schließkreuz.

Schritt 5

Die linke Spalte des Explorers ist der Navigationsbereich: Hier können Sie schnell zu einer anderen Bibliothek wechseln. Klicken Sie auf **Dokumente**. Jetzt sehen Sie im rechten Fensterteil alle Dokumente wie Tabellen oder Texte.

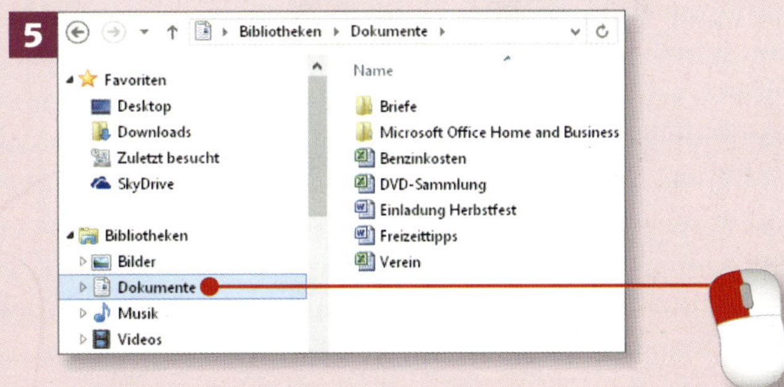

Schritt 6

Dateien und Programme, die Sie aus dem Internet heruntergeladen haben, finden Sie im Navigationsbereich unter **Downloads**.

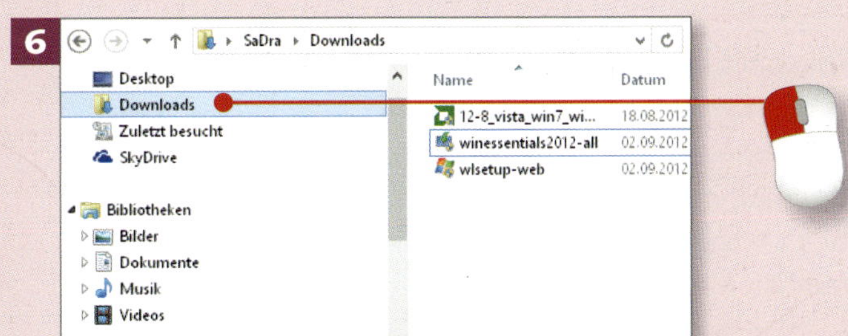

Doppelklick oder einmal klicken?
Der Explorer ist so eingestellt, dass Sie alles in der Navigationsleiste auf der linken Seite einmal anklicken. Zum Öffnen eines Ordners oder einer Datei im rechten Fensterteil klicken Sie doppelt.

Dateien und Ordner anzeigen lassen (Forts.)

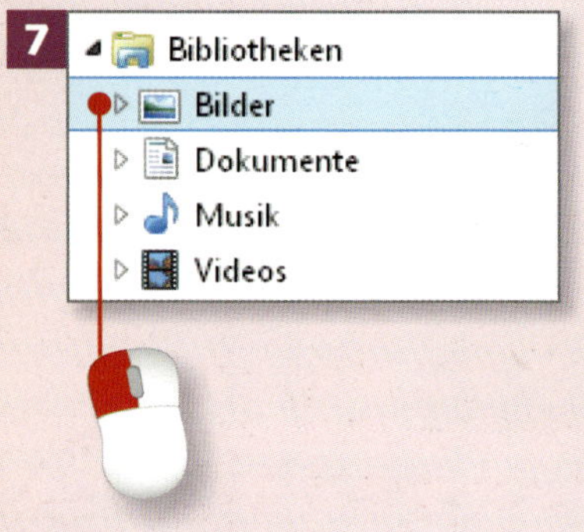

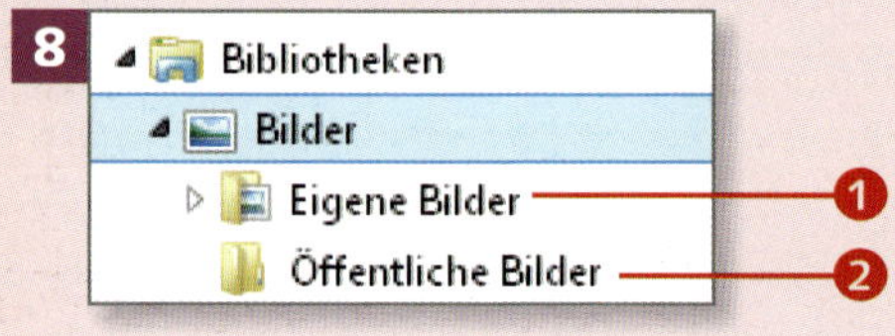

Schritt 7

Mit der Zeit wird die Anzahl der Ordner in Ihrem Regal wachsen; in großen Ordnern sind kleinere Unterordner gespeichert. Diese Unterordner werden beim Aufruf des Explorers nicht automatisch angezeigt. So rufen Sie die Unterordner auf: Klicken Sie im Navigationsbereich links auf das kleine weiße Dreieck vor der Bibliothek **Bilder**.

Schritt 8

Jetzt werden die Unterordner der Bibliothek Bilder angezeigt: Die Ordner **Eigene Bilder** ❶ und **Öffentliche Bilder** ❷ sind zu sehen. Die »eigenen Bilder« entsprechen den Bildern, die Sie beim Aufrufen der Bibliothek **Bilder** sehen.

Schritt 9

Klicken Sie auf das kleine weiße Dreieck vor dem Ordner **Eigene Bilder**. Jetzt werden die Unterordner angezeigt, die bisher unter **Eigene Bilder** angelegt wurden. Das kleine Dreieck hat seine Richtung und Füllfarbe geändert; die Ordnerliste wurde erweitert.

i

Linker und rechter Bereich des Explorers

Im rechten Fensterteil sehen Sie im Allgemeinen den Inhalt dessen, was links markiert und damit hellblau hervorgehoben ist. Wenn links und rechts die gleichen Ordner zu sehen sind, heißt das, dass Sie den gleichen übergeordneten Ordner angeklickt haben.

Schritt 10

Mit dem Klick auf das kleine Dreieck haben Sie nur die Anzeige im Navigationsbereich links erweitert. Im rechten Fensterteil sehen Sie immer noch den Inhalt der in Schritt 7 angeklickten Bibliothek **Bilder**.

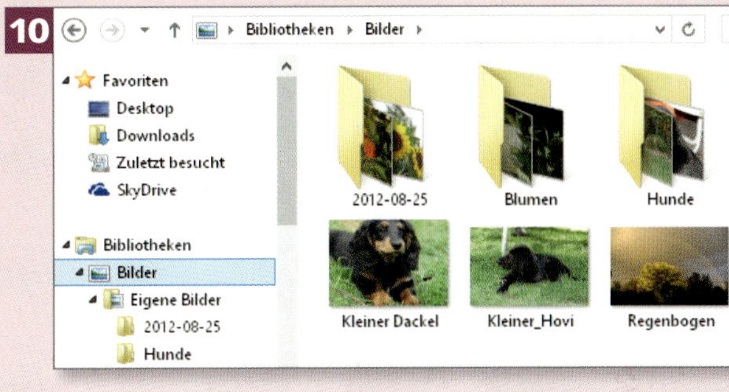

Schritt 11

Klicken Sie im Navigationsbereich auf den Namen eines Unterordners, hier der Ordner Reisen. Jetzt sehen Sie im rechten Fensterteil den Inhalt des links angeklickten Ordners. Wenn Sie rechts einen Unterordner mit Doppelklick öffnen, wird die Ordnerliste im Navigationsbereich automatisch ausgeklappt. Sollte das nicht der Fall sein, schalten Sie die Ausklappfunktion ein (siehe Kasten auf dieser Seite).

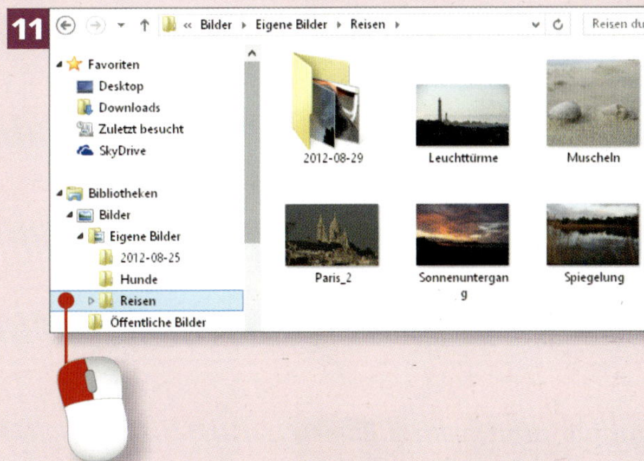

Schritt 12

Welcher Ordner gerade angeklickt ist, sehen Sie auch oben in der Adressleiste: Ausgehend von der Bibliothek ❸ haben Sie den großen Ordner **Bilder** ❹ geöffnet, der den Ordner **Eigene Bilder** ❺ enthält. Schließlich haben Sie auf **Reisen** ❻ geklickt. Mit dem Pfeil ❼ kommen Sie wieder zu dem zuvor angeklickten Ordner zurück.

Ordner automatisch ausklappen

Klicken Sie auf der Registerkarte **Ansicht** ganz rechts auf **Optionen ▸ Ordner- und Suchoptionen**. Der Explorer öffnet ein Dialogfenster; setzen Sie dort im Abschnitt Navigationsbereich auf **Aktuellen Ordner automatisch erweitern** ein Häkchen in das Kästchen.

Dateien und Ordner markieren und auswählen

Sie sparen viele kleine Einzelschritte, wenn Sie Dateien richtig markieren und damit auswählen können. Nur markierte Dateien können kopiert, verschoben, geöffnet oder gelöscht werden.

1

Schritt 1

Öffnen Sie im Explorer einen Ordner mit vielen Dateien. Im Beispiel ist es ein Bilderordner.

2

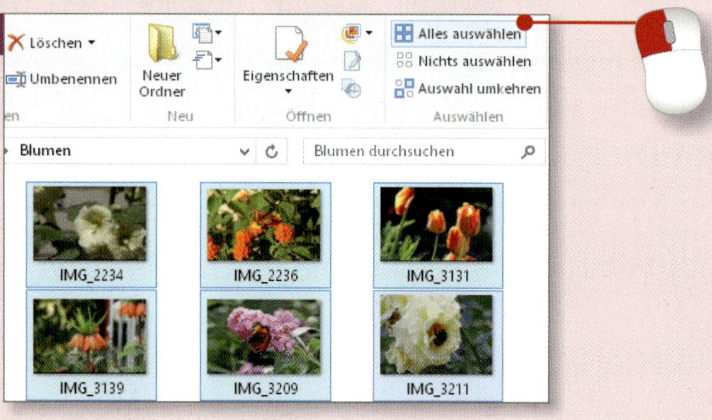

Schritt 2

Alle Bilder sollen markiert werden. Drücken Sie gleichzeitig die Tasten [Strg] + [A]; so markieren Sie alle Dateien auf einmal. Nutzen Sie lieber die Maus, dann klicken Sie im Menüband auf **Alles auswählen**.

3

Schritt 3

Nur einige Dateien sollen markiert werden, die nebeneinanderliegen. Klicken Sie das erste Bild ❶ an, lassen Sie die Maustaste los, drücken Sie die [⇧]-Taste, und klicken Sie – bei gedrückter [⇧]-Taste – auf das letzte Bild, das Sie markieren wollen.

Schritt 4

Sie wollen Dateien markieren, die nicht nebeneinanderliegen? Hier hilft die Strg-Taste. Drücken Sie die Strg-Taste, und halten Sie sie gedrückt. Klicken Sie mit der Maus die Bilder an, die Sie markieren wollen.

Schritt 5

Klicken Sie jeweils nur kurz auf ein Bild, und bewegen Sie nicht die Maus, wenn die Maustaste gedrückt ist: Sonst legen Sie aus Versehen Kopien der Dateien an (siehe Kasten auf dieser Seite). Bis auf diese Einschränkung ist das Markieren mit Strg-Taste und Mausklick sehr nützlich.

Schritt 6

Beim Markieren mit der Strg-Taste ist es egal, wie weit die Dateien auseinanderliegen. Sie können auch scrollen, um weitere Dateien anzuklicken. Solange Sie die Markierung nicht aufheben, also nirgendwo klicken, merkt sich der Explorer, welche Dateien Sie bisher angeklickt haben.

4

5

6

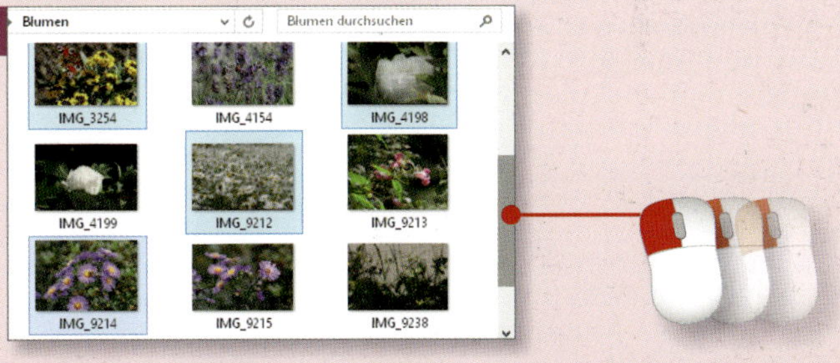

Unerwünschte Kopien

Wenn Sie plötzlich Kopien der markierten Dateien im Ordner finden, haben Sie aus Versehen die **Kopieren**-Funktion genutzt: Wenn Sie markierte Dateien an einen anderen Ort ziehen und dabei die Strg-Taste gedrückt halten, werden die markierten Dateien kopiert. Als Ziehen interpretiert der Explorer leider auch schon kleine Bewegungen mit gedrückter Maustaste, während Sie noch die Strg-Taste gedrückt halten.

Dateien kopieren, verschieben und löschen

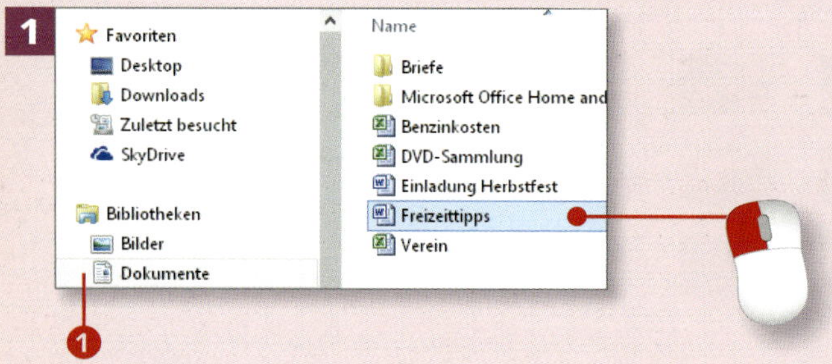

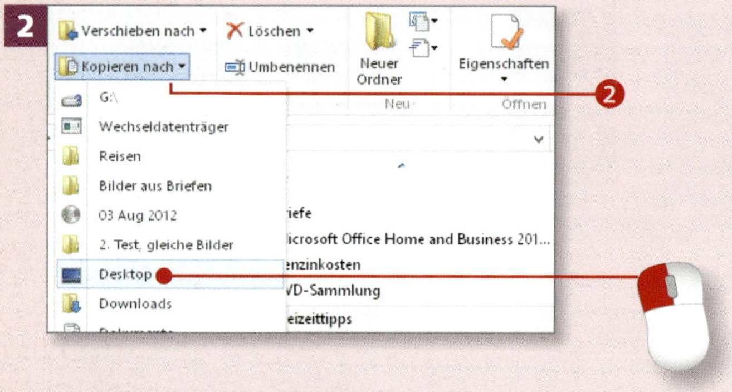

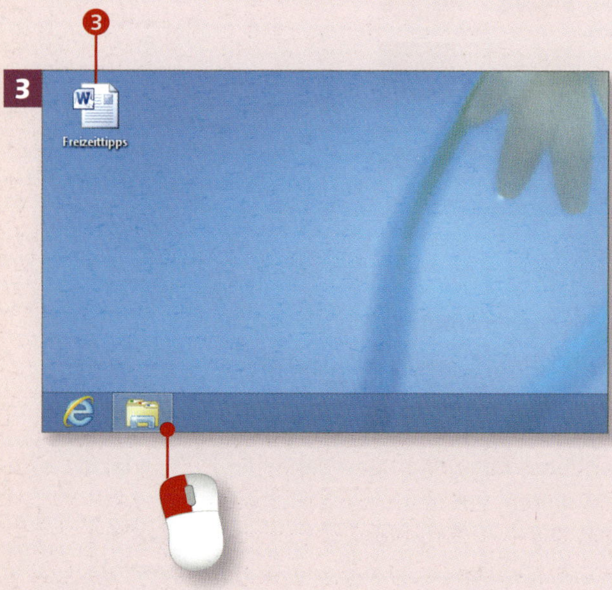

Dateien, die Sie an mehreren Stellen brauchen, kopieren Sie. Um Dateien besser wiederzufinden, verschieben Sie sie. Nicht mehr benötigte Dateien löschen Sie.

Schritt 1

Öffnen Sie den Explorer, und klicken Sie die Bibliothek **Dokumente** ❶ an. Die Word-Datei **Freizeittipps** soll auf den Desktop kopiert werden, damit sie Ihnen ganz schnell zur Verfügung steht. Klicken Sie die Datei an.

Schritt 2

Oben im Menüband klicken Sie in der Gruppe **Organisieren** auf **Kopieren nach** ❷. In der Auswahlliste klicken Sie auf **Desktop**. Ein kurzes Flackern, schon ist die Datei kopiert.

Schritt 3

Die Datei ❸ ist auf dem Desktop. Mit einem Doppelklick können Sie sie ab sofort direkt öffnen. Kehren Sie zum Explorer zurück, indem Sie unten in der Taskleiste auf das Programmsymbol klicken.

Schritt 4

Zum Verschieben einer Datei klicken Sie die Datei an und im Menüband auf **Verschieben nach** ❹. Im Beispiel verschieben Sie das Bild **Muscheln** in den Ordner **Reisen 2011** ❺. In der **Bilder**-Bibliothek ist das Bild nicht mehr direkt zusehen, Sie finden es im **Reisen**-Ordner.

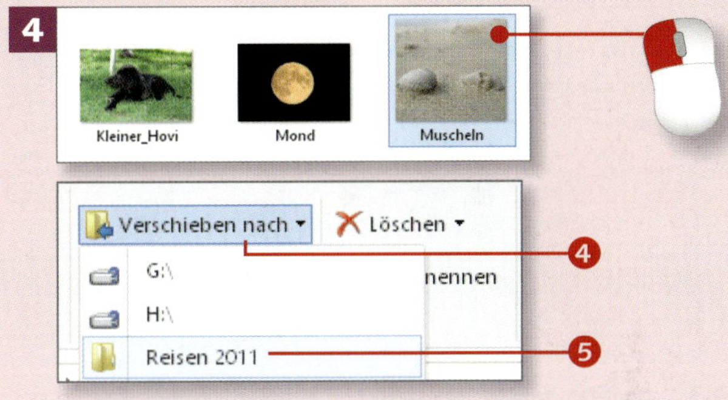

Schritt 5

So verschieben Sie mit der Maus: Greifen Sie die Datei, und ziehen Sie sie mit gedrückter Maustaste nach links in den Zielordner in der Navigationsleiste. Soll die Datei in einen Unterordner, warten Sie einen Augenblick. Die Unterordner werden automatisch aufgelistet. Dann können Sie die Datei direkt in den Unterordner verschieben und dort die Maustaste loslassen.

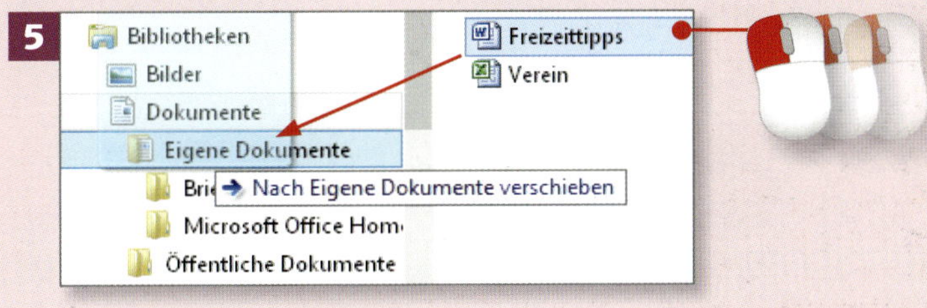

Schritt 6

Eine Datei löschen Sie auch über das Menüband: Klicken Sie zunächst die Datei an. Im Menüband klicken Sie dann auf **Löschen** ❻. Eine gelöschte Datei liegt im Papierkorb, solange Sie beim Löschen nicht auf **Endgültig löschen** geklickt oder den Papierkorb zwischenzeitlich nicht geleert haben (siehe Abschnitt »Mit der Maus arbeiten« ab Seite 34).

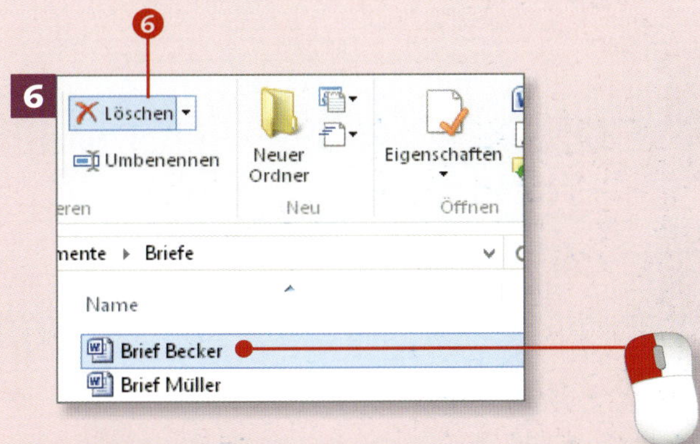

Rückgängig machen

Wenn Sie eine Datei aus Versehen verschoben oder gelöscht haben und dies rückgängig machen wollen, drücken Sie gleichzeitig [Strg] + [Z]. Das macht die letzte Aktion rückgängig.

Dateien umbenennen

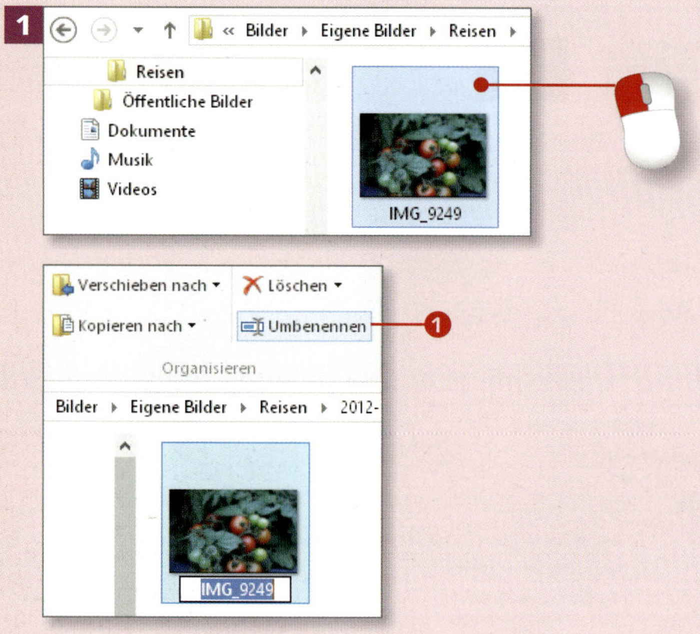

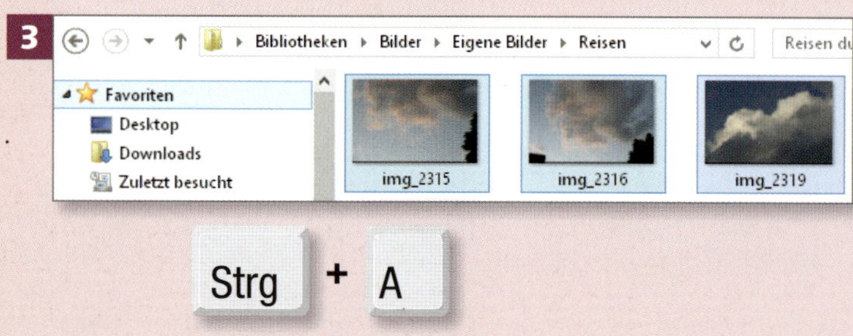

Wenn Sie viele Bilder von einer Kamera gespeichert haben, wird es unübersichtlich. Sehen Sie hier, wie Sie Bilder umbenennen.

Schritt 1

Öffnen Sie den Ordner, in dem die umzubenennende Datei liegt. Klicken Sie die Datei an. In der Gruppe **Organisieren** im Menüband klicken Sie auf **Umbenennen** ❶. Der Name des Bildes, der unter der Bildminiatur steht, ist nun blau hinterlegt.

Schritt 2

Tippen Sie jetzt direkt den neuen Namen ein; klicken Sie nicht erst in das Namensfeld. Die blaue Markierung bedeutet: Der erste Buchstabe, den Sie tippen, ersetzt den bisherigen Namen. Zum Speichern des neuen Namens drücken Sie die [↵]-Taste.

Schritt 3

So benennen Sie mehrere Bilder in einem Ordner auf einmal um: Markieren Sie die Bilder, wie im Abschnitt »Dateien und Ordner markieren und auswählen« ab Seite 218 beschrieben. Um alle Bilder eines Ordners auf einmal umzubenennen, markieren Sie sie mit [Strg] + [A].

Schritt 4

Klicken Sie auf **Umbenennen** im Menüband. Der Name des zuletzt angeklickten Bildes wird blau hinterlegt. Geben Sie den neuen Namen ein, und drücken Sie die [↵]-Taste.

Schritt 5

Die markierten Bilder tragen den neuen Namen und eine laufende Nummer; dabei ist das bisher letzte Bild nun das erste. Die restliche Reihenfolge stimmt noch.

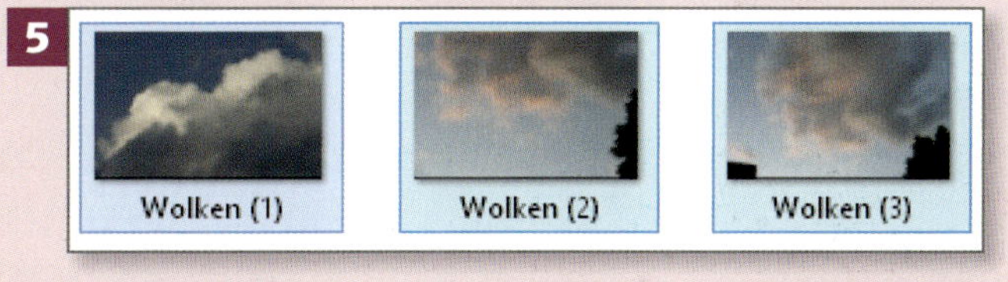

Schritt 6

Um den Effekt »letztes wird erstes Bild« zu vermeiden, klicken Sie zum Umbenennen mit der rechten Maustaste auf das erste der markierten Bilder. Aus dem Kontextmenü wählen Sie **Umbenennen** ❷. Jetzt geben Sie den neuen Namen ein und drücken die [↵]-Taste. Die Bilder tragen nun die neuen Namen in der richtigen Reihenfolge.

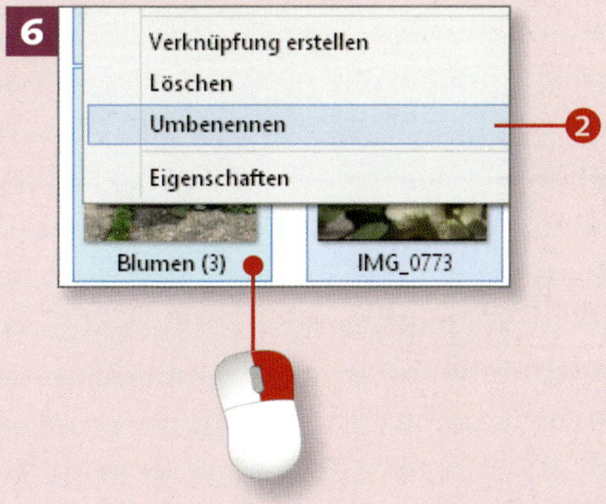

Verschiedene Dateitypen
Nicht nur mehrere Bilder, auch Texte und Tabellen können Sie in einem Rutsch umbenennen. Markieren Sie alle Dateien, und benennen Sie sie um. Sie sehen nun mehrere Dateien mit gleichem Namen, aber unterschiedlichen Typs.

Ordner anlegen, verschieben und löschen

Ordner sind genauso flexibel zu benutzen wie Dateien. Anders als Dateien können Sie Ordner neu anlegen, um sie mit Dateien zu füllen. Ebenso wie einzelne Dateien können Sie Ordner verschieben oder löschen.

1

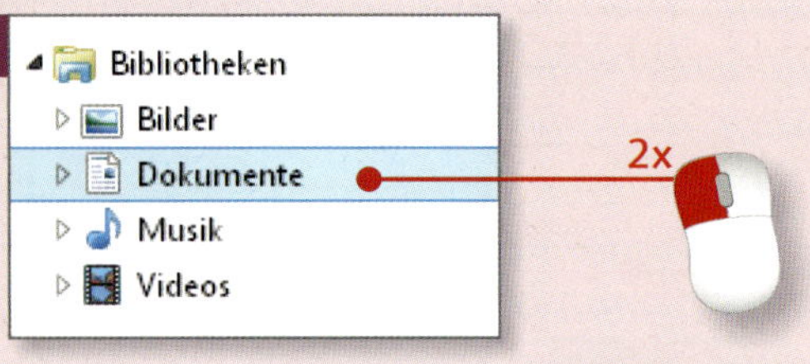

Schritt 1

Öffnen Sie eine Bibliothek, in der Sie einen neuen Ordner anlegen wollen. Im Beispiel soll ein Ordner »Briefe« neu in der Bibliothek **Dokumente** angelegt werden. Zum Öffnen der Bibliothek klicken Sie im Explorer links im Navigationsbereich oder rechts per Doppelklick auf **Dokumente**.

2

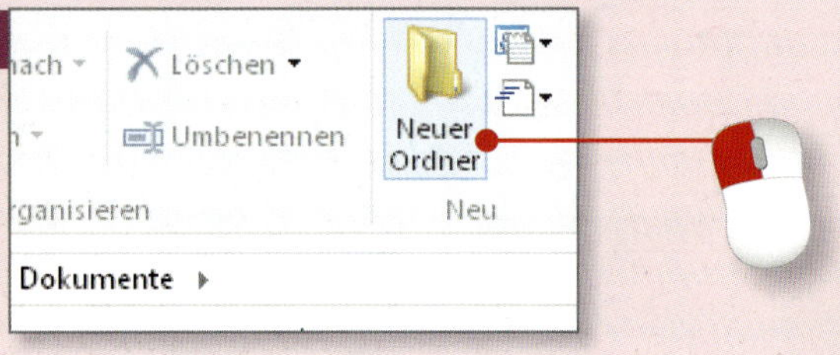

Schritt 2

Klicken Sie im Menüband in der Gruppe **Neu** auf die Schaltfläche **Neuer Ordner**.

3

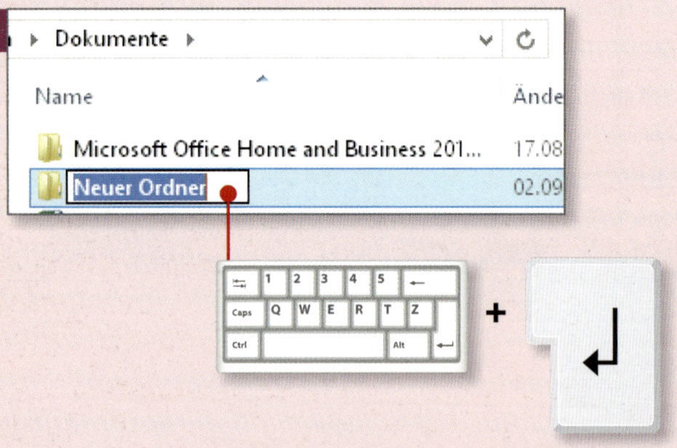

Schritt 3

Im rechten Hauptfenster wird der Ordner angelegt. Im Namensfeld ist der Text neuer Ordner schon markiert, also blau hinterlegt. Tippen Sie, ohne zu klicken, den Namen an. Bestätigen Sie den neuen Namen noch mit der [↵]-Taste; jetzt ist der neue Ordner einsatzbereit.

Wie sortiert der Explorer?
Von Haus aus sortiert der Explorer nach dem Alphabet. Wenn also ein Ordner umbenannt wird oder ein neuer Ordner hinzugefügt wird, ändert sich die Reihenfolge der Ordner so, dass die Ordner wieder von A–Z sortiert sind.

Schritt 4

Einen Ordner verschieben Sie so: Klicken Sie auf den Ordner, den Sie verschieben wollen. In der Menüleiste klicken Sie auf **Verschieben nach**. Wählen Sie einen Ort durch Klicken aus, hier **Bilder** ❶. Der Ordner ist nun am neuen Ort zu finden.

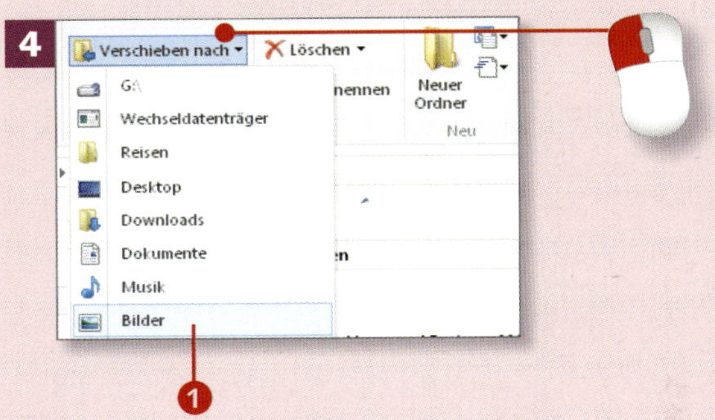

Schritt 5

Auch mit der Maus können Sie Ordner verschieben. Greifen Sie den Ordner mit Mausklick, und ziehen Sie ihn mit nach wie vor gedrückter Maustaste zum Zielordner, hier **Eigene Bilder**. Sobald Sie die Meldung **Nach Eigene Bilder verschieben** lesen, lassen Sie die Taste los. Sie sehen: Der Explorer erweitert automatisch die Ordnerliste, so dass Sie auch einen anderen Ordner oder Unterordner wählen könnten.

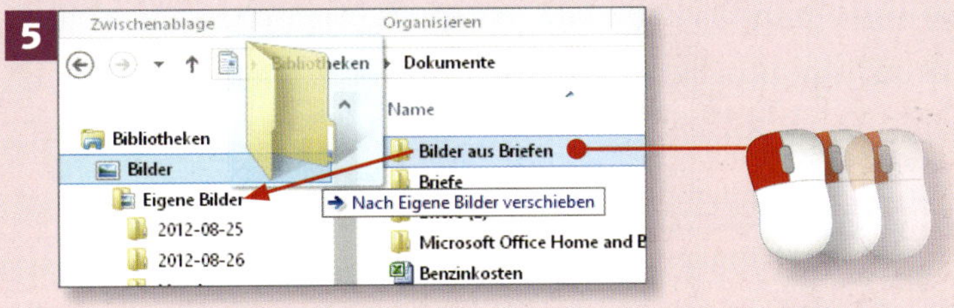

Schritt 6

Zum Löschen klicken Sie den Ordner an und klicken in der Menüleiste auf **Löschen** ❷. Wenn Sie auf den kleinen Pfeil ❸ klicken, können Sie den Ordner direkt endgültig löschen ❹. Er landet dann nicht erst im Papierkorb. Hier können Sie auch einstellen, dass Windows künftig eine Bestätigung vor dem Löschen ❺ anfordert.

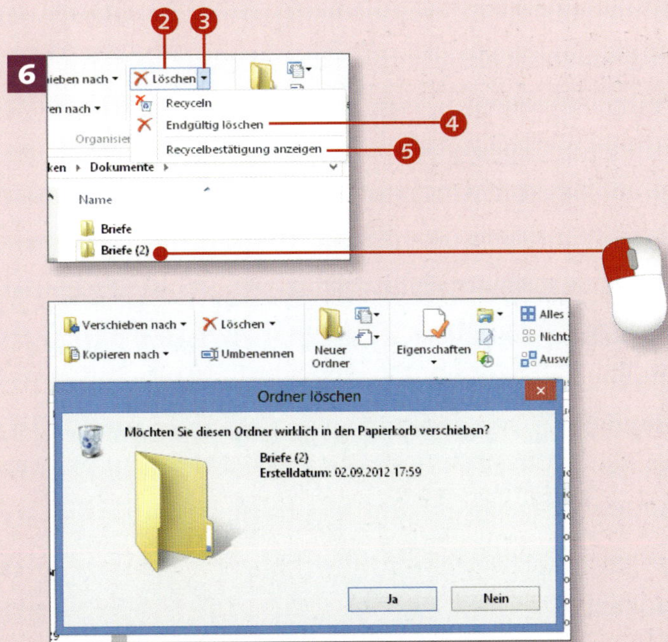

Dateien suchen

1

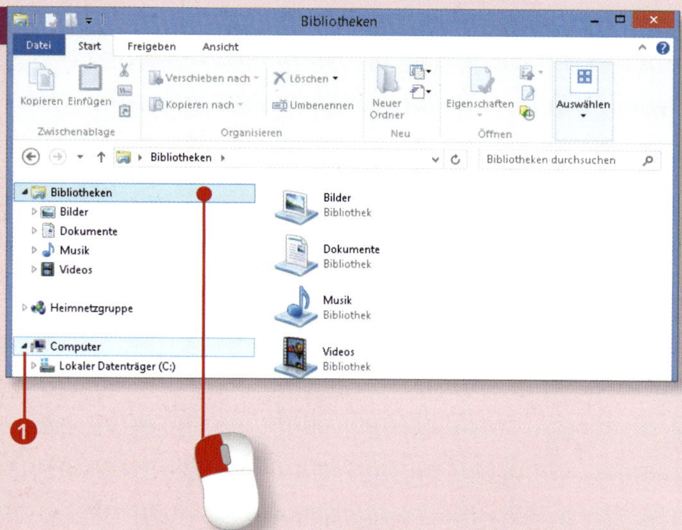

2

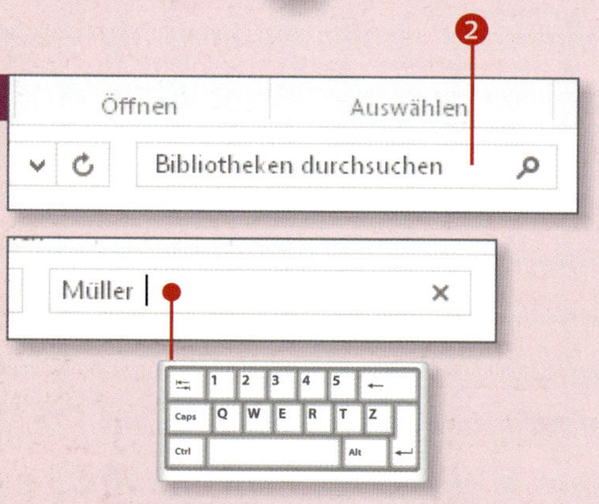

3

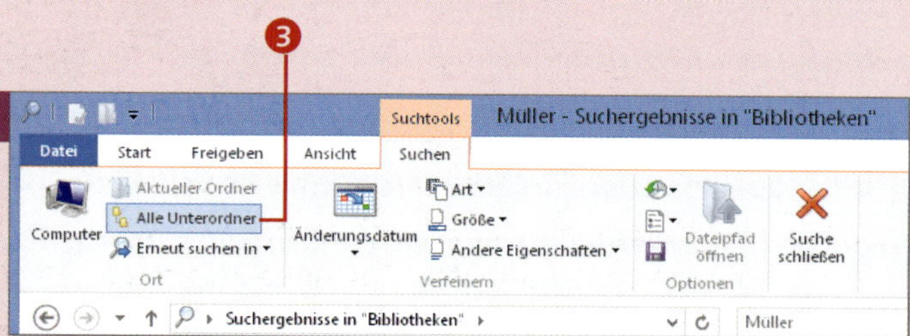

Sie haben doch da mal einen Brief geschrieben, aber wo ist der jetzt? Dateien zu suchen, macht Ihnen der Explorer leicht.

Schritt 1

Haben Sie die Datei in einer Bibliothek gespeichert oder außerhalb? Wenn Sie sich nicht sicher sind, klicken Sie links unten auf **Computer** ❶. Allerdings kann es sehr lange dauern, bis Windows den ganzen Computer durchsucht hat. War es ganz sicher in einer Bibliothek, klicken Sie auf **Bibliotheken**.

Schritt 2

Rechts neben der Adresszeile ist das Suchfeld ❷; klicken Sie in das Feld, und geben Sie ein Wort ein, das Sie mit der gesuchten Datei verbinden.

Schritt 3

Das Menüband zeigt jetzt das **Suchen**-Register mit den **Suchtools**. Im linken Bereich sehen Sie, dass in allen Unterordnern gesucht wird ❸. Die Suche kann lange dauern; im Beispiel ist der Explorer sehr schnell mit der Suche fertig, daher sind im Menüband keine weiteren Einstellungen nötig.

Schritt 4

Der Explorer zeigt im rechten Fensterteil das Ergebnis 4 der Suche an. Je nach Suche sind auch viele Treffer möglich. Zu jedem Treffer werden einige Angaben gemacht; daran können Sie erkennen, ob die gesuchte Datei dabei ist. Im Beispiel ist die Datei gefunden, und Sie verschieben sie direkt in **Eigene Dokumente ▸ Briefe**.

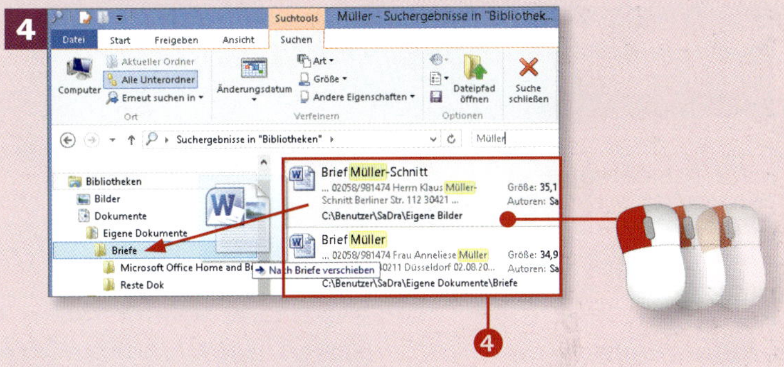

Schritt 5

Bei einer Suche im Computer sollten Sie weitere Angaben machen, um die Suche einzugrenzen und abzukürzen. Wenn Sie wissen, wann ungefähr Sie die Datei erstellt haben, klicken Sie auf **Änderungsdatum**. Wählen Sie einen Zeitraum 5 aus; er erscheint im **Suchfeld** hinter dem Suchbegriff.

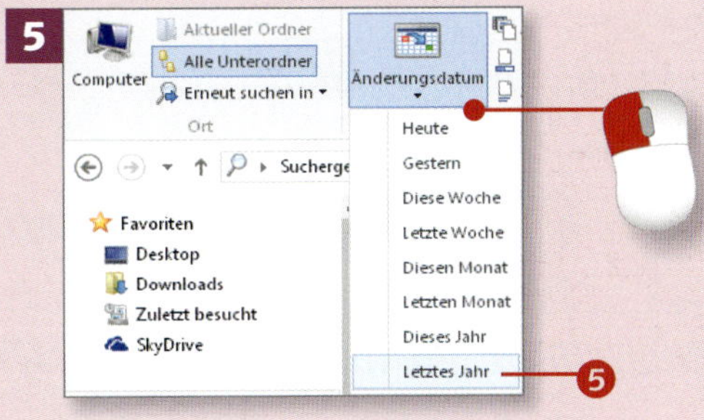

Schritt 6

Kennen Sie den Dateityp, klicken Sie auf **Andere Eigenschaften** und dort auf **Typ** 6. Hinter dem Suchbegriff steht nun »typ:« 7. Bei Dokumenten geben Sie »docx« ein, bei Tabellen »xlsx«, bei Bildern »jpg« oder »jpeg«.

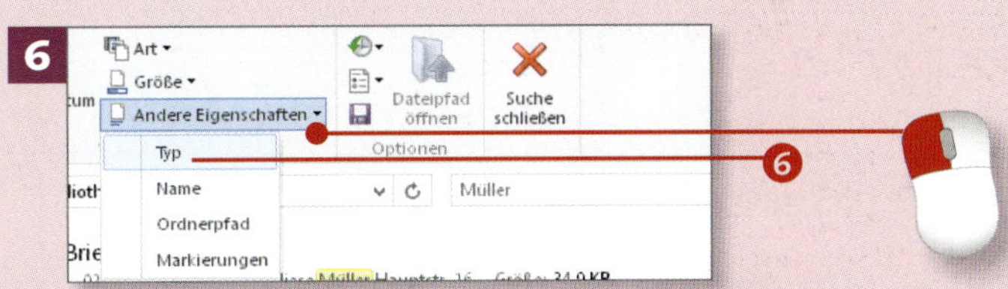

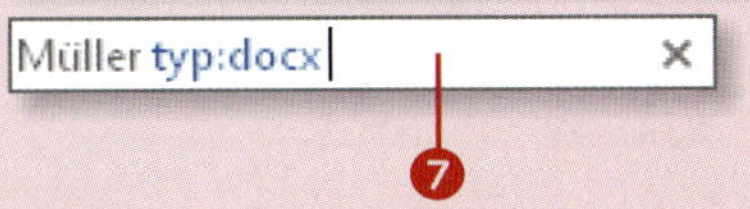

Dateitypen immer anzeigen lassen

Der Explorer zeigt die Dateiendungen nur an, wenn dies so eingestellt ist. Aus Sicherheitsgründen ist das Einblenden zu empfehlen. Solche exe-Dateien können Ihrem Notebook durch Viren schaden. Zum Einblenden klicken Sie auf der Registerkarte **Ansicht** innerhalb der Gruppe **Ein-/ausblenden** in das Kästchen neben **Dateinamenerweiterungen**.

Daten auf einen USB-Stick kopieren

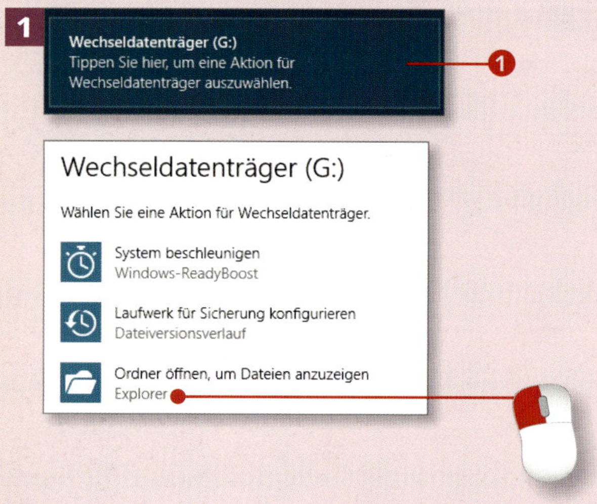

Heute gibt es viele Möglichkeiten, Dateien an andere weiterzugeben. Ein bequemer Weg ist die Weitergabe per USB-Stick: Er ist klein und kann viele Dateien speichern.

Schritt 1

Stecken Sie den USB-Stick in Ihr Notebook (siehe dazu den Abschnitt »Welche Anschlüsse hat ein Notebook« ab Seite 14). Windows fordert Sie auf, eine Aktion auszuwählen ❶. Klicken Sie auf **Ordner öffnen, um Dateien anzuzeigen**.

Schritt 2

Der Explorer wird geöffnet. Sie sehen links unter **Computer** die angeschlossenen Laufwerke. Jedes Laufwerk hat einen Buchstaben, Ihre Festplatte hat z. B. immer den Buchstaben C. Der USB-Stick hat hier den Buchstaben G ❷. Er ist ein Wechseldatenträger, da Sie ihn an wechselnden Computern anschließen können.

Schritt 3

Wechseln Sie nun zu der Bibliothek, in der die Daten sind, die Sie auf den USB-Stick kopieren wollen. Klicken Sie dazu oberhalb von Computer auf die Bibliothek mit den Dateien. Markieren Sie die Dateien.

Schritt 4

Klicken Sie im Menüband auf **Kopieren nach**. In der aufklappenden Liste klicken Sie oben auf **Wechseldatenträger**. Der Explorer kopiert Ihre Dateien.

Schritt 5

Klicken Sie jetzt wieder unten im Navigationsbereich auf den USB-Stick (**Wechseldatenträger (G:)**), um zu kontrollieren, ob die Dateien auch kopiert wurden. Sie werden nicht als Bilder-Miniaturen angezeigt, sondern als Liste ❸ mit Details.

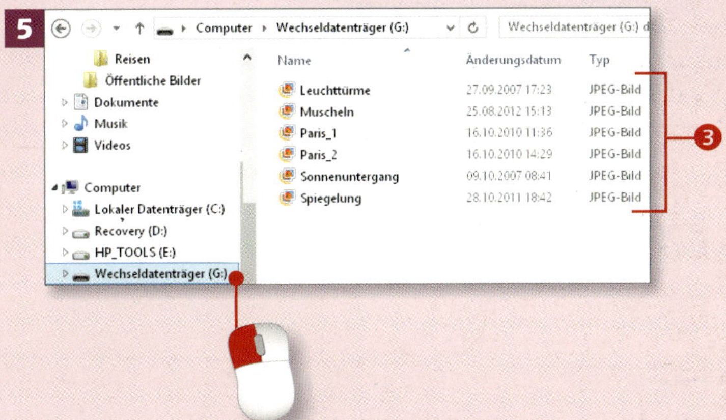

Schritt 6

Um auch hier die Miniaturen zu sehen, klicken Sie im Menüband auf **Ansicht** ❹. In der Gruppe **Layout** klicken Sie auf **Mittelgroße Symbole**.

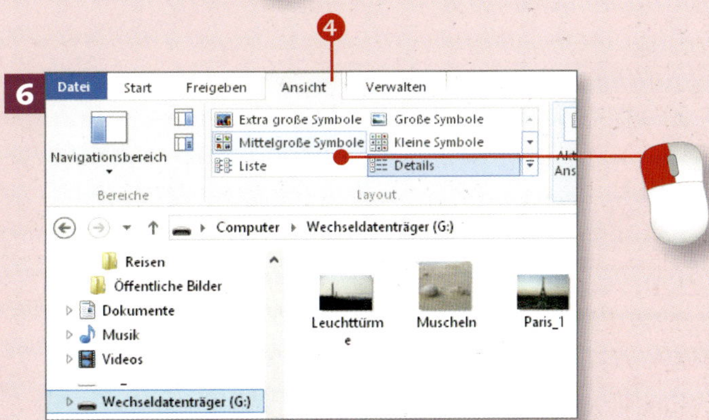

Und umgekehrt?

Wollen Sie Dateien von einem USB-Stick auf Ihr Notebook kopieren, wiederholen Sie Schritt 1. Markieren Sie alle Dateien auf dem USB-Stick, und klicken Sie im Menüband auf **Kopieren nach**. Wählen Sie die Bibliothek und dort den Ordner aus.

Eine CD/DVD brennen

1

2

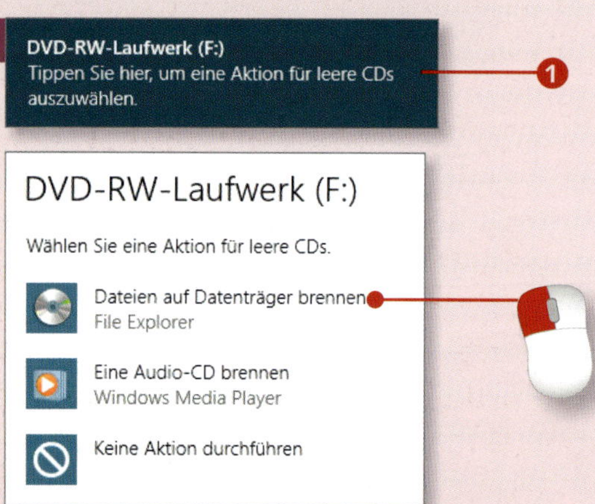

3

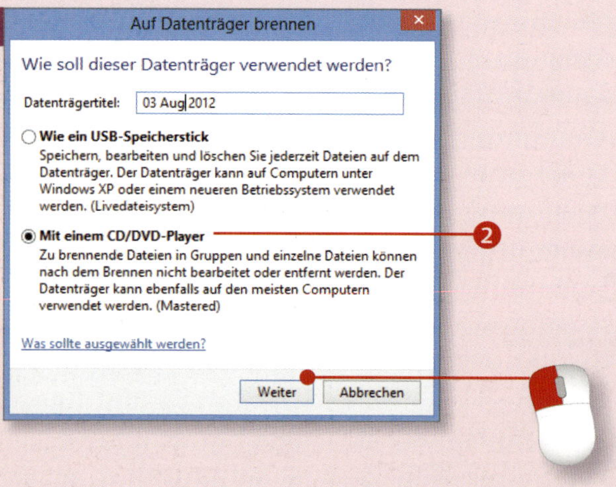

Eine weitere Möglichkeit, Daten weiterzugeben, bieten CDs und DVDs. DVDs können über 4 Gigabyte Daten speichern, CDs nur 700 Megabyte. Die Wahl des Mediums ist also abhängig von der Datenmenge.

Schritt 1

Öffnen Sie das DVD-Fach an Ihrem Notebook, und legen Sie eine CD oder DVD ein. Die bedruckte Seite kommt nach oben. Haben Sie ein Notebook ohne Schublade, dafür aber mit DVD-Schlitz, schieben Sie die CD oder DVD in den Schlitz.

Schritt 2

Windows fordert Sie auf, eine Aktion auszuwählen. Klicken Sie auf diese Schaltfläche ❶, und bei den Aktionen wählen Sie **Dateien auf Datenträger brennen**.

Schritt 3

Im nächsten Fenster ändern Sie den Titel der CD/DVD; der Explorer schlägt das aktuelle Datum vor. Es ist blau hinterlegt, d. h., Sie können ohne Klicken direkt einen eigenen Titel eingeben. Wählen Sie dann bei der Verwendungsart **Mit einem CD/DVD-Player** ❷, und klicken Sie auf **Weiter**.

Schritt 4

Wählen Sie die Dateien, die Sie brennen wollen, aus, wie im Abschnitt »Dateien und Ordner markieren und auswählen« ab Seite 218 beschrieben. Klicken Sie im Register **Start** ganz links auf **Kopieren**.

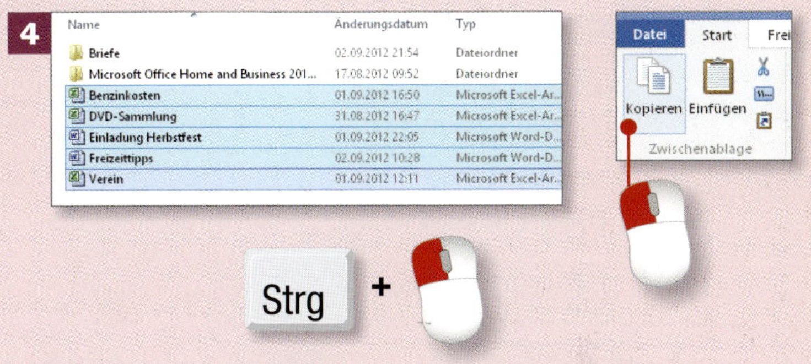

Schritt 5

Klicken Sie im Navigationsbereich unten auf das DVD-Laufwerk ❸. In der Menüleiste klicken Sie auf **Einfügen.** Im rechten Bereich werden die Dateien als noch zu brennende Dateien angezeigt ❹. Unten rechts auf Ihrem Bildschirm sehen Sie eine Erinnerungs-Sprechblase ❺.

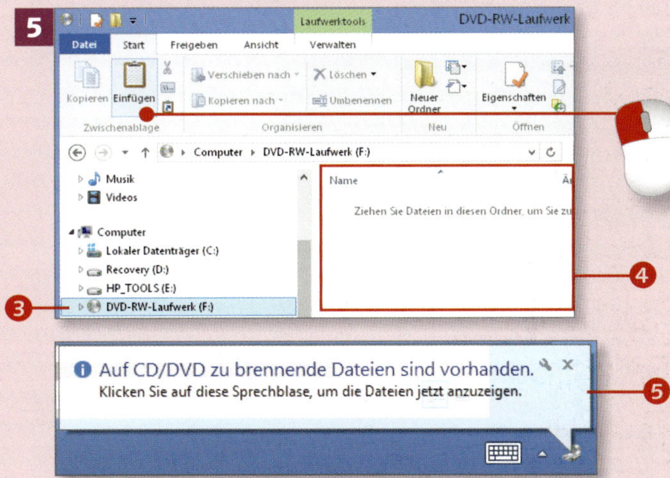

Schritt 6

Klicken Sie noch einmal im Navigationsbereich das DVD-Laufwerk an. Rufen Sie das Register **Laufwerktools ▸ Verwalten** auf, und klicken Sie auf **Brennvorgang abschließen**. Im nächsten Fenster klicken Sie auf **Weiter** ❻. Das DVD-Laufwerk startet den Brennvorgang; dabei ist deutlich ein hohes Surren zu hören. Nach dem Brennvorgang werfen viele Notebooks die CD/DVD selbstständig aus.

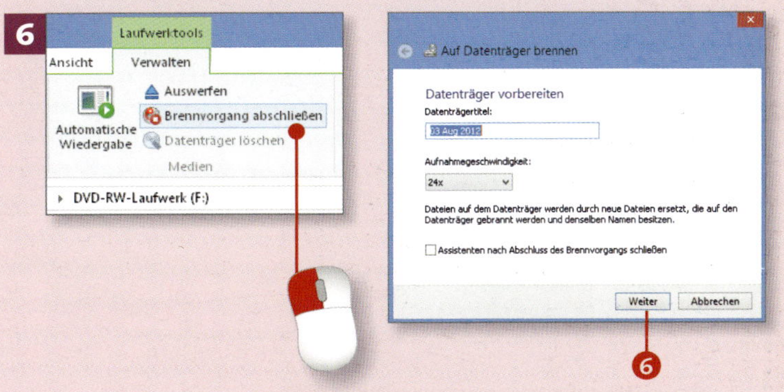

Den Inhalt einer Musik- oder Daten-CD speichern

1

2
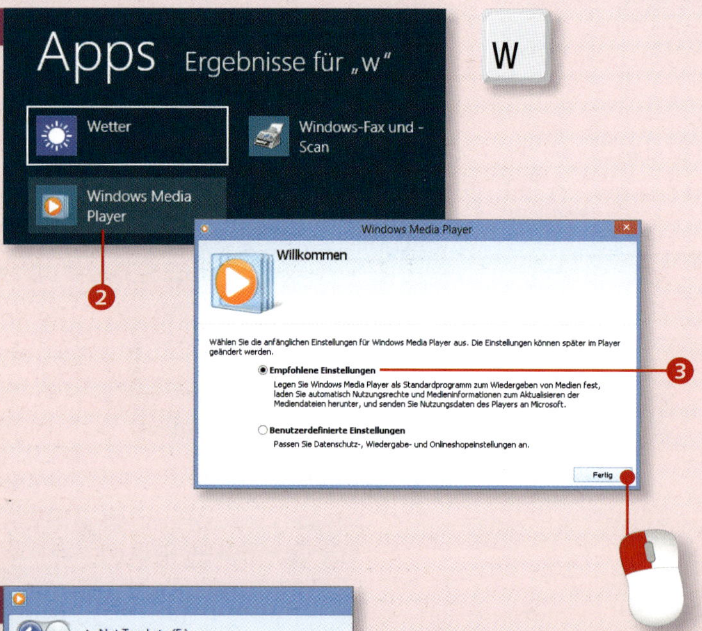

3
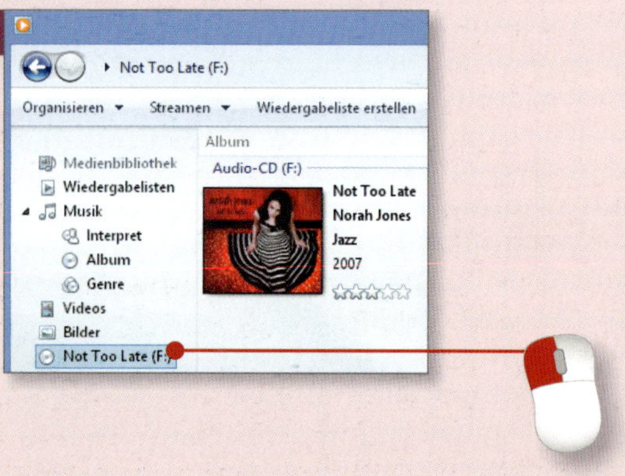

Der Explorer eignet sich nicht nur zum Sortieren und Aufbewahren von Fotos, sondern auch von Musik. Für den Hörgenuss ist der Windows Media Player zuständig.

Schritt 1

Zunächst die Musik: Legen Sie die CD in das CD-Laufwerk ein. Windows bittet um eine Aktion; klicken Sie auf die erste Schaltfläche ❶, und wählen Sie bei der zweiten Schaltfläche die Option **Keine Aktion durchführen**.

Schritt 2

Wechseln Sie zum Startbildschirm und geben Sie dort ein W oder ein M auf der Tastatur ein. Aus der App- und Programmliste wählen Sie den **Windows Media Player** ❷ aus. Beim ersten Öffnen werden Sie in einem Dialogfenster gefragt, welche Einstellungen Sie verwenden möchten; klicken Sie auf **Empfohlene Einstellungen** ❸ und auf **Fertig**.

Schritt 3

Der Windows Media Player öffnet sich. Links sehen Sie den Navigationsbereich, in dem auch die gerade eingelegte CD zu sehen ist. Klicken Sie darauf, falls sie nicht markiert ist.

Schritt 4

In der Befehlsleiste klicken Sie auf **CD kopieren**. Anhand der Fortschrittsanzeige in der Spalte **Kopierstatus** ❹ bei den einzelnen Titeln sehen Sie, dass die CD tatsächlich kopiert wird.

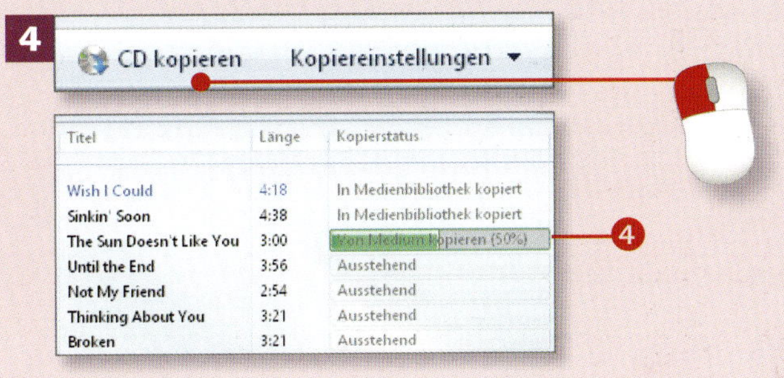

Schritt 5

Wenn die ganze CD kopiert wurde, steht bei allen Titeln **In Medienbibliothek kopiert** ❺. Ab sofort können Sie die Musik ohne CD mit Ihrem Notebook abspielen. Klicken Sie dazu den gewünschten Titel im Windows Media Player an und unten auf das Startsymbol.

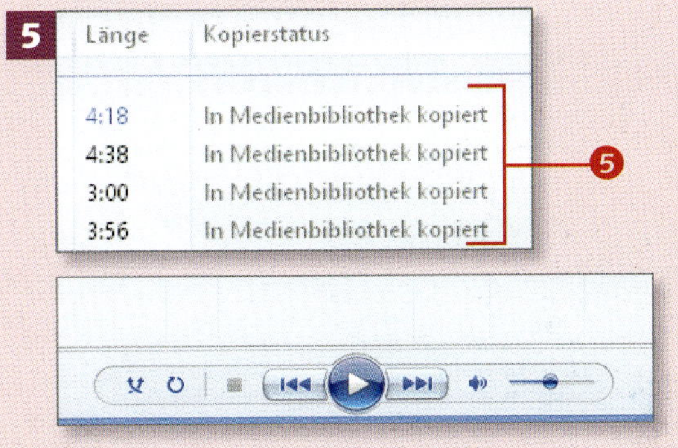

Schritt 6

Auch vom Explorer aus können Sie die Musik starten: Rufen Sie die Bibliothek **Musik** ❻ auf. Im rechten Fensterteil sehen Sie den Ordner, den der Media Player mit dem Namen des Künstlers angelegt hat. Öffnen Sie den Ordner ❼ mit einem Doppelklick, dann öffnen Sie den Album-Ordner, in den die Musiktitel kopiert wurden. Ein Doppelklick auf einen Titel startet die Wiedergabe mit der Musik-App.

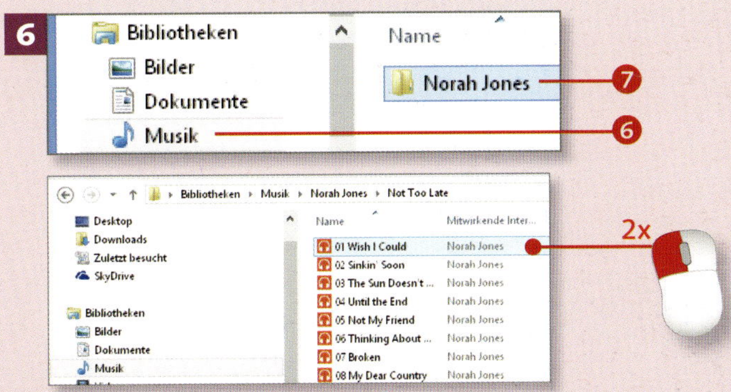

Alle Titel hintereinander abspielen

Um nicht jeden Titel einzeln anklicken zu müssen, können Sie sowohl im Media Player als auch im Explorer mit Strg + A alle Titel markieren und dann die ↵-Taste drücken.

7

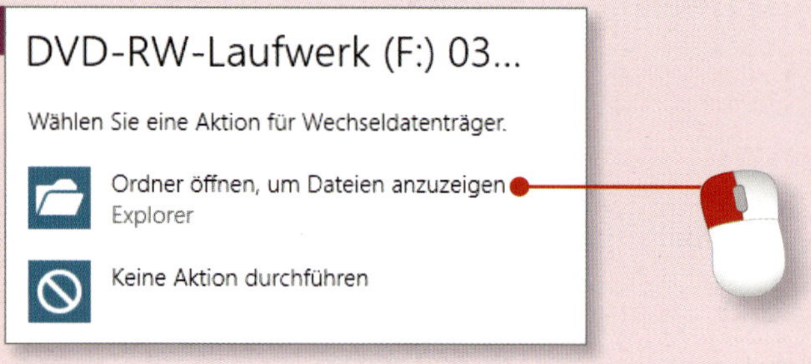

Schritt 7

Nun kopieren Sie Dateien von einer Daten-CD auf das Notebook: Legen Sie die CD in das DVD-Laufwerk ein. Windows bittet wieder um eine Aktion; klicken Sie auf **Ordner öffnen, um Dateien anzuzeigen**.

8

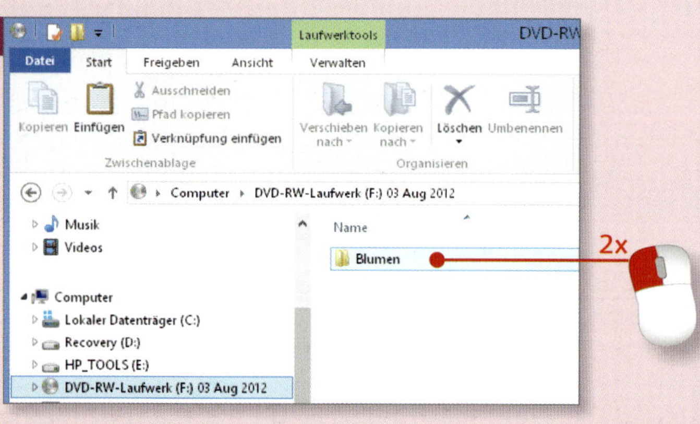

Schritt 8

Der Explorer öffnet sich und zeigt den Inhalt der CD, die Dateien, an. Liegen die Dateien in einem Ordner wie hier im Ordner **Blumen**, klicken Sie doppelt auf den Ordnernamen.

9

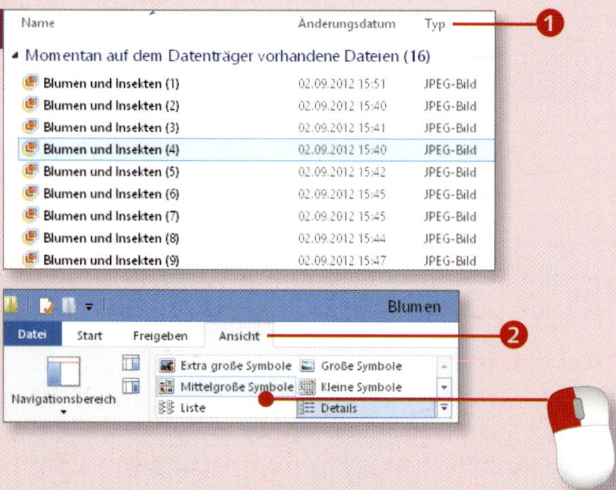

Schritt 9

Der Inhalt wird als Liste mit Details angezeigt. Am Dateityp ❶ erkennen Sie, dass es sich um Bilder handelt. Um die Bilder in der Miniaturansicht anzuschauen, klicken Sie im Menüband auf das Register **Ansicht** ❷ und dort auf **Mittelgroße Symbole**.

Keine Anzeige beim Einlegen

Die Aufforderung, eine Aktion zu wählen, wird nur kurz angezeigt. Wenn Sie diesen Zeitpunkt verpasst haben, können Sie direkt den Explorer öffnen und links unten im Navigationsbereich auf das DVD-Laufwerk klicken.

Schritt 10

Jetzt wissen Sie, welche Bilder auf der CD gespeichert sind. Wollen Sie alle Bilder auf dem Notebook speichern, klicken Sie in den Fensterteil mit den Bildern, und drücken Sie dann gleichzeitig Strg + A, um alle zu markieren. Sollen nur ein paar Bilder gespeichert werden, markieren Sie sie wie im Abschnitt »Dateien und Ordner markieren und auswählen« ab Seite 218 beschrieben.

10

Schritt 11

Klicken Sie im Menüband wieder auf das Register **Start** und dort auf **Kopieren nach** 3. Wählen Sie den Zielordner 4 aus. Sobald Sie geklickt haben, sind die Dateien auch schon kopiert. Bei vielen Dateien kann es auch etwas dauern.

11

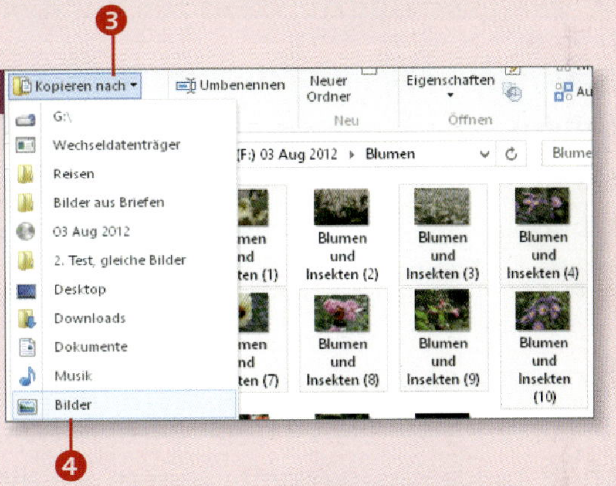

Schritt 12

Werfen Sie dann die CD wieder aus. Sie können dazu auf den kleinen Knopf auf der DVD-Laufwerksschublade drücken. Ist Ihnen das zu umständlich, gehen Sie so vor: Klicken Sie links im Navigationsbereich auf das DVD-Laufwerk. Rufen Sie dann das Register **Laufwerktools** 5 und den Reiter **Verwalten** auf. Klicken Sie auf **Auswerfen**.

12

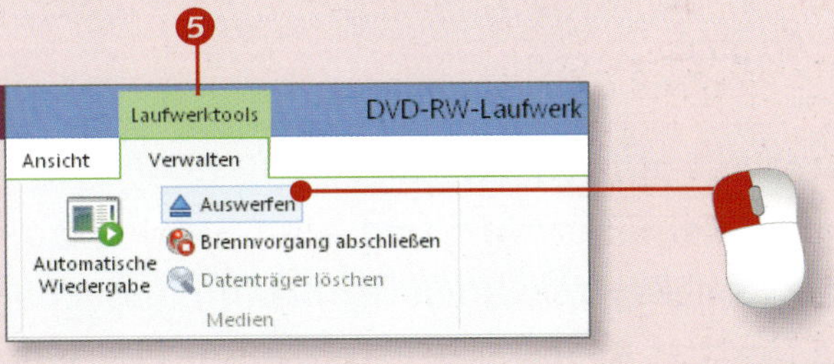

CDs und DVDs vorsichtig behandeln

Die Unterseite der CDs und DVDs wird vom Laser im DVD-Player gelesen. Daher ist es wichtig, dass dort keine Kratzer und keine Flecken sind. Fassen Sie daher bei CDs und DVDs nie auf die Unterseite; greifen Sie sie mit dem Zeigefinger im Mittelloch und dem Daumen an der Außenkante. Reinigen Sie die CDs/DVDs mit einem weichen Tuch nicht kreisförmig, sondern von innen nach außen quer zum Kreis.

Kapitel 10
Spezielle Einstellungen vornehmen

Auf Ihrem Notebook wurde Windows schon eingerichtet. Dabei wurden bestimmte Einstellungen wie die Farbe des Startbildschirms oder das Bild auf dem Desktop schon festgelegt. Ändern Sie diese Einstellungen nach Ihren Wünschen. Nicht ändern sollten Sie das automatische Windows-Update, da es zur Notebook-Sicherheit beiträgt.

Die Optik ändern
Für den Desktop können Sie wechselnde Hintergründe einstellen. Der Bildschirmschoner ersetzt die schwarze Ansicht des inaktiven Bildschirms. Lassen Sie den Startbildschirm ❶ in neuen Farben erstrahlen.

Den Bildschirm anpassen
Hier ist die Bildschirmhelligkeit gemeint wie auch die angezeigt Schriftgröße ❷: Wenn Ihnen die Schrift zu klein vorkommt, ändern Sie die Standardeinstellung einfach auf eine größere Ansicht.

Das Notebook aktuell halten
Programme, Betriebssystem und Apps werden laufend weiterentwickelt, um Sicherheitslücken zu schließen und noch benutzerfreundlicher zu werden. Sie haben ein Auge darauf, dass alle Updates ❸ installiert werden und Programme wie auch Apps auf dem aktuellsten Stand sind.

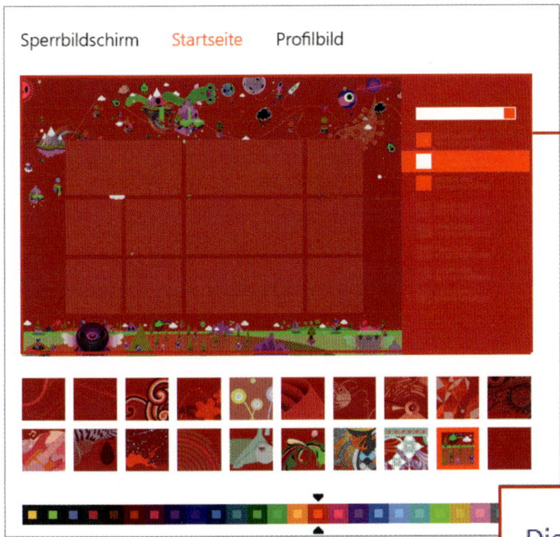

1 Die Optik des Startbildschirms ändern Sie mit wenigen Klicks bei den Startseiten-Einstellungen.

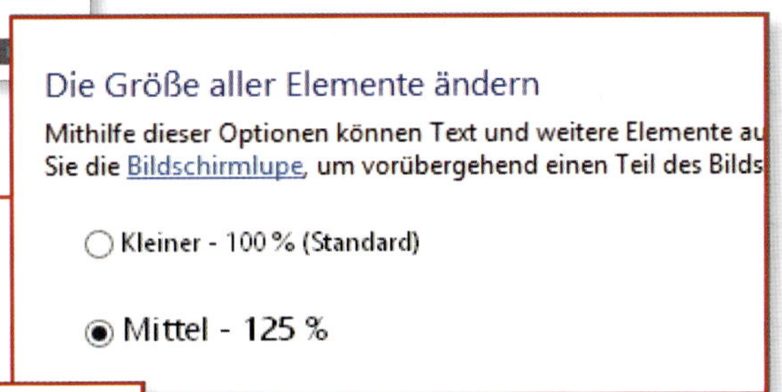

2 Stellen Sie eine größere Schriftanzeige ein, um das Lesen zu erleichtern.

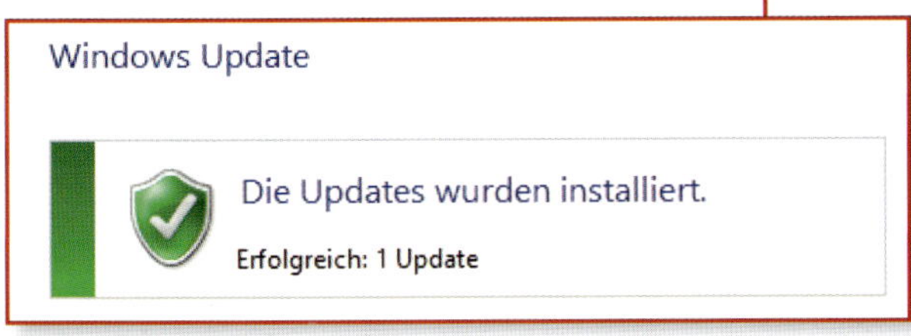

3 Das Wartungscenter meldet den Update-Stand.

Den Bildschirmschoner auswählen

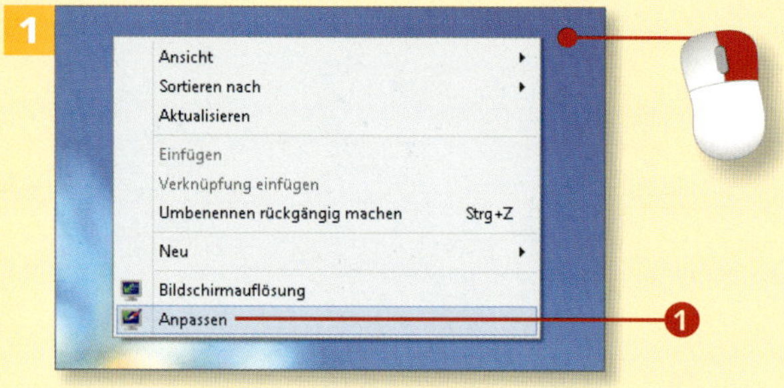

Wie bei den Energieoptionen eingestellt, schaltet sich Ihr Bildschirm nach einiger Zeit aus. Statt der schwarzen Seite können Sie auch einen Bildschirmschoner anzeigen lassen.

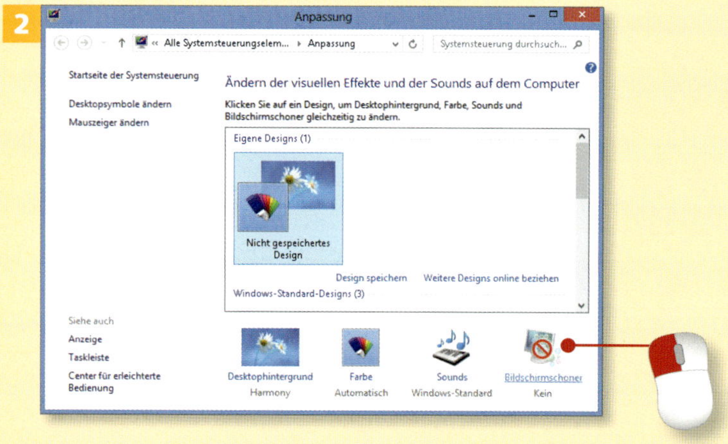

Schritt 1

Klicken Sie auf dem Desktop mit der rechten Maustaste auf eine freie Stelle. Im Kontextmenü klicken Sie unten auf **Anpassen** ❶.

Schritt 2

Im Fenster **Anpassung** klicken Sie unten rechts auf **Bildschirmschoner**.

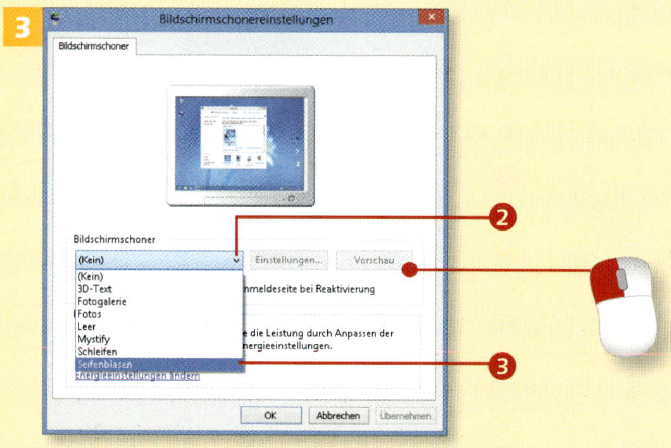

Schritt 3

Im nächsten Fenster klicken Sie auf den Pfeil neben **(Kein)** ❷. Eine Liste möglicher Bildschirmschoner wird geöffnet. Wählen Sie einen Bildschirmschoner (hier **Seifenblasen**) ❸ aus, und klicken Sie auf **Vorschau**.

Schritt 4

In der Vorschau sieht der Seifenblasen-Bildschirmschoner transparent aus; wenn Sie ihn später »live« sehen, tanzen die Seifenblasen vor einer Fläche in der Farbe des Startbildschirms (*siehe dazu den Abschnitt* »Den Desktop-Hintergrund einstellen und die Startbildschirmfarbe ändern« ab Seite 240). Bewegen Sie die Maus, um zur Auswahl zurückzukehren.

4
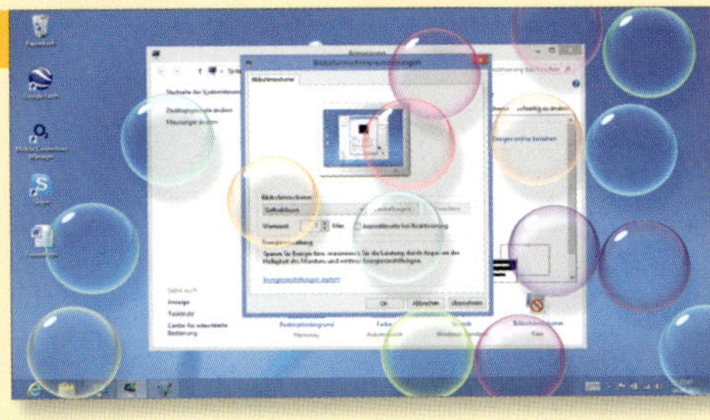

Schritt 5

Eine weitere Variante ist die Fotogalerie: Windows holt für diesen Bildschirmschoner alle Bilder aus Ihrer **Bilder**-Bibliothek und zeigt sie nacheinander solange an, bis Sie eine Taste drücken oder die Maus bewegen. Bei den **Einstellungen** ❹ können Sie z. B. festlegen, dass bestimmte Unterordner nicht verwendet werden.

5

Schritt 6

Bei **Wartezeit** stellen Sie die Minuten ein, die vergehen sollen, bevor sich der Bildschirmschoner einschaltet. Wenn Sie auf den Pfeil nach oben klicken ❺, wird die Wartezeit länger. Klicken Sie schließlich auf **Übernehmen** ❻ und dann auf **OK**.

6
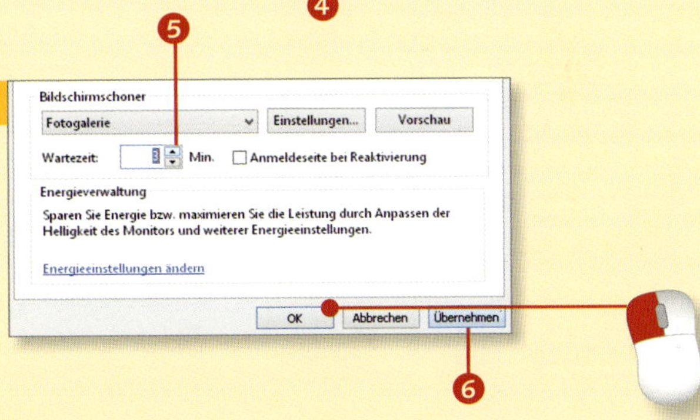

Wozu einen Bildschirmschoner verwenden?

In den 1980er-Jahren bestand bei Röhrenmonitoren die Gefahr, dass sich eine Bildschirmansicht bei langem Anzeigen in den Röhrenbildschirm einbrennt. Bei neueren Monitoren besteht diese Gefahr nicht. Heute dienen Bildschirmschoner der Unterhaltung und dem Datenschutz. So können Sie einstellen, dass der Bildschirmschoner nur mit einem Passwort ausgeblendet werden kann.

Desktop-Hintergrund und Startbildschirmfarbe

Desktop-Hintergründe sind wandelbar: Eine Diaschau Ihrer eigenen Bilder ist genauso möglich wie nur ein bestimmtes Bild oder eine Auswahl der von Windows angebotenen Hintergründe. Auch den Startbildschirm können Sie anpassen.

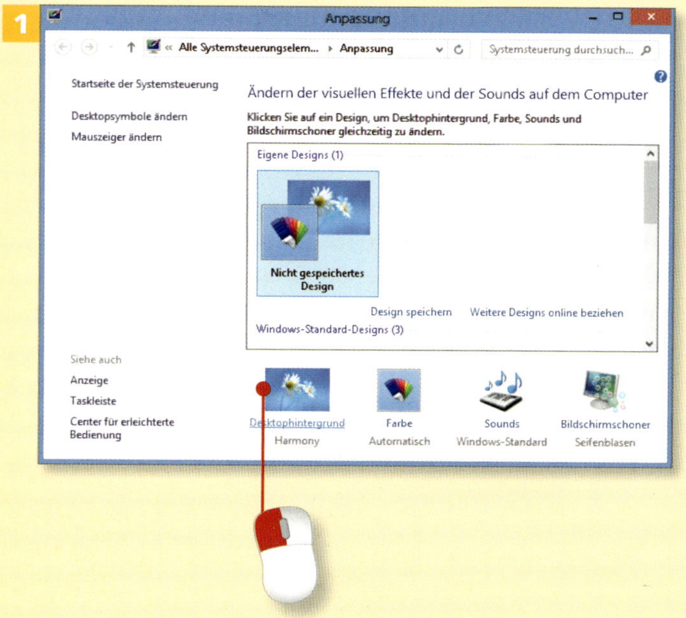

Schritt 1

Klicken Sie auf dem Desktop mit der rechten Maustaste auf eine freie Stelle. Im Kontextmenü klicken Sie auf **Anpassen** und im Fenster **Anpassung** auf **Desktophintergrund**.

Schritt 2

Der Hintergrund, den Sie bisher immer auf dem Desktop gesehen haben, ist weiter unten abgebildet und mit einem Häkchen markiert ❶. Darüber sind weitere **Windows-Hintergründe** ❷ zu sehen. Scrollen Sie, um alle zu sehen. Die Hintergründe sind in Gruppen angeordnet; die einzelnen Bilder wechseln alle 30 Minuten automatisch.

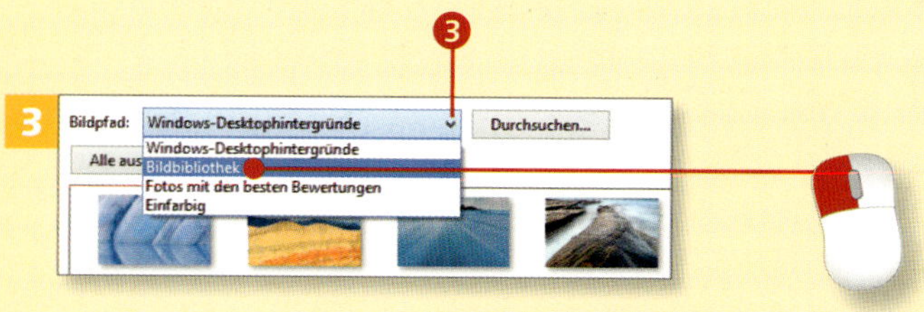

Schritt 3

Diesen Wechsel können Sie auch mit Ihren eigenen Bildern einstellen. Klicken Sie dazu bei **Bildpfad** ❸ auf den kleinen Pfeil und in der Liste auf **Bildbibliothek**.

Schritt 4

Sofort werden Ihre Bilderordner angezeigt; alle Bilder sind ausgewählt. Bilder, die Sie nicht als Hintergrund nutzen möchten, entfernen Sie mit einem Klick auf das Häkchen aus der Auswahl.

Schritt 5

Soll die Bilderbibliothek Ihr neuer Desktop-Hintergrund werden, dann klicken Sie bei **Bildposition** ❹ auf **Angepasst**, sonst werden Ihre Bilder gezerrt oder gestaucht. Je nach Bildformat wird der Rest des Bildschirms mit Schwarz gefüllt. Möchten Sie das nicht, klicken Sie auf **Gefüllt** ❺. Dann werden bei manchen Bildern Teile abgeschnitten.

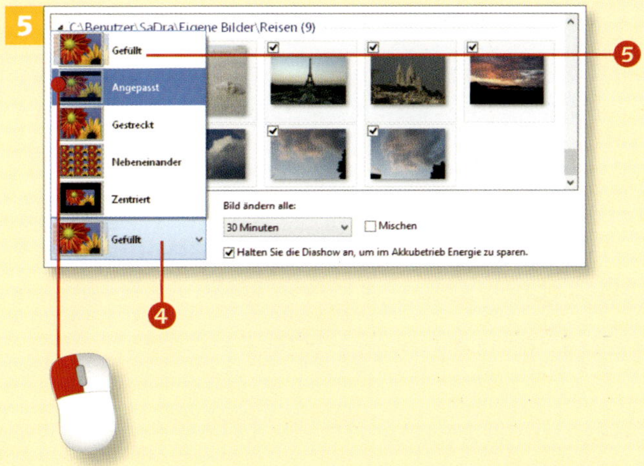

Schritt 6

Sobald Sie mehr als zwei Bilder auswählen, wechseln sie sich ab. Ein Bild ist standardmäßig 30 Minuten zu sehen, dann wird das nächste angezeigt. Klicken Sie auf den Pfeil neben **30 Minuten** ❻, um die Dauer zu ändern. Klicken Sie schließlich auf **Änderungen Speichern**. Im Fenster **Anpassung** sehen Sie jetzt unten den gewählten Desktop-Hintergrund ❼. Schließen Sie das Fenster mit einem Klick auf das Schließkreuz.

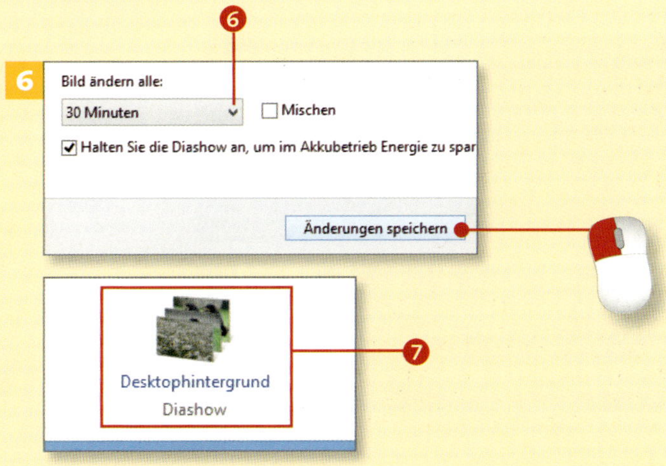

Desktop-Hintergrund und Startbildschirmfarbe (Forts.)

7

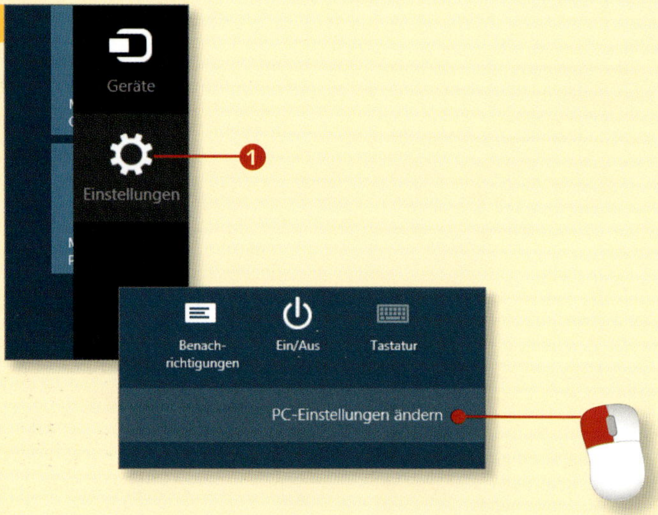

8

9

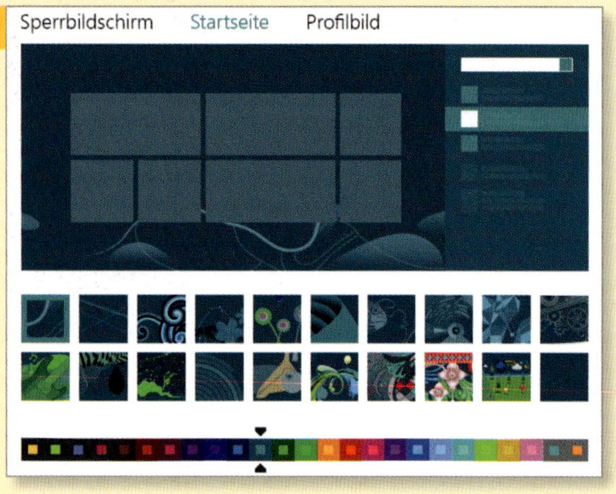

Schritt 7

Auch den Startbildschirm können Sie anpassen: Rufen Sie dazu die Charms-Leiste auf (mit dem Mauszeiger über die untere oder obere rechte Ecke des Bildschirms fahren), und klicken Sie auf **Einstellungen** ❶ und anschließend unten auf **PC-Einstellungen ändern**.

Schritt 8

Bei den **PC-Einstellungen** klicken Sie über dem Sperrbildschirm-Bild auf **Startseite**.

Schritt 9

Im **Anpassen**-Menü der PC-Einstellungen können Sie Farbe und Muster des Startbildschirms anpassen.

Die PC-Einstellungen

Bei den PC-Einstellungen können Sie nicht nur das Aussehen des Startbildschirms ändern, sondern auch ein Profilbild festlegen. Windows bietet Ihnen an, mit der Notebook-Kamera ein Bild aufzunehmen, das dann als Miniatur neben Ihrem Benutzernamen auf dem Startbildschirm zu sehen ist. Auch die Bedienung können Sie sich erleichtern: So können Sie den Cursor dicker anzeigen lassen oder die Anzeigedauer für Benachrichtigungen verlängern.

Schritt 10

Klicken Sie unten in der Farbleiste eine Farbe an; das Vorschaubild darüber wird sofort in der neuen Farbe angezeigt.

10

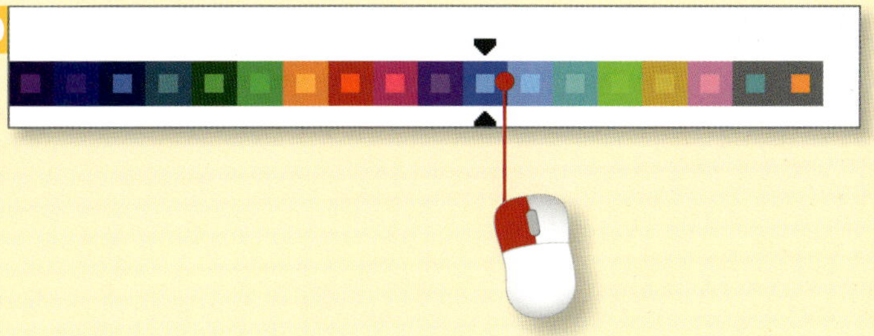

Schritt 11

Genauso schnell ändern Sie das Hintergrundbild. Klicken Sie auf eine der Grafiken. Probieren Sie ruhig alle aus.

11

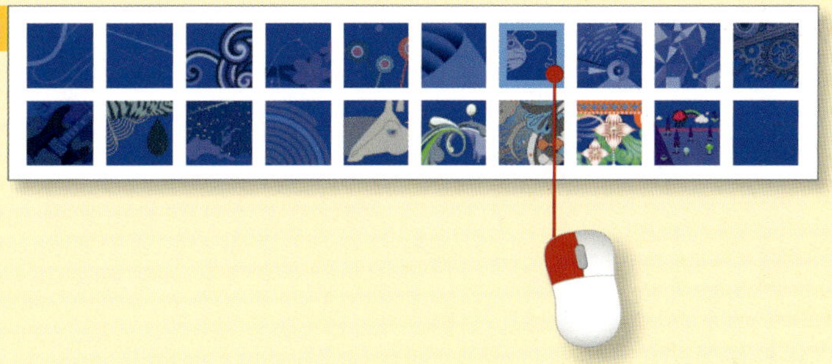

Schritt 12

Wenn Sie Farbe und Hintergrund ausgesucht haben, schießen Sie die PC-Einstellungen, indem Sie das Fenster mit der Maus am oberen Bildschirmrand greifen und ganz nach unten ziehen (siehe dazu den Abschnitt »Apps starten, nutzen und beenden« ab Seite 48). Ihr neuer Startbildschirm trägt ab sofort das neue Design.

12

Helligkeit und Größe der Bildschirmanzeige einstellen

1

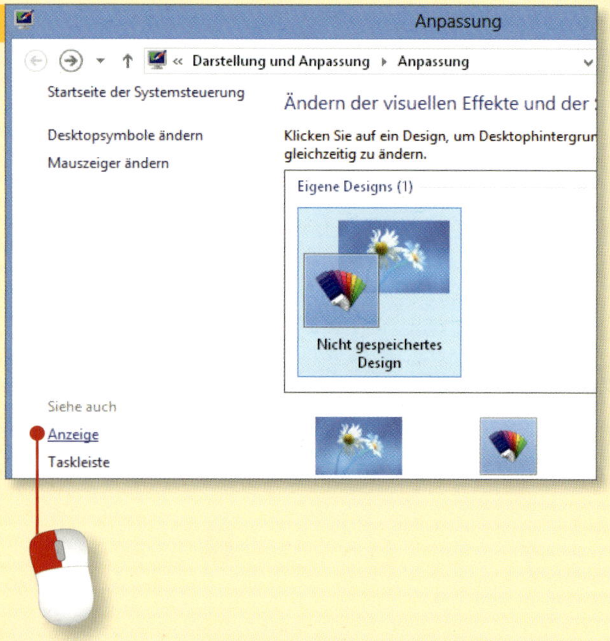

2

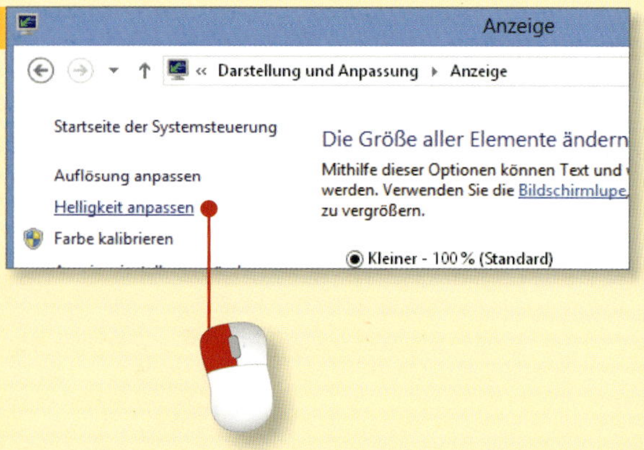

3

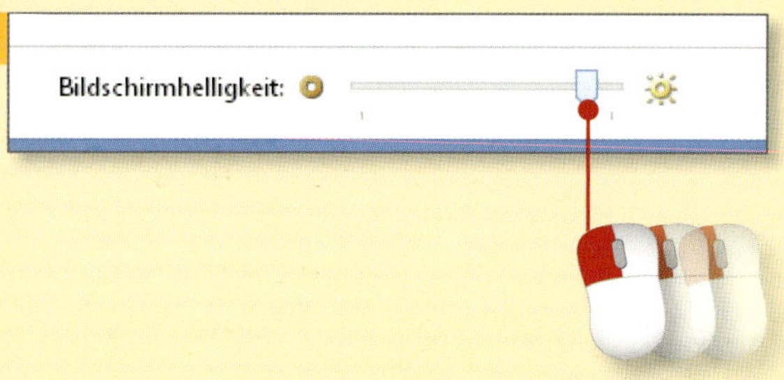

Notebooks sind auf energiesparenden Betrieb ausgerichtet. Dabei kann es passieren, dass Ihnen der Bildschirm zu dunkel oder auch zu hell erscheint. Lesen Sie hier, wie Sie diese und andere Einstellungen ändern.

Schritt 1

Rufen Sie wieder das Fenster **Anpassung** auf: Klicken Sie auf dem Desktop mit der rechten Maustaste an eine freie Stelle, und klicken Sie im Kontextmenü auf **Anpassen**. Jetzt klicken Sie links unten auf **Anzeige**.

Schritt 2

Im Fenster **Anzeige** klicken Sie links auf **Helligkeit anpassen**.

Schritt 3

Unten sehen Sie einen Schieberegler für die Bildschirmhelligkeit. Rechts ist heller, links ist dunkler. Probieren Sie aus, welche Einstellung am besten für Sie ist, indem Sie den Schieber mit der Maus vorsichtig nach rechts oder links ziehen. Je nach Notebook können Sie die Helligkeit auch mit den Spezialtasten ändern (siehe dazu den Abschnitt »Die Spezialtasten am Notebook verwenden« ab Seite 26).

Schritt 4

Die Anzeigegröße ändern Sie im Fenster **Anzeige**. Um dorthin zurückzukehren, klicken Sie oben auf den kleinen Pfeil nach links.

4

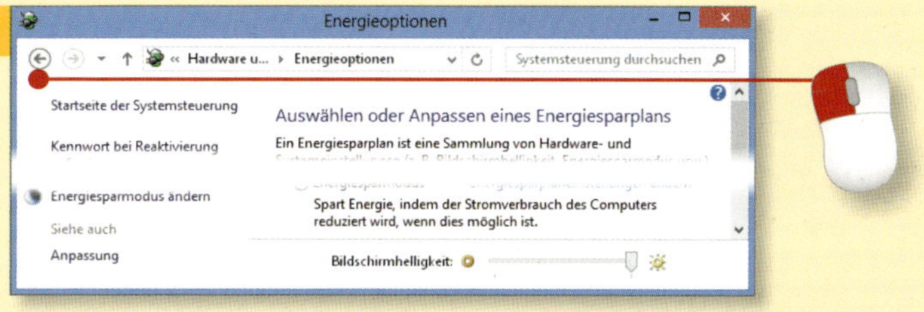

Schritt 5

Hier können Sie die Größe aller Elemente ändern: Wenn Sie auf **Mittel** ❶ klicken, wird die Schrift auf allen Seiten und in allen Programmen größer. Bei einigen Internetseiten müssen Sie mehr scrollen, weil der Text nicht mehr auf eine Bildschirmseite passt. Klicken Sie auf **Übernehmen**.

5

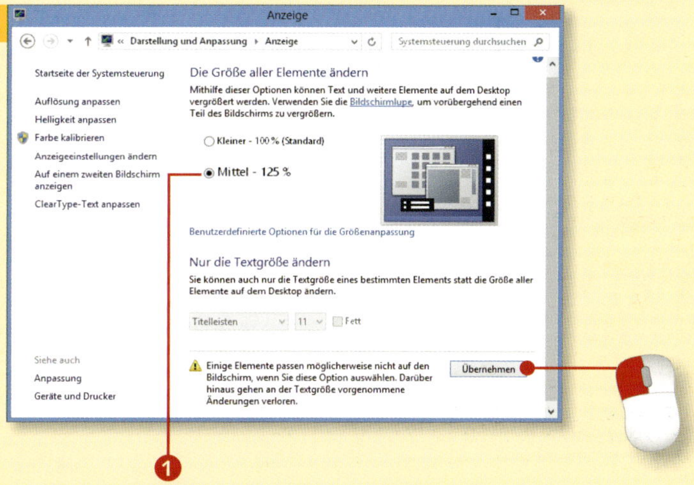

Schritt 6

Nun müssen Sie sich einmal abmelden; klicken Sie dazu auf **Jetzt abmelden**. Windows meldet Sie ab und zeigt dann den Sperrbildschirm. Klicken Sie auf das Sperrbild und dann auf Ihr Nutzerbild. Der Startbildschirm erscheint. Der Text in den Kacheln auf dem Startbildschirm wird zwar nicht größer angezeigt, aber der auf dem Desktop und in den Programmen.

6

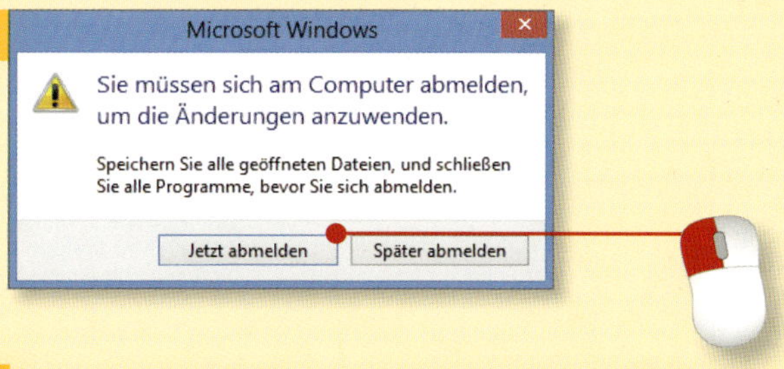

Was bedeutet »Abmelden«?

Wenn Sie das Notebook einschalten, werden Sie an Ihrem Benutzerkonto angemeldet, d. h., Ihr Benutzername und -bild wie auch die von Ihnen gewählten Einstellungen werden angezeigt. Bei geänderten grundlegenden Einstellungen muss Windows Sie abmelden und Ihre Einstellungen neu laden.

Windows-Update

Updates schließen Sicherheitslücken und aktualisieren Programme. Auch Ihr Betriebssystem Windows wird von Microsoft regelmäßig mit Updates versorgt. Lesen Sie hier, wie Sie die Einstellungen überprüfen und Updates installieren.

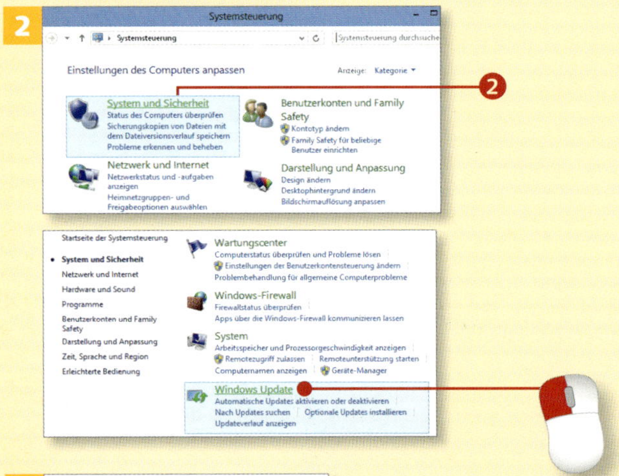

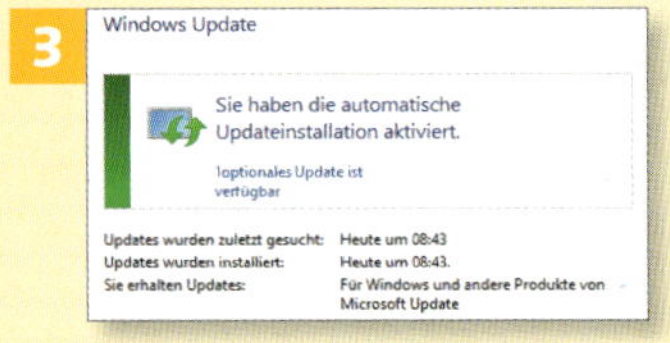

Schritt 1

Öffnen Sie vom Desktop aus die Charms-Leiste rechts, und klicken Sie dort auf **Systemsteuerung** ❶. Vom Startbildschirm aus starten Sie die Systemsteuerung so: Drücken Sie die Taste [S] auf der Tastatur, und klicken Sie in der App- und Programmübersicht auf **Systemsteuerung**.

Schritt 2

Auf der Übersichtsseite der **Systemsteuerung** klicken Sie auf die Rubrik **System und Sicherheit** ❷ und dort auf **Windows Update**.

Schritt 3

Windows meldet, welche Einstellungen auf Ihrem Notebook aktiviert sind. Die **automatische Updateinstallation** sollte auch bei Ihnen ausgewählt sein. Außerdem sehen Sie, dass ein optionales Update verfügbar ist – nur wichtige Updates werden automatisch installiert.

Patch Day

An jedem zweiten Dienstag im Monat veröffentlicht Microsoft seine Software-Aktualisierungen, die sogenannten *Patches* (Flicken). Damit werden Sicherheitslücken geschlossen sowie Weiterentwicklungen der Microsoft-Software installiert. Für gefährliche Sicherheitslücken stellt Microsoft Patches auch außerhalb der Patch Days bereit.

Schritt 4

Sie können auch selbst Updates installieren: Klicken Sie auf die Meldung aus Schritt 3, **1 optionales Update ist verfügbar**. Im folgenden Fenster klicken Sie das Update an und unten auf **OK**. Windows lädt das Update herunter und installiert es.

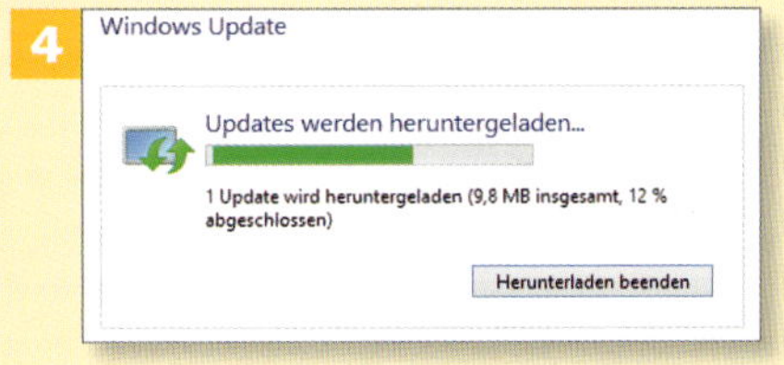

Schritt 5

Nach der Installation erhalten Sie eine dieser Meldungen: Die obere Meldung ❸ erscheint, wenn kein Neustart nach dem Update nötig ist. Die zweite Meldung ❹ fordert Sie zu einem Neustart auf, damit das Update vollständig installiert werden kann. Das Herunterfahren und Hochfahren kann dann etwas länger dauern.

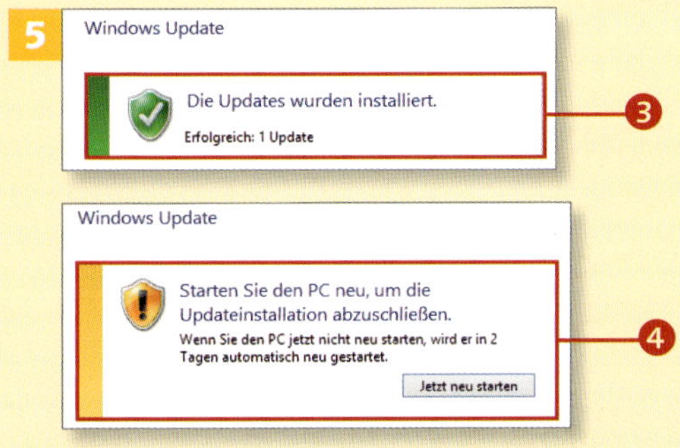

Schritt 6

Sollte das automatische Installieren auf Ihrem Notebook nicht aktiv sein, klicken Sie auf dem Desktop rechts unten auf die Fahne ❺. Die Warnmeldung erscheint: **Windows Update-Einstellungen ändern** ❻. Klicken Sie unten auf **Wartungscenter öffnen** ❼. Im nächsten Fenster klicken Sie auf **Einstellungen ändern** ❽, dann auf **Updates automatisch installieren (empfohlen)**.

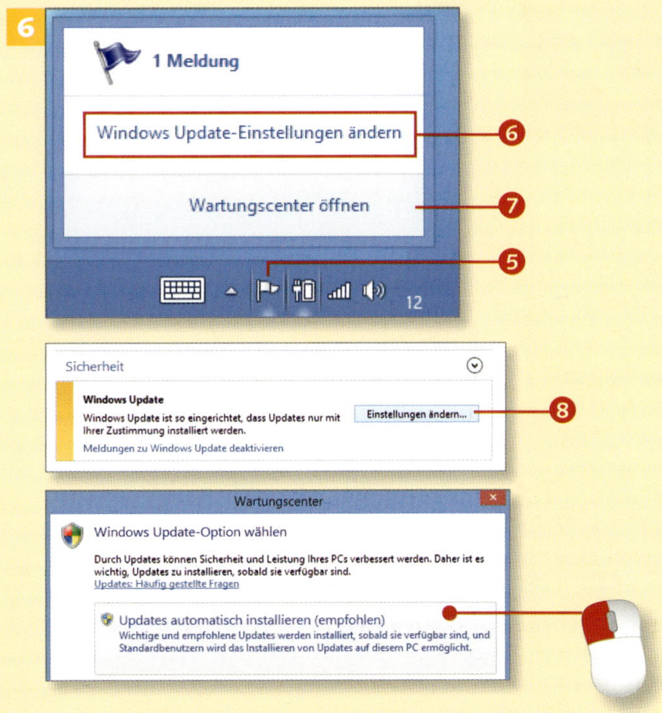

Programme auf den neuesten Stand bringen

Im Laufe der Zeit sammeln sich auf einem Notebook zahlreiche Programme an. Damit immer wieder neue Sicherheitslücken gestopft werden können, sind auch für diese Programme Updates nötig.

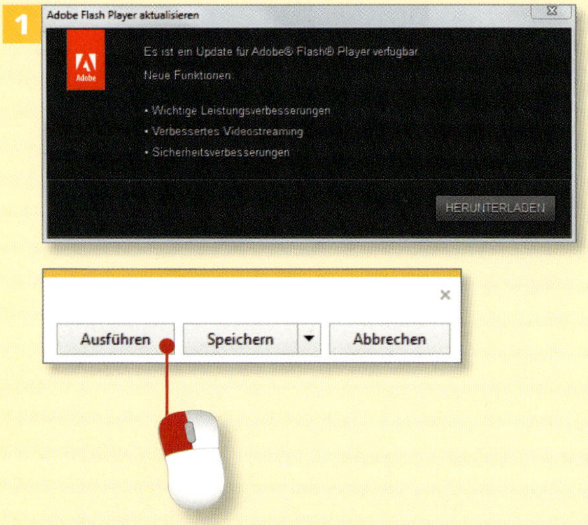

Schritt 1

Von Zeit zu Zeit erscheint dieses Fenster des Adobe Flash Player. Diese Updates müssen Sie herunterladen und dann installieren; dazu klicken Sie unten in der Browserleiste auf **Ausführen**.

Schritt 2

Achten Sie beim Installieren auf das Aktualisierungsfenster: Dort wird immer ein weiteres Programm mit angeboten, das Sie nicht benötigen. Entfernen Sie das Häkchen ❶. Auch bei anderen Downloads sollten Sie achtsam sein und das Häkchen bei Zusatzangeboten stets entfernen.

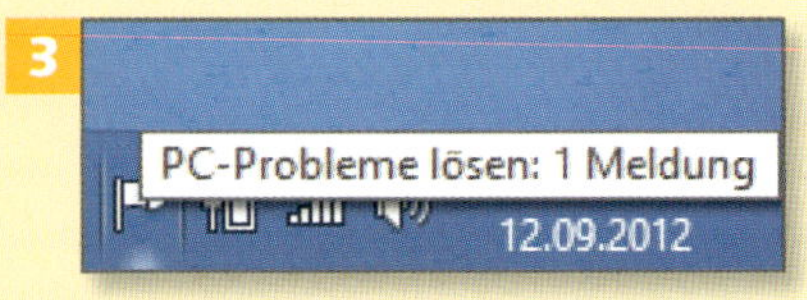

Schritt 3

Bei manchen Windows-Updates kann es passieren, dass sie nicht installiert werden können. Sie sehen dann eine Warnmeldung bei der Fahne unten rechts auf dem Desktop. Öffnen Sie dann das Wartungscenter, und folgen Sie den Anweisungen.

Schritt 4

Andere Programme wie der Internetbrowser Firefox werden ebenfalls regelmäßig aktualisiert. Sie erhalten meist nur die Meldung, dass ein Update installiert wird und dass das Programm nach der Installation neu gestartet wird.

4

Schritt 5

Auch für Apps gibt es Updates. Wenn es Aktualisierungen für Apps gibt, die aus dem Store heruntergeladen wurden, erscheint auf der **Store**-Kachel die Zahl der Updates ❷, hier also **1**. Klicken Sie auf die Kachel; im Store-Fenster steht oben rechts noch einmal die Anzahl der verfügbaren Updates ❸.

5

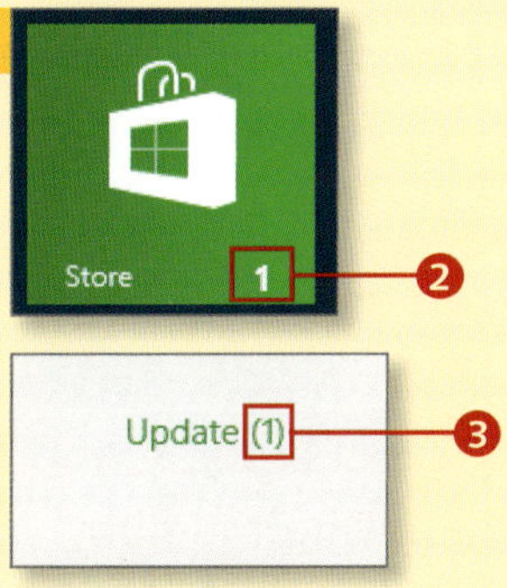

Schritt 6

Klicken Sie dann auf **Update**; es wird im Detail angezeigt. Klicken Sie unten auf **Installieren**. Dies funktioniert nur, wenn Sie sich bei der App mit Ihrem Microsoft Benutzerkonto angemeldet haben.

6

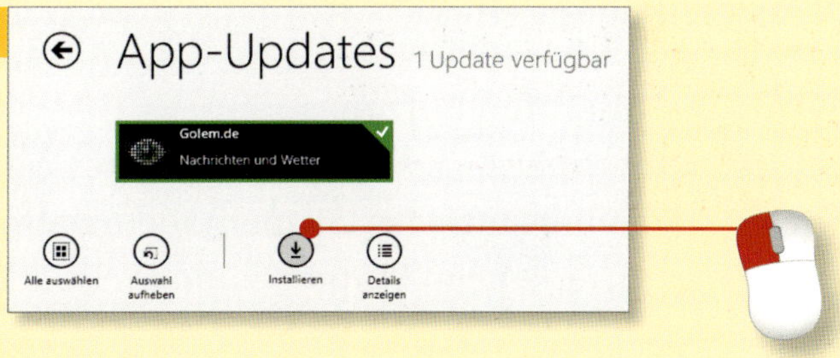

Der Windows Store

Neue Apps für Windows 8 können Sie nur über den Store beziehen und installieren. Sehr viele Apps sind kostenlos, für andere müssen Sie meist kleine Beträge zahlen. Den Store rufen Sie mit der grünen Kachel auf. Die Apps sind nach Kategorien geordnet, z. B. Spiele, Sicherheit oder Büro. Ein Klick auf eine App öffnet die App-Detailseite. Hier können Sie auf **Installieren** klicken, dann wird die App installiert und auf Ihrem Startbildschirm als Kachel angelegt.

Kapitel 11
Zusätzliche Geräte verwenden

An Ihr Notebook können Sie mehr als Maus und Drucker anschließen: Notebook-Lampen, -Ventilatoren und -Kameras, alle mit USB-Anschluss. Wichtiger noch als diese Geräte sind die USB-Hubs, an die Sie meistens vier weitere Geräte mit USB-Anschluss anschließen können, und die externen Festplatten, auf denen Sie eine Sicherung Ihrer Daten und Ihres Systems speichern können. In diesem Kapitel lernen Sie, wie Sie die Geräte richtig anschließen und verwenden.

Für mehr Speicher sorgen

Externe Festplatten bieten viel Speicherplatz, sind dabei aber ziemlich klein. Damit sind sie ein ideales Sicherungs- und Speichermedium. Auch USB-Sticks bieten inzwischen viel Speicherplatz. Sie sind dabei viel kleiner als die Festplatten. Mehrere USB-Sticks können Sie an einen *USB-Hub* ❶ anschließen.

Webcam und Mikrofon nutzen

Notebooks haben meist sowohl ein integriertes Mikrofon als auch eine Kamera. Damit telefonieren Sie übers Internet (Skypen)oder chatten in Foren. Zum besseren Hören und Sprechen, gerade beim Skypen, können Sie auch einen Kopfhörer mit Mikrofon ❷ anstöpseln.

Drucker installieren und Scanner verwenden

Schließen Sie Ihren Drucker an das Notebook an; die Installation läuft bei neueren Modellen automatisch. Mit dem Scanner übertragen Sie Bilder ❸ aus Büchern oder alte Fotos auf Ihr Notebook.

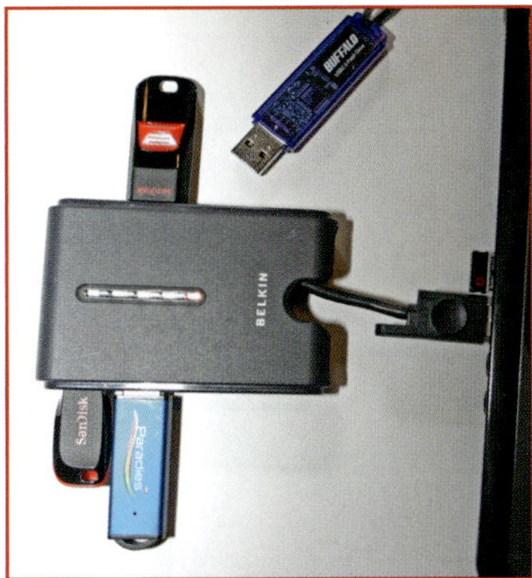

❶ Mehrere USB-Sticks stecken Sie in einen USB-Hub, der mit dem Notebook verbunden ist

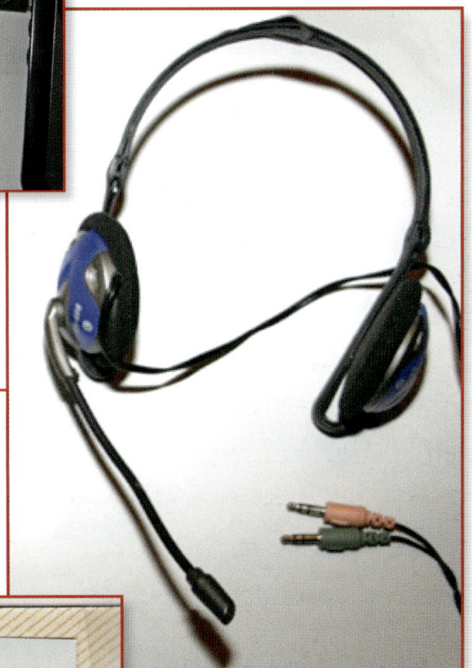

Per Kopfhörer mit integriertem Mikrofon plaudern Sie im Internet. ❷

❸ Gescannte Bilder speichert der Explorer in der **Bilder**-Bibliothek.

Eine externe Festplatte anschließen

1

2

3

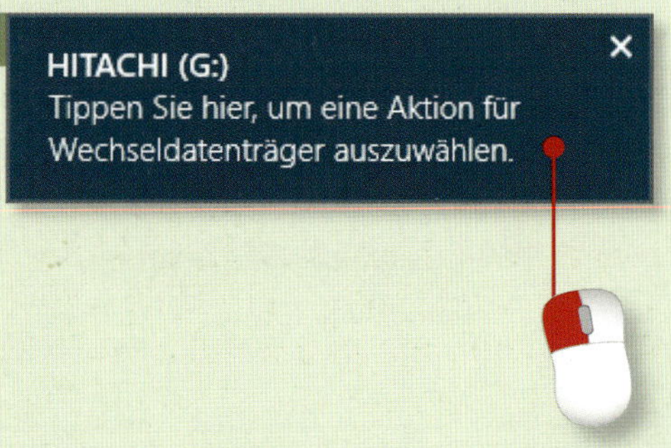

Zur Datensicherung sollten Sie Ihre Daten regelmäßig auf einer externen Festplatte speichern. Diese Festplatten sind klein und bieten viel Speicherplatz. Lesen Sie hier, wie Sie ein solches Gerät nutzen.

Schritt 1

Externe Festplatten gibt es mit eigener Stromversorgung und mit Stromversorgung über den Computer. Größere und schnellere Festplatten haben meist eine eigene Stromversorgung. Haben Sie eine externe Festplatte mit Stecker, stecken Sie den Netzstecker in die Steckdose.

Schritt 2

Stecken Sie den kleinen Stecker des USB-Kabels an die externe Festplatte ❶. Das andere Ende des USB-Kabels ❷ stecken Sie in eine USB-Buchse am Notebook.

Schritt 3

Windows installiert den nötigen Treiber in Sekundenschnelle. Die Treiber sorgen dafür, dass sich Ihr Notebook mit der Festplatte versteht. Sie erhalten eine Meldung, dass die Festplatte angeschlossen wurde und können eine Aktion wählen. Klicken Sie auf die Schaltfläche.

Schritt 4

Klicken Sie auf **Ordner öffnen, um Dateien anzuzeigen**. Der Explorer öffnet sich mit der Ansicht der externen Festplatte, hier Laufwerk G. Wenn die Festplatte einen Namen hat, wie im Beispiel »Hitachi«, wird der Name auch angezeigt.

4

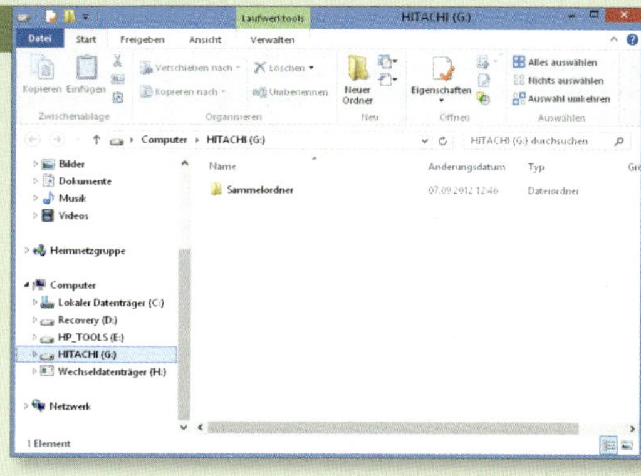

Schritt 5

Jetzt können Sie Dateien auf die Festplatte kopieren oder verschieben (siehe dazu den Abschnitt »Dateien kopieren, verschieben und löschen« ab Seite 220). Als Ziel wählen Sie dann das in Schritt 4 genannte Laufwerk aus.

5

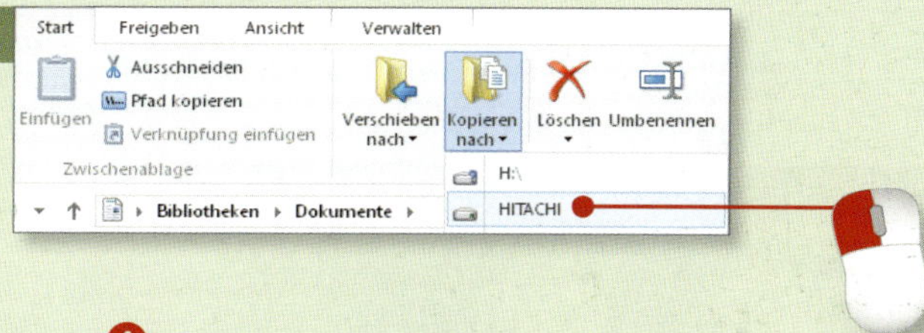

Schritt 6

Bei externen Festplatten trennen Sie die Verbindung vor dem Ziehen des USB-Kabels, damit keine Datenverluste entstehen. Klicken Sie auf dem Desktop rechts unten im Infobereich auf das kleine Dreieck ❸ und dann auf das Symbol für den USB-Stecker ❹. Klicken Sie auf die Schaltfläche, die den Laufwerksnamen enthält ❺. Nach der Bestätigung können Sie die Festplatte entfernen, also das USB-Kabel abziehen.

6

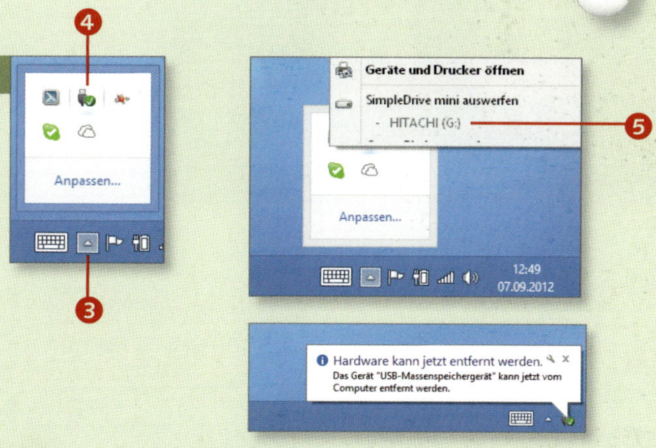

»Gerät wird gerade verwendet«

Wenn Sie nach Schritt 6 nicht die Meldung zum Abziehen bekommen, sondern die, dass das Gerät gerade verendet wird und nicht getrennt werden kann, warten Sie. Eine Datenübertragung ist dann noch nicht abgeschlossen.

Kopfhörer verwenden

1

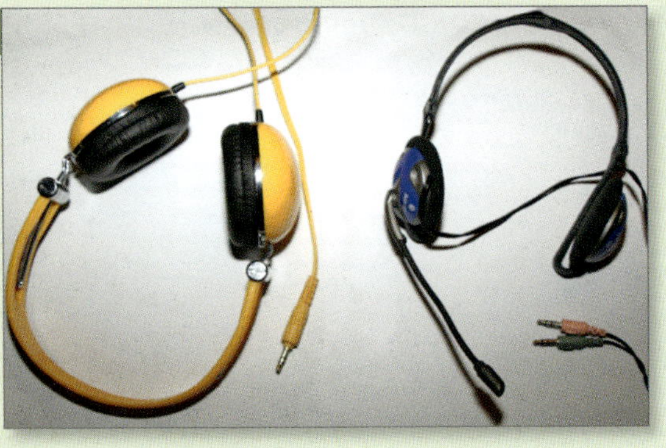

2

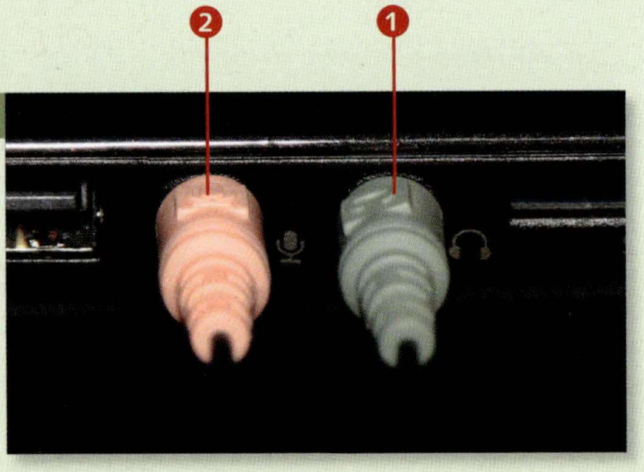

3

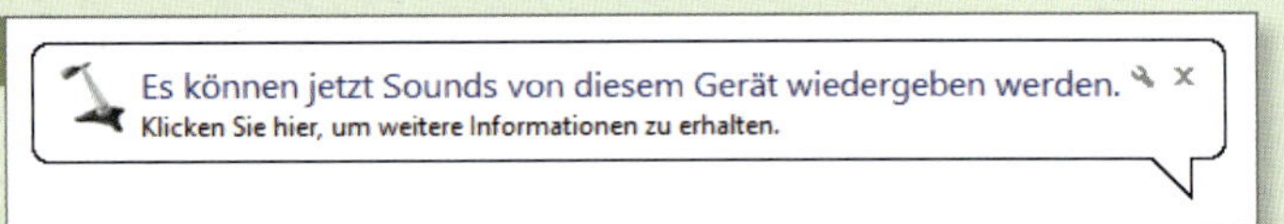

Ihr Notebook verfügt über eingebaute Lautsprecher. Wenn Sie aber etwas ganz genau hören wollen oder andere Personen im Raum nicht stören wollen, sollten Sie Kopfhörer verwenden. Auch beim Skypen können Sie Kopfhörer mit Mikrofon benutzen.

Schritt 1

Der gelbe Kopfhörer hat kein integriertes Mikrofon und daher nur einen Stecker, der schwarz-blaue hat zwei Stecker: einen für das Mikrofon, einen für den Kopfhörer. Den Stecker des Kopfhörers ohne Mikrofon stecken Sie in die Buchse, die mit dem Kopfhörersymbol gekennzeichnet ist.

Schritt 2

Bei Kopfhörern mit Mikrofon stecken Sie den grünen Stecker 1 in die Kopfhörerbuchse und den rosa Stecker 2 in die Mikrofonbuchse.

Schritt 3

Windows meldet, dass Sie das Gerät jetzt verwenden können. Die Meldung verschwindet nach wenigen Augenblicken von selbst.

Schritt 4

Setzen Sie den Kopfhörer auf. Einige Kopfhörer mit Mikrofon werden so aufgesetzt, dass der Bügel am Hinterkopf verläuft. Klicken Sie doppelt auf einen Musiktitel in Ihrer **Musik**-Bibliothek im Explorer. Die Musik hören Sie jetzt über die Kopfhörer und nicht über die Lautsprecher des Notebooks.

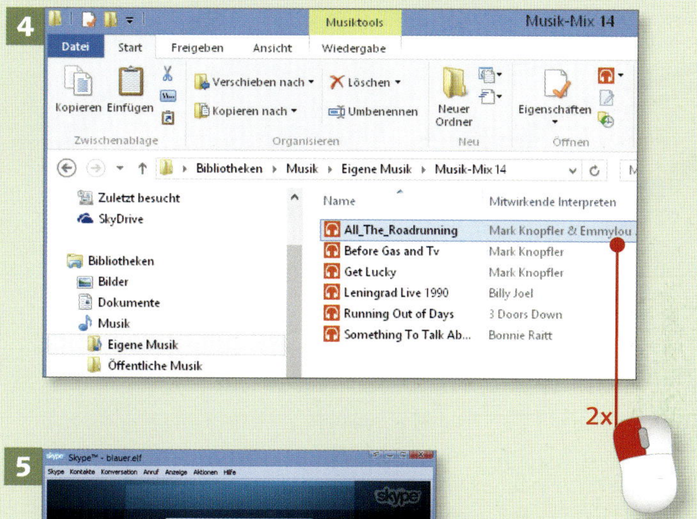

Schritt 5

Oder rufen Sie Skype auf (siehe dazu den Abschnitt »Übers Internet telefonieren mit Skype« ab Seite 98), und machen Sie den Kopfhörer- und Mikrofontest. Den Mikrofonhalter biegen Sie so, dass das Mikrofon ca. 3 cm von Ihrem Mund entfernt ist. Sprechen Sie normal, das Mikrofon ist empfindlich.

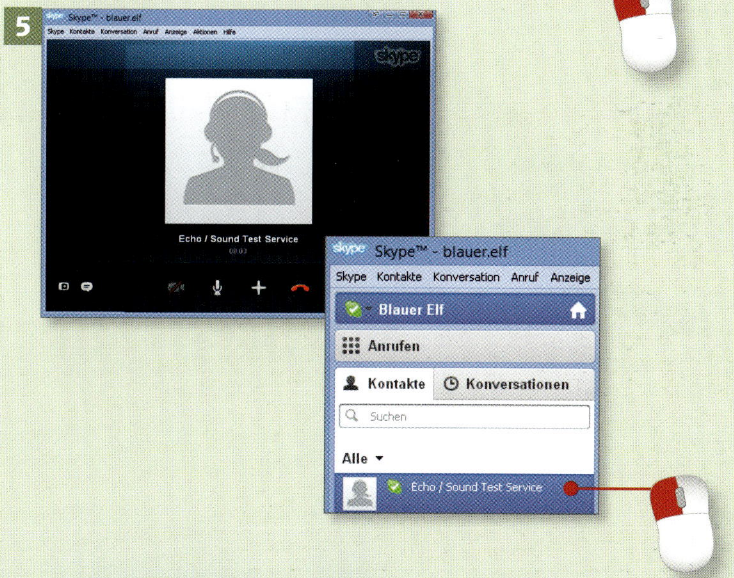

Schritt 6

Sollte übrigens ein Skype-Anruf hereinkommen, während Sie Musik hören, wird die Musik automatisch leiser. Um selbst die Lautstärke zu regeln, klicken Sie auf dem Desktop rechts unten auf das **Lautsprechersymbol** ❸. Schieben Sie den Regler nach oben, dann wird die Lautstärke erhöht – es wird lauter.

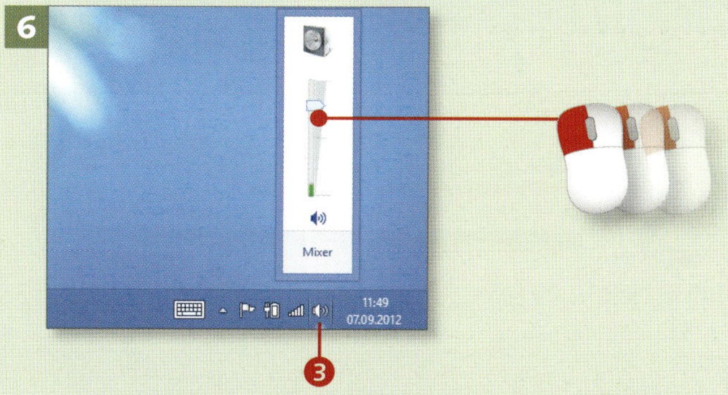

Einen USB-Hub anschließen

1

2

3

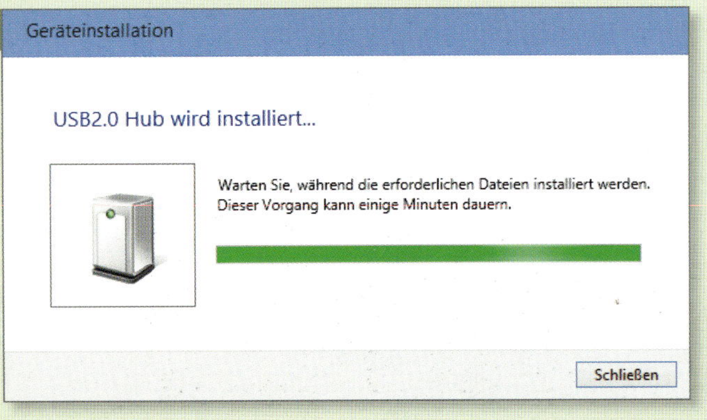

Ihr Notebook hat nur wenige USB-Buchsen. Wenn Sie mehr USB-Anschlüsse benötigen, schließen Sie einen sogenannten USB-Hub an: Damit werden mehrere Geräte über ein Kabel mit dem Notebook verbunden.

Schritt 1

Wie bei den externen Festplatten gibt es auch bei den USB-Hubs solche mit eigener Stromversorgung (*aktive USB-Hubs*) und jene, die Strom vom Notebook beziehen. Falls Sie einen USB-Hub mit eigener Stromversorgung haben, stecken Sie den Netzstecker in die Steckdose.

Schritt 2

Schließen Sie das USB-Kabel an. Der kleinere Stecker gehört an den Hub, der größere in eine USB-Buchse an Ihrem Notebook.

Schritt 3

Windows meldet die Installation des USB-Hubs. Je nach Notebook geht die Installation so schnell, dass Sie dieses Fenster gar nicht wahrnehmen.

Schritt 4

Jetzt können Sie weitere Geräte anschließen, z. B. eine Kamera, Ihr Handy, USB-Sticks etc. Bei jedem Gerät ertönt eine Anschlussmelodie, und Windows zeigt sehr kurz das Installationsfenster.

4

Schritt 5

USB-Hubs gibt es in den verschiedensten Farben und Formen. Allen USB-Hubs ohne eigene Stromversorgung (*passive USB-Hubs* genannt) ist gemeinsam, dass sie überlastet werden können, wenn Sie viele Geräte anschließen, die ebenfalls keine eigene Stromversorgung haben.

5

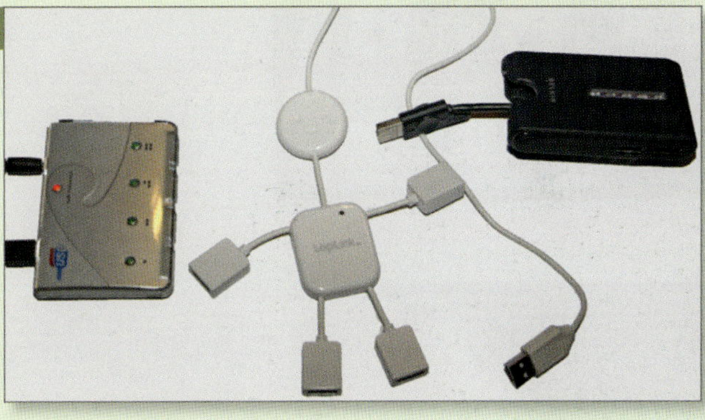

Schritt 6

Schließen Sie daher Geräte mit hohem Stromverbrauch wie externe Festplatten ohne eigene Stromversorgung direkt an Ihrem Notebook an. Sonst besteht die Gefahr, dass sie nicht genutzt werden können, weil sie nicht genug Strom bekommen.

6

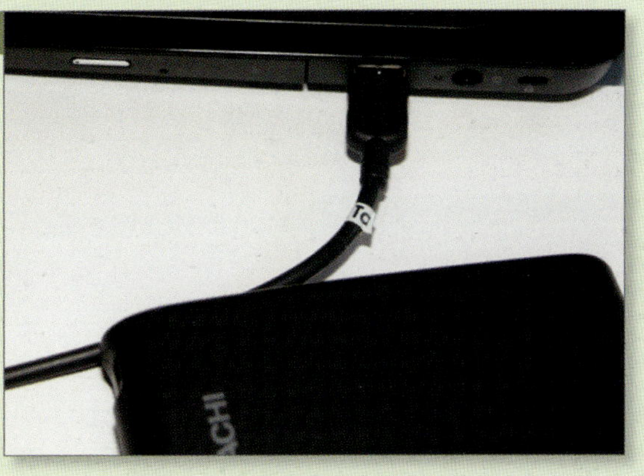

Richtig einstecken
Auch bei USB-Hubs ist es wichtig, dass Sie die USB-Stecker richtig herum einstecken (siehe Abschnitt »Welche Anschlüsse hat ein Notebook« ab Seite 14). Achten Sie daher auf die korrekte Richtung.

Einen Drucker installieren

Drucker auspacken, Kabel einstecken – fertig. Ganz so einfach ist es zwar nicht, aber Windows macht die Installation der Druckersoftware einfach. Um die Kabel richtig anzuschließen und die Druckerpatronen korrekt einzusetzen, lesen Sie bitte die Kurzanleitung Ihres Druckers.

1

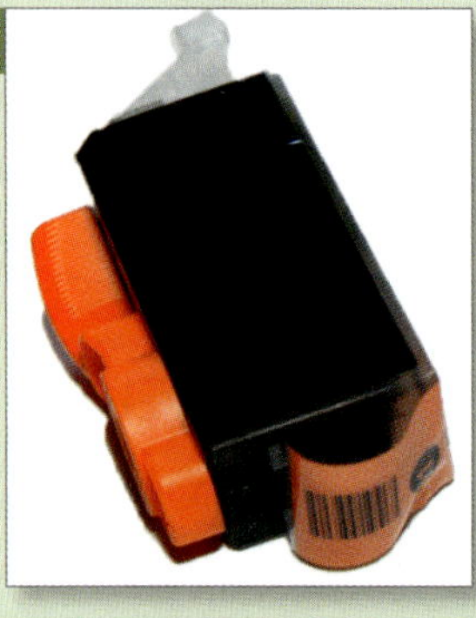

Schritt 1

Packen Sie den Drucker aus, entfernen Sie die Schutzfolien und Sicherungen, wie in der Kurzanleitung zum Drucker beschrieben. Packen Sie die Farbpatronen aus, entfernen Sie auch hier die Sicherungsstreifen, und setzen Sie die Farbpatronen ein.

2

Schritt 2

Windows bringt schon sehr viele Treiber mit. Probieren Sie aus, ob Ihr Drucker dazugehört: Schließen Sie das USB-Kabel sowohl beim Drucker als auch beim eingeschalteten Notebook an, und schalten Sie den Drucker ein.

3

Schritt 3

Drücken Sie auf dem Startbildschirm [S] auf der Tastatur. Klicken Sie auf **Systemsteuerung**.

Schritt 4

Klicken Sie in der Gruppe **Hardware und Sound** auf **Geräte und Drucker anzeigen**.

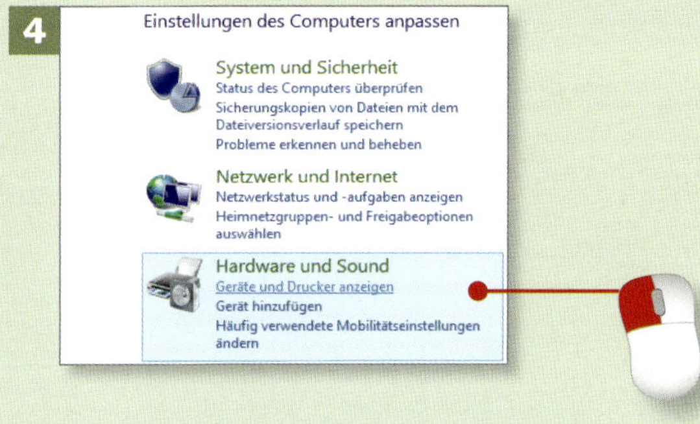

Schritt 5

Die Druckerübersicht öffnet sich. Wenn die automatische Installation geklappt hat, wird Ihr Drucker hier aufgeführt. Im Beispiel wurde der Canon-MP-Drucker installiert und automatisch als *Standarddrucker* festgelegt. Wenn Sie jetzt ein Dokument an den Drucker senden, wird dieser Standarddrucker aktiv.

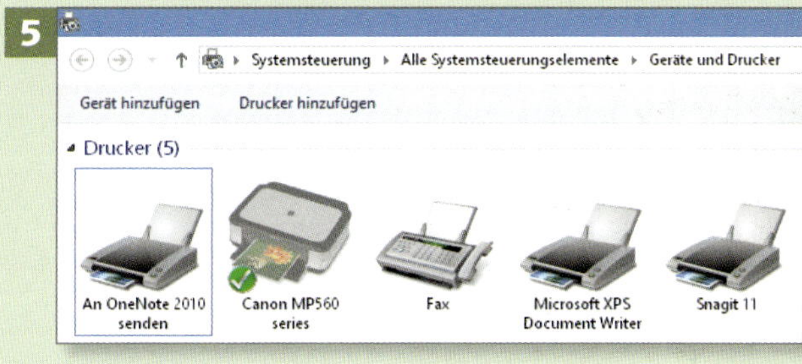

Schritt 6

Ist Ihr Drucker nicht aufgeführt, legen Sie die Drucker-CD/DVD in das DVD-Laufwerk ein, und folgen Sie den Anweisungen ❶. Meistens gibt es wie hier im Beispiel eine **Einfache Installation**. Klicken Sie sie an.

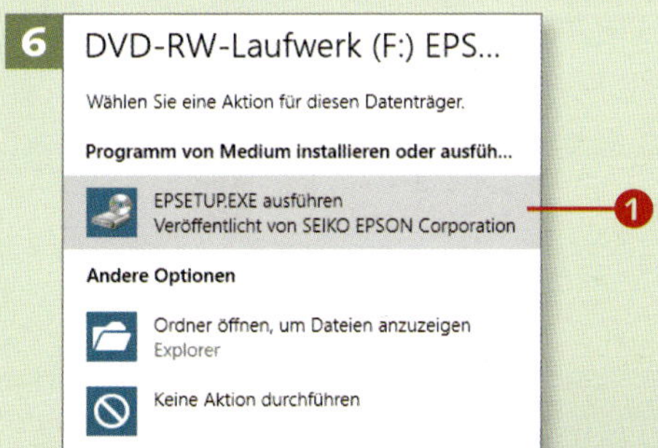

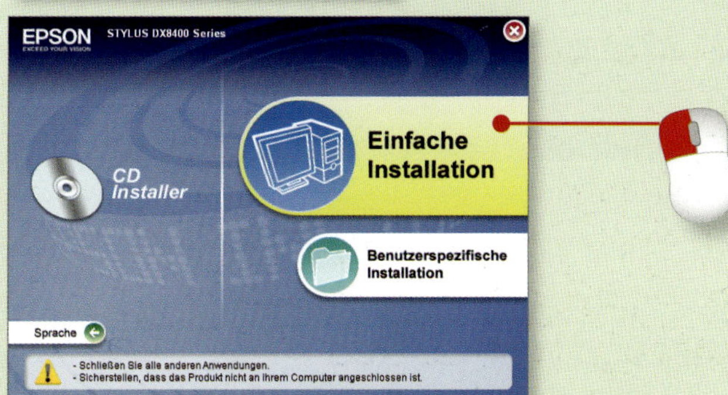

Standarddrucker festlegen

So ändern Sie den Standarddrucker: Klicken Sie in der Gruppe **Hardware und Sound** auf **Geräte und Drucker anzeigen**. Klicken Sie mit der rechten Maustaste auf den gewünschten Drucker. Im Kontextmenü wählen Sie dann **Als Standarddrucker festlegen**.

Einen Scanner einrichten und nutzen

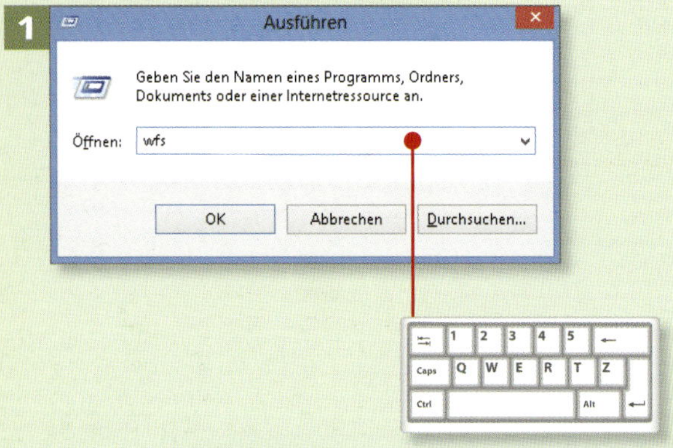

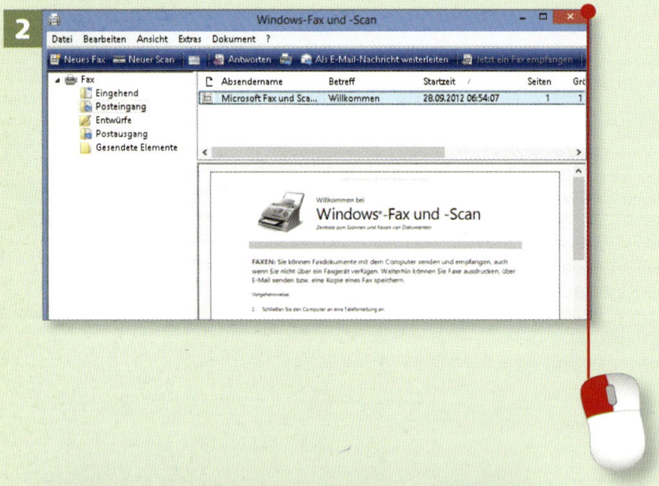

Scanner sind entweder Bestandteil von Multifunktionsgeräten oder eigenständige Geräte. Mit beiden können Sie Fotos oder Dokumente scannen. Windows-Fax und -Scan erleichtert Ihnen das Scannen.

Schritt 1

Vor dem ersten Start von Windows-Fax und -Scan rufen Sie das Willkommensfenster auf; so bereiten Sie das Scannen vor. Drücken Sie dazu erst die [Windows]-Taste und [R], und tippen Sie in das Textfeld »wfs« ein. Klicken Sie auf **OK**.

Schritt 2

Das Willkommensfenster von Windows-Fax und -Scan öffnet sich; lesen Sie den Text durch, und schließen Sie das Fenster wieder.

Schritt 3

Drücken Sie auf dem Startbildschirm [F] auf der Tastatur. Aus den angezeigten Apps wählen Sie **Windows-Fax und -Scan**.

Das Scannen-Fenster aufrufen

Wenn Sie Schritt 1 und 2 durchgeführt haben, rufen Sie künftig die Scan-Funktion direkt auf (Schritt 3).

Schritt 4

Jetzt können Sie Bilder und Dokumente scannen. Legen Sie das zu scannende Bild auf die Glasfläche des Scanners. Achten Sie auf die Kennzeichnung am Scanner, meistens gibt es eine Oben-Seite. Klicken Sie links oben auf **Neuer Scan**.

Schritt 5

Jetzt wird das Fenster **Neuer Scan** geöffnet. Klicken Sie unten auf **Vorschau**.

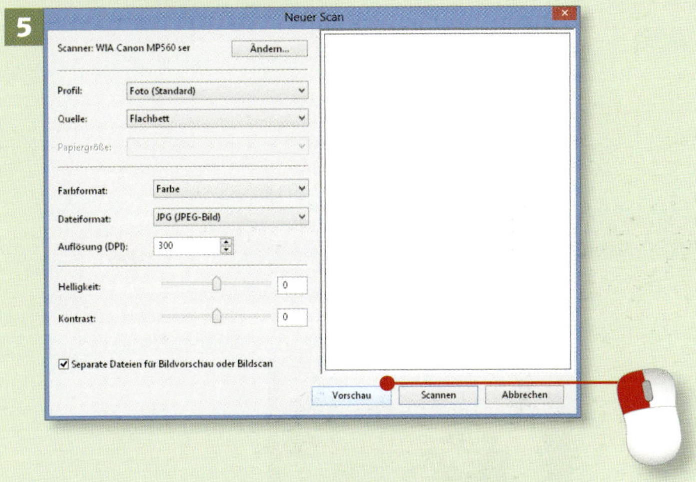

Schritt 6

Der Scanner tastet geräuschvoll das Bild ab und zeigt Ihnen rechts im Vorschaufenster das Bild ❶. Ziehen Sie an den gestrichelten Linien, wenn Sie einen größeren oder kleineren Ausschnitt, als angezeigt, scannen wollen.

Viele unterschiedliche Scanner

Je nach Scanner haben die Schaltflächen unterschiedliche Namen, sind mehr Schritte zu gehen oder weniger, stehen manche Funktionen gar nicht zur Verfügung oder gibt es mehr Möglichkeiten. Lesen Sie deshalb auch die Anleitung zu Ihrem Scanner.

Einen Scanner einrichten und nutzen (Forts.)

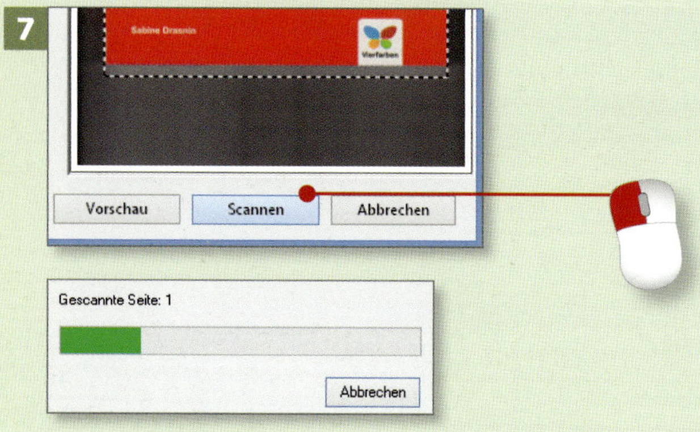

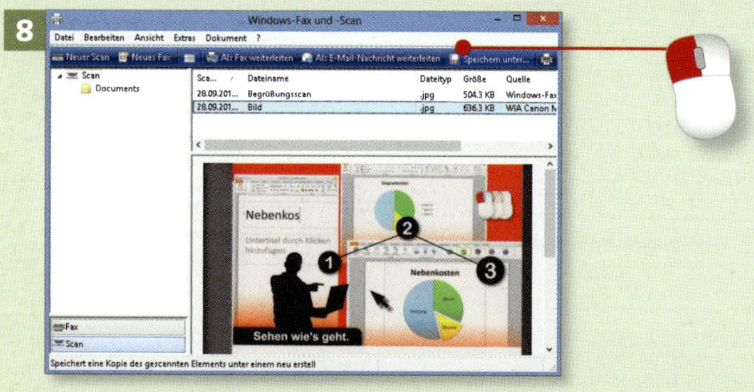

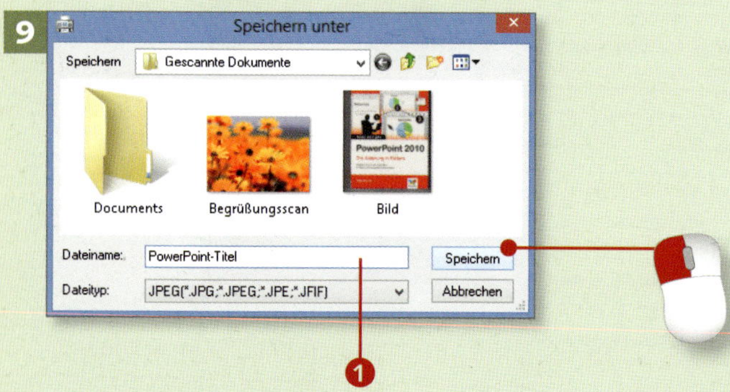

Schritt 7

Klicken Sie dann auf **Scannen**. Der Scan-Fortschritt wird Ihnen angezeigt.

Schritt 8

Nach dem Scan wird das Bild im **Windows-Fax und -Scan**-Fenster angezeigt; es erhält automatisch den Titel »Bild«. Klicken Sie auf **Speichern unter**, um einen eigenen Namen zu vergeben.

Schritt 9

Geben Sie einen Namen für den Scan ein ①, im Beispiel wurde »PowerPoint-Titel« eingegeben, und klicken Sie auf **Speichern**.

Auflösung und Dateiformat

Die Auflösung von 300 dpi reicht für Bilder. Je höher die Zahl, desto besser der Scan, desto größer wird aber auch die Datei. Wollen Sie den Bild-Scan per E-Mail verschicken, sollte die Auflösung geringer sein, damit die Datei nicht zu groß wird. Das Dateiformat, das Sie im Scan-Fenster einstellen können, wirkt sich auch auf die Dateigröße aus: BMP-, PNG- und TIFF-Dateien sind deutlich größer als die standardmäßig ausgewählten JPEG-Dateien, dafür aber qualitativ besser.

Schritt 10

Wenn Sie keine weiteren Bilder scannen wollen, beenden Sie Windows-Fax und -Scan mit einem Klick auf das Schließkreuz. Öffnen Sie den Explorer. Unter **Dokumente** wurde ein neuer Ordner mit dem Namen **Gescannte Dokumente** ❷ angelegt, der das gescannte Bild in zwei Versionen enthält. Löschen Sie die Datei mit dem Namen **Bild** ❸.

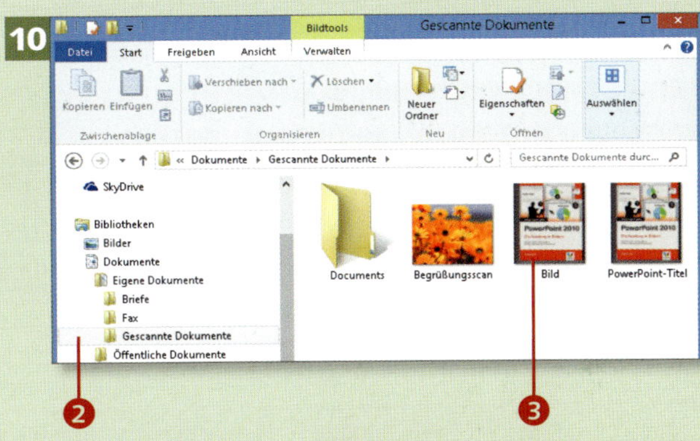

Schritt 11

Um Dokumente zu scannen, klicken Sie im Scan-Fenster bei **Profil** rechts auf den kleinen Pfeil ❹ und dann auf **Dokumente** ❺. Das **Farbformat** ändert sich auf *Graustufe*; stellen Sie hier auf **Schwarz und Weiß** ❻ um. Das ist meist besser lesbar als ein Scan in Graustufen. Klicken Sie auf **Vorschau**.

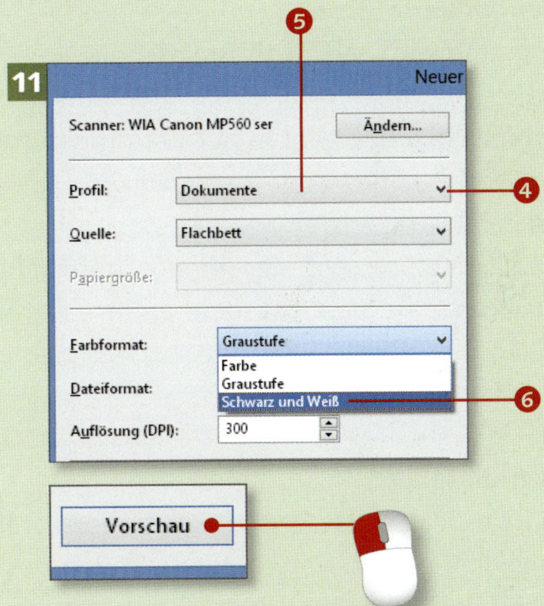

Schritt 12

Sind alle Elemente des Dokuments von dem gestrichelten Rahmen ❼ erfasst, klicken Sie auf **Scannen**. Wiederholen Sie dann zum Speichern Schritt 9. Wenn Ihr Gerät Textseiten als Word-Dokument speichern kann, wird die Datei auch im Explorer bei Dokumenten gespeichert.

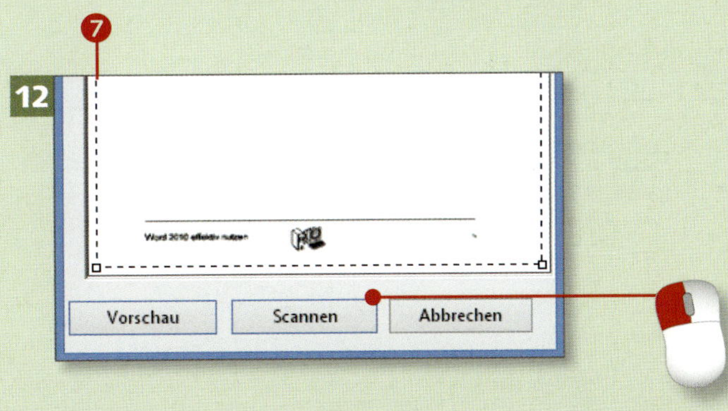

Kapitel 12
Für Sicherheit sorgen

Einige Sicherheitsfragen, die das Internet betreffen, kennen Sie bereits aus dem Kapitel »Internet zu Hause und unterwegs«. Hier geht es um den Schutz auf Ihrem Notebook. Auch um dieses Thema sollten Sie sich regelmäßig kümmern: Wie halte ich das Notebook virenfrei? Wie sichere ich meine Daten?

Mit dem Defender verteidigen

Das Schutzprogramm von Microsoft umfasst alle wesentlichen Schutzschilde, die ein Internetschutzpaket mitbringen sollte. Sie lassen Ihr Notebook regelmäßig vom Defender ❶ vollständig untersuchen und achten auf Warnmeldungen.

Daten sichern

Es muss gar kein Schädling sein, der Ihr Notebook lahmlegt; auch technische Defekte können dazu führen, dass Sie nicht mehr an Ihre Dateien kommen. Erstellen Sie daher Sicherungskopien Ihrer Dateien ❷, bevor etwas passiert. Windows hilft Ihnen mit dem Dateiversionsverlauf dabei.

System wiederherstellen

Mit Windows ist es leicht, das System wiederherzustellen, wenn es z. B. nach einem Update nicht mehr richtig läuft. Verschiedene Stufen der Wiederherstellung ❸ sind möglich; Ihre Daten gehen dabei nicht verloren.

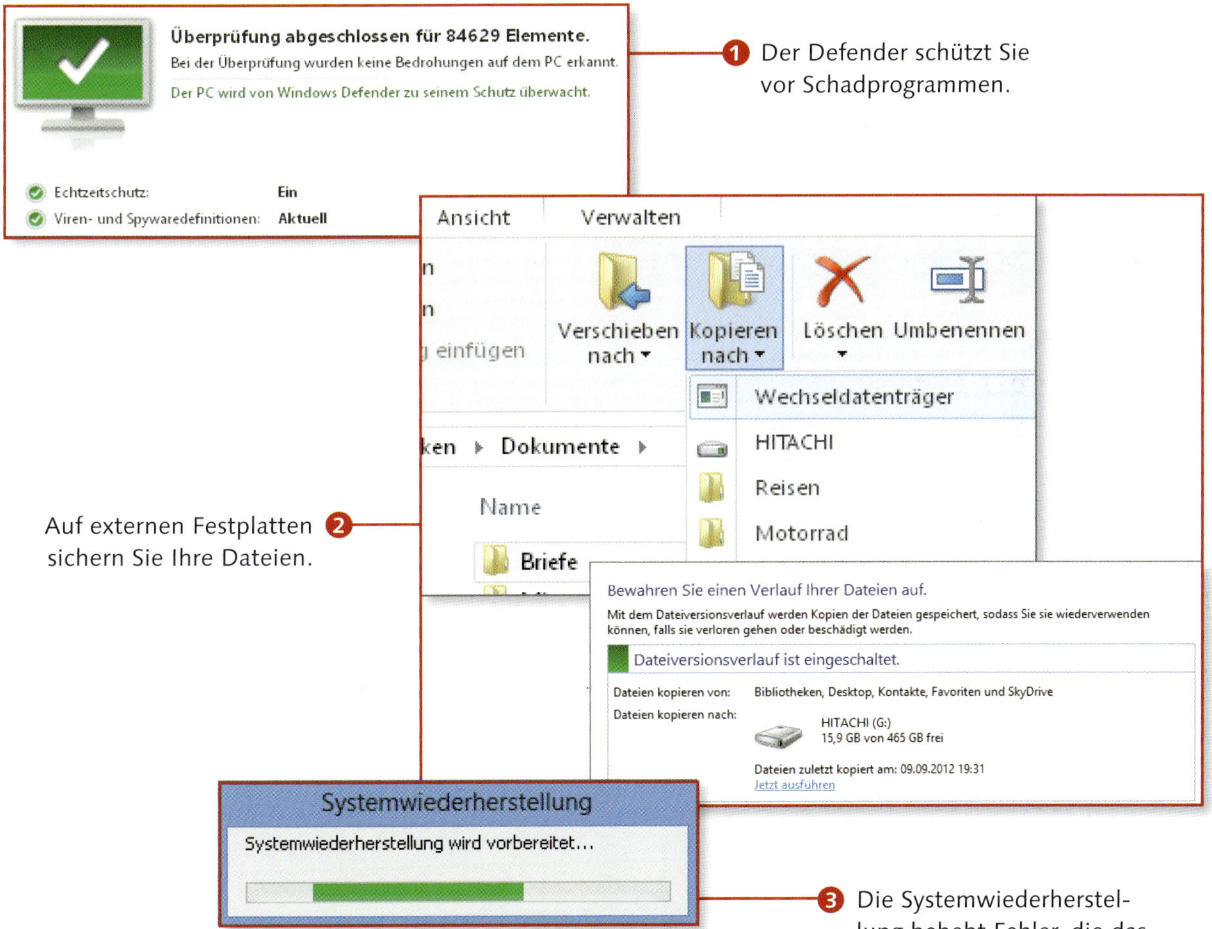

❶ Der Defender schützt Sie vor Schadprogrammen.

❷ Auf externen Festplatten sichern Sie Ihre Dateien.

❸ Die Systemwiederherstellung behebt Fehler, die das System stottern lassen.

Das vorinstallierte Schutzprogramm Defender

1

2

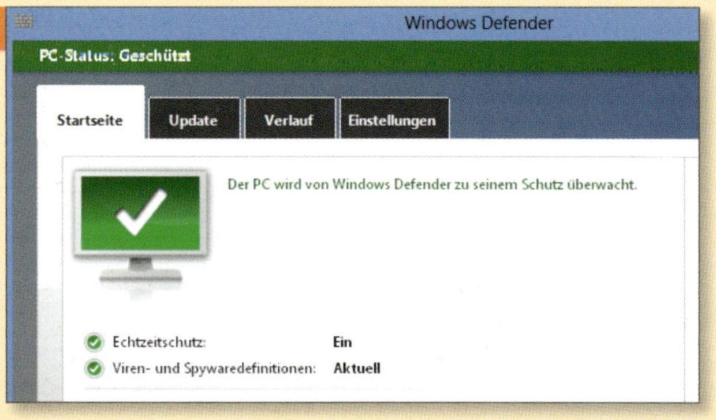

3

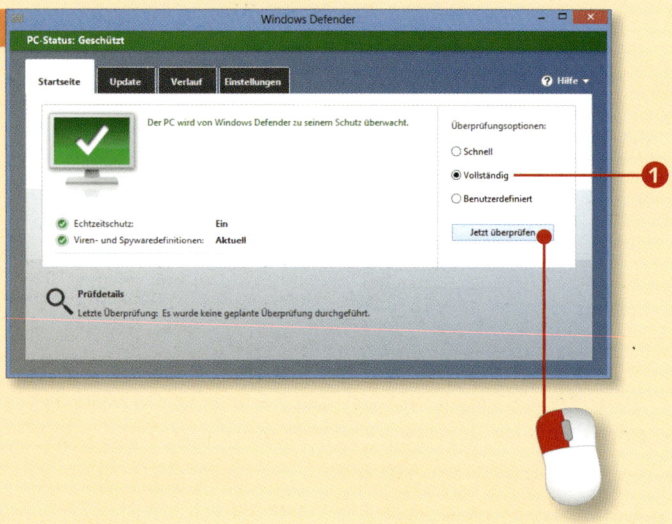

Ein Antivirenprogramm sollte zumindest sogenannte Keylogger abwehren, Trojaner fernhalten und vor Viren schützen. Windows bringt mit dem Defender ein solches Paket mit.

Schritt 1

Der Windows Defender schützt nicht nur vor *Viren*, sondern auch vor *Spyware* und *Trojanern*. Rufen Sie den Defender über den Startbildschirm auf. Drücken Sie einfach [D] auf der Tastatur; in der Apps-Auswahl klicken Sie auf **Windows Defender**.

Schritt 2

Die Startansicht des Defenders zeigt Ihnen auf einen Blick, ob Ihr Notebook sicher ist und ob der Defender richtig arbeitet. Grün bedeutet: alles in Ordnung.

Schritt 3

Im rechten Fensterteil starten Sie die Untersuchung des Notebooks. Eine vollständige Systemuntersuchung dauert lange, ist aber gründlicher. Mindestens einmal wöchentlich sollten Sie den Defender das Notebook vollständig untersuchen lassen. Klicken Sie auf **Vollständig** ❶ und auf **Jetzt überprüfen**.

Schritt 4

Das Defender-Fenster zeigt den Untersuchungsfortschritt an. Es meldet auch erkannte Bedrohungen.

4

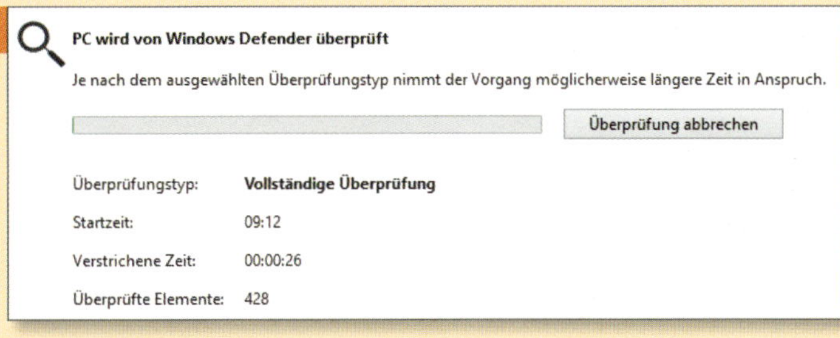

Schritt 5

Nach Abschluss der Untersuchung erhalten Sie einen kurzen Bericht. Im Fall einer gefundenen Bedrohung teilt der Defender Ihnen mit, was er unternommen hat und was Sie tun sollten.

5

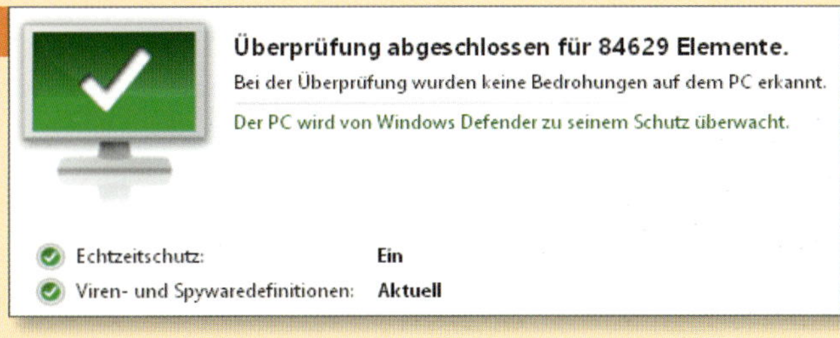

Schritt 6

Der Windows Defender schützt gut vor bekannten Bedrohungen, wenn er aktuell ist. Auf der Startseite des Defenders wird das Datum der letzten Aktualisierung angegeben. War Ihr Notebook einige Tage nicht mit dem Internet verbunden, ist ein Update dringend nötig. Starten Sie gegebenenfalls selbst ein Update durch Klick auf **Update**.

6

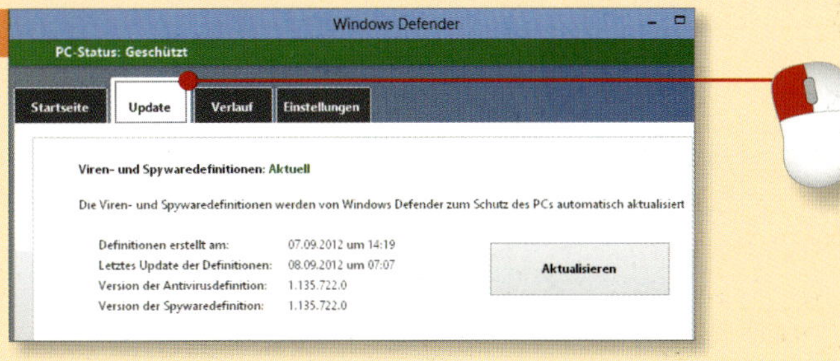

Defender ist nicht aktiv?

Auf Ihrem Notebook wurde je nach Hersteller eine Testversion eines anderen Virenschutzprogramms installiert. Der Defender erkennt dies und schaltet sich deshalb nicht ein. Sie können die Testversion, die meist nach drei Monaten zum Kauf des Programms aufruft, deinstallieren und den Defender aktivieren. Zum Aktivieren setzen Sie im Defender-Fenster, Reiter **Einstellungen**, das entsprechende Häkchen.

Ein anderes Antivirenprogramm installieren

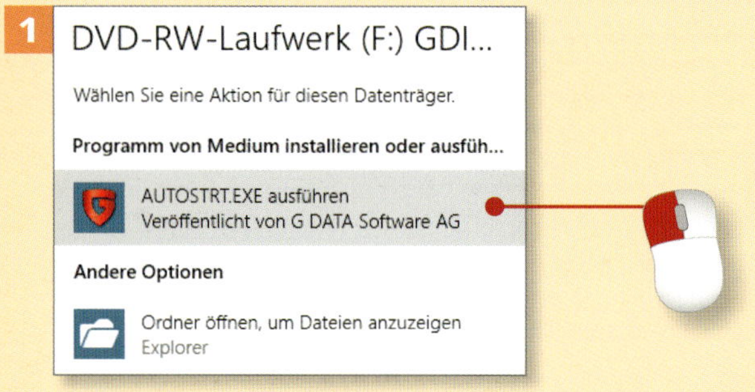

Für einen umfangreicheren Schutz, z. B. für Onlinebanking, sollten Sie ein Schutzpaket von einem renommierten Anbieter installieren.

Schritt 1

Internetschutzpakete gibt es als DVD oder Internet-Download. Hier werden zwei Varianten mit DVD vorgestellt, zunächst G-Data. Legen Sie die DVD in das Laufwerk. Klicken Sie auf die Aktionskachel und dann auf **Autostrt.exe ausführen**.

Schritt 2

Klicken Sie auf **Installieren**. Erlauben Sie den Zugriff auf das System. Folgen Sie den weiteren Anweisungen, stimmen Sie den Lizenzbedingungen zu, und wählen Sie, wenn möglich und sinnvoll, Komponenten wie die **Kindersicherung** ❶ aus.

Schritt 3

Nach der Installation fordert das Programm die Eingabe des Programm-Codes, der auf der Rückseite der Anleitung oder in der Verpackung steht. Das Programm startet und stellt fest, dass es nicht mehr aktuell ist ❷. Das Update startet; danach ist Ihr System geschützt.

Schritt 4

Ganz ähnlich verläuft die Installation bei einem anderen Hersteller, Kaspersky: Nach dem Einlegen der DVD werden Sie aufgefordert, das Installationsprogramm zu starten. Klicken Sie dann auf **Installieren**, und erlauben Sie die Änderung am System. Folgen Sie den Anweisungen, und geben Sie schließlich den **Aktivierungscode** ein.

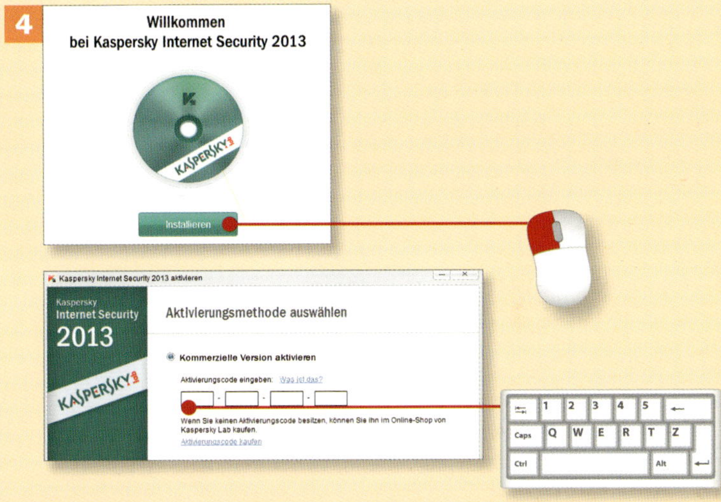

Schritt 5

Der Abschluss der Installation wird Ihnen bestätigt. Das Programm können Sie nun über die Programmkachel auf dem Startbildschirm oder das Programmsymbol auf dem Desktop aufrufen.

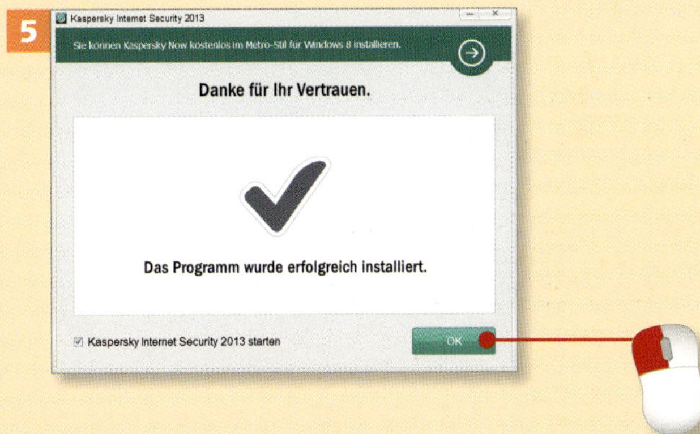

Schritt 6

Das Programmfenster zeigt Ihnen, ob Ihr Notebook sicher ist. Klicken Sie auf **Update**, um die aktuellste Version der Schutzdateien zu erhalten. Alle weiteren Updates starten die Schutzprogramme automatisch.

> **Nur eine Antiviren-Software!**
> Auch wenn hier zwei Antivirenprogramme vorgestellt werden: Installieren Sie nur eines, da die Programme sich gegenseitig blockieren.

Das Notebook auf Viren überprüfen

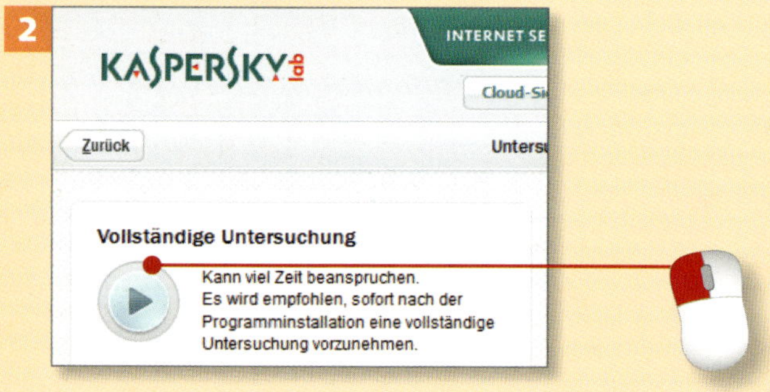

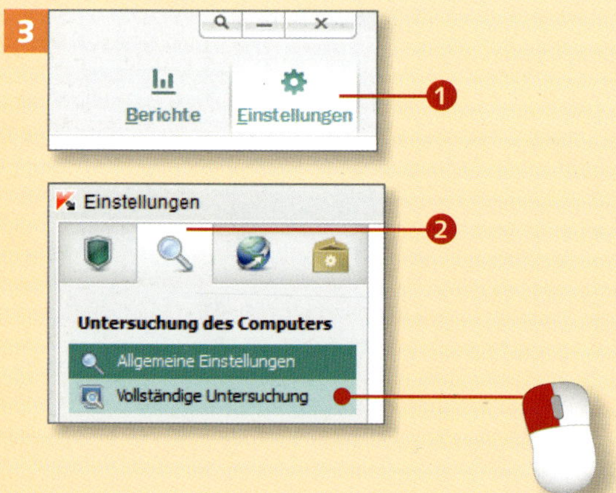

Beim Defender haben Sie schon gesehen, wie Sie Ihr Notebook untersuchen können. In diesem Abschnitt lernen Sie die ausgefeilteren Möglichkeiten des Kaspersky-Pakets kennen.

Schritt 1

Öffnen Sie das Programm durch einen Klick auf die Programmkachel auf dem Startbildschirm, oder klicken Sie doppelt auf das Symbol auf dem Desktop. Klicken Sie auf **Untersuchung**.

Schritt 2

Starten Sie eine gründliche Untersuchung Ihres Notebooks mit einem Klick auf die Schaltfläche **Vollständige Untersuchung**.

Schritt 3

Während das Programm Ihr Notebook untersucht, stellen Sie es so ein, dass künftige Untersuchungen automatisch starten. Klicken Sie auf **Einstellungen** ❶, dann auf das Lupensymbol ❷ und schließlich auf **Vollständige Untersuchung**.

Zuviel des Guten

Achten Sie bei den angebotenen Schutzpaketen auf den benötigten Arbeitsspeicher. Gerade Netbooks mit ihrem geringeren Arbeitsspeicher werden von großen Schutzpaketen lahmgelegt: Wenn das Programm arbeitet, steht für alle anderen Operationen kaum noch Arbeitsspeicher zur Verfügung.

Schritt 4

Ändern Sie die Einstellungen im rechten Fensterteil auf **Nach Zeitplan** ❸. Setzen Sie Häkchen durch Anklicken bei **Übersprungene Aufgaben starten** ❹ und **Geplante Untersuchung ausführen, wenn Computer gesperrt ist oder Bildschirmschoner aktiviert wurde** ❺. Bestätigen Sie die Änderungen mit einem Klick auf **OK** in allen geöffneten Fenstern.

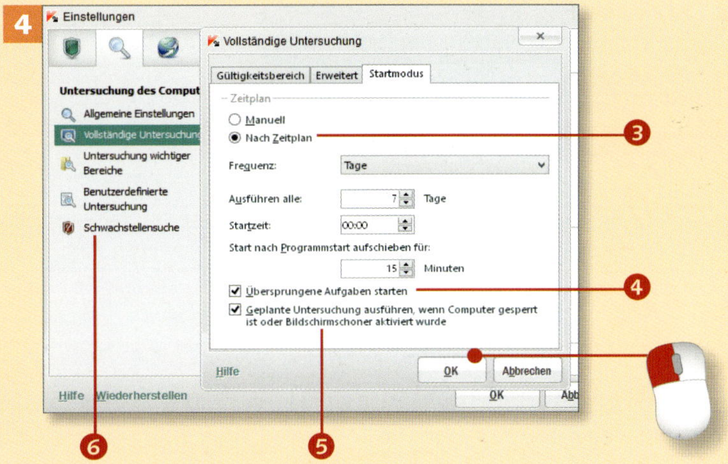

Schritt 5

Nach der Untersuchung gibt Ihnen das Programm einen kurzen Bericht. Starten Sie nach der ersten Untersuchung noch eine **Schwachstellensuche** ❻. Nach deren Abschluss lassen Sie sich die Schwachstellen anzeigen. Klicken Sie auf die gelb markierten Meldungen und dann auf **Korrigieren**; so wird Ihr Notebook noch sicherer.

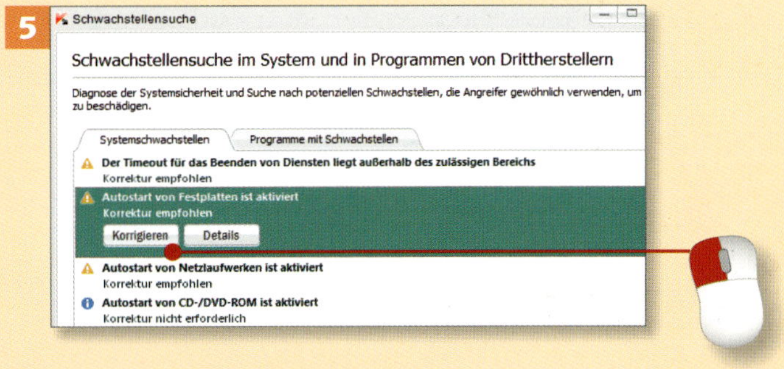

Schritt 6

Wenn Sie einen USB-Stick oder eine externe Festplatte anschließen, zeigt das Schutzprogramm eine Aufforderung zur Untersuchung dieses Datenträgers. Klicken Sie auf **Schnelle Untersuchung** ❼ oder **Vollständige Untersuchung**. Auch hier erhalten Sie wieder einen kurzen Bericht.

Wichtige Daten sichern

Damit Ihre Daten nicht verloren sind, wenn Ihre Festplatte kaputtgeht, sollten Sie Ihre Dateien auf USB-Sticks, externen Festplatten oder DVDs speichern. Windows arbeitet parallel dazu mit dem Dateiversionsverlauf. Diese Sicherung auf einer externen Festplatte läuft automatisch.

1

Schritt 1

Schließen Sie eine externe Festplatte oder einen USB-Stick mit viel freiem Speicherplatz an. Prüfen Sie dann, ob der *Dateiversionsverlauf* eingeschaltet ist: Öffnen Sie die Systemsteuerung über den Startbildschirm, indem Sie [S] auf der Tastatur eingeben und dann auf **Systemsteuerung** klicken.

2
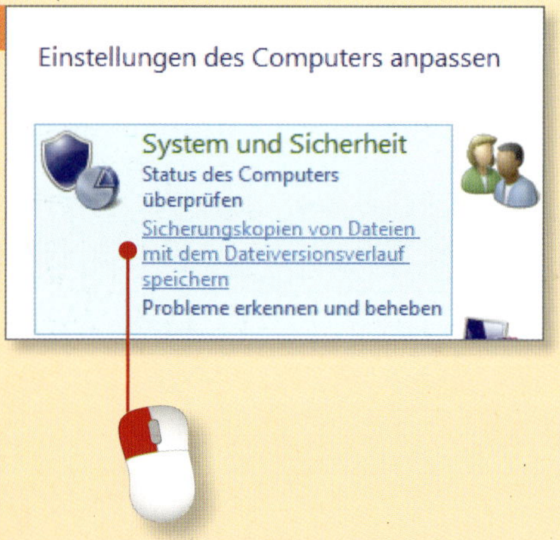

Schritt 2

Bei **System und Sicherheit** klicken Sie auf **Sicherungskopien von Dateien mit dem Dateiversionsverlauf speichern**.

3
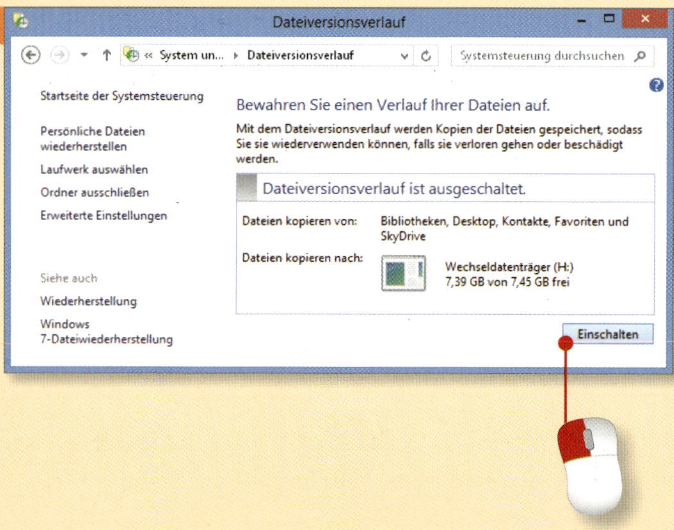

Schritt 3

Das nächste Fenster zeigt an, ob der Dateiversionsverlauf eingeschaltet ist. Ist er ausgeschaltet, wie hier im Beispiel, klicken Sie auf **Einschalten**.

Schritt 4

Starten Sie das Speichern, indem Sie auf **Jetzt ausführen** klicken. Der Dateiversionsverlauf speichert alle Dateien in dem zeitlichen Abstand, der bei **Erweiterte Einstellungen** festgelegt ist. Auch die Änderungen an Dateien werden gespeichert. So stehen Ihnen verschiedene Versionen zur Verfügung.

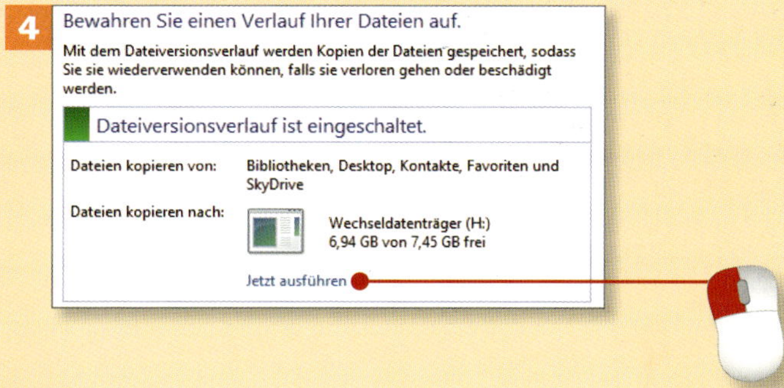

Schritt 5

Ist ein Laufwerk voll, erhalten Sie darüber eine Meldung über das Wartungscenter. Klicken Sie dann auf **Sicherheitskopien ▸ Dateiversionsverlauf ▸ Laufwerk auswählen**. Die möglichen Laufwerke werden angezeigt. Klicken Sie auf ein Laufwerk und unten auf **OK**.

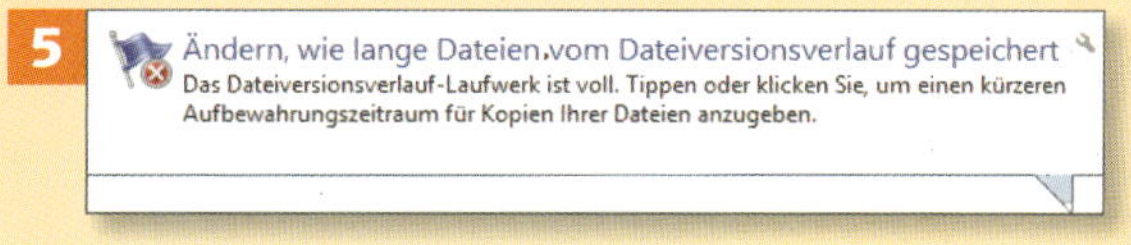

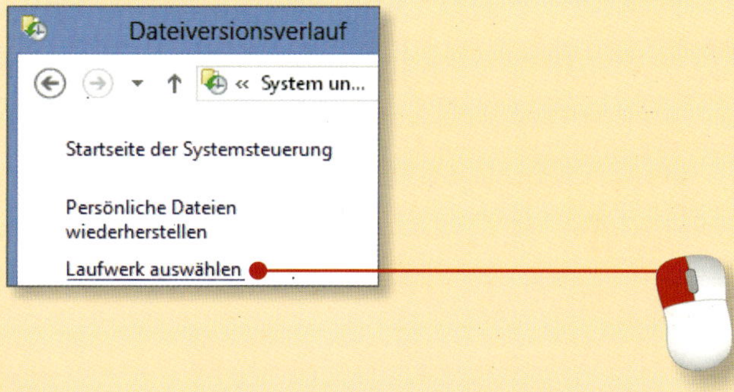

Schritt 6

Um eine Version wiederherzustellen, klicken Sie im Explorer auf das Laufwerk, auf dem Sie die Dateien gesichert haben. Auf der Registerkarte **Start** innerhalb der Gruppe **Öffnen** klicken Sie auf **Verlauf**. In den Ordnern unter **FileHistory** finden Sie die Dateien in genau der Ordnerstruktur, in der sie auf Ihrem Notebook gespeichert waren.

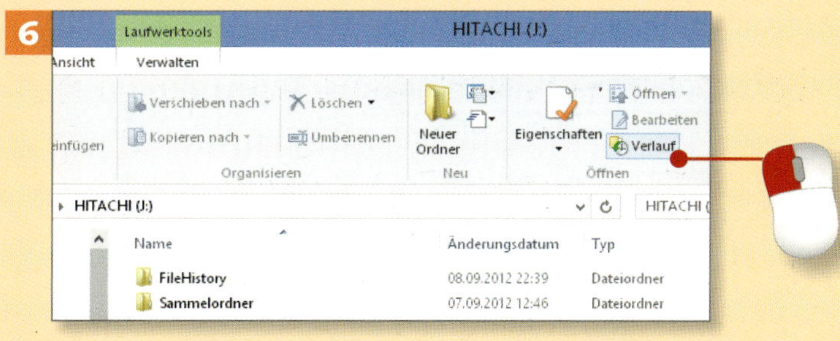

Viel Platz benötigt

Der Dateiversionsverlauf benötigt viel Speicherplatz. Achten Sie daher darauf, dass die angeschlossene externe Festplatte vor dem ersten Speichern nicht weniger als 500 Gigabyte freien Speicherplatz bietet.

Die Systemwiederherstellung nutzen

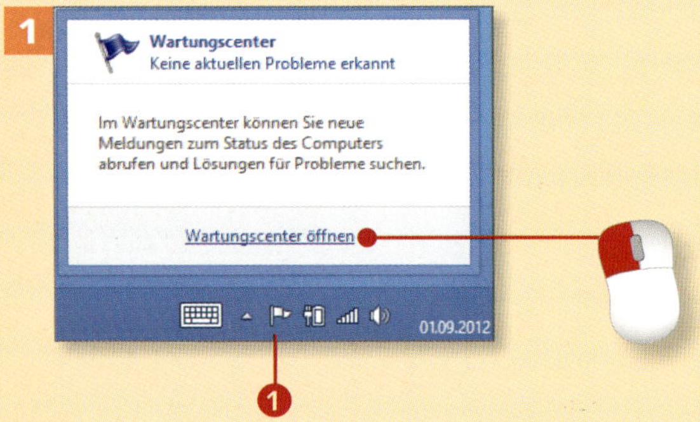

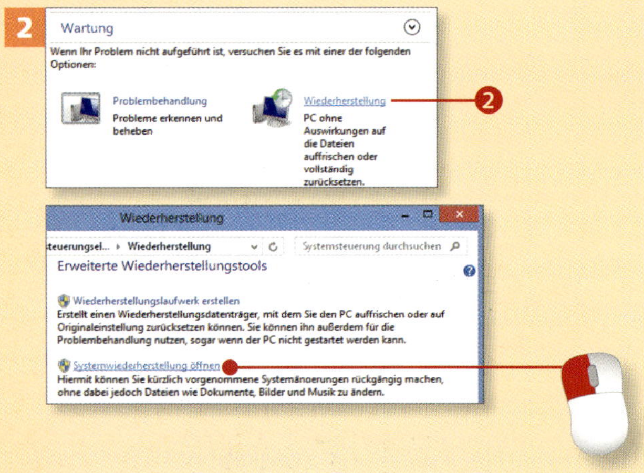

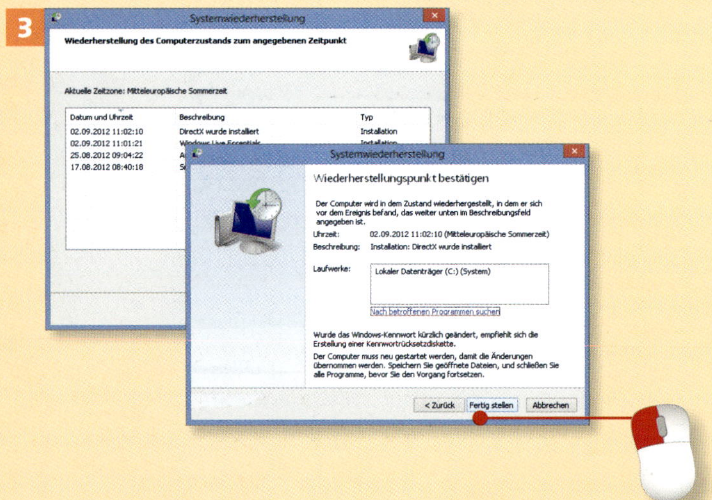

Nach einer Programminstallation oder einem Update kann es vorkommen, dass Windows auf Ihrem Notebook nicht mehr gut läuft. Sie können das System dann wiederherstellen. Ihre Dateien und Einstellungen bleiben dabei erhalten.

Schritt 1

Klicken Sie auf dem Desktop unten rechts auf die Fahne ❶ und dann auf **Wartungscenter öffnen**.

Schritt 2

Klicken Sie im Wartungscenter auf **Wiederherstellung** ❷ und dann auf **Systemwiederherstellung öffnen**. Im nächsten Fenster klicken Sie auf **Weiter**.

Schritt 3

Wählen Sie dann einen Wiederherstellungszeitpunkt aus. Windows zeigt Ihnen, welche Zeitpunkte es gibt und welche systemrelevanten Programme dort jeweils installiert wurden. Klicken Sie anschließend auf **Fertig stellen**.

Schritt 4

Bestätigen Sie die Warnmeldung mit einem Klick auf **Ja**. Jetzt wird die Systemwiederherstellung gestartet. Dieser Vorgang dauert eine Weile. Ihr Notebook startet neu.

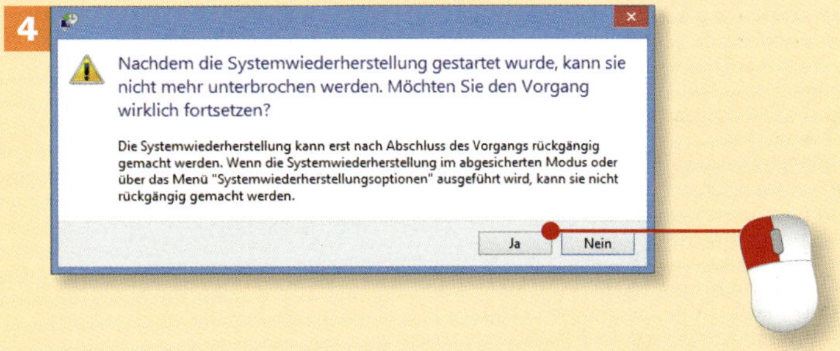

Schritt 5

Windows bestätigt die Wiederherstellung. Ihre Dokumente sind alle vorhanden. Aber Programme, die Sie nach dem *Wiederherstellungszeitpunkt* installiert hatten, wurden entfernt; sie müssen Sie neu installieren. Auch viele Windows-Einstellungen müssen Sie erneut vornehmen. Klicken Sie dann auf **Schließen**.

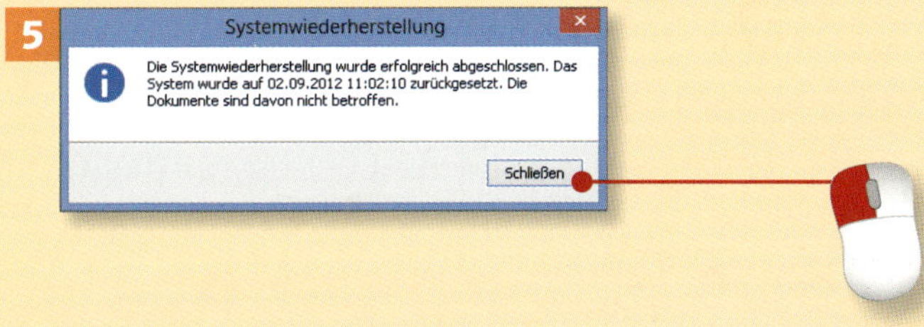

Schritt 6

Für den Notfall, dass Windows nicht richtig startet, erstellen Sie ein Wiederherstellungslaufwerk. Schließen Sie einen leeren USB-Stick an das Notebook an, starten Sie das Wartungscenter (siehe Schritt 1 dieser Anleitung), und klicken Sie auf **Wiederherstellung**. Dann klicken Sie auf **Widerherstellungslaufwerk erstellen**, bestätigen die Warnmeldungen mit einem Klick auf **Weiter** und klicken schließlich auf **Erstellen**.

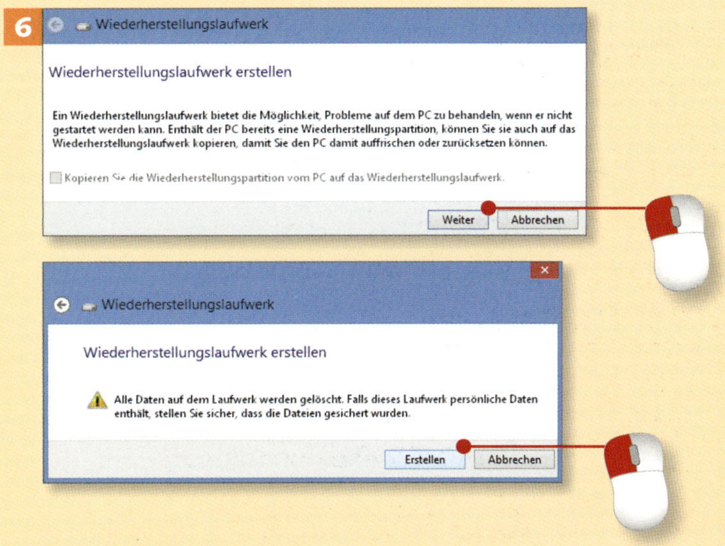

Das System auffrischen

Windows bietet noch eine weitere Möglichkeit der Selbstreparatur: das Auffrischen. Sie erreichen es über **Charms-Leiste ▸ PC-Einstellungen ändern ▸ Allgemein**.

Kapitel 13
Probleme lösen

Notebooks und die Software, die darauf läuft, sind nicht perfekt. Immer mal wieder treten Probleme auf, für die Sie auf verschiedenen Wegen Lösungen finden. In diesem Abschnitt erfahren Sie, wie Sie im Internet und in der Windows-Hilfe auf Ihrem Notebook nach einer Lösung suchen.

Hilfe im Internet finden

Im Internet finden Sie meist eine Lösung für das Computerproblem durch eine allgemeine Suche oder durch gezielte Suche in Foren und Blogs. Wenn alle diese Seiten nicht weiterhelfen, fragen Sie selbst in einem Forum ❶ nach.

Anleitungen bei der Windows-Hilfe lesen

Die Windows-Hilfe ❷ ist immer für Sie da und kann bei vielen Einstellungsproblemen und anderen Windows-Fehlern helfen. Durch Weiterleitungen zu den passenden Einstellfenstern müssen Sie sich nicht selbst durch Windows wühlen.

Einen örtlichen PC-Support finden

Einige Notebook-Probleme sollte ein Fachmann oder eine Fachfrau lösen. Sie finden sie in den Gelben Seiten ❸, im Internet und in den Anzeigenteilen der örtlichen Zeitungen.

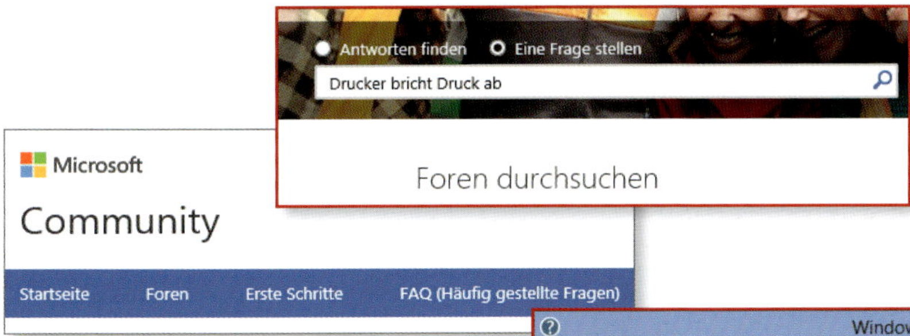

❶ In einem Fachforum fragen Sie nach einer Lösung für Ihr Notebook-Problem.

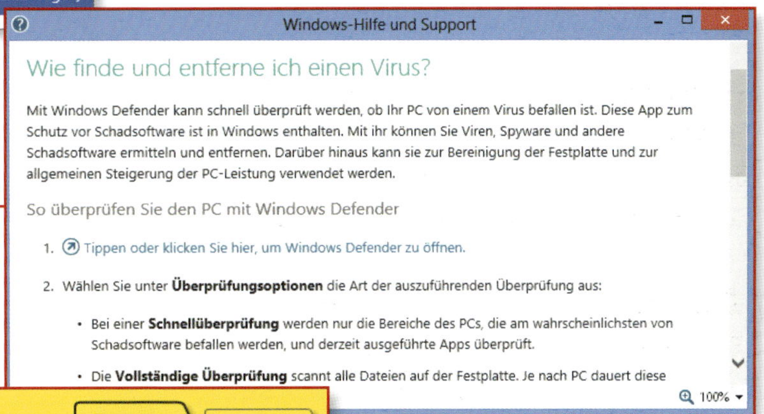

❷ Die Windows-Hilfe gibt Anleitungen bei vielen Notebook-Problemen.

❸ Einen Computerberater vor Ort finden Sie in den Gelben Seiten oder anderen Telefonbüchern – online und offline.

Hilfe übers Internet suchen

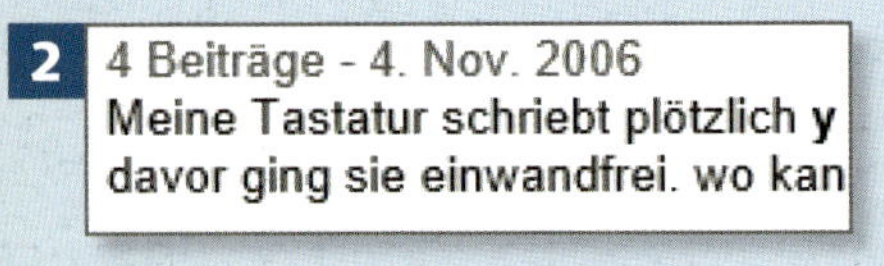

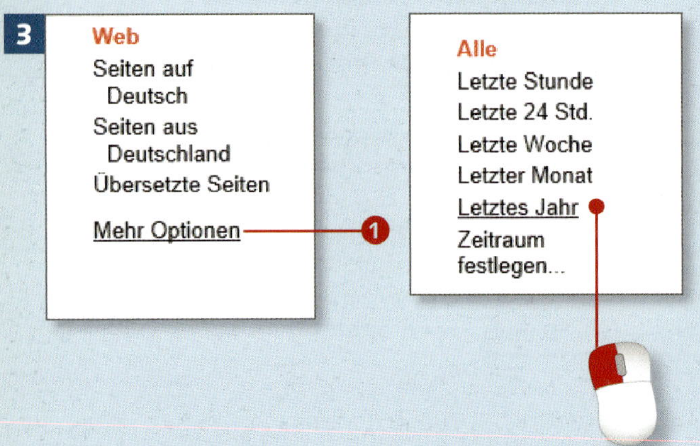

Überlegen Sie zunächst, wie Sie Ihr Notebook-Problem am besten beschreiben können. Einerseits sollte es nicht zu kurz beschrieben sein, da Sie sonst viele unpassende Suchergebnisse erhalten, andererseits aber auch nicht zu genau, da die Trefferzahl dann eventuell zu klein ist. Hilfe finden Sie oft in Foren.

Schritt 1

Ihre Tastatur schreibt plötzlich »Y« statt »Z«? Wenn Sie in das Adress- und Suchfeld »Notebook y statt z« eingeben, erhalten Sie 516 Millionen Treffer. Diese Treffer werden Sie sicher nicht alle durchsehen wollen, also grenzen Sie die Suche ein.

Schritt 2

Bei den Suchergebnissen sind auch einige, die aus Internetsicht schon sehr alt sind. Lassen Sie sich daher nur die Beiträge anzeigen, die im letzten Jahr geschrieben wurden.

Schritt 3

Klicken Sie dazu ganz links auf **Mehr Optionen** ❶. Wählen Sie einen Zeitraum aus, hier als **Letztes Jahr**.

Schritt 4

Die Zahl der Treffer reduziert sich deutlich. Wenn Sie schon einen Treffer sehen, der Ihnen interessant erscheint, klicken Sie ihn an (siehe dazu den Abschnitt »Im Internet mit Google suchen« ab Seite 80).

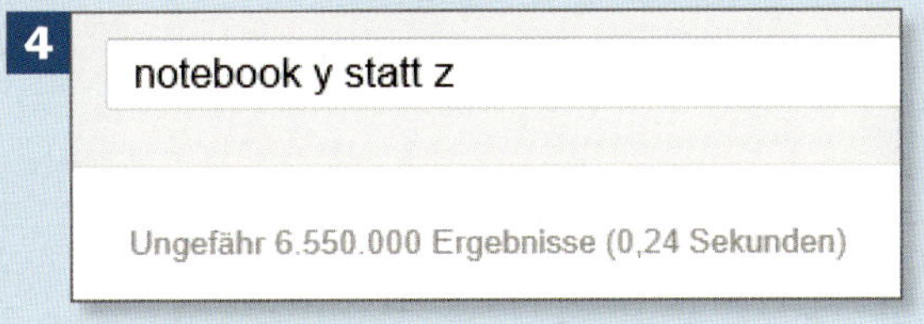

Schritt 5

Sie können aber auch erst den Suchbegriff verfeinern: Schreiben Sie »Notebook y und z vertauscht«. Mehrere zusammengehörende Wörter können Sie auch in Anführungszeichen setzen, dann sucht Google nach genau dieser Wortkombination. Für Ihren konkreten Fall wählen Sie ebenfalls eine andere Formulierung, um passendere Ergebnisse zu finden.

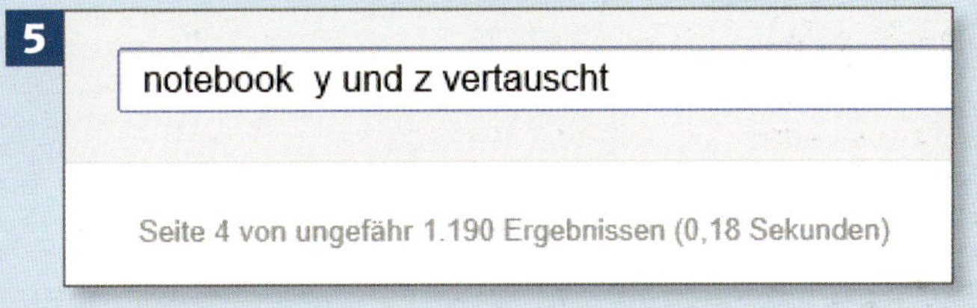

Schritt 6

Schauen Sie sich nun die verbliebenen Treffer an. Es gibt immer eine Mischung aus Kaufangeboten, hier wären es solche für Notebooks, und Lösungsvorschlägen von Notebook-Nutzern sowie Firmenhilfeseiten. Im Beispiel gibt es eine Lösung auf der Microsoft-Seite. Klicken Sie sie an.

Wonach nicht gesucht werden soll

Wenn Sie bestimmte Begriffe bei der Suche ausschließen wollen, tippen Sie den Suchbegriff ein, dann nach einem Leerzeichen ein Minus und direkt danach den unerwünschten Begriff. Ein Beispiel: »notebook y und z vertauscht -Preisvergleich«.

Hilfe übers Internet suchen (Forts.)

7

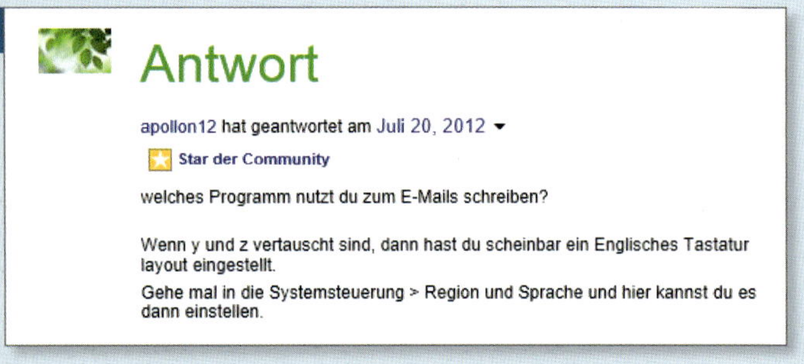

Schritt 7

Es handelt sich hier um ein Hilfeforum; auch hier helfen Nutzer anderen Nutzern. Da das Forum auf der Microsoft-Seite angesiedelt ist, können Sie davon ausgehen, dass kein Unsinn veröffentlicht wird und ein seriöser Moderator auf Umgangsform (*Netiquette*, siehe Kasten auf Seite 281) und Inhalt achtet.

8

Schritt 8

Das gilt auch für die Hilfeforen auf den Seiten der Computerzeitschriften, wie z. B. *PC Welt*, *Computerbild*, *Chip* oder *com!*. Hier geben neben den Nutzern auch Fachredakteure Tipps. Sie erkennen diese Seiten daran, dass in der Internetadresse **1** direkt vor dem ».de« der Name einer bekannten Computerzeitschrift steht.

9

Schritt 9

Haben Sie eine Lösung für Ihr Problem gefunden, setzen Sie sie um. Denken Sie immer daran, dass in Foren viele Laien schreiben, die schon einmal ein ähnliches Problem hatten und es lösen konnten. Diese Lösung muss nicht unbedingt die richtige für Ihr Problem sein; gehen Sie daher vorsichtig vor. Das Notebook sollten Sie auf keinen Fall aufschrauben.

Schritt 10

Eine weitere Hilfequelle sind sogenannte Blogs, die von kundigen Nutzern mit Anleitungen und Erklärungen gefüllt werden. Hier können Sie in den Kommentaren Fragen stellen, die die Blogbetreiber in der Regel zügig beantworten.

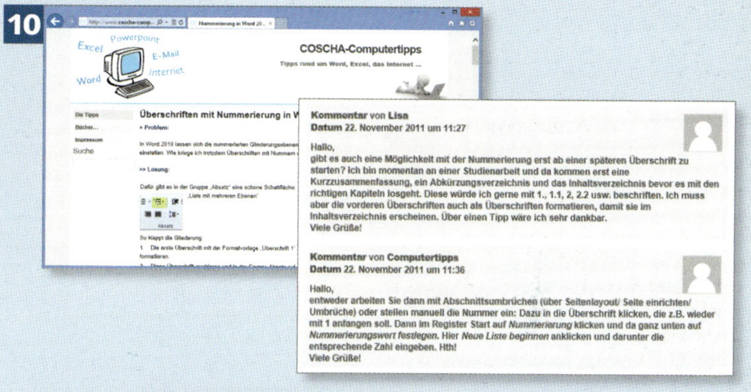

Schritt 11

Gab es bisher keine hilfreiche Lösung, fragen Sie selbst nach. Melden Sie sich in einem Forum an. Im Beispiel ist die Microsoft Community ausgewählt (*answers.microsoft.com/de-de*). Tragen Sie Ihre Microsoft-Konto-Daten ein.

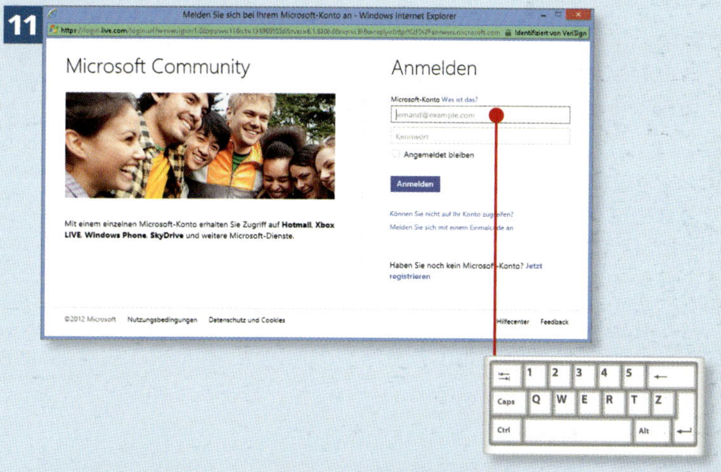

Schritt 12

Dann geben Sie einen Benutzernamen und wieder die E-Mail-Adresse ein. Wenn Sie jetzt nicht direkt zur Frageseite kommen, klicken Sie auf **Eine Frage stellen** ❷, tippen die Frage in das Fragefeld ein und drücken Sie die [↵]-Taste.

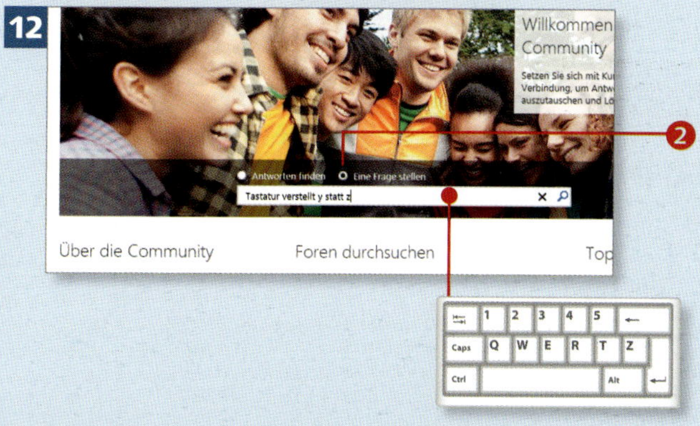

Forenregeln (Netiquette)

1. Erst mit der Suchfunktion des Forums prüfen, ob die Frage schon einmal beantwortet wurde.
2. In ganzen Sätzen schreiben, Groß- und Kleinschreibung beachten.
3. Höflich und geduldig bleiben.

Die Windows-Hilfe nutzen

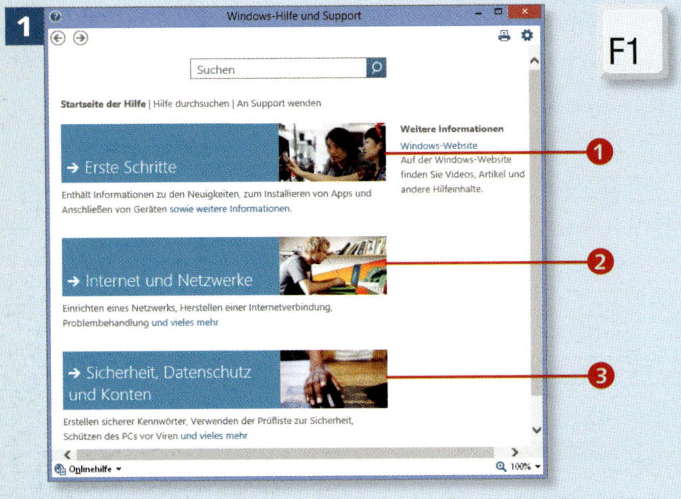

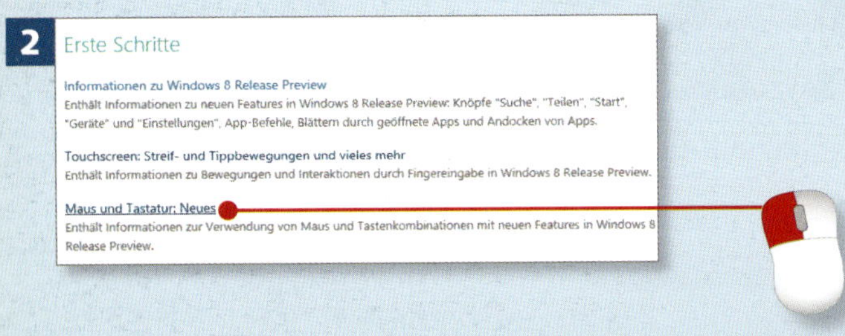

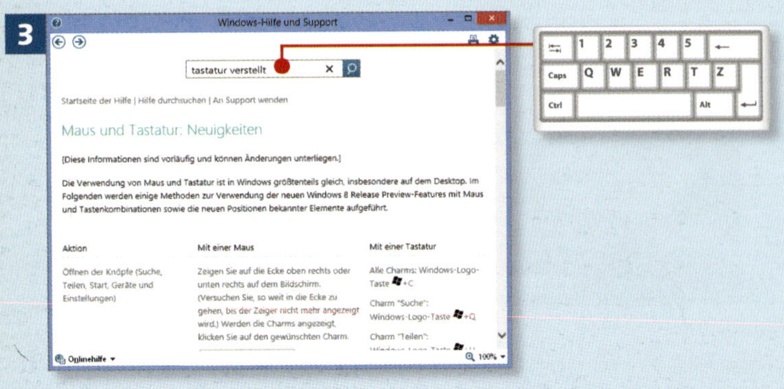

Die Hilfe bietet kurze Anleitungen zu ausgewählten Themen rund um Windows. Vor allem Einsteiger finden hier nützliche Informationen: Viele Begriffe werden erklärt.

Schritt 1

Drücken Sie die F1-Taste; die Windows-Hilfe wird geladen. Die F1-Taste ruft die Hilfe auf, ganz gleichgültig, in welchem Programm Sie gerade sind. Auf der Startseite der Hilfe sehen Sie drei Hauptbereiche: **Erste Schritte** ❶, **Internet und Netzwerke** ❷ sowie **Sicherheit, Datenschutz und Konten** ❸. Klicken Sie auf **Erste Schritte**.

Schritt 2

Nun werden einige Themen aufgelistet. In einer kurzen Beschreibung sehen Sie, worum es in den Anleitungen geht. Klicken Sie auf **Maus und Tastatur: Neues**.

Schritt 3

Jetzt erhalten Sie kurze Anleitungen und Erläuterungen zur Bedienung von Windows mit Maus und Tastatur. Trifft nichts davon Ihr Problem, klicken Sie oben links auf den Pfeil zurück, oder geben Sie direkt Ihre Suchbegriffe in das Suchfeld ein.

Schritt 4

Um die Suche zu starten, klicken Sie auf das Lupensymbol, oder drücken Sie die [↵]-Taste.

4
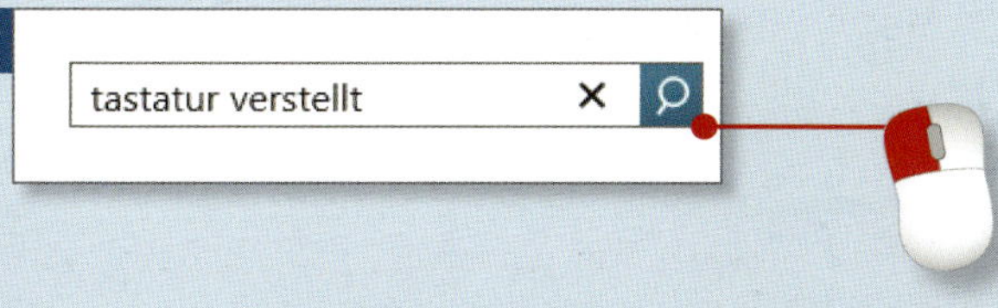

Schritt 5

Die Ergebnisse bei »tastatur verstellt« sind dieselben wie die bei »tastatur«; hier ist die Windows-Hilfe begrenzt. Bei anderen Problemen kann sie dagegen sehr hilfreich sein: Sie bietet über Links an vielen Stellen einen direkten Weg zu den Fenstern, bei denen Sie Windows-Einstellungen vornehmen können.

5
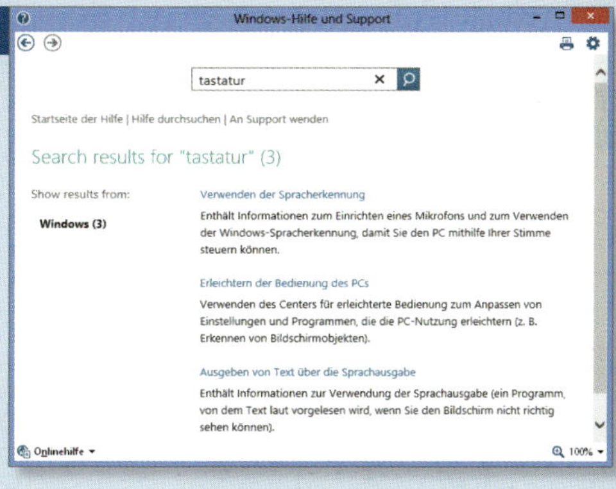

Schritt 6

Findet Windows bei einer Suche gar nichts, verweist es Sie mit einem Link an die Windows-Website. Geben Sie hier Ihre Suchbegriffe in das Feld **Auf Website suchen** ein. Auf der Ergebnisseite werden sowohl Treffer auf der Windows- als auch auf der Forenseite angezeigt; bei den Forenantworten sind meistens hilfreiche Antworten zu finden (siehe dazu den Abschnitt »Hilfe übers Internet suchen« ab Seite 278).

6

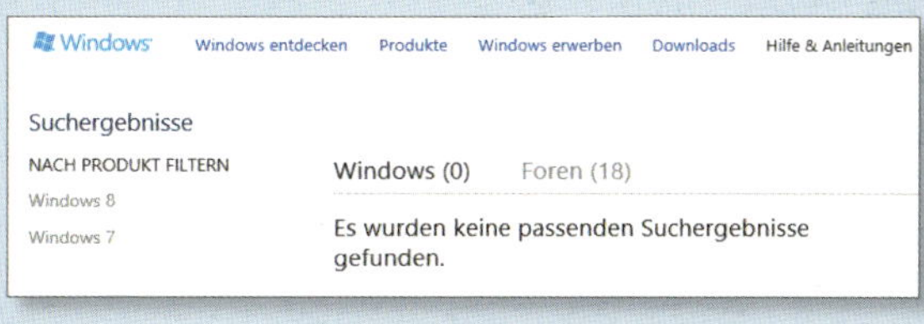

Spezialfrage besser direkt online

Wenn Sie eine Spezialfrage haben, die in keine der Kategorien der Windows-Hilfe passt, wechseln Sie lieber direkt zu einem Forum. Fast jedes Problem hatte schon mal jemand anders, und fast immer wird dazu eine Lösung geschrieben.

Einen Computerberater vor Ort finden

1

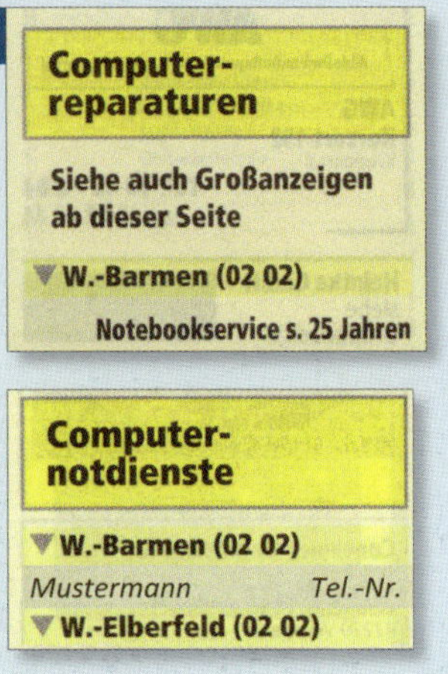

2

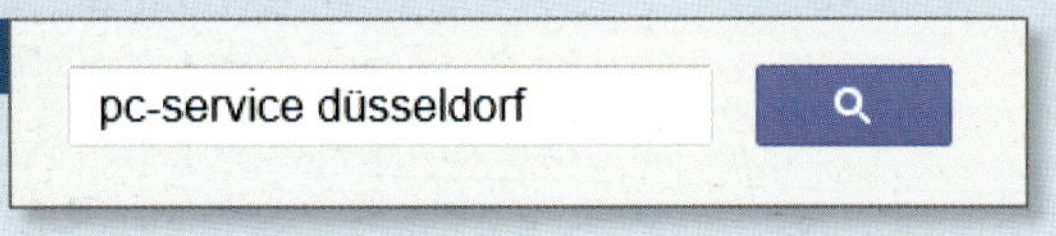

3

Für manche Notebook-Probleme brauchen Sie eine Anlaufstelle vor Ort. Doch wie finden Sie die Hilfe? In diesem Abschnitt stehen einige Tipps.

Schritt 1

Der Klassiker sind natürlich Branchenbücher wie die Gelben Seiten. Unter dem Stichwort Computer werden Sie für Ihre Region einige Anbieter finden.

Schritt 2

Wenn Sie das Notebook noch benutzen können und ins Internet kommen, suchen Sie dort. Geben Sie in den Internetbrowser »PC-Service« und Ihren Ort ein. Starten Sie die Suche mit einem Klick auf das Lupensymbol.

Schritt 3

Bei den Ergebnissen achten Sie auf die Begriffe Service, Beratung und vor Ort. Finden Sie ein Ergebnis interessant, klicken Sie es an. Sagt Ihnen das Angebot zu, rufen Sie den Anbieter an. Fragen Sie auch nach Stundensatz, Fahrtkosten und Sonderkonditionen.

Schritt 4

Auch die Gelben Seiten und ähnliche Angebote finden Sie im Internet. Geben Sie z. B. »Gelbe Seiten« in den Browser ein. Auf der Seite selbst tippen Sie Ihren Ort ein. Als Suchbegriff nehmen Sie nur Computer; genauere Suchbegriffe führen hier zu weniger Treffern. Rufen Sie interessant klingende Anbieter an.

4

Schritt 5

Die im ersten Abschnitt schon beschriebenen Internetforen können ebenfalls bei der Suche nach einem PC-Berater helfen. Es handelt sich um ganz subjektive Empfehlungen und Erfahrungen – wie die Empfehlung, die ein Bekannter Ihnen gegeben hat, nur dass Sie im Internet den Empfehlenden nicht kennen.

5

Schritt 6

Nicht zuletzt können Sie auch in den lokalen Anzeigenblättern nach einem PC-Berater suchen. Viele Anbieter schalten Anzeigen. Im Anzeigenteil schauen Sie unter der Rubrik »Computer« nach einem Anbieter. Sagt Ihnen die kurze Beschreibung zu, rufen Sie den Anbieter an.

6

Senioren helfen Senioren

Viele Seniorengruppen und örtliche Seniorenräte bieten anderen Senioren Hilfe am Computer an. Meist gibt es wöchentliche Treffen, viele Helfer sind auch telefonisch zu erreichen.

Glossar

Apps

Windows bietet viele Anwendungen, die auf eine Thematik spezialisiert sind: Fotos, Nachrichten, Mitteilungen, Spiele, Wetter, Karten usw. Diese Anwendungen werden Apps genannt. Einige Apps sind auf Ihrem Notebook vorinstalliert, viele weitere können Sie über den Windows Store beziehen.

Bildlaufleiste

Mit der Bildlaufleiste, die sich in vielen Programmen am rechten Rand befindet, können Sie innerhalb des Fensters navigieren: verschieben Sie die Leiste einfach mit gedrückter Maustaste. Die Bildlaufleiste wird auch *Scrollbalken* genannt.

Captcha

Wenn Sie Forenbeiträge schreiben oder sich für ein E-Mail-Programm anmelden, müssen Sie meist eine Reihe Zeichen eingeben. Damit wird sichergestellt, dass Sie ein Mensch sind und nicht eine automatisierte Software, die sich missbräuchlich anmelden will.

Charms-Leiste

Die Charms-Leiste steht Ihnen immer am rechten Bildschirmrand zur Verfügung. Sie rufen sie mit einem Schweifen über den oberen oder unteren Rand auf. Von der Charms-Leiste aus können Sie die Einstellungen öffnen, Dateien, Apps und Programme öffnen oder App-Inhalte teilen.

Clipart

Cliparts sind kleine Grafiken und Bilder, die mit Microsoft Office mitgeliefert und in ein Dokument eingefügt werden können.

Dateityp

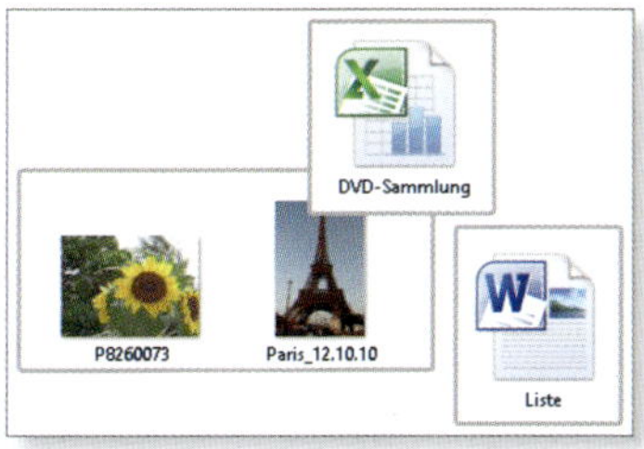

Jede Datei wird in einem bestimmten Format gespeichert, damit sie mit dem passenden Programm auch wieder gelöffnet werden kann. Jedes Format hat eine eigene Dateiendung nach dem Dateinamen und dem Punkt: Bilder z. B. werden meist als .tif, .jpg oder .bmp gespeichert. Texte aus Word 2010 werden mit .docx und Excel-Tabellen mit .xlsx gekennzeichnet.

Desktop

Der Desktop ist neben dem Startbildschirm Ihre zweite Leitzentrale. Hier starten Sie Programme, können Verknüpfungen zu einzelnen Dateien anlegen und den Sicherheitsstatus Ihres Notebooks auf einen Blick erkennen.

Einstellungen

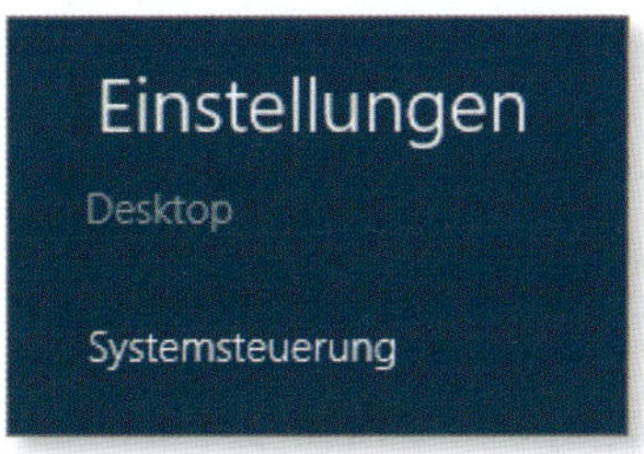

Ein Schweifen über den rechten oberen oder unteren Bildschirmrand zeigt die Charms-Leiste, von der Sie zu den Einstellungen kommen. Hier nehmen Sie die wichtigsten Einstellungen am Notebook vor; außerdem finden Sie hier die Ein/Aus-Schaltfläche.

Greifen

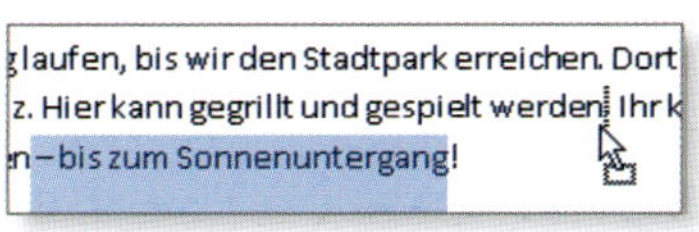

Um ein Objekt zu greifen, klicken Sie es mit der linken Maustaste an und halten Sie die Maustaste gedrückt, während Sie das Objekt mit der Maus an eine andere Stelle schieben. Nach dem Verschieben lassen Sie die Maustaste wieder los.

Glossar

Hardware		Bei Computern werden mit Hardware alle Teile bezeichnet, die man anfassen kann: Bildschirm, Tastatur, Festplatte, Lüfter usw.
Kachel		Apps und Programme werden auf dem Startbildschirm in Form von bunten Flächen angezeigt. Diese Flächen heißen Kacheln. Sie lassen sich personalisieren, so dass z. B. auf der Foto-App-Kachel Ihre Bilder wechselnd angezeigt werden. Die Größe der Kacheln können Sie selbst einstellen; allerdings gibt es nur zwei zur Auswahl.
Keylogger	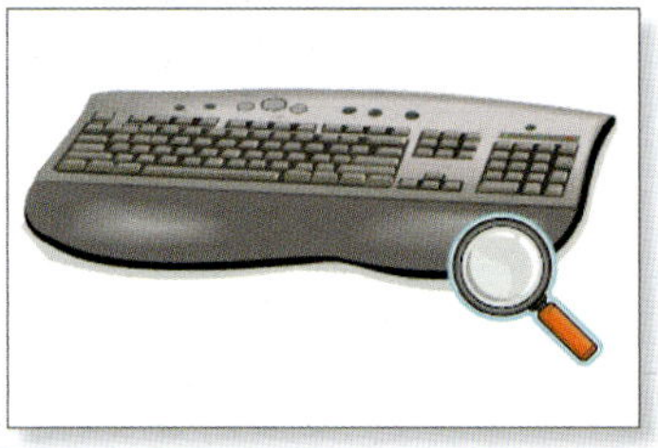	Ein Keylogger ist eine Software, die die Tastatureingaben am Computer mitprotokolliert. Hacker setzen Keylogger ein, um an vertrauliche Nutzerdaten zu gelangen. Gegen Keylogger helfen gute Internetschutzpakete und die virtuelle Tastatur.
Kontextmenü	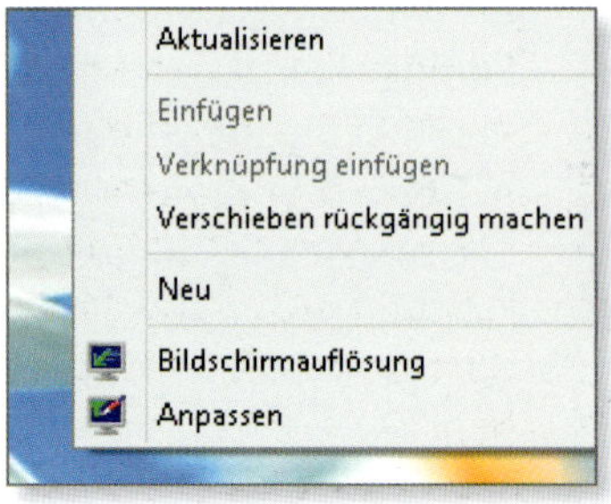	Bei vielen Gelegenheiten steht Ihnen mit dem Kontextmenü schnell eine Auswahl gerade passender Möglichkeiten zur Verfügung. Sie rufen das Kontextmenü mit einem Klick auf die rechte Maustaste an der Stelle auf, an der Sie das Menü benötigen.

Glossar

LAN

LAN steht für Local Area Network und bedeutet Lokales Netzwerk. Das kabelgebundene Netzwerk mittels Ethernetkabel verbindet das Notebook und den Router, der wiederum die Verbindung zum Internet herstellt.

Link

Ein Hyperlink ist ein elektronischer Querverweis zu einer Stelle, die durch einen Klick auf diesen Link aufrufbar ist. Meist sind Hyperlinks durch Unterstreichung und eine besondere Farbe hervorgehoben.

Livevorschau

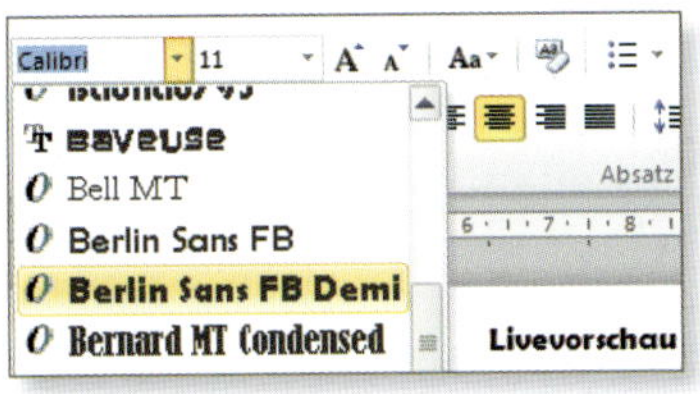

In den Office-Programmen steht Ihnen beim Formatieren die Livevorschau zur Verfügung. Wenn ein Objekt angeklickt ist und Sie mit der Maus über eine Schaltfläche zum Formatieren fahren, wird Ihnen das Objekt so angezeigt, als ob Sie die entsprechende Formatierung schon ausgewählt hätten.

Microsoft-Konto

Windows bietet die Möglichkeit, Mail-, Kalender-, Kontakte- und Nachrichten-Apps zu verbinden. Um sie zu nutzen, benötigen Sie ein Microsoft-Konto. Das ist eine E-Mail-Adresse, die Sie Microsoft nennen und bei der alles zusammenläuft. So sehen Sie z. B. auf den App-Kacheln auf einen Blick, ob Sie eine neue Mail haben.

Microsoft Office

Microsoft bietet mit den Office-Programmen ein Bürosoftwarepaket an: Word als Textverarbeitung, Excel als Tabellenkalkulation, PowerPoint zur Erstellung von Präsentationen, OneNote für Notizen und – bei größeren Paketen – Microsoft Outlook als Mail- und Organisationsprogramm.

Glossar

Newsletter

Newsletter heißt übersetzt Nachrichtenbrief; das ist auch der Ursprung der elektronischen Newsletter. Mit ihnen verbreiten Unternehmen, Kirchen, Vereine usw. ihre Neuigkeiten auf schnellem Wege.

Papierkorb

Gelöschte Dateien, Verknüpfungen und Ordner landen erst einmal im Papierkorb. Von dort können sie wieder hergestellt werden. Der Papierkorb sollte regelmäßig geleert werden; dazu klicken Sie mit der rechten Maustaste auf die Desktop-Schaltfläche und dann auf Löschen. Das Symbol zeigt nun einen leeren Papierkorb.

Plug and Play

Einfach einstöpseln und nutzen – das ist mit Plug and Play (Einstecken und Abspielen) gemeint. Egal ob Drucker, externe Festplatte oder Kopfhörer: Sie stecken den Stecker ins Notebook und können das Gerät kurz danach nutzen, ohne erst aufwändige Installationen vornehmen zu müssen.

QuickInfo

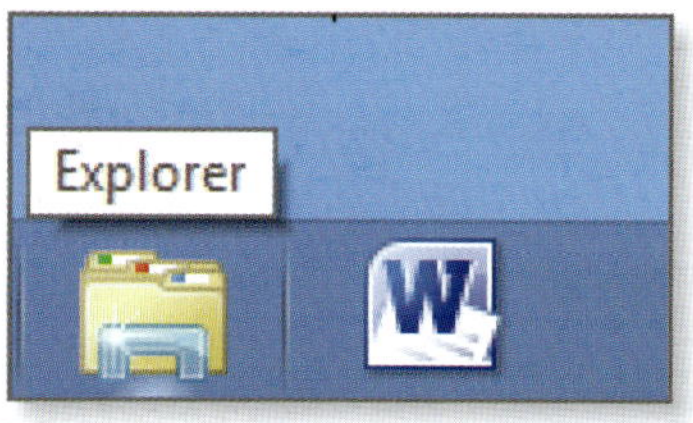

Damit Sie wissen, welche Aktion oder Funktion sich hinter einer Schaltfläche verbirgt, wird Ihnen nach kurzem Verharren über der Schaltfläche ein kleines Feld mit einer Information angezeigt: die QuickInfo.

Registerkarte

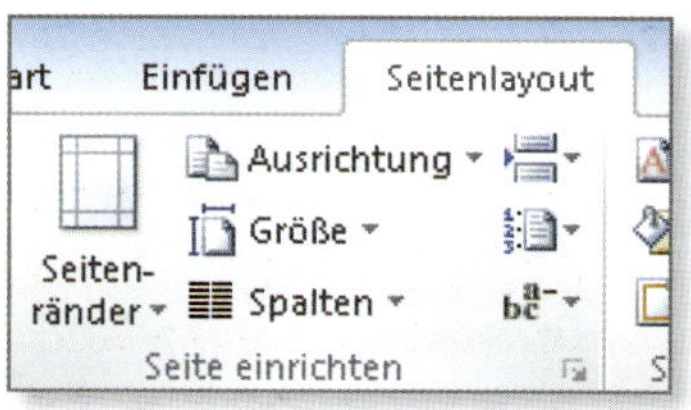

Wie bei Karteikästen mit Registerkarten aus Pappe trennen Registerkarten bei Programmen verschiedene Bereiche. So können platzsparend viele Schaltflächen auf verschiedenen Registerkarten angeordnet werden. Die oben immer sichtbaren beschrifteten Bereiche der Registerkarten heißen Reiter.

Router

Die Verbindung ins Internet stellt bei drahtlosen oder kabelgebundenen Netzen zuhause der Router her. Neuere Notebooks erkennen den Router automatisch und versuchen sich mit ihm zu verbinden. Sie müssen dann noch die Zugangsdaten Ihres Internetproviders eingeben.

Schaltfläche

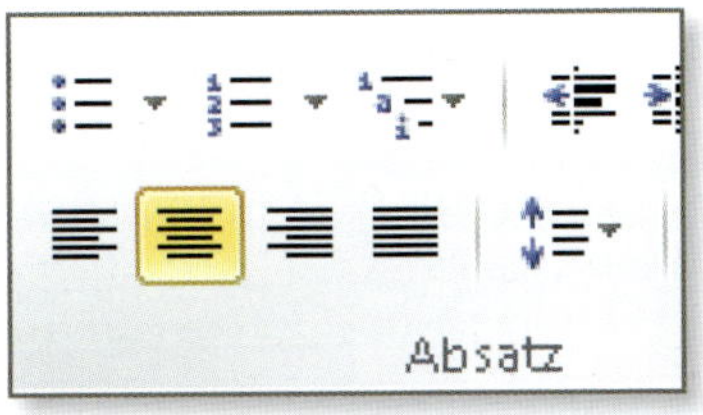

Durch Klicken auf eine Schaltfläche wird eine Aktion ausgelöst, z.B. wird ein markierter Text zentriert. Auch im Internet finden Sie zahlreiche Schaltflächen. Sie werden auch *Buttons* oder *Knöpfe* genannt.

Scrollen

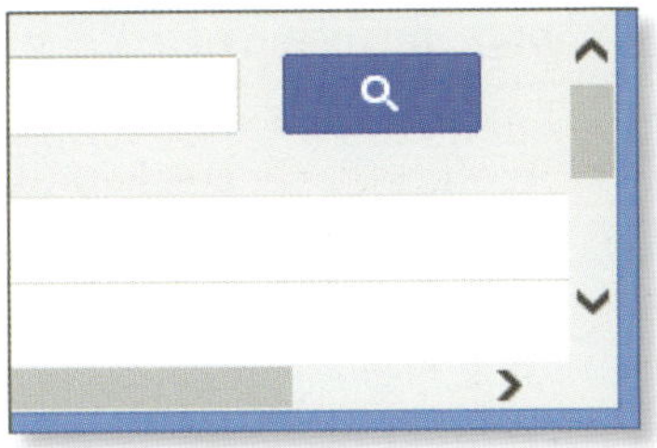

Bei langen Texten in Word, zum Bewegen in Apps oder auf langen Internetseiten verschieben Sie den sichtbaren Ausschnitt so, dass Sie auch den Rest der Bildschirminhalte sehen können. Neben dem Mausrad können Sie dazu den Scrollbalken (auch Bildlaufleiste genannt) nutzen: Ziehen Sie ihn langsam in die gewünschte Richtung.

Software

Software ist bei Computern das, was Sie nicht anfassen können. Genauer werden darunter die ausführbaren Programme und die Daten verstanden. Die Software steuert die Hardware.

Spam

Spam (auch Junkmail genannt) ist der Massenversand nicht angeforderter Werbe-E-Mails. Auch Phishing-Mails, mit denen Sie dazu verlockt werden sollen, Ihre vertraulichen Daten auf einer gefälschten Seite einzugeben, zählen zum Spam. Häufig strotzen solche Spam-Mails vor Fehlern; es gibt aber auch täuschend echte Spam-Mails.

Glossar

Sperrbildschirm

Der Sperrbildschirm erscheint beim Hochfahren des Notebooks und kann mit einem Tastendruck ausgeblendet oder wie eine App geschlossen werden. Wenn Sie z. B. die Mail-App mit Ihrem *Microsoft-Konto* aktiviert haben, sehen Sie schon auf dem Sperrbildschirm die Anzahl neuer Mails.

Spyware

Spyware ist Spionagesoftware, die auf Computern gegen den Willen des Benutzers Daten ausspäht und an den Aussender übermittelt. Die Software wird im Schatten anderer Programme installiert. Auch das Surfverhalten im Internet, also welche Seiten besucht werden, kann Spyware aufzeichnen.

Startbildschirm (Startseite, Start)

Auf dem Startbildschirm werden die *App*- und die Programm-*Kacheln* angezeigt. Von hier starten Sie die Apps mit einem Mausklick. Mit der Windows-Taste rufen Sie den Startbildschirm schnell auf. Der Startbildschirm ersetzt das Start-Menü früherer Windows-Versionen.

Taskleiste

Die Taskleiste ist die Leiste am unteren Bildschirmrand auf dem Desktop. Hier sehen Sie die Symbole der Programme, die angeheftet wurden und die Symbole der gerade geöffneten Programme. Im rechten Teil der Taskleiste finden Sie weitere Anzeigen, z. B. des Wartungscenters.

Thumbnail

Ein Thumbnail (= Daumennagel) ist eine Miniaturansicht. Wenn Sie z. B. mit der Maus über dem Symbol eines geöffneten Programms auf der Taskleiste verharren, werden Thumbnails des bzw. der geöffneten Programmfenster angezeigt.

Glossar

Treiber

Treiber steuern die Zusammenarbeit von Hard- und Software. Sie sind die Schnittstelle zwischen der Festplatte und Programmen, die auf Daten, die auf der Festplatte gespeichert sind, zugreifen. Anderes Beispiel: Ohne passenden Treiber können Sie Ihre Notebook-Maus nicht benutzen. Treiber selbst gehören zur Software.

Trojaner

Trojaner sind Programme, die sich auf einen Computer als scheinbar nützliches Programm einschleusen und dann ihre schädliche Tätigkeit beginnen: Sie benutzen den gekaperten Computer als Spam-Schleuder oder blockieren wichtige Funktionen, um dann ein kostenpflichtiges Hilfsprogramm anzubieten.

USB

USB ist die Abkürzung für Universal Serial Bus, in etwa universeller serienmäßiger Bus, wobei ein Bus Daten oder Energie zwischen zwei Elementen bzw. Geräten überträgt. USBs sorgen dafür, dass externe Geräte mit dem Computer verbunden werden. Dies ist auch bei laufendem Betrieb möglich.

Vierfachpfeil

In den Office-Programmen Word, Excel und PowerPoint können Sie Bilder und andere Objekte leicht verschieben. Sobald Sie das Objekt angeklickt haben und mit der Maus darüber verharren, sehen Sie den Vierfachpfeil. Greifen Sie damit das Objekt und verschieben Sie es an die gewünschte Stelle. Wollen Sie dagegen die Größe des Objekts ändern, verwenden Sie die *Ziehpunkte*.

Virus

Ein Computervirus ist ein sich selbst verbreitendes Computerprogramm. Es schleust sich in andere Programme ein, infiziert sie und vermehrt sich so. Ein aktiver Virus kann dem Computer durch Änderungen am System schaden.

Glossar

Wechseldatenträger

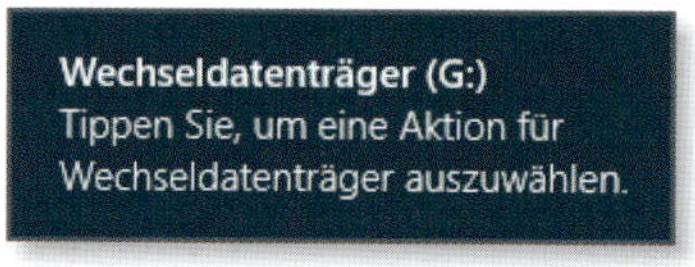

Als Wechseldatenträger werden alle Geräte und Medien bezeichnet, auf denen Sie Daten speichern können und die nicht Bestandteil des Computers sind: Externe Festplatten, USB-Sticks, Speicherkarten, DVDs.

Windows Essentials

Die Windows Essentials sind eine Sammlung von Programmen und Onlinediensten, die Microsoft zur Verfügung stellt. Dazu gehören z. B. die Windows Fotogalerie, der Maildienst Outlook.com, SkyDrive und der Chatdienst Messenger.

Windows-Hilfe

Die Windows-Hilfe rufen Sie mit der F1-Taste auf. Sie bietet kurze Anleitungen zu verschiedenen Themen, die das Betriebssystem Windows betreffen.

WLAN

WLAN ist die Abkürzung für Wireless Local Area Network, auf Deutsch: Drahtloses, lokales Netzwerk. Das Notebook stellt per Funktechnik eine Verbindung mit dem Router her und zeigt die Stärke der Verbindung mit dem Treppensymbol dar. Je mehr Balken weiß ausgefüllt sind, desto besser die Verbindung.

Ziehen

Durch Ziehen an Ziehpunkten von Objekten können Sie diese vergrößern oder verkleinern. An den Ecken sind die Ziehpunkte wirklich rund, an den Seiten sind es Quadrate. Die Punkte vergrößern und verkleinern das Objekt; mit den Quadraten werden die Proportionen verändert.

Index

Index

E

Index

Index

N

O

P

Q

R

Index

V

W

Z

- Sicher im Internet surfen und einkaufen
- E-Mails, Online-Banking, Skype, Filme und Spiele
- Keine Vorkenntnisse erforderlich

Herbert Thoma, Marc Oliver Thoma

Internet

Der leichte Einstieg

Im Internet einkaufen, E-Mails schreiben oder bei Google etwas suchen. Dieses Buch zeigt Ihnen, wie es geht. Unsere Autoren Marc Oliver Thoma und sein Vater Herbert Thoma zeigen Ihnen, was Sie tun müssen, um im Internet zu surfen. Alles wird in Schritt-für-Schritt-Anleitungen und mithilfe von konkreten Beispielen erklärt. Legen Sie los!

ca. 300 S., komplett in Farbe, 14,90 Euro
ISBN 978-3-8421-0035-0, April 2013
www.vierfarben.de/2985

Ausführliche Informationen: www.vierfarben.de